GO TRAVELLING WITH THE SOULS

牵着灵魂去旅行

与史上游记名家的**心灵对话**

张绍民◎著

西苑出版社
XIYUAN PUBLISHING HOUSE

图书在版编目（CIP）数据

牵着灵魂去旅行：与史上游记名家的心灵对话 / 张绍民著 .—北京：西苑出版社，2012.1
ISBN 978-7-5151-0150-7

Ⅰ. ①牵…　Ⅱ. ①张…　Ⅲ. ①游记 – 文学欣赏 – 中国
Ⅳ. ① I207.6

中国版本图书馆 CIP 数据核字（2012）第 006963 号

牵着灵魂去旅行：与史上游记名家的心灵对话

著　　者　张绍民
责任编辑　蒋焱兰　010–88637291　ylj44@126.com　QQ：419148731
出版发行　西苑出版社
通讯地址　北京市海淀区阜石路15号　邮政编码：100143
电　话：010–88624010　　传　真：010–88637120
网　　址　www.xycbs.com　E-mail：xycbs8@126.com
印　　刷　北京中印联印务有限公司
经　　销　全国新华书店
开　　本　787mm × 1092mm　1/16
字　　数　373千字
印　　张　19.25
版　　次　2012年7月第1版
印　　次　2012年7月第1次印刷
书　　号　ISBN 978-7-5151-0150-7
定　　价　38.00元

CONTENTS

第一章　穿越时光，看古代风景

——概况：中国古代游记地图

人是山水的仆人，只有这样才能获得真正的自我。山水给人的慰藉，不仅在于心灵，首先在于养育。泥土即我们的粮食，山为人的房屋与粮仓，而水充当了人的血液、泪水、汗水、墨汁与纸张。对于自然而言，人属于它的行李。

第二章　最先喊得动山水的人

——先秦汉朝的游记先锋

无论群山还是游龙一样大大小小的江河，都喜欢那些树木一样的人，那样的人有根，有根的人就有泥土的脐带。人的到来或者离去，都像客客气气的时光树木。它们开花与结果，来于泥土归于泥土。一棵树就属于最初的高楼，树尖如何登上树尖，就像树根如何抵达泥土内心深处，泥土深处也有天空，就像水的怀里，有万里晴空作为子宫的宫殿。人喜欢登高，树或者楼，都能把人捧到高处。登高者的脚印，要给山或者楼披上树叶，而不是踩下一路伤疤。

第三章　目光最先洗风景

——魏晋时期：游记情怀很淡定

山水打开人的视听，帮助人的感觉，翻开人的感受，它们直接掌握人的内心。没有自然，就不会有人的呼吸。山水的目光，在人的外面，也在人的体内。千山万水通过呼吸、视听、梦境等渠道，在人的里里外外建设出完美的人性。

第四章　宁静的大自然公开课

—— 南北朝游记：百分之百纯度的千山万水

人要像山一样淡定，一棵枝叶婆娑的树，不仅是打开一本树叶组成的书本，其中花作为书签，果实构成插图与页码，而且树木也可以站成一棵山，一把山，一个仓库——

氧气的仓库与梦想的仓库。树上小鸟好似孵化出来的长翅膀的梦。人要像水一样四处走走，能够穿越生命的心灵。

第五章　在唐朝潇洒走一回

——唐朝游记：唐诗是旅游的鼠标

万物都有诗意，万物皆有情。像万物对人的养育，人对万物客气，才有真正的自由与心灵。如果旅行不是自由的，就失去了心灵飞翔的翅膀。穿越去唐朝，坐着一首唐诗飞越千山万水，看见自己就像一个无边无际的气球，被山水诗意的灵气充盈而超越。

第六章　奇山异水爱上一个人

——宋朝游记：山水是宋词的偏旁

那些有美德的人，花鸟虫鱼喜欢；那些心灵高远的人，自然对他慈悲；那些奉献的人，宇宙照亮他。月亮成为气球，不用牵线，自己会努力。日出成为盆子，倒出所有的光。大地牵着人的手，道路打开旅行者快乐的脚印就像装满魅力的钱包。

第七章　租来的朝代，山川在人间远游

——元朝游记：故乡成为异乡的景象

山川大地都在人间漫游，它们看人间，比尘世的目光看世界要明亮。在农耕时代，山川对人十分放心，因为人就等于水土，而在现代工业文明时代，人还要等于塑料与生化污染，那么自然就不会对人放心。

第八章　背包客那些旅游的事儿

——明朝游记：那些人那些心那些旅游的脚印

在今天，那些靠钱作为脚印的人，随时随地都能像徐霞客满天飞，串门一样玩遍千山万水。对山水的特权体现了对山水最大的掠夺，也体现了不公正的人心。那些被集中关在城市容器里的底层，不能远游，而水泥不能给予他们水与泥的境界。远离自然的人们，心就成为污染、漂白粉、水泥、玻璃、塑料。

第九章　怀揣家园，心寓温暖大地

——清朝游记：不论哪里，一生皆远行

人属于万物的儿女，这在原初时代就已经定位，人与物的人物关系就明明白白，当儿女摧毁自然世界，摧毁自己的母性世界，那么就在断绝自己生命的源头与依靠。与一根小草结为亲戚，与一棵树结婚，与动物称兄道弟，与山水互为身体，这才属于真正的心灵与本性。

第十章　什么样的心情就有什么样的旅行

——近代游记：自然改变心情，心情改变自然

水在人的身上，既是人又是自己，既是游客又是主人。人与自己身上的山水，既是合作又是同一关系。自然世界对人不薄，人对自然却恩将仇报，做一个真正的背包客或者是做一个真正的看山看水者，首先心灵世界要容得下自然，不要让心里的黑暗与邪恶污染了伟大的自然母性。人逼山水为奴，那么人就成为尸体而活着。

序言

PREFACE

去古代玩——背包客的穿越旅行

无疑，大自然是我们的衣食父母。

无疑，大自然给我们提供栖身之所。

无疑，大自然庇护了我们生命的存在。

无疑，大自然即我们的身体。

因为如此，我们必须感恩大自然。但在今天，人类文明已经进入现代文明的困兽阶段。因为现代文明以技术与城市这两个关键词为象征，使得大自然面临的危机有目共睹。对自然的破坏，达到了前所未有的地步，并继续在不断地恶化。环境所承受的压力，已达到了极限。

世界城市化的潮流，正在不断扩张并巩固其规模。人们从四面八方，从大自然里面抽身，来到高楼林立的城市中，在鸟笼里面，生活、生存。城市越大，城市里聚居的人越多，个体的人就显得越来越微小。在城市里呆得越久，就会很自然地产生一些心灵与精神上的诉求，人的生命会听到自己的心灵在苏醒，听到来自灵魂的召唤：即人对自然的要求。人们在城市生活，只有水泥、玻璃、钢筋、公共汽车、城铁、电脑、手机……陪伴自己，时间一久，远离真正的绿色生活，没有更多的绿色资源陪伴自己的日子，人的心灵就会引发强烈的反抗。在今天，为什么旅游业方兴未艾，很发达，那么多人要去看风景、要去绿色自己？他们都在为自己的灵魂寻找一个安栖之所，对自己进行心灵的慰藉。

很明显，很多人在城市，都会有这样的感觉，城市不可能有大规模的土地、绿色、绿化，而只有无限集中的水泥、挤拥的有限公共资源。要领略神奇的风景，还是要回到大自然里面去，只有回到大自然的怀抱里，才会有一种真正的精神上的归属感。

热爱旅游的人很多，热爱自然的人很多，这恰好体现了人的自然属性即人的本性与生命的本来面目，人与自然本来就属于一体，人只能在大自然里面安放自身的身体与心灵。人，只是大自然携带的行李而已。

问过很多旅游公司、问过很多导游、问过很多背包客、问过很多风景名胜处的人，他们的回答都是一个声音——山水带来的快乐是真正的快乐。所以很多人不惜把平时辛辛苦苦加班、奔跑、风尘仆仆甚至还要忍气吞声赚来的钱，都痛痛快快地一下子花在旅游上，去纵情山水、怡然自乐、回归自身。在城市里生活东奔西走，忙忙碌碌，压力很大。不放松，就会出毛病，影响到生命质量，甚至会出大问题。

大自然是人生的终身依靠与良药，可以让人开心，可以养人性命。

世界上没有一个民族在历史上像汉人（中国人）那样热爱自然。西方文明在过去有很多值得尊敬的地方，但近代西方文明的堕落表现在技术时代对自然的摧毁。不说这些，单说在农耕时代的过去历史时光里，西方文明着力于对人的内心进行挖掘，强调个体价值与进攻性，对比起来，作为东方文明的代表，中国人在过去的时光里，更加着重对自然的依恋。这都有很多历史根据。的的确确，中国人在历史上对自然的热爱，已经把自己的生命与之融为一体了。这在无数历史上留下的伟大作品里得以体现。无论是最早的世界地理巨著《山海经》，还是历代诗歌和其他作品里，都保存了历史时光里山水自然的伟大魅力。

说到地理著作，实际上中国古代的地理书就像《山海经》一样，都是很美丽的文学作品。中国人对山水与生命的一体化热爱，还体现在风水上面。风水风水，风与水的自然属性，毋需多言，一目了然，这从《易经》就开始的风水学问与智慧，中国人的血统从一开始，就把自然放在生命的最高位置。

游记是一种特别有趣味的文体，它用山水的生命滋养人心。纵观中国古代的游记，从谢灵运的山水游记《登大雷岸与妹书》、《与朱元思书》等等传世经典，历经魏晋到唐代，尤其值得一提的是柳宗元的誉为汉语版本的“瓦尔登湖”——《小石潭记》，一路走下来，到宋代最为辉煌的陆游写下中国历史上第一部个人长篇游记《入蜀记》，到明代绕不过去的巨著《徐霞客游记》（关于徐霞客的游记，我们都知道，这是震动人类的一个最为伟大的背包客，所写下的不朽与传奇）……在时光的长河浪花里，有那么多震撼人心灵的游记，留下来陶冶我们，让我们心旷神怡。在游记世界里纵情山水，阅读古代风景，穿越到历史时光里的不同时代，领略不同的山水、风景名胜，不亦快哉！这实为另一种快乐心灵的旅游。

把中国古代最为优秀的山水游记进行集合，一册山水，综合各方信息与资料，尽情观光游览，阅读最为著名的绿色，人生之幸事也。

这些游记，令人叹服，属于人类精神的绿地、湿地，绿化千千万万的心灵，从而使我们懂得了爱惜自然，敬畏山水草木石头。

跟我走吧，现在就开始，现在就出发。做一个穿越时光的背包客，进入到古代游记的美好世界里，任何人都会不虚此行。如此，你一个人就可以做到拥有一册山河。

沉醉在一个人的国家地理里是如此完美如此盛宴般的体验！请展开本书，细细品味游记名家的游记魅力吧！

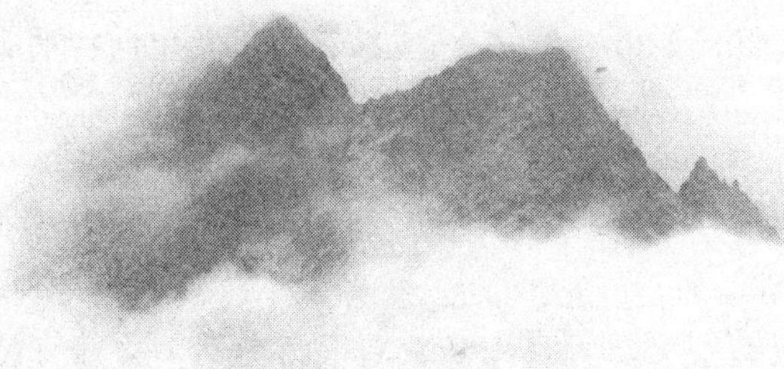

第一章 穿越时光，看古代风景
——概况：中国古代游记地图

◎牵山水之手·以山水为心
——阅读中国古代游记的快乐与思考

当今的背包客，喜欢在大地上成为自然的知音与路标。在“穿越”如此时尚的今天，背包客，既可以玩穿越，又可以旅游。去领略古代真山真水的神奇魅力。我们看到史上最牛的十大背包客排行榜为：谢灵运、李白、玄奘、柳宗元、苏轼、陆游、徐霞客、袁枚、王思任、张岱。当然这个排行榜只是相对而言。

文如其人，山水其心，中国古代的优秀游记，莫不如此。

古代优秀的游记，犹如不同的美女，给人不同的感受——

有的美女是百科全书，实用性强，如《入蜀记》的山山水水一路风光无限；

有的美女就像精致版本的海市蜃楼，如《小石潭记》里的小石潭清澈迷人；

有的美女就像精彩的故事，如登泰山路上发生的事情；

有的美女就像雾里看花，如游黄山；

有的美女就像一股山谷里的春风，如《与朱元思书》；

有的美女很温暖，如山里的一汪热气腾腾的温泉；

有的美女耐人寻味，意犹未尽，如游峨眉山；

有的美女就像哲理，令人感悟，如《游褒禅山记》；

有的美女冰冷惊艳，如《湖心亭看雪》；

有的美女超凡脱俗，如同世外桃源，《桃花源记》中陶渊明会带你沿着甜蜜小道进入神秘的洞穴……

中国古代游记美不胜收，何况文字的空间令人浮想联翩，给人无限的想象世界，激发人对山水的向往。

有很多背包客，有很多热爱环境者，有很多自然主义者，都会喜欢阅读与自然有关的书籍与作品。中国历代游记精华，犹如一个自然博物馆，给我们展示的是山山水水的文字画廊，在这个长卷里，我们徜徉其中，就会流连忘返，感受古代山水即天堂的最高境界，其实这个最高境界，即常态境界，因为我们今天的自然与城市生活已经遭到摧毁，才会认为古代山水有天堂之妙，自然一直扮演天堂的角色，只不过受到了现代文明的诋毁。

现在一方面是自然环境的损坏，一方面是外出旅游的人越来越多。其实这两个方面并不矛盾，因为自然环境的破坏，能够真正开心而保持生态的自然空间越来越少，而城市里基本是没有自然可以依赖的。自然的基本元素水土草木氧气，在城市里因为一切人为因素堆积，不会有自然的本来面目，因而在千篇一律的城市生活里辛苦忙碌的人们，外出旅游看山看水是为了寻求生命的慰藉与平衡。人离开自然，就没有了生命质量；自然即人的生命，自然养活人的肉体，也养育人的精神。

现代文明给人提供了很多便利，但其弊端往往超过了便利，其危害超过了给人带来的利益。山水的危机，全世界都有目共睹，但现代机器与技术文明，不会一下子突然罢手，因为人类的享受、欲望、利益等等因素交织在一起，因而人类面临的困惑与危机，不会马上解决。

古代游记，是纯粹农耕时光里的真实山水。与今对比，山水都已面目全非，令人嗟叹，也催人激发爱惜山水的气志。在山水游记里，那些令人回望的美好景致，那些让我们羡慕的逍遥时光，谁不想像苏轼一样遨游赤壁呢？谁又不想去江湖畅游呢？

古代游记就像他们所写的一样，有的山水空灵，有的风景行云流水，有的名胜凝练，有的野色雄浑，有的自然或简朴或清丽……可谓千姿百态、气象万千。

谁不热爱山水？而有志趣游览者，古代游记还是真正的教科书，它教会人安静的心灵——“望峰息心，窥谷忘反”；教会人珍惜；教会人感悟生命；教会人在山水里，以山水观照人生，读懂生命。很多游览山水的经验、智慧，都可以从游记里学到。甚至在游记里，我们还悟出山水与生命的修行。

在古代游记里，能读到智慧，读到山水之心。

看什么？看山，看水，山水看人，像看自己的婴儿。而婴儿的堕落与迷失，山水甚为悲叹。养出的人来毁灭自己，好比儿女对父母不孝。山水看人，远比人看山水要精彩。山水吾师、吾心、吾情、吾命、吾体，不舍不弃方有命存于世间。

看山，看水，一只狗眼睛里，无限江山，狗看落日与村庄。流浪的狗看尽山山水水，看尽有道路没有道路的地方。落日带走一天鲜红的馒头，而日出也带来一天的血馒头。共用一个血馒头，共用一颗鲜血淋淋的心。世界共用一颗心，共用日光，只是日光到了不同的生命身上，醒来的部分不一样。我们，万物，生活在一颗心上，生活在一滴水上，生活在一粒米上。我们是一物，从来没有彼此，而人间，把大家分为每一个人看，你就是我，我就是你，你是我的一部分，我是你的一部分，世上的人都是一个人，但陌生，但距离，把人分为你我，把人分为你我的目光。一个人看世界，要用更广阔的目光来还原世界的本来面貌。是否，用一只小鸟的目光看人间看世界？是否，用一只蜜蜂的视力看尽鲜花？而生命短暂？是否，用树的目光看到氧气的远游？是否，用梦的目光，看尽海市蜃楼和前生？是否，看尽千山万水，还没有看透今生？是否，看到的都是孤独？在世间，要看，看人间，看非人间，山水是自己，山水是你，是我，是亲人，是祖先，是来生，是儿女。看它们，是看我们的心灵。

看，不仅只有目光，呼吸也在看，脚印也在看。脚印落叶纷纷，在山上，在水上，在路上，在心上。一枚落叶包裹一粒水，一粒糖你说苦不苦？一粒心怎样看自己？一人，有限；而看，无限。看到的，看不透；看到的，皆为心。

◎山为粮仓·海为土

——与《山海经》有关的漫游者

有关《山海经》基本情况：据说原共22篇，现存18篇，大约3.1万字。包含藏山经5篇、海外经4篇、海内经5篇、大荒经4篇。《汉书·艺文志》作13篇，未把大荒经、海内经计在内。《山经》记载山川地理、动植物矿物等分布情况；《海经》中《海外经》记载海外各国奇异风貌；《海内经》主要记载海内神奇事物；该书按地区不按时间把这些事物一一记录。所记事物大部分由南开始、向西、向北，最后到达大陆（九州）中部。九州四围被东海、西海、南海、北海所包围。《山海经》地理描写的顺序与现实的顺序不同。顺序是南、西、北、东，这可能与古人“天南地北”的习俗有关。即古《山海经图》与现在的地理图在方位上不同。

有关知识介绍《山海经》地域范围：《南山经》东起浙江舟山群岛，西抵湖南西部，南抵广东南海，包括今浙、赣、闽、粤、湘5省。《西山经》东起山、陕间黄河，南起陕、甘秦岭山脉，北抵宁夏盐池西北，西北达新疆阿尔金山，《北山经》西起今内蒙、宁夏腾格里沙漠贺兰山，东抵河北太行山东麓，北至内蒙阴山以北。《东山经》包括今山东及苏皖北境。《中山经》为中原豫州河南西南巴蜀一带。《山海经》把巴蜀和中原同列为《中山经》包含《周易》“西南得朋”的民族观念。

实际上这些情况，都不一定说得对，只是一般的对这本书的认知，说不定是完全的误读。据有关资料解读——

连云山所著《谁先到达美洲》一书中介绍：美国学者墨兹博士研究《山海经》。

约在公元前三世纪，中国人开始在国内核对《山海经》里所写某些山脉，未能找到，于是只好作罢……

《南山经》已写到浙江绍兴界：“又东五百里，曰会稽之山……”晋代郭璞注云：会稽之山，“今在会稽山阴县南，上有禹冢及井。”而会稽正为现在绍兴古称。而《北山经》则写到了河北界的太行山。

“木马之水出焉，而东北流注于滹沱。”“空桑之水出焉，东流注于滹沱。”

而《东山经》中所到四条山脉多无可考，因中国东部乃冲积平原，何来四列山脉？

默茨“心安理得地越过大海”，到美洲去踏勘。在北美，试着进行按经考察，经过几次失败，一英里一英里依经上记过的山系走向，河流所出和流向，山与山间的距离考察。查验出美国中部和西部的落基山脉、内华达山脉、喀斯喀特山脉、海岸山脉的太平洋沿岸，与《东山经》记载的四条山系走向、山峰、河流走向、动植物、山与山的距离完全吻合……真惊讶：中国古人早已到达美洲！

默茨历经艰难险阻，踏勘结果为——

第一列山脉——起于今美国怀俄明州，至得克萨斯的格兰德河止，12座山。将古华里换算为英里，与《东山经》第一列山距离完全相符。

第二列山脉——起于加拿大曼尼托巴的温尼泊，止于墨西哥马萨特兰，17座山。距离与《东山经》第二列山脉相合。

第三列山脉——沿海岸山脉的太平洋沿岸，完全走太平洋海岸航行，起于阿拉斯加怀尔沃德山，至加州圣巴巴拉，9座山。距离与《东山经》所列第三条山脉相符。

第四列山脉——起于华盛顿州雷尼尔火山，经俄勒冈州到内华达州北部，8座山，距离与《东山经》第四列山相合。

默茨宣告："过去两千多年一向被中国人认为是神话的《山海经》不是神话，而是真实的文字记录。珍藏在中国书库中的这部文献提供了充分证据表明，早在公元前两千多年中国人便已到达美洲探险，而这些材料迄今为止一向是很缺乏的。"

书中"鸟首人身"、"羊身人面"、"龙首鸟身"、"龙身马首"、"人面蛇身"等等，为原初民图腾神像和复合图腾神像，源于先民特有的图腾崇拜。记载的大量神话，不能简单贴上神话标签。原初民即殷朝的人，在殷朝的安排下，查访天下地理状况，分为四个团队，每个团队通过自己的漫游与考察，记录了到世界各地的见闻与疆域，而在后世，慢慢地靠想象力的参与，演绎出神话传说，将重要历史事件和人物进行记录。《孔子集语·子贡第二》引《尸子下》，讲孔子解读神话——一次，子贡问孔子：传说黄帝有四面，信吗？孔子答：黄帝任用四个与自己意见相同者治理四方，他们彼此不用协商就和谐一致，此为四面，并非黄帝真有四面孔。这为解读《山海经》神话提供了一个方法。

西汉刘向、刘秀（歆）父子最早校订此书时，定为十八篇。这就是今天看到的《山海经》。刘秀为向皇帝说明"其事质明有信"，举二例。其一是：孝武皇帝时尝有献异鸟者，食之百物，所不（肯）食。东方朔见之，言其鸟名，又言其所当食，如朔言。问朔何以知之，即《山海经》所出也。

刘向、刘秀（歆）父子是中国历史上已知最早校订《山海经》者。他们看到过的《山海经》"凡三十二篇"，而今天看到的这本书是经他们校订删编而定的十八篇，刘氏父子对这本书最有发言权。为皇帝上表，"臣秀昧死谨上"，胡言乱语不行的。

三星堆文化遗址发掘中，发现保存完好的象牙，今日成都平原不是野象栖息地；遗址中还出土很多玉器，成都平原不出产玉石。《山海经·中次九经》指出："岷山……其兽多犀象，多夔牛"；"岷山……其上多金玉，其下多白珉。"白珉即白色硅质类岩石。指明三星堆遗址中象牙和玉石器的来源。三星堆出土的人首鸟身青铜像，也与《山海经·中次八经》中的山神形象相合。

清末民初，欧阳可亮，为任清政府和尼国政府驻外使节的欧阳庚先生之子，他耋年曾跟随其父在中南美洲生活多年，相识不少印第安人。欧阳可亮自述如下——

"笔者耋年在海外，与殷地安人（印第安人应为殷地安人，殷朝人之意）家庭同吃同住同学同游六年，1926年6月15日，与欧阳可宏三哥、可祥五弟，受殷福布族招待，派20名殷福布族青年水手划船，从墨西哥支华华州的支华华市支华华村的甘渊汤谷23人上船，一路上有800公里地下钟乳古水道，实入《山海经·大荒东经·大荒南经》之大壑、甘渊、归墟、咸池，而不自知。由黑（墨）齿国（即墨池国）的尤卡坦半岛科潘河上岸，出墨池（归墟），到拉文塔太阳神庙遗址。见日出杲杲，朝阳东升于穹桑树上，般地安群众已集数百，礼拜太阳。20名水手也站立挺身，仰面朝天祈祷。回去时，仍由大壑、咸池，进入地下钟乳水道，在墨池归墟饮合虚山长寿甘泉的甘露水，见有地下水道岔口，钟乳下垂滴水，蔚为壮观。一水手介绍：这岔道是天元日月山，常羲妈妈正在浴月，一月方至，一月方出。三哥问：怎么墨国也有轩辕呢？答：这是海外天元。指又一钟乳大岔水道说明：这是羲和妈妈浴日之所，共有22个地下岔道，一进去，迷了路就出不来……我们兄弟3人1927年才回中国学汉语，当时只会说西班牙和般地安语，23人谁也没读过《山海经》，后来才知道水手讲的同《山海经》记的多有暗合，很惊讶……1926年，这次游历终生难忘，因我童年和般福布族等般地安人生活，彼此互称般地安，自言中国人，确信美洲印第安人，就是中国商殷人和少昊、夸父等中华先人的裔胄。

《山海经》为上古先民认知世界的记录，其囊括的范围大大超越了现今中国本土。

默茨博士研读《山海经》，亲自踏勘美洲山水河流后，由衷赞叹：对于那些早在四千年前就为白雪皑皑的峻峭山峰绘制地图的刚毅无畏的中国人，只有低头，顶礼膜拜。

从这些可靠的资料来看，实际上，在遥远的远古时代，古老的中国人，即那些殷商时代的人，早已在世界各地漫游，而且对地球了如指掌。在今天很多非洲的考古中，都发现了很多殷商的器皿。那些大地上的漫游者，他们对于今天的我们来说，早就具有了神的力量。宁愿相信他们，能够骑一根竹棍，念念有词，就可以遨游天下。

中国人历来喜欢漫游天下，就像风一样，飘布在世界各地。在非洲考古中，经常发现殷朝的石鼓等文物。后来的丝绸之路、郑和七下西洋等等，无一不说明中国人的世界漫游。这真是一个像风一样的民族，把种子吹到世界各地。世界以汉语的脚印作为票据的舞台，进行跳舞。

◎开创第一的无比宝贵

——与山水诗鼻祖、游记开创者谢灵运的交流

山水诗在历史上的出现，使山水成为独立的审美对象，为中国诗歌增加了一种诗风，开启南朝一代新的诗歌风貌。从陶渊明到谢灵运，诗风转变，两代诗风嬗递。陶渊明是结束了一代诗风的集大成者，谢灵运为开启一代新诗风的首创者。这种诗风对后来盛唐诗风的形成，有十分积极的意义。

谢灵运（385 ~ 433），文学史上著名的山水诗人，东晋名将谢玄孙子，由于祖父在淝水之战中建立特殊功勋，所以他 18 岁时，就承袭康乐公的封号，世称谢康乐。刘宋少帝即位后，受权臣排挤，公元 422 年，谢灵运为永嘉太守，带着很多抑郁，离开建康（南京）。先返回会嵇始宁，与家人道别，然后沿富春江，溯流而上，经桐庐、兰溪，转由婺江，到金华，再陆行，至丽水，从瓯江水路，直抵永嘉。当时永嘉滨海荒僻，而山水奇丽，为其所爱所好，仕途青云失路，就寄情山水遨游，写下许多不朽诗篇，开山水诗先声。

他在永嘉任职期间，提倡植桑，命学士讲书，发展农业、手工业、教育，但他没有等到任满，第二年秋，托病辞官，离去，返始宁老宅，时 39 岁，与永嘉告别。为表示对其崇敬，人们把送别时他走过的一条路取名康乐坊。辞官回始宁居两年后，宋文帝下诏召他为秘书监，不久又派他为临川（今江西临川）内史，他带儿子谢风及长孙一起去任职，留其次子伺侯在永嘉的祖母太夫人。432 年即被诬为“造反”、“抗命”，被杀于广州，其母忧患而死，后代遂成永嘉人。

张绍民个人十分喜欢谢灵运，像李白一样喜欢谢灵运，像山水一样喜欢谢灵运。山山水水，有人为知音，有人对其屠杀——在今天，杀山杀水即杀自身。喜山爱水，爱的是自己的身体。谢灵运写山写水，写的就是自己。李白写月亮，就像写自己的皮肤，自然即吾身，山水即吾命。

老张与老谢，十分投缘，老张的人缘很好，与谢灵运、李白等兄弟经常闲聊。谈兴如山如水。在亭子里说话。亭子似高人，空空地抱着他们——

老张：时光把你当成奇迹，空间也广为传播你山水的心灵。

老谢：山水高过诗篇。

老张：而山水把你的诗歌当成最初的身体。

老谢：像你所言，山水就是我们，我们只是山水身上来来去去奔走的注释。

老张：心有自然的气息，才像心，才会成为心，心才会有绿化。

老谢：无论，诗与文，有自然之心，不失有真正的意义。

老张：诗与文，你都是第一人写山写水，具有真正的开创意义。

老谢：这一点，我自己也感到很开心。我把我的经验告诉你：实际上，山水找到我的潜意识，我也感到自己要写它们，一拍即合，我与山水诗文互为知音，真是痛快。

老张：山水喜欢你，就不会放过你，会厚待你，因为你是山水喜欢的人，山水爱你就像爱自己。

老谢：我爱山水也如此。我担忧你们今天，那些人不善待自然，自然连坟墓也不愿意给他们。

老张：山水的危机，实际上是人心的危机。在今天，哪怕是写山写水，写出来的自然皆为塑制品、印刷品，心灵不可能真山真水。回过头去看你的山水诗，绝对是纯山水诗。

两人聊天，很多感叹。听闻之，山水为之欣慰。

◎天地之间的远游客

——屈原《远游》的精神历程

屈平，字原，通常称为屈原，又自云名正则，字灵均，汉族，战国末期楚国丹阳（今湖北秭归）人，楚武王熊通之子屈瑕的后代。屈原虽忠事楚怀王，却屡遭排挤，怀王死后又因顷襄王听信谗言而被流放，最终投汨罗江而死。

屈原对湘楚大地都很熟悉，无论是在宫廷还是在流放的路途中，他的作品都具有大地性、生命性。他的作品里面有巫楚大地强烈的地方性特色，悲天悯人。他创造性地创立了楚辞这样的词赋融合的文学体裁，具有地方演唱文学、诗歌、表演艺术的文本色彩。

他《远游》里面有下面一些名句——

惟天地之无穷兮，哀人生之长勤。往者余弗及兮，来者吾不闻。

驾八龙之蜿蜒兮，载云旗之逶迤。……仆夫悲余心怀兮，边马顾而不行。思故旧以想象兮，长太息而掩涕。

下峥嵘而无地兮，上寥廓而无天。

唐·陈子昂《登幽州台歌》——

前不见古人，
后不见来者。
念天地之悠悠，
独怆然而涕下。

陈子昂（661 ~ 702）字伯玉。少任侠。其诗标举汉魏风骨，强调兴寄，反对柔靡之风，是唐代诗歌革新的先驱。有《陈子昂集》。幽州台又称燕台，史传为燕昭王为招揽人才所筑的黄金台，故址在今北京大兴。公元 696 年，契丹攻陷了营州，陈子昂奉命出征，带兵的将领是个草包，接连打几次败仗，陈子昂提了很多建议，也未被采纳，眼看着报国的良策无法实现。有一天他登上幽州台，想起战国时广招天下的燕昭王，悲愤之极，写下《登幽州台歌》。诗人俯仰古今，深感人生短暂，宇宙无限，不觉中流下热泪。这是诗人空怀抱国为民之心不得施展的呐喊。细细读来，悲壮苍凉油然而生，而长短不齐的句法，抑扬变化的音节，更添艺术感染力。

陈子昂这简简单单的几句，成了千古名篇，很显然，这与屈原的“惟天地之无穷兮，哀人生之长勤。往者余弗及兮，来者吾不闻。”对他启发很大。可见屈原对后世的影响何其大。

屈原的《楚辞》、《湘君》、《湘夫人》、《山鬼》等等，无一不表现地方文化与当地生活、生命的关联。他在流放过程里，问天问地，在湖南桃花江天问台问天，在溆浦一路上，胸怀民生。

这样被流放的远游客，看到的山山水水，无不仁慈。虽然遭遇不如意，但生命的美好，对美的向往，在最残酷的时候，都没有停止。

他开创了“香草美人”的传统。菖蒲艾叶、龙船、香草美人等等，都来自他那里，至今无法忘记，这才是真正的生命留下来的印记。一个人曾经来过，留下了美、光、爱，虽然他走了，就像一直在这里一样。

人与草，相依为命；人与草，都是相同的一生；人吃草，吃水稻小麦，与牛羊吃草没有什么不同；人与草本来就是一命。

◎真正的西游记

——玄奘《大唐西域记》赤诚之心的旅程

《大唐西域记》这本书简称《西域记》，已经问世 1300 多年，为唐著名高僧唐玄奘口述，门人辩机奉唐太宗敕令笔受编集而成。12 卷，成书于唐贞观二十年 (646)，为玄奘游历印度、西域旅途 19 年间游历见闻录。其中包括玄奘游学五印，大破外道诸论的精彩片段，高潮迭起。全书记载玄奘亲身经历和传闻得知的 138 个国家和地区、城邦，包括今新疆维吾尔自治区和中亚地区、阿富汗、伊朗、巴基斯坦、印度、尼泊尔、孟加拉、斯里兰卡等地情况。书中各国的排列，基本上以行程先后为序：卷一所述从阿耆尼国到迦毕试国，即从新疆经中亚抵达阿富汗；卷二为印度总述，并记载从滥波国到健驮罗国，即从阿富汗进入北印度；卷三至卷十一所述从乌仗那国至花剌子国，包括北、中、东、南、西五印度及传闻诸国；卷十二所述从漕矩吒国至纳缚波故国，即从阿富汗返抵新疆南部地区。该书内容丰富，有各地地理形势、水陆交通、气候、物产、民族、语言、历史、政治、经济生活、宗教、文化、风俗习惯等叙述，特别对各地宗教寺院状况和佛教故事传说，都作了详细的记载。

后来玄奘成为唐僧，成为著名的师傅，成为一个著名的旅行家、追求者、圆梦者。唐僧有自己的信仰路线图，带着一只猴子孙悟空、一只猪猪八戒、一个行李服务员沙和尚，去做自己想做的事情。他就是把信送给加西亚的人，不同的是，加西亚是没有任何借口，埋头赶路，坚决执行，把信送到目的地。而唐僧是去目的地把书取回。孙悟空是一颗心，猪八戒是欲望，沙和尚是人间的负载，其实这些都是唐僧自己的化身。都是一个人自己的不同形象而已。

袈裟万里游，唐僧之旅，即炼心之行。那些打杀妖怪的过程，即与困难作斗争，包括自然困难与心灵困难、肉体困难。一个和尚性生活的纠缠在旅途中屡见不鲜，因为性就是生命。心不仅是心灵、精神与信仰，更是一个人自身的肉体，还有与生命有关的世界。

◎李白心甘情愿被“忽悠”

——对李白的非正式采访

李白大半生都在浪游，过着云游唐帝国的生活。他天性酷爱自由，追求对人性过度束缚的解放，游历名山大川时写下很多传世经典，偶有游记为之。

虽然不是游记项目的专家，但李白兄弟却是排名唐帝国第一位的背包客诗人。所以本书作者张绍民要对这位兄弟进行有关的专访。这个专访实非正式的那种作古正经的形式主义采访，而是一种聊天式的“瞎聊”——

被采访者：李白同志

采访者：老张

老张用好酒招待老李。

老张：兄弟，你的诗歌真牛逼。

李白兄弟：吹捧就免了，有酒喝就行，你招待我喝酒，我与你聊天，就用我的这些话作为版权费、稿费，感谢你的招待。

李白喝了一口酒，接着说道：没有酒喝，我才懒得搭理你。

老张：谢谢你给面子。

老李：兄弟，我喜欢你，与你来往，还真觉得有意思，你的诗歌，很好，比我的要好，幸亏我出生在唐帝国，如果我出生在与你同一个时代或者你以后的时代，那么我凭诗歌就冲不出来了，你的诗歌比我的要强。

老张：你太客气了，你在帮我，支持我，就谦虚。

李白：实事求是，没有必要奉承你，我还有必要去奉承一个人吗？不过你的酒量不大，是一个巨大的遗憾，也是我的一个隐痛，不能与我一醉方休。

老张：喝酒，云游，看风景，写诗，用诗歌下酒，用群山当零食，用河流与闪电做下酒菜，李白老兄，你真豪爽。你的一生，是旅游的一生；你的一生，是喝酒的一生；你的一生，是写诗的一生；你的一生，是游侠的一生；你的一生，是舞剑的一生；你的一生，是传奇的一生。

李白：有山水看，有酒喝，有朋友兄弟，有灵感写诗，真还不错。

老张：虽然你很有智慧，但老被忽悠，被山水忽悠，被诗歌忽悠，被酒忽悠。

老李：我心甘情愿被忽悠啊，好像天下父母心甘情愿为儿女付出一样。

老张：有时候，被忽悠还挺有意思，就像你被汪伦忽悠，结果成了一个被忽悠的千古佳话与经典案例。

李白:这个事情，你们都已家喻户晓，不过，我再一次说起，也觉得很有意思——汪伦是唐帝国黟县的一位豪士，他曾任泾县县令，卸任后，留恋桃花潭，将他自己的家由黟县迁往泾县。他生性豪爽，这一点与我相同，他喜欢结交名士。在唐天宝年间,汪伦打听到我旅居南陵叔父李冰阳家。就写信给我,实际上进行高明地忽悠:“兄弟，你好游乎？我们这里有风景区，有唐帝国国家级的 9A 风景名胜，不收门票，也不敲诈游客，更不强迫游客购物，老李你大可放心。此地有十里桃花，是真实的真花，不是假花。李白老兄，好饮乎？此地有万家酒店，这里的酒店啊，不搞诈骗，不设局，绝对没有九寨沟的天价牛肉，我招待你，一个铜板也不用你花，自然，你要给我钱，我也会考虑打折收你的钱”。你看，信都写成这样了。整个唐帝国和你们后来的历史，以及我出生以前的历史，都知道我素好饮酒，“人生得意须尽欢，莫使金樽空对月”是我李白生活的真实写照。从汪伦的书信中闻有如此美景与佳酿，我作为喝酒看花专家，自然喜出望外，于是便欣然应邀，迫不及待，追星赶月赶来，但是发现上当了，心里很不舒服，未见信中所言盛景，这是什么事啊？但是，注意！重要的是这个但是，但是——兄弟汪伦，款待盛情，搬出用原生态绝对环保的桃花潭水酿成的美酒，与我同饮，并笑着告诉我，他百般狡辩:“‘桃花’者，潭水名也，并无桃花。‘万家’者，店主人姓万也，并无万家酒店”。我听后，哭笑不得，继而大笑不止，没有被愚弄的感觉，兄弟嘛，一片真情，我反而被哥们汪伦的盛情所感动。“款留数日，赠名马八匹、官锦十端，而亲送之”。你看，你们都知道了，白吃白喝白拿，但不像你们今天到处索拿卡要的人们，我作《赠汪伦》诗一首：李白乘舟将欲行，忽闻岸上踏歌声。桃花潭水深千尺，不及汪伦送我情。这就是付钱埋单，这稿费，万两黄金金不换。

老张：现在的诗歌稿费很可怜。

李白：因为你们这个时代丧失了高贵，所以鄙视诗歌，那么这个时代的心灵就被甩在了穷途末路上。你看你们的风景名胜，都已被侮辱得面目全非。人性堕落，只为圈钱，山水都被弄脏。那么，就无法进行放心、开心、散心、养心地旅行。心情被忽悠被圈钱、敲诈耍弄后，还谈什么好心情写诗。

老张百度，就看到李白的诗歌旅游路线图——

开元十四年，李白“骇骥筋力成，意在万里外”，于是“仗剑去国，辞亲远游”。在途中，李白写下：“峨眉山月半轮秋，影入平羌江水流。夜发清溪向三峡，思君不见下渝州。”从“故人西辞黄鹤楼”到“朝辞白帝彩云间”；从“相看两不厌，只有敬亭山”到“俯视洛阳川，茫茫走胡兵”……李白的足迹就像唐帝国的鼠标成双入对，走遍了帝国的版图。唐帝国民风淳朴，待人以真，不义之财不取，与今天存在的旅游敲诈经济形成鲜明的对比。

◎一株柳树绿化时空

——与柳宗元对话

柳宗元，一株生命的柳树，栽在哪里，哪里的山水就有福，就会得到他的绿化，他看到的山水，山水为之一振，因为他是山水的知音，山水都喜欢他。

其《永州八记》作为中国古代游记的一块风水宝地，作为一块令人愉悦的地盘，有幸作为柳宗元的朋友，来到这里参观游览。

因而能够与柳宗元闲聊，张绍民称柳宗元为柳哥，而柳宗元称张绍民为民弟——

张绍民：山水为心，自然为命，人与山水互为心灵、互为性命，才有真正的生命价值。你的永州八记与其他游记，都可以看到人与山水互补的重要性。

柳哥：民弟，实话与你说，我有人生的失意，人生诸多事情不如意，但山水有恩于我，我得以在山水的帮助下，得到失意时的诗意，诗意作为人生的能量补充，而延续我的心灵存在。

民弟：发现山水之美，可以增添山水的自信，山水因此而更快乐，你就做到了这一点。山山水水到处都谈论你的智慧与才华。因为你心里有美，才能发现美；因为你心里有爱，爱山爱水，你才会把美写成我们的爱。

柳哥：民弟啊，你能从我的游记里读到真正的生命，你是我作品的真正读者，是我作品的知音与兄弟，作品很感谢你，我很感谢你。也要感谢那些外行读客，因为他们虽然没有你的境界，但毕竟读过我的作品，对待读者，都要宽容与致谢，但是我们也不欢迎邪恶的人阅读我的作品，那样邪恶的目光是对我作品的侮辱与污染。

民弟：在一个地方，要让一个地方不讨厌一个人，这个地方要爱一个人，这个地方觉得他好，永州就这样喜欢你。

柳哥：一个人不能给所呆的地方抹黑。

民弟：你能够把无名的细小山水变得伟大，这是你的与众不同之处。

柳哥：山山水水，一草一木，只要你不破坏它，都很伟大，都很了不起，在它们面前，人要谦卑。山水万物感到人值得信任，才会给我们真正的光。

民弟：那时候，你们看到的山水没有功利性，至少很多大部分如此。所以你们能够在天地之间自由徜徉，在小处看见大风景。

柳哥：我与其他古代人一样，也厌倦你们面对的山水和时代，你看，我们使用山水，都是用环保说明书作为指导，而你们时代使用山水，都是用污染说明书作为黑暗指导，这就有了本质的区别。你们的所谓大时代，失去了对山水的敬畏。这是最可怕的啊，在山水面前胡作非为，迟早要埋单的。而我们看到我们生活过的美好环境，在你们时代被毁，也是痛不欲生、痛心疾首。我们对你们时代不珍惜山水是谴责的。

民弟：是啊，我会把你的话记在心里，也尽力转告给更多的人。

说到中国古代的游记，张绍民有话要问柳哥：在中国古代游记的发展历史上，柳哥你在唐代的位置和所起的作用，功不可没。你在元结的基础上，进行了提升与努力，从而到了你这里游记有了很大的提升。你如何看待自己在元结的基础上又更上一层楼？

柳哥：事物的发展都有连续性，我很尊重元结的游记地位，但我在它的基础上，要把自己对山水的理解，靠我个体的心灵去对接整个自然的魅力，对接成功，我很开心。虽然我面对的具体的地理，面对的是小小范围里的野山野水，但我让自然之心与我的心融为了一体。

民弟：山水姓野，有野性，自然才活着。如今现代文明的自然，野性遭到空前的浩劫，开发到哪里，自然就遭受不同程度的毁败到哪里。自然的野性，不仅在人迹稀少的地方，关键还在于要让自然有充分的自由，让自然放松、保持自己的本性，没有压力，自然如果有压力，靠内在的身形力量维持平衡，才会给人类提供自己的最佳状态。

柳哥：山水真委屈，在你们的时代，破坏自然猛于虎啊，唉……

民弟：我想到了你的《捕蛇者说》……

◎苏东坡以下，宋朝无第一

——与苏轼的零距离沟通

苏轼，无论是文学还是佛学、书法等等，都是一把好手，与之交往，可以痛快地谈，与高手交往，才会看到自己的高低。苏轼与自己同等实力的人聊天来往，也感到自由地释放。

佛印与苏轼，天生的好友，好友并不是什么时候都一团和气，而是在争论、争锋、吵架里来来往往而形成友谊，一旦停下来，就会发现自己的寂寞。

老张与苏轼兄弟的交流，神交已久，心灵上的沟通，对话时时刻刻可以取得联系，但不必时时刻刻联系，有一些必要的联系就足矣。

就事论事，老张与苏轼主要是谈及中国古代游记与宋朝山山水水的事情。时而在主题聊天之外，说及他事。

老张与苏轼，坐在波涛上，波涛就像宠物，健康而活泼，自由而爽朗，我们用波涛做粮食，随便拿一个波涛，就吃得很开心，波涛既是粮食又是酒。

老张：苏老大，你与波涛有不解之缘。

苏轼：是的，赤壁的波涛就是我的朋友。

老张：赤壁大战，还有你的文章，都成为赤壁的不朽。其实石钟山的波涛也在怀念你，你让它们得到了一种心灵与精神呢。

苏轼：我只是探讨、考证了一个地名的由来。

老张：这是一种亲自办事、不道听途说的精神。

苏轼：这篇游记，说句实话，的确是有创意、有创新、有精神、有气韵的。重点不是记游，说明了实地考察、不主观臆断的重要性。我在这篇游记里主要是说理，把一个道理讲清楚。

老张：与你有联系的王安石，他有一篇《游褒禅山记》也重在说理。这篇文章主要是说追求真理或者办一件正确的事情，要不抛弃不放弃走到底、百折不挠。另外也可以看到——好的风景常常在不能达到的地方，在人迹稀少、高远之处。《石钟山记》与《游褒禅山记》重点不是记游与抒情，从你们这两篇游记里，可以看到，游记到了宋代，发展到了说理的一个重要特色。

苏轼:你说得不错，你说到了王安石，我们是朋友，但也有矛盾，无所谓的。来，说了这么多，我们来喝波涛。

他把波涛当成古老的啤酒来喝。

老张与他闲聊，把宋代的游记梳理了一遍。其实除了宋代有一部分游记说理外，还有另外一部分游记，保留了唐代游记以来的抒情与写景的风格，就像晁补之、范成大、王质、朱熹、邓牧等人的游记即如此。

◎世间真文字、大文字、奇文字

——与陆游谈及“古今纪游第一”《入蜀记》

“古今纪游第一”这就是中国古代游记历史上对著名诗人陆游《入蜀记》的评价，对于这部作品，张绍民与其他人一样，只有喜欢。

陆游兄不只有诗才，游记亦一流，写作，对于有才华的人而言，一通百通，诗与文章，互通有无；不过情况也因人而异，有的人之精通一种文体，也能做到天下第一。

谈到写文章，有一点必须做出说明，在古代，人口不多，识字的人不多，能够写作的人更不多，在识字为文中，能够做官的，又少之又少，而陆游就在这少之又少的一拨人里面出类拔萃。

与陆游的交谈，是在路上的交谈，随着他到四川去做官履新的路上一路记下的日记，就一路记录下了时间、空间、生命与心灵。

老张：日日行程，日日写作，形成了习惯，也很自然，于心于已的生活，都很充实，我们都是习惯做自己习惯的事情。

陆游：你们的时代不是强调“好习惯好人生”吗？其实你们所强调的，我们早就习以为常，不当一回事。越强调的，说明越缺乏。你们的时代，喊破喉咙要保护好青山绿水，而青山绿水还有几何？这是一个全球性的问题，而不是只是一个国家的问题。

老张：所言极是，你所处的时代为无污染时代，而我们身处一个污染时代。有与无有本质区别。

陆游：那么，我愿意生活在我们的时代，而你们时代，无论给我多大的官衔，无论有多少豪车，我都不会贪图便利与享受，我拒绝去你们的时代。我在我的时代，虽然路途艰险，但我乐意。步行时代即手工时代，虽然是慢时代，但却是真时代。

老张：前辈，你就开创了自己的时代。

陆游：我并不是要听你拍马屁，但是的的确确，我靠自己的能力进行了创造性地开拓。你知道的，对于创作的人而言，原创力、创造性、开创性，具有极大的作用。有实力的人，都是靠自己的实力，赢得自己的位置，获得自己个体的力量，进而成为影响力。

老张：人们对你的游记，已经有经典性的定论，认为：你开创了一种独创的日记体的综合性跨文体游记写作，写景、描绘古迹、画山水、录风俗、做考证、抒真情、有感悟、讲道理、发议论……融合在一起，在你的《入蜀记》里得到了淋漓尽致的展示，内容丰富多彩，笔法潇洒自如。随日写来，随意写来，却有它天然的伟大，一气呵成，堪称时空生命的最佳容器。

陆游：对生命要认真，对写作要热爱而负责。但，也必须要有才华与智慧以及高远的心灵、光明来支撑。要做自然的赤子。

老张：你的游记，对徐霞客的影响很大。

陆游：他是了不起的，我们在同一条道上。他只是受我的影响得到启示，主要是形成了他自己的核心力量，形成了独特的自我，有他自己全新的创造。而不像你们时代的文抄公，自己智商低，没有创造力，只偷窃别人的作品，还没有羞耻。你说到这里，我们要徐霞客过来，咱们几个兄弟，坐在江湖小舟上，喝酒聊天，也不错啊。

老张：也把苏轼叫上……

◎徐霞客对今天旅游与风景的看法

——旅游杂志《背包客》对徐霞客的独家采访

《背包客》杂志的记者小张，还处在试用期的阶段，为了保住这份工作，他想方设法找到老徐，采访他，想整一篇好一点的采访稿，以图稳定自己在杂志社的工作。经济萧条，工作不好找，而自己要养家糊口活命。

老徐本来不喜欢出风头，但是得知小张的情况以后，决定帮他一把，不要大牌，配合他，让他写好采访稿，保住饭碗。

小张看到老徐的背包，破破烂烂，但不会漏掉东西，就问：老徐啊，你没有用过什么名牌吧？

老徐答曰：俺老徐，从来不讲究那些，只有一些心里虚的人，才会用名牌来武装自己。一个背包，实用，能装东西，经久耐用，就行了。名牌就是炒作出来的，靠广告，广告就是吹捧。不过，有的名牌虽然贵，但也有好的，我不会一棍子打死。

小张说：你是一个写日记的高手，把自己经历的都写下来，写得很牛，很真实。

老徐：我手写我心，我的脚印写我的道路，我的道路写我心，我的心写我的手，写我的脚，写我的命运，就这么活着，奈何得了我吗？我的心我做主；我，我的心做主；

我的心，我的命做主；我的心，我的命，自然做主；我的命运交给大自然。

小张：你怎样解决路途上的经费？现在没有钱，你要玩那么多地方，玩几十年山水，根本不可能。

老徐：你们所处的时代，给山水标价，你们的一生是钞票运作的一生。钞票就是你们的脚印。俺老徐外出几十年，云游天下，当然也要银子，但是，我会自己解决困难，比如说，我随处可以喝水，喝到的都是矿泉水。现在你们要外出喝到一口免费的水，喝到一口干净的流水，绝对很难。就说吃的，我就像孙悟空，可以吃到很多野生果实充饥，绝对绿色而且免费，还有那时候的人际关系，没有现在你们这么势利，我也可以吃到免费的午餐，也有赞助我的朋友和陌生人。只要简简单单地活着，随便吃一点就行，不讲究，将就。但是，粗茶淡饭，反而是最高级的日子。吃得舒坦，食品没有安全问题，所以我能很健康地游走在自然的心里、怀抱里。

小张：你父母支持你的远游项目吗？

老徐：你这孩子，不想想就问，现在的记者，都像你问的这个问题一样，问出的问题，都很低智商。你要想一想啊，我的远游项目，日记都写了这么多，父母不支持，我干得了吗？我给你说吧——小时候，父亲对我影响甚大，我喜欢读历史、地理和探险、游记等等很多书，从小就向往着“问奇于名山大川”。就像你们现在小时候写作文《我的理想》说的一样。但现在的孩子哪里还会有什么理想，现在的孩子简直是机器，被动活着，从一开始人就处于压力难堪的境况下，英语呀，这个培训那个培训，都被卡在枷锁里。哪里还会有什么童年？现在的童年直接消失了，孩子与大人一样活着，更不要说城里的孩子被现代化包裹得紧紧的，没有逃生的地方。现在的留守儿童，看不到父母，童年残缺。我们那时候，“父母在，不远游”，不能说有束缚，那是人生的温馨，当自己还小，与父母生活在一起，老人有天伦之乐，孩子有父爱母爱，童年才完整。但是人一旦稍微长大，好男儿志在四方，外出走一走闯一闯也是生命的历程。人都在风雨中穿行。我父亲去世后，老母在堂，所以我还没有马上出游。而我母亲很开通，通情达理，她这么鼓励我：“身为男子，志在四方，羁留家园，一如篱内小鸡，车辕小马。”母亲的话激励了我，也成全了我。

小张：你的旅游，才是真正的旅游，才是真正地外出走一走，而现在外出一趟，还真不容易，没有钱，哪也别想去。旅游，也都像完成老师布置的作业，想把它做好，但往往力不从心。在景点看到的人比看到的景物还多，融入大自然现在是一句空话。

老徐：现在的山水，真是命苦，被现代化，被污染，被屈辱，被蹂躏，大自然被人屠杀，被绑架的河流、山头比比皆是，山就像尸体一样活着，到处都流浪着水的遗体。人毁掉大自然，并没有得到好处，相反，得到的是疾病、失落、压抑、心灵没有归宿。过去，在我们的时代，大自然就是人的心灵和生命的依靠与归宿。中国人在古代把大自然看成天堂。

小张：没有了真实的原生态自然，只有人造的虚假自然，人造风景在骗游人、背包客的钱财。

老徐：大自然的心灵与肉体都受到了现代化与物欲的摧残，大自然非死即残，当进入一个低智商的时代，就进行所谓人工风景的创作。那些人工风景还被列为什么工程，什么品牌，那都是吹牛吹出来的。那些人造的玩意，还称得上什么风景吗？人真是不自量力，所谓创造力，恰恰说明了人的邪恶与无知。人类所有智慧的总和，还造不出一条蚂蚁的小腿，还造不出一滴水，还要谈造什么宏大的风景。只有造物主的山川，才是真的风景，才是真山真水，造出的风景还算什么风景。

小张：一旦失去本来的山水，人就没有活下去的根本，因为大自然即我们的身体与生命的母体与容器。现在的山水与过去美好的山山水水不可同日而语。你那时候的山水，幸福指数还很高。

老徐：我两游黄山，赞叹“登黄山天下无山，观止矣！”又有“五岳归来不看山，黄山归来不看岳”。真是“天山一碧如黛”，不惹俗世尘埃。开心得把风景当成饭吃，让我“不暇晨餐”，“循仙筏”、“从梁上行，下瞰深潭”，流连忘返，但是你要我看现在的风景，那我也会很郁闷，很纠结，我会看不起风景，因为没有那么多钱。现在的风景，就是吃吃喝喝，圈钱，风景把人圈进去，而不是给人自由、给人心灵放松，今天那些人造风景是给普通人看的，真正的好山好水都给权贵阶层圈走了。

现在的人工景点，缺少自然天生的气息，十分雷同，也没有创意，人的创意比不上大自然本身的创意和大自然鬼斧神工与生俱来的壮丽。打死我也不会去看那些玩意，那是对大自然的羞辱，也是对我目光与心灵的污染。

小张：现在把你做成一个品牌了，搞什么徐霞客项目评奖。

老徐：利用我的名字来搞钱，现在什么东西好就糟蹋什么，我要参加这个用我自己名字命名的评奖，百分百、千分千入不了围，哪怕我是真正的徐霞客，没有送钱，没有白花花的银子铺路，我就入不了围，拉不到选票。我也不是帅哥，身体也成不了经济开发区。山水草木越来越稀缺。人的生命，属于草木，粮食蔬菜就是草木世界。富豪用草药，底层与草根用西药、抗生素。现在就这样就医。草根没有草，也没有根。富豪有草木有泥土，有根，他们才是自然的主人啊。

……

老徐说着说着，就很气愤，后来采访就进行不下去了。小张无奈，他理解老徐的心情，后来为了上一篇老徐的访谈，就设计了一套《徐霞客游记》的问题，让老徐问答，老徐考虑到自己要支持小张，小张采访自己也不容易，就支持他，好好回答他……

◎品明清山水小品

——与王思任、张岱谈山川

发展到明末，游记出现了徐霞客的游记。山水小品出现了代表人物王思任、张岱，一个嘻嘻哈哈，一个清秀鲜活。山水小品，继承了自汉魏以来的小品文传统，形成了山水的盛宴与锦绣。立“独抒性灵，不拘格套”方针。其实山水小品有点类似于今天说的随笔，随意写，随意表达，形式自由灵活畅达不搞唧唧歪歪老学究说道理八股那一套。

把王思任、张岱安排在一起，让他们互相慰藉。张岱，诗意甚多，但诗意的人，往往也有不诗意的时候，谁都有个郁闷、纠结。张岱眼里的王思任是怎样的呢？他如此描写老王——

老王啊老王，你隐居在山水里，到处看看，唯有山水与人相依为命，喝喝酒，聊以自慰，浪费时光，时光本来就是用来浪费的。笔悍、胆怒、眼俊、舌尖、诙谐。游记为漫画高手而有山水本色，山水在老王笔下，也戴上哈哈镜，幽默一番，快乐一把，山水快乐是为了逗老王开心。

张岱眼里的自己是怎样的呢？他如此描写自己——

我，少年时代，一个纨绔子弟，极爱繁华，喜欢豪宅美院，喜欢美女，喜欢时尚光鲜的衣服，喜欢美食，喜欢好马，喜欢华灯下溜达玩耍吃宵夜，喜欢烟火烂漫，喜欢看戏在梨园休闲，喜欢玩古董，喜欢养花养鸟，喝茶，看书，写诗，为文。劳碌半生，浮生如梦，五十岁了，国破家亡，避居在山里。唉，看看晚年，破破烂烂的床，三条腿残疾的桌子，饭锅都没有完完整整的。几本书，一秃笔，一有缺之砚，吃不饱，粮食不足，对比一下自己的青少年时代，真如隔世。

老张对他们有所了解以后，就爬山涉水，请他们吃饭，大家吃一顿饱饭，吃饱了，喝茶聊天。

老张称张岱为前辈：前辈，你们是时代所逼啊，明万历以后，魏忠贤当道，很多士大夫受到迫害。然后，满清入关，大家又流离失所，有贞操的士大夫，就遁迹山林，寄情山水。公安、竟陵文学运动，反复古，强调童心、独创，反对模拟、克隆，摆脱理学束缚，对虚伪的载道痛击，直到袁枚那里，还有深远的影响。

张岱：你说得极是。

老张：作为你的后人，我们对你的游记还是蛮欣赏的，尤其是你湖心亭看雪，你看出了真正的滋味。

张岱：诗意让人安慰，惆怅使人郁闷。写写文章，养养心，活着而已。

老张：写文章，并不轻松啊，你们写文章，写得惹怒他人，就会被像摘水果一样摘掉脑袋。文祸之事，历代都有，而且明清尤甚。

张岱：唉，那有什么办法？我们只有笔杆子，而暴力集团有枪杆子。寄情山水，诗意的人生，被山水包容，就足矣。

张岱有一些惆怅与无奈，但在山水的怀里，得到山水的慰藉。山水是他们唯一的退路。

在美的背后，往往有深深的苦难。那些美丽的游记，他们的作者，在秀丽的自然里，就像生锈的伤口。鲁迅曾撰文谈到明清山水小品，他在《小品文的危机》一文中说——

而小品文的生存，也只仗着挣扎和战斗的。晋朝的清言，早和它的朝代一同消歇了。唐末诗风衰落，而小品放了光辉。但罗隐的《谗书》，几乎全部是抗争和愤激之谈；皮日休和陆龟蒙自以为隐士，别人也称之为隐士，而看他们在《皮子文薮》和《笠泽丛书》中的小品文，并没有忘记天下，正是一塌糊涂的泥塘里的光彩和锋镳。明末的小品虽然比较颓放，却并非全是吟风弄月，其中有不平，有讽刺，有攻击，有破坏。这种作风，也触着了满洲君臣的心病，费去许多助虐的武将的刀锋，帮闲的文臣的笔锋，直到乾隆年间，这才压制下去了。以后呢，就来了"小摆设"。

从上看出，明清的山水小品，既有自然的心灵，又具有人间的纷争，还写出了那些优秀人物在打压下生存，写下不屈的灵魂篇章。

◎山水抒发性灵

——与袁枚"性灵与自然"专题交谈

袁枚很有意思，一生也值。怎么说呢？少年得志，24岁就中了进士，做过很多地方的县令，做父母官。在33岁的时候，就在南京小仓山，自己盖了园子，命名为"随园"，读书写作，有银子花，衣食无忧，写了《随园诗话》等等，优哉游哉，好不快活，到处玩耍，写下成堆的游记，堆积成山水风景。说句实话，他的命好，也要花掉许多纳税人的血汗。

虽是清朝人，但他受明末公安派的影响甚大，写文章喜欢独抒性灵。与之闲聊，更加确认，这是一个很有主见的人。

老张：你的《随园诗话》虽是一家之言，但很多人爱看这个文本。

袁枚：我只是喜欢读诗，但惭愧写不出什么惊天动地的好诗。

老张：《随园诗话》里有很多真知灼见。

袁枚：那都是一个读者的真实想法，诗歌要率真，文章要率真。

老张：还是独抒性灵，你的很多游记也如此。

袁枚：不是真情流露，不让生命直接说出本意，那还要写什么呢？写那些脑筋急转弯，满纸废话，让人阅读提不起精神来？人故意做作，自以为是，不仅写出的文章可怕，而且让世界、生命遭到蹂躏。有才华，并不说明什么，才华一旦实施到歪理中去，那么才华就会害人不浅。

老张：你是说姚鼐他们？

袁枚：我不是说谁谁谁，只是针对事物的现象、本质而言。你们今天的所谓学院派，不也是弯弯绕写文章吗？要写到外行说好，内行说好，那就行了。

老张：你说的是最高要求。的确很多文章读起来没有意思。姚鼐他们写文章，与你不是一个路数。

袁枚：姚鼐有才华，很多人都能看出来，但他们自己搞一套什么“义理、考据、辞章”三合一，那么文章里无端加入很多无关的乱七八糟的资料、论说等等，就像他们写游记，里面加入很多神神叨叨的地理考据什么的，就像一下子百度到很多垃圾都放入这文章里面，而自己没有真感情、真句子写出来，那样的文章就像组装，没有什么味道。

老张：你有很多游记，都在实践自己的主张与观点。

袁枚：让生命说出本质，我喜欢游玩，其实人类都喜欢游玩。

◎游记盛宴：中国古代游记的成就

——《背包客》杂志小张对本书作者老张访谈录

小张对老张，就像童年对青年、青年对老年、自己对自己，好玩、有益。就算自己对自己提问，自己进行回答，也未尝不可。一个人学会与自己打交道，实为一大学问。

小张对老张提问，不问别的，只问中国古代游记那点事儿。

其实这样的采访，就那么回事，但很重要，有时候很多情况下都是笔访，写几个问题，被访者回答一番，而有的所谓采访，就是委托被访者自己弄出几个问题，自己自问自答。等等情形，不一而足。

小张要求回答的只有一个问题，即中国古代游记的成就，而老张的书面回答为——

第一，中国古代游记是地理学、不同时代不同地方自然状态、民情风俗、游览与鉴赏山水、养心与休闲、文学与心灵的一个综合与总和。

第二，是对中国历代疆域范畴里、生命、生存、生活、生趣的考察实录，体现当时山水容貌、游者心态，是自然与人的汇合。

第三，为后世留下丰富的人文、历史、地理、考古、民俗研究、科学活动、文学作品等等资料。

第四，从具体的游记作品里，看到当时作者真实的人生剪影。

第五，从具体的游记作品里，看到借助山水来发表议论、感慨、表达作者的生命观、价值观、心灵、人生哲理。山水赋予人智慧。

第六，就游记的文本、体裁、题材、选材、角度、语言、风格、个体才华而言，提供了丰富多彩、灿烂群星的档案与资料库。

第七，从游记的文学性中，看到人的自然属性是为本性与出发、与归宿。有自然，才会有人的生命存在、心灵存在。世上人有千千万万种，但自然只有一个。

第八，游记不仅直面山水，还直面人生、直面时代、直面社会。

第九，面对同一风景，独特发现的重要性不言而喻。

◎山水找到自己真正的作者

——黄山感悟：从洪凌山水油画谈及古代游记

实际上，美好的游记、山水诗、山水画，都代表了山水找到了自己喜欢的作者。黄山，为历代背包客所行，为历代游记所写，为历代画家所画。在黄山，画山水见长的洪凌用自己的画画下了游记。面对一个人一幅画，阅读山水画，就是阅读一幅幅游记。

——心——

看游记，看山水画，转换一下形式的表达，画即游记，游记即画，山水画家画游记，游记画下山水画。

洪凌如是观——

“我对自然界的一草一木，一山一水很熟悉……我把具体的山石树木都转化成了心象。……在选择心象的时候，我的笔墨就已经参与进来了。”

洪凌山水画与宋代山水画山水游记文化，遥相呼应，宋代山水画登峰造极。作为艺术时代的宋朝，除了宋词，还有思想、山水画、游记，几个重要元素形成了中华民族在宋朝的心灵。历史上的宋代，百姓富有。更为突出之处在于，在国家土地破碎、国土飘荡着不完整时，宋代的山水画具有完整性、灵魂性的意义，它有内心大地的展示。那个时代最终在艺术和诗歌上达到繁华，形成一个时代的辉煌。那个时代的山水画补偿了当时大地的危机，如良药救治了当时的山水大地，使那个时代有了超越宋代的尊严和伟大意义。艺术的价值超越了时代，艺术的价值更具有了时间性而得以永恒，成为文明和中华心灵的象征。

洪凌山水画，传承了宋代伟大山水的精神，使得他的山水画具有了承启文明的力量。宋代游记与那个时代的山水画，构成山水文化的双翼。宋代游记包含的心灵重在说理，而宋的山水画打开水墨的娇容、神韵与神性，一一流露，这在苏轼、陆游的游记里也潜伏着。

我们可以明显地看到他作品里的心灵，与宋代山水画作品里的心灵，具有同样重要的国家意义。我们再看当下我们这个时代，我们所处的地理时空与宋代的地理时空有着惊人的相似。我们的大地遭到某种精神上的危机，大地所具有的土地山水精神被高楼大厦分割占领、被工厂污水所浇灭、被房屋暴涨的价格画地为牢。大地已经病得不轻，需要治疗它的良药，而山水的精神要得救，必要有人能救它们。洪凌的山水画正好奉献出当下时代精神的良药。他的作品使山水得到了安慰。这在宋代，游记重在说理，也就要说出世情、人理一样。

山水与大地直接形成我们的心灵，形成人的尊严。在时间的史诗中，大地用自己的山水作为代言者，山水投奔它们认为值得信任的人。就像投奔苏轼、陆游的心里一样，洪凌在这个时代得到了山水的信任。自然选择一个人为自身的代言，它绝对有自己正确的眼光。没有意义的人得不到山水的信任，更不会得到山水的心与灵。山水把自然的心都掏出来，交给了苏轼、陆游、洪凌。如此高度，如此庄严，如此重任。有能力的山水写作者、画者能表达山水的庄严与心。创作力量捍卫山水的生命力。在大地上得到破坏的，在作品里得到了恢复。其作品修复了山水在现代工业文明被科技所损伤的尊严，让山水重新找回了自我。这种自我一旦成为艺术家的我，艺术家就得到了自然的神助。万物皆神，自然皆我。我皆万物，画家在表达时，山水与山水包含的一草一木就自然呈现它们的力量，愿意表达。山水在画里面、在游记里面，在诗歌里面，便等同世界，等同自然，等同心。

山水画、山水游记成了山水心灵的归宿，一张张山水画成了自然的一个个家。作品展示大自然的心性，庇护大自然的沧桑心灵。一旦作品成了博物馆，就变成为时间的容器。这个容器，容纳了大自然的心、神、体、貌。在科技和机器的时代，谁还能收留山水，收留山水干净的心呢？好画家与好作家诗人用自己的作品包容了大地上的世界，对机器科技的冲击进行了消解。当人的心成为机器，当人的目光成为流水线，杰出的山水画挺身而出，恢复人的目光，恢复人心。

——冷——

洪凌似乎对雪有一种偏爱。

他那些以雪为核心的作品直抵人心，展示了洁白、纯洁的分量。雪在他的作品里找到了自由、干净、白色，它承担了灵魂的躯体。在众声喧哗的时代，在钱热得发高烧的时代，在物欲热气腾腾的时代，他的雪有调节心态降温的作用。生命需要寒冷，需要冷静。头脑发热，创作发烧，很容易烧断保险丝，更谈不上创作真正意义上的作品。其与俗世随波逐流者大不一样。他以自己的冷静打开了艺术世界辽阔的力量，那种辽阔展示了艺术的胸怀、自然的胸怀、博大了心的面积。

在全球气候变暖的大背景下的人类艺术创作，冷思维多么重要。艺术家对雪偏爱，用雪作为一个重大题材进行绘画，保持了人类之心应有的清醒。与众不同的画家，雪成了艺术洁白的泥土和神圣的标志。雪即白道，我们需要白道。雪有净化尘世灰尘的作用，我们的物质世界、生存世界、精神世界都需要雪的纯洁。画家伟大的雪对世界进行了捍卫。酷爱雪的人，内心洁白。

冷静有着艺术恰当、必须的体温，但只有有能力的人才能达到冷静真正的世界。冷静的亲戚有从容、大气，这个家族的力量，好画家都具有。其实怎么说呢，那些游记，那些山水文章，都需要冷静。在游记世界里，就像在山水画里一般。黄山、泰山等名山之雪，落在画里、游记里冷艳着。

冷静也产生安静，大地上被逼得急燥不安的山水，在山水画与游记作品里都成了上课时学生的安静。多么神奇的世界呀，在一定的时候，山水成了他安静的学生，山水从他身上得到了力量。

冷静就意味着清凉。清凉的画把一寸寸一尺尺一亩亩清凉吹向人们的心田，人们感受到艺术深处的那种美好感受。似那清风拂尘，产生奇妙，诞生奇迹。

冷静才有真正的思考，才有真正的思想。好画家的画与好诗人的山水诗与游记相同，在冷静的思考中完成，得以呈现思想的力量。

——骨——

喜欢画竹，洪氏的竹世上独有，有独特的生命力。竹者，骨头也。骨头并不只有硬，还有重要之处在于它的气。骨产生气。按照洪凌自己的话来说，他喜欢把竹放在野外来表现，也就让竹有了野性，还原它的真实生命力，这样的竹才有竹的味道，那些圈养起来的竹，早就做了奴才，为真正的竹所看不起，也不能支撑艺术巨大的力量。竹在真正的作品里才像竹子，他画下的竹又超越了竹子。一幅著名的《雪竹》其竹实为竹之经典。

竹林在泥土中时就像身体里的骷髅结构，从泥土中站出来，站成风的乐器，一部分风愿意结成冰成为竹的骨头。竹体现重要的东方性，为代表性的东方元素。竹不仅绿化了雪，也绿化了我们东方汉文化的心灵，最初它绿化伟大的汉字，发出了震动世界的汉声。骨亦为心，为坚强之心，这种可贵的心在当代艺术里宝贵而有品味。

竹更深刻地体现了一种哲学意义。《新安雾竹》展示哲学景象：雾如同身体之血肉、皮肤，而竹如炊烟之冰块而成骨头，画出了竹的心灵和思维。竹子有自身的思考，它用自我的思考照亮人们，照亮人类精神的骨头。

名家画竹，犹如文字剪下骨头为神韵的支撑，启示我们看到刻画骨头的重要性。骨头并不只有硬度，真正的硬度容易碎裂倒如玻璃。骨头显示神韵才有达到本质的力量。

好画好游记作品里到处都有骨气流动，一些作品里画着的树木同样也呈现骨头的身材和意义。这种骨气在作品里潜隐，像空气之于生命。说明一下，这里所说的骨气指骨之气韵而非做人之骨气。当然，后者也可以从前者延伸出来。

——美——

洪凌如是谈——“我呕心沥血的作品，能挂在人们的家里，带来欣赏的美，是一件非常快乐的事。”

这是挂起来的山水与挂起来的游记，而非抽屉里伤残与拥挤、委屈的山水自然。

美只有在传播和欣赏的过程中才能使其伟大释放出来，美当然是其作品成功的基本原因。

而我们来看，当代艺术的混乱与没有标准分不开。这就像旅游市场的混乱，美的丧失导致美的缺席。许多艺术家的作品赤裸裸地成了钱的复印件，而名山胜水被蹂躏成了提款机与卖身者的委屈没有什么不同。“恐怖主义”式的绘画骇人听闻，一些艺术家的作品上血淋淋的东西，压抑扭曲、变态的面画让视觉和感受很不舒服，甚至让人有强烈的反感。艺术便远离了美。艺术品的内容导致了这些所谓值钱的作品只能躲在暗处，用保险柜的大铁锁、密码锁起来，一旦示人，便有吓坏了人的感觉。艺术何苦到这样的地步，那又何必呢？就像人工景点不受欢迎似的。

对于俗世人生来说，美是一件要紧的事。对于游记、山水画艺术的本质来说，美是一件要紧的事。美能震憾人心，更多地要求美带来快乐、幸福，使人赏心悦目。好画不同于那些看起来挺吓人，只能束之高阁的所谓作品，有游记、好山水画有着东方文明根本性的美。其作品的美可以用来打扫尘世的丑陋，美化视野，救治生病的目光，使人们的目光找到了美的依靠。

没有美，不会形成艺术。没有美，也就没有我们兴致勃勃的山水游兴提高生活的质量，没有人生乐趣。真正的美有它自身的价值。美在好山水画好的游记创作中得到了重新发明，艺术之美有着继承，又有着开创。历代游记的发展也如此。宋朝的游记继承了唐代游记的抒情写景但也发展推出了说理的游记。洪凌继承宋朝山水画之大美，开创自我的大气。其作品之美在大美、在心、在时光、在四季……他那些关于四季的作品：关于春夏秋冬的种种呈现，都是光明的史诗游记画卷，也打开了时光的奇异之美。

——声——

洪凌如是悟如是言——“久而久之，我渐渐体现到先人的声音，非常遥远的声音蜿蜒在中国的山水里，有太多被遗忘的声音。”

用自己的创作发出自己的声音。这种声音首先体现一种责任。在20世纪70年代末期,中国从1976年以后,艺术创作开始复苏。30年来,洪凌进行艰苦卓越的探索,付出的努力把30年来的艺术进行了一个衔接，使得将来东方性的艺术能步入良性的空间发展。其担当令人肃然起敬。在急速的30年里，对山水的过度开发，造成了自然不堪重负的压力。

他发出的声音源于对山水的责任感，借山水为心，以山水为道，用山水平衡一切世界。真正艺术家的责任，创作在为提高民族素质做出努力。一个民族在她的每一个时代都要有相应的高品质艺术，否则，没有心灵的民族则无法完成她的时代责任，而艺术恰恰就等同心灵。在我们所处的时代，完成真正的艺术有着艰难的一面，做出努力，要汗水、要智慧、更要声音。人们不幸处于一个山水不被尊重的时代，山被砍头被房地产的高楼夷为平地，河流被腰斩不能保持自己的干净和延续。山水几乎不能正常发声，不能完整地表达自我。大地上的水、泥、草木都被工业、科技、机器、暴利共同合伙谋划、摧残。这种情形下的艺术创作，只有真正的艺术家才能面对。

真正的创作在恢复汉声，重建山水，让山水再生育一次自己。山水的声音天生奇妙，每一个声音都表达一个奇迹。只有山水发出自己本来、原创的声音，人才可能有自己生命的声音。山川大地的声音代表了人的心里话。当山水受到生产力、经济的打击时，它就只有愤怒，哪里还有什么话说，山水得了失语症，没有了话语权，那就相当可怕。山川大地，草木世界的声音瘫痪了，变成哑巴，只有真正有良知的艺术家才心急如焚。让山水的喉咙唱出真正的歌，找回自己不可缺少的声音。与宋代山水精神（山水画山水游记）呼应，洪凌画下的山水，画下的一草一木，画下的四季时光，都成了乐器，都有新鲜的声音发出来。以山水为音、为乐，为乐器者，只有大艺术家能担当。把颜色演奏为最纯粹的音乐，所以说看好的山水油画，用脑，用心，用读，用品，还要用听。观其画听其声，品其味，知其境，悟其意，慢慢明白了其中的高贵品质。

其雪的声音，其竹的声音，其树木的声音，其时光的声音，皆为天籁。品其画，听其声，而入神境，众人无不如此。

洪凌在画画时，喜欢把伟大的音乐充满空间，这些音乐像颜色的另一种激流，冲进画家的身心、作品中，作品用自己的耳朵接受了另一种伟大声音的帮助，这种帮助的伟大声音直接形成作品。当然，主要还是让作品发出天籁，这种声音从《诗经》里的山水那里传来，从陶渊明、王维、苏轼的作品那里一路传来，在作品中蓄成灿烂的壮观。

艺术品成为一种声音，才能算作真正的彼岸。循其声，方知其存在之意与境。创作自己的作品时，倾听作品发出的声音。作品上的声音如同灵魂不会散去，保留着汉文化的品质。

——诗——

洪凌直指人心，如是道——“人，就这么一个肉身，它慢慢变成一种东西。像我绘画你写诗实际上就是这样，如果诗与画在我们心中消亡了，如果美消失了，自然的力量也就枯萎了，我们就不值得在这个世界上辛辛苦苦地生活了。”

诗性在耕种中产生出来。创作亦为一种巨大的耕种。一幅画一亩地，同时又是千千万万亩的土地。颜色之深莫过于泥土之深。绘画的耕作与诗歌的耕作同出一源，具有相同的本质。背包客与画画，本质为一种诗性耕种。优秀的山水画家与一般的艺术家不同，其创作和生活都非常重视诗歌。这一点在艺术家中更显可贵和独创。在现在很多人那里，没有诗性，只剩下奴性与低智商的机械性。

洪凌在 1977 年大学二年级时就结识了他父亲的老友——北京大学法国文学教授、翻译家叶汝琏，成为一位著名诗歌翻译家的好友，从叶教授那里，洪凌了解到了法国在世界上的一流诗人。诗性对人生无疑提供了第一重要的元素。其与当代中国非常重要的汉语诗人潘维、祝凤鸣、杨健等一批人都成了朋友。诗性的生活、诗性的人生、诗性的创作使艺术家更容易成为大气者。对于艺术来说，有诗性、有神性、有思想的大气才能构成真正的大气。缺少诗性的元素，艺术要有王者之气，那肯定像痴人说梦，根本不可。

山水作品中到处流淌着音乐般、清泉般的诗性。大自然本身就具有诗意，可以说不需人去创造，还有高于文字诗意的诗意。诗性与神性往往结伴而行，它们牵手出现在其作品中，使得作品的力量成了巨大的力量无形无边无际。所谓山水精神，最后落到一个神字，神性诗性就一道起了作用。

山水大地无言即有言，其以不言之诗胜一般之有言之诗，画以无言之诗胜有言之诗，就为杰出者。

画中有诗、诗中有画为王维之登峰造极。在当代，能一眼一瞬间就能在其绘画作品中大饱眼福得到诗意者，洪凌为其一。《山暖——瀑长》画中有诗。在这幅作品中，瀑布高低错落，诗有自己。瀑布皆为白发苍苍。瀑布、悬崖站在那里梳理自己源源不断的白发，发如雪，奔跑的积雪。诗在为画进行恰到好处画龙点睛式的演奏。在《茂谷梅花》等作品中，看到那些树干树枝分明像一种象征式比喻的裂缝，裂缝即弯曲的句子。《寒梦》所展示的梦，以雪为裸露的被子。雪啊锈迹斑斑，水生锈即为霜更为雪，梦也生锈了。在作品所展示的诗意中，诗既有古典味又有现代性。山水贯穿古今而不生锈，只有人在生锈。

因为作品中诗性神性的存在，使得好的山水作品看山非山看水非水，山即神的面孔，水即神的笑声，树即神的身体，草即神的光线，雪即神的纯洁，竹即神的支柱。

一个缺乏想象力的作家肯定不能为眼前的山水注入更多的养分，正面的想象力是作家带给世界的氧气与粮食。一个缺乏想象力的画家未必能成为一个好的艺术家。干净的想象力能使艺术得到补充营养、丰盈作品。洪凌一个重要的创造力在于他对山水有丰富的想象力。创作的自然世界，因掺入了其想象力而显得更像自然山水。想象力补充了自然世界万物本事的本质。想象力使创造力更能淋漓尽致地发挥。想象力与灵感密不可分，它们常常形影不离。杰出者都能很好地把它们放入作品的创造中。想象力形成另一种山水，补充地理山水的缺陷，使山水更具有神性。

在黄山，看黄山，看洪凌山水油画，同样能清晰感受到一种绵绵不尽的自然本真气息——在其画幅中，往往见不到具体的山石和树木：团团白色，很难分清它们哪是梨花哪是积雪；红褐色块中，我们也辨析不出哪个是秋叶哪个是泥土，哪个是肉块和血液……

这有力说明了画家想象力的应用、实际运用。想象力把世界化成了最佳朦胧诗。他画画时，喜欢把音乐调得很大——贝多芬、勃拉姆斯、巴赫……有时他一只手拿着油料桶，另一只手上的刷子滴着颜料，呆呆地，仿佛沉浸在一个古老的梦里，又仿佛在祈求一个命令……命名啊，有时宛如劈山救母般的艰难。

接到命令后，画家突然会从梦境中惊醒，作画方式变得舒展又跳跃，目光灵敏、迅疾——当感到画布中某个部分需要时，一刹那间，往往会不顾一切，在画布间跳来跳去，画笔所到之处，图像应运而生——此时的山水画家，如同在山间玩耍的孩子，就像那个王维与苏轼，在发现和兴奋中搏击着。

这实际上是创作的灵感，灵感甚至有决定作品质量的权力。高人深深懂得运用灵感成全成就自己的创作。灵感使绘画更具有诗意。

——道——

道即出路和走向，它叫做过去也叫做未来。唯东方有大道。东方的山水精神即为大道。先说说道的精神，道家思想尊敬自然。在最高道的世界里，宇宙和自然世界都看不到人，人在意境的世界里以气的形式存在。中国（东方）的道最终用来解决人类世界所存在的问题。山水为道表达出最高意境。心性以山水为首要之道，才为正宗，才有出路，才不迷惑，才能觉悟。大道才为正道，洪凌的山水作品体现了正道的可贵，故能以其艺术成其大道。洪凌作品中，道的潜意识潜形态真可谓无处不在，那画上的树、竹、山，皆为向上站着的道路。

道集抽象和具体于一身，绘画有道，才有力，才有气候。洪凌即山水游者和创作者，觉悟到道的博大，故其作品中运用了随处可见的道。于细微处见道，于画技中见道，于艺术中见道，于局部里见道。四季如诗，把多少时光的画卷铺开岁月的秘密之道。

天道为大道，人道即力量。有道的作品无一不显示出天道和人道的力量来。高人对山水一贯的悲悯情怀有着慈父般的爱。

全球都在享受西方文明带来的好处，不过西方强势文明的人本主义、科技主义使世界处于危机中，环保危机造成的结果在于心灵失去绿色，生命失去呼吸。东方大道精神最终将挽救地球世界的危机。山水畅通呼吸，草木绿化心灵，大道在心。博大的山水情怀辽阔、厚重。发扬宋代以来的山水精神有全球性的巨大意义。因为洪凌的作品融合了中西，本质上却以东方性为主。东方山水以心性仁慈为本质，山水的高大形象遮蔽了人的欲望，在自然的教育和熏陶下，人就会产生放弃享受、欲望的想法就像古人《与朱元思书》所言的“望峰息心”。所以人的自然精神就叫做最大的修养。有高度的山水作品说到底本质为一种巨大的修养，山水为人之修养。

唯有修养高深者才能出大作品，勤奋创作本身就展示出一种美德的修养。艺术家把自身的美德注入他的山水作品世界里，山水也吸纳了人的美德；山水具有巨大辽阔的美德，故能成全人。大道在于用山水养心，用山水洗心，用山水喂魂。

——力——

洪凌谈艺——“在宣纸上，有时一条线下去，五雷轰顶啊。”

自然，山水的力量大于人的力量。没有人能超出山水的力量，没有人能超出草木的力量，人的呼吸和命都来自山川大地泥土，山水的一切都是人的粮食，人的命都是由山水给的。

好作品里，力量无处不在。好作品不论是山水画还是山水游记，用高于雷霆万钧的力量对自然进行挽留，对自然的美进行挽留。用作品保留我们对生活的信心和过去大地的记忆。在工业化、城市化的恫吓下，大地被惊吓，山水丢了魂，而洪凌挺身而出做了自然的守护者、召魂者，要把召回的自然山川之魂重新安顿，给山水重新安装上心。在画下山水杰作时，精心给山水配上鲜活的心灵。一幅幅作品然后充满信心地告别画家走向社会，山水回到人的世界里，因山水拥有了艺术家的力量而无所畏惧。画本身有着广大的社会生命力，为此，山水本身也感谢好的作者。

艺术家在进行创作时，好像是在布面上进行创作，实际上并不是这样。真正的艺术家的创作是探险与探索。一根光线织成的布，光线实为漫长的细小的独木桥，用它密织，独木桥不断拥挤在一个平面上，艺术家在独木桥的井然秩序上作画，而本质仍旧让作品让山川艺术在独木桥上立足。在这个时代，这样的画家用自己的力量，让自然世界在开发的冲击下，在我们的心灵上找到立足之地，极不容易，极有真正的大力量。拥有艺术的力量，要精通力量在艺术中的安排。在其作品和创作中，一会儿力量像婴儿，一会儿力量移动世界。高人的艺术世界是用其力把大地上的世界护送到人心中去，让人心中孕育全新的生存环境。

在《润雨清池》《细雨流江》里，雨的力量升华了水的气息，让水书写自由的光明。

同样有水的力量，《山后池塘》安静散发出神迹留下的声音。

这些作品画下了一篇篇山水游记。

不可不重视酒神力量的出现与在场。艺术家们创作使用的原料（油料、水墨）都可以视之为浓酒酽意，酒本为酿造之物，再用酒来酿成绘画之原料，只有心的参与，才可完成酿造。故曰：好山水画皆系用好酒画出来的。用酒来绘画，作品就拥有酒神的力量。酒对艺术有重要的话语权。

作品的力量在于对人的鼓舞，坚定，对人进行重建，对心进行修改，让心善、爱、慈，艺术方显其力量，达到其终极目标。

——情——

洪凌说——“中国画，重视情感感受……”

一定要把艺术家的创作与时代结合起来，然后超越时代，让作品更具有时间价值，有流传的价值。艺术创作在一个时代有他特定的情感。艺术家对环境空间的关注，这体现了一种责任的大情感，大的情感对生命的时空负责，对民族与文明负责。小情感对个体的七情六欲负责。大艺术家把大情感和小情感统一了起来。

山川之美，古今共谈，得之大美，怡情心性，超越心灵而成大的觉悟。失之其美，心情黯淡，不见光明，压抑失常，无曾有生命之意义。艺术家对生命时空的情感与作品受众对生命时空的情感，有相通、交融、汇合之处，也有分流、不同、各自之感受。生命空间的诸多元素决定了生命存在的形式，生命存在的正常与否。进而言之，具体到山水的信息；艺术家的善、认真、可靠感动了山水时光，因而山水万物心甘情愿把自己惊异之美、超常之美呈现给艺术的灵感，它们甚至把自己的隐秘不为常之所知的大美、异美，超出美的内容都诉之于艺术家，艺术家对此的承担便表现为一种大责任。

在黄山，听音乐、喝酒、休息、走动的游记……在黄山画画，感受到山木水草与自己的默契、呼应。草木有情，处于人心冷漠之世；艺术热血，抚慰环境创伤之痛。身置环境之中，却与环境保持清醒的距离，然后再把距离去掉，与物同在。大地环境对人的仇恨几乎到了水火不容的地步，与人对决……敬畏环境产生最大的爱，最大的爱产生最大的情。艺术家对生存空间的重视，展示出创作的大、远、广阔。只有人的生存世界，人才有博古通今的能力，万物对人的放弃源于人对它的情感。欲望对它摧毁，于是它对这个时代的人有着冷漠。只不过它被艺术家所感动。艺术家对环境的情冷静。从天上来的雪长在地上长成植物，长成冷静。艺术家的情怀热烈，但热烈有着本质的冷静。原来，万物之生死取决于上帝，而现在，万物之生死取决于人，人灭掉万物，冷酷无情。对万物的拯救几乎不可能，只要人不放下屠刀，环境终成沙漠，沙漠终结山水。只有冷静才能穿透无情和残酷。大者，用大手笔劈掉无情，呵护万物，此为大悲悯之心，乃有大情大爱。其恩泽大地上的建筑——万物山水，使其在画中沐浴而得重生。

画家在创作中的情感是无比虔诚的、付出的。人们在欣赏他的山水时，能从其创造的山水中体会到情感的回声。其作品能唤醒受众内心久违的善心和在尘世迷途的回归。其作品对人性对人生都有一种光明的推动。

——思——

画家一直在思考，在想着人类和万物，在探讨艺术的本质和艺术的前进。创作事关生命，思考决定生命质量，也说明艺术所能达到的高度。

带着山水的灵魂思考，实际上在为了众生能有诗意地栖居。诗意地栖居分两种情形：一种为心灵空间诗意地栖居；另一种叫做实现在大地上的诗意栖居。二者互相区别分开却交景交融。对山水的思想在于给山水打气，在于给艺术开路，在于给艺术家自身推开心窗。唯思考才体现智慧，然后静静地避开智慧，直接用心去创作。真正的大艺术家不会用智慧去创作，只能用心去创作，要把智慧化为心，才能进行更好地创作。当思考飞起来达到自由精神时，思考才有结晶才会成熟。

山水即人生的未来，当然也是现在和过去。这里的人生指个体也指人类的人生。

东方山水精神版本的思考具有更多的东方气息，这也遮掩不了其思考的世界性。会思才有悟，有悟才有觉。思考延伸、拓宽、拓展了艺术的道路。思考的高度决定了艺术的高度。思考的深度决定了艺术的深度。思考起点很高，早在 1977 年洪凌在大二时认识叶汝琏时，他就开始了解老庄，博大的老庄开启了他青春的思考之门。

从此思考的大道便伸展至东方文明的光明之路，亦打开了绚丽的画卷。

未经思考的道路不道德，也不成熟。思考之路成就了创作之路，同样也展示了一条成功之路。

如果说《雾》显示了自由的气质，那么同样意味着思考的必然放松。思考使人放松的同时，更需要使人清醒。山水精神的核心在于平和美淡、静思冥想。托物言志，心只有通过思考送入万物中，与万物合体，才能显现分量。思考怎样，艺术家就怎样。思考区别艺术家的高度。高人的思考独立、独有、有积极价值，作品呈现难能可贵的仁慈精神。高远的思考带我们重新拾起对环境的敬意、忏悔和重建一个干净自然的愿望。

思考产生哲理，在作品中，山水一旦有哲理，就更美更大气更有分量。在那些关于时光的画卷中，春夏秋冬……打开岁月哲理的面孔。有哲理才深刻，有哲理才有重量，有哲理才有价值，有哲理才耐人寻味，有哲理才百看不厌，余音绕绕，三日不绝。这些都能在其作品中找到印证。其山水以交响宏大的哲理，给受众带来艺术巨大的享受。

艺术的价值高于黄金，因为它代表心灵的学问。洪凌作品还有一个最大的特色，那就在于其作品与其人一样，都非常仁慈。作品有巨大的仁慈，就有巨大的引擎，牵引世界和时代。人类只有以仁慈立世，方才有救，有希望，有意义。其人其山水仁慈，故对世人有大作用。

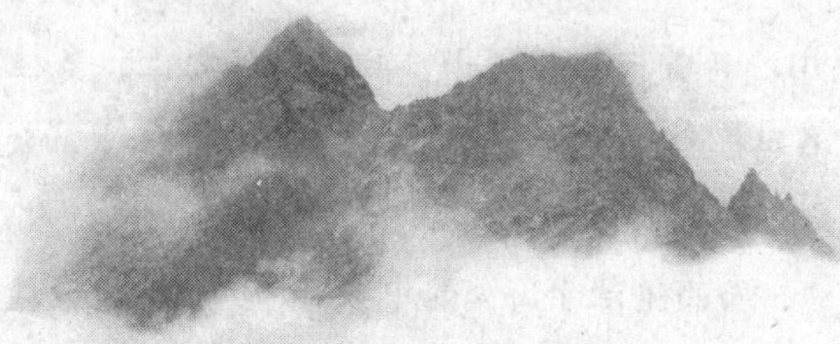

第二章 最先喊得动山水的人

——先秦汉朝的游记先锋

◎遐想遥远的漫游者

——《山海经卷一 · 南山经》神秘地理百科的撰写者皆成隐形

大地与大海只是地球这样的“气球”的皮肤，山水自然如同皮肤上的刺绣与投影，如同绘画作品。大海的地毯下面有深度世界，大地的深度下面有神奇世界，那里属于灵魂以外的远游世界。

而地球表面的漫游，有着不可思议的世界。这是怎样的奇迹？这是怎样的力量？我们知道的人类，在这个地理世界上，曾经他们是人，也是神的力量。当他们写下那些在今天看来不可思议的文章，后来我们只能称其为神话。什么是神话？神的话语。我们今天已经很少能够阅读出里面完完全全神的信息。信息的流失，使得我们今天难以解读那些伟大作品的真正面目。

《山海经》为神性、神奇之作品，如果没有人对世界了如指掌，很难写出如此绝佳的作品。这是一个大地上的漫游者，在经历世界后的记录。书里面所呈现的世界多彩多姿，由于沧海桑田，但依旧可以看到今日世界的容颜，从过去的世界里脱胎而来。

就算山水依旧没有变化，但已经丧失了当时的信息。就好比一个老人，虽然从孩子而来，已经没有了孩子拥有的童心。

我们从《山海经·南山经》里，看一部分内容，以便作适当地、尽可能的了解——

南山经之首曰鹊山。其首曰招摇之山，临于西海之上，多桂，多金玉。有草焉，其状如韭而青华，其名曰祝余，食之不饥。有木焉，其状如榖，榖而黑理，其华四照，其名曰迷榖。榖，佩之不迷。有兽焉，其状如禺而白耳，伏行人走，其名曰狌狌，食之善走。丽麂之水出焉，而西流注于海，其中多育沛，佩之无瘕疾。

又东三百里，曰堂庭之山，多棪木，多白猿，多水玉，多黄金。

又东三百八十里，曰猨，即翼之山，其中多怪兽，水多怪鱼，多白玉，多蝮虫，多怪蛇，多怪木，不可以上。

又东三百七十里，曰杻阳之山，其阳多赤金，其阴多白金。有兽焉，其状如马而白首，其文如虎而赤尾，其音如谣，其名曰鹿蜀，佩之宜子孙。怪水出焉，而东流注于宪翼之水。其中多玄龟，其状如龟而鸟首虺尾，其名曰旋龟，其音如判木，佩之不聋，可以为底。

又东三百里，曰柢山，多水，无草木。有鱼焉，其状如牛，陵居，蛇尾有翼，其羽在魼下，其音如留牛，其名曰鯥，冬死而夏生，食之无肿疾。

又东四百里，曰亶爰之山，多水，无草木，不可以上。有兽焉，其状如狸而有髦，其名曰类，自为牝牡，食者不妒。

又东三百里，曰基山，其阳多玉，其阴多怪木，有兽焉，其状如羊，九尾四耳，其目在背，其名曰猼訑，佩之不畏。有鸟焉，其状如鸡而三首、六目、六足、三翼，其名曰鵸鵌，食之无卧。

又东三百里，曰青丘之山，其阳多玉，其阴多青雘。有兽焉，其状如狐而九尾，其音如婴儿，能食人;食者不蛊。有鸟焉，其状如鸠，其音若呵，名曰灌灌，佩之不惑。英水出焉，南流注于即翼之泽。其中多赤鱬，其状如鱼而人面，其音如鸳鸯，食之不疥。

又东三百五十里，曰箕尾之山，其尾踆于东海，多沙石。汸水出焉，而南流注于淯，其中多白玉。

凡鹊山之首，自招摇之山，以至箕尾之山，凡十山，二千九百五十里。其神状皆鸟身而龙首。其祠之礼：毛用一璋玉瘗，糈用稌米，一壁稻米，白菅为席。

我们只能大概地用今天有限的理解，来阅读上面的文字——

那时候，就算是语言文字世界，他们对世界的命名、对万物的称呼，都与今天大不一样。语境变化，心灵的秘密也变化了。我们无法知道那时候的世界，他们在干什么，想什么。

南方首列山系，叫做鹊山山系。鹊山山系的头一座山为招摇山，屹立在西海岸边，生长着许多桂树，又蕴藏着丰富的金属矿物和玉石。

鹊山山系、招摇山，这样的名字，在今天看来，都很诗意。

山中有一种草，形状像韭菜却开着青色的花朵，名称是祝余，人吃了它就不会感到饥饿。山中又有一种树木，形状像构树却呈现黑色的纹理，并且光华照耀四方，名称是迷榖，人佩戴它在身上就不会迷失方向。山中还有一种野兽，形状像猿猴但长着一双白色的耳朵，既能匍匐爬行，又能像人一样直立行走，名称是狌狌，吃了它的肉可以使人走得飞快。丽𪊨水从这座山发源，然后往西流入大海，水中有许多叫做育沛的东西，人佩戴它在身上就不会生蛊胀病。

花花草草、动物，它们的作用神奇，在今天看来是不可思议的。它们的名字、形象、作用、与人的关系，我们不要用今天的思维简简单单地度量过去的世界。

再往东三百里，是一座堂庭山，山上生长着茂密的棪木，又有许多白色猿猴，还盛产水晶石，并蕴藏着丰富的黄金。

棪木一类，很多植物都已经消失，属于那个环境的事物，我们无法得知它们的具体情况。所谓黄金，也不一定是今天我们说的黄金。

再往东三百八十里，是一座即翼山。山上生长着许多怪异的野兽，水中生长着许多怪异的鱼，还盛产白玉，有很多蝮虫，很多奇怪的蛇，很多奇怪的树木，人是不可上去的。

再往东三百七十里，是一座杻阳山。山南面盛产黄金，山北面盛产白银。山中有一种野兽，形状像马却长着白色的头，身上的斑纹像老虎而尾巴却是红色的，吼叫的声音像人唱歌，名称是鹿蜀，人穿戴上它的毛皮就可以多子多孙。怪水从这座山发源，然后向东流入宪翼水。水中有众多暗红色的龟，形状像普通乌龟却长着鸟一样的头和蛇一样的尾巴，名称是旋龟，叫声像劈开木头时发出的响声，佩戴上它就能使人的耳朵不聋，还可以治愈脚底老茧。

文中说的世界，与我们今天，就像两个世界，而那时候的世界模样，也许就是文中的样子。

再往东三百里，是一座柢山，山间多水流，没有花草树木。有一种鱼，形状像牛一样。栖息在山坡上，长着蛇一样的尾巴并且有翅膀，而翅膀长在胁骨上，鸣叫的声音像犁牛，名称是鯥，冬天蛰伏而夏天复苏，吃了它的肉就能使人不患痈肿疾病。

再往东四百里，是一座亶爰山，山间多水流，没有花草树木，不能攀登上去。山中有一种野兽，形状像野猫却长着像人一样的长头发，名称是类，一身具有雄雌两种性器官，吃了它的肉就会使人不产生妒忌心。

妒忌心最能体现人性弱点，消除人性弱点，世上有其良方，难道良药都已经消失？我们今天才这么堕落吗？

再往东三百里，是一座基山，山南阳面盛产玉石，山北阴面有很多奇怪的树木。山中有一种野兽，形状像羊，长着九条尾巴和四只耳朵，眼睛也长在背上，名称是猼訑，人穿戴上它的毛皮就不会产生恐惧心。山中还有一种禽鸟，形状像鸡却长着三个脑袋、六只眼睛、六只脚、三只翅膀，名称是䳜䲹，吃了它的肉就会使人不感到瞌睡。

再往东三百里，是座青丘山，山南阳面盛产玉石，山北阴面多出产青雘。山中有一种野兽，形状像狐狸却长着九条尾巴，吼叫的声音与婴儿啼哭相似，能吞食人；吃了它的肉就能使人不中妖邪毒气。山中还有一种禽鸟，形状像斑鸠，鸣叫的声音如同人在互相斥骂，名称是灌灌，把它的羽毛插在身上使人不迷惑。英水从这座山发源，然后向南流入即翼泽。泽中有很多赤鱬，形状像普通的鱼却有一副人的面孔，发出的声音如同鸳鸯鸟在叫，吃了它的肉就能使人不生疥疮。

再往东三百五十里，是座箕尾山，山的尾端座落于东海岸边，沙石很多。汸水从这座山发源，然后向南流入淯水，水中多产白色玉石。

总计鹊山山系之首尾，从招摇山起，直到箕尾山止，一共是十座山，途经2950里。诸山山神的形状都是鸟的身子龙的头。祭祀山神的典礼，是把畜禽和璋一起埋入地下，祀神的米用稻米，用白茅草来做神的座席。

这个“鹊山山系”，在今天看来，已经足够神奇。

那里面的世界，属于真正的世外桃源或者不存在而存在的世界。今天人们的思维与想象力都十分有限，怎么也想象不出山海经里那神奇的世界，而那样一个世界，曾经演出过、存在过。写下山海经的作者，如果不是神的言语记录，又是谁写下的呢？

人看山，山看人，有形的山凝固身材，凝固自己对空气的素描。把山画在风上，风吹来时间，吹来四季，吹来纸，吹来无限的身材，吹来有，吹来无，吹来无言，吹来许多隐“行”的世界。会飞的群山，会飞的大孩子，用风的翅膀。草木的笔画与线条，风用墨汁画得清清楚楚。山、草木，以“行”取胜，以心为衣。世界与万物，皆以心为体，以心为墨，以心为无。

大地上，群山的大典，好似餐桌上的盛宴，而无形的群山，在耳朵里，在呼吸的高速公路里，进进出出，那些远游的群山，那些大大小小相依为命的波涛，高高低低都有自己的乐谱。早晨起来，刷牙，牙膏里挤出伸懒腰的群山，而牙齿的群山，说尽所有群山的坎坷。群山在波浪上排队，在大海深处养身，在大地的子宫里度过漫长的胎儿时光。山，起立的大地；山，站直的大地。一粒米，一粒山。一座山，一个大地的雕塑。

挂在山坡上的一群坟墓，一群果实，一群饿了的胃里放着饭盒的果实，那些饭盒，饱含我们亲人的一片心。背着这些时光的波涛，时光开花结出的果实。时光的波浪开花，开出的花叫做泪花，开出的花叫做浪花，开出的花叫做春耕的犁浪。

不同的山有不同的故乡，不同的山有不同的方言，不同的山有不同的史记，不同的山有自己不同的脾气。山的脾气在于自己的石头，山的性格在于自己的树木，山的心态在于自己的表情呈现。野生的群山，人迹罕至，一旦被人抱养，群山身边的人一多起来，群山就成了一个地域的标志性建筑，成为当地人的宠物，成为当地人的粮食，成为当地人的房子，成为当地人的坟墓、心灵、出发点、归宿地。

有山就有心灵，有山就有风的颜色，风用时光的颜色，把山油漆，就像一个巨大的隐形的孩子，在玩绘画的游戏，把山画在自己的皮肤上，画在自己的皮肤里面，作为内脏系统，作为心灵机器系统运转。风塑造了山的形象，风把山在空间里安顿，就像安顿一个家一样。风的力气大于山的力气。

每一个人都有自己的一座山，即拥有自己的一颗心，每一个人都有一座山包容自己，即一座减肥的山缩小到坟墓包容自己，就像子宫的山这行囊把自己背出来一样。人们渴望成为山，山为阳，山为男人，山为丈夫，山为父亲，山为金刚，山为站立的爱，山为仁慈，山为山；水为水，水为阴，水为妻子，水为女人，水为母性，水为柔软，水为智慧，水为灵魂。水穿行在山里，山才会有生命。

允许长高的大地，允许站起来的大地，就可以做山。山为地球子宫里外出的婴儿。山，可以依靠的地方，所以人喜欢靠山。靠山吃山，山为最古老的机器，不断生产借来的时光，为我们所用。山有自己与生俱来的身体，就好像被孕育时被允许使用的身体。不同的山有自己不同的身材，有自己不同的性格。天下名山都有自己不同的性格，性格产生形态。每一山，不论大小，都有自己在时光里的舞姿。有的山，像很多散落一地的纽扣，无数鲜花摆着纽扣展览的地摊。山，其实最会奔跑，好像在原地，实际上在奔跑，山趁着刮风的时候，就跑步，就把风作为健身器材，跑着跑着，山就从自己身上跑出来了，山就从倾斜的风身上漏出来。大地因为有山而有自己的依靠，大地因为有水而有自己的灵魂。

最小的山为泪珠，最小的山为种子，最小的山为芽粒，匍匐在枝条上。把山抱在怀里的是孩子，把山扛在肩上的是母亲，把山踩在泥土深处的是道路，把山作为心灵的是故乡。对于有山的故乡来说，对山永远是索取，对山永远是要求，对山永远是理所当然。在山里，学鸟叫的人，永比说人话的乐趣要多，说人话就会有邪恶，而鸟语，的的确确，简简单单，高尚，没有破坏力，只有美。鸟兽的世界，也有杀戮，但永远比人间的杀戮要安静，要符合天道，鸟兽只有平衡生命而没有人的生命破坏之邪恶。

在山里，见到人的偏旁部首到处都有，但是没有人迹的山，山自己做自己的神，有了人的山，山就失去了自己的心。现代文明，人是山唯一的敌人，人在山里杀神，神在山里残废，神在山里无处可逃。

那空着的山洞和山里的池塘，皆为山的乳房。那山里的坟墓皆为山真正的粮仓，那山坡上的坟墓就像大地的乳房挂在那里，养育了群山，此为群山生命的恩典。群山空出来的地方，才属于山真正的空间。

山海经简介

《山海经》是先秦古籍，不仅是一部富于神话传说的最古老的地理书更是一部秘密之书。它主要记述古代地理、物产、神话、巫术、宗教等，也包括古史、医药、民俗、民族等方面的内容。除此之外，《山海经》还以流水账的方式记载了一些奇怪的事件，对这些事件至今仍然存在较大的争论。最有代表性的神话寓言故事有：夸父逐日、女娲补天、精卫填海、鲧禹治水等。具体成书年代及作者不详。

◎人在异乡莫登高

——东汉·王粲《登楼赋》登楼的心灵倾泻

在今天，登楼，电梯作为垂直交通，把人垂直、立正运输上去，人就在那站着奔跑的、开有门的棺材里进进出出。在高楼，麻木生活的人们，根本找不到古代人辛辛苦苦登楼登高的真实心灵。

登楼的心情随着时代的变化而不一样，但现在在几十层高楼的顶层，看到楼底下的景象，拥挤的车流如同现代化的甲壳虫，便会感到人类的渺小与无能。

人只要出生在大地上，即为作客，人生就像作客。背包客可以有另外一个意思，即每一个人都在子宫的行囊里，远游过。人从一开始就都是漂泊之子，谁都想在安居乐业中偶尔出游，但一生都在漂泊，就很辛苦。

王粲才华卓越，却不被刘表重用，寓流荆州15年。公元205年（东汉建安九年）秋，他在荆州登上麦城（今湖北当阳东南）城楼，纵目四望，写下传诵不衰的名赋《登楼赋》。在赋里，看到他生逢乱世、长时间漂泊他乡、才能不能施展而思乡、怀国、怀才不遇。对动乱时局忧虑，希望苍生安居乐业，倾吐施展抱负、建功立业之心。“忧”贯穿登高的感慨，沉郁悲凉。此赋为建安时代抒情小赋的代表性经典。

其《登楼赋》为——

登兹楼以四望兮，聊暇日以销忧。览斯宇之所处兮，实显敞而寡仇。挟清漳之通浦兮，倚曲沮之长洲。背坟衍之广陆兮，临皋隰之沃流。北弥陶牧，西接昭丘。华实蔽野，黍稷盈畴。虽信美而非吾土兮，曾何足以少留！

遭纷浊而迁逝兮，漫逾纪以迄今。情眷眷而怀归兮，孰忧思之可任？凭轩槛以遥望兮，向北风而开襟。平原远而极目兮，蔽荆山之高岑。路逶迤而修迥兮，川既漾而济深。悲旧乡之壅隔兮，涕横坠而弗禁。昔尼父之在陈兮，有归欤之叹音。钟仪幽而楚奏兮，庄舄显而越吟。人情同于怀土兮，岂穷达而异心！

惟日月之逾迈兮，俟河清其未极。冀王道之一平兮，假高衢而骋力。惧匏瓜之徒悬兮，畏井渫之莫食。步栖迟以徙倚兮，白日忽其将匿。风萧瑟而并兴兮，天惨惨而无色。兽狂顾以求群兮，鸟相鸣而举翼，原野阒其无人兮，征夫行而未息。心凄怆以感发兮，意忉怛而憯恻。循阶除而下降兮，气交愤于胸臆。夜参半而不寐兮，怅盘桓以反侧。

登高为中国人心灵普遍的一种表达。随着王粲的登高，透露出忧思，“望”“忧”为基调，接下来集中表达登高者内心忧思沉重。化景为情与思。然后对思乡之情进一步开掘，揭示“忧思”深处内涵。

我们试图体验王粲的心情，身处异乡，以乐写哀：异乡的风光地势开阔，山川秀美，物产富饶，眼前乐景反衬心中哀情。很多人都这样，在笑的时候，可能是最苦的时候。傍晚景色为日惨风萧，兽狂鸟倦，原野寂寥，烘托内心凄怆。前后景物，即景生情，寓情于景，一乐一悲，相互照应，愁绪步步加深、忧伤至极。

山水都有文化与典故，此为人文赋予的内涵。登高者运用这些经典，便可丰富山水对人的心灵。用典与主观感情相契合。“瓠瓜徒悬”、“井渫莫食”等典故都传达出登楼怀乡之情和怀才不遇的怨愤。音乐性的修饰词语“眷眷”、“惨惨”、“凄怆”、“憯恻”、“盘桓”等，流畅而琅琅上口。超越了一般怀乡之作，揭示深处的政治内涵。“遭迁逝”句，概括当时的动乱和王粲的悲惨；“惟日月”两句说出紧迫感；“冀王道”两句说出使命感，以天下为已任、急于建功立业。

我们来看王粲的抒情——

登上这座楼来眺望四周，暂且在闲暇的时光里消解忧愁。看这座楼宇所处之地，实在明亮宽敞，少有与之匹敌的地方。携带着清澈漳水的浦口，倚临着弯曲沮水的长长水中陆地。背靠高而平的广大陆地，俯临水边高高低低地面上可以灌溉的河流，北边的重点有陶朱公的放牧原野，西边连接着楚昭王的陵墓。花果遮蔽原野，谷物布满田地。但即使这里的确很美，却不属于我的乡土，又怎么能够值得在此逗留？

作者因为逢上纷乱混浊的乱世而迁移流亡到此，到现在已经超过漫长的12年。心中思念故乡希望回去，谁能忍受这种思乡的忧思啊！凭靠楼上栏杆来向远方遥望，面对北风而敞开衣襟。北方平原那么遥远，纵目远望，视线被荆山高峰所遮蔽。道路弯弯曲曲长远迢迢，河水浩大无边深不可测。悲叹故乡被阻隔，情不自禁眼泪横流。昔日孔子在陈国时，发出过“归欤”的叹息。钟仪被囚禁在晋国而演奏楚国地方乐曲，庄舄（仕楚）做了大官虽在并呻吟着却还发出越地声音。人思念故乡的感情相通，岂会因为穷困或显达而不同呢？

念及时光流逝，等待天下太平要到什么时候啊！王粲期望王道平易，在太平盛世施展自己的才能。担心像葫芦瓢一样，徒然挂在那里不被任用，害怕井水清澈无人饮用，那井水被饮的渴望之情多么强烈。漫步游息徘徊，太阳很快就下山去了。接着刮起了萧瑟寒风，天色也阴沉沉暗下来。野兽慌忙左顾右盼寻找兽群，鸟雀也纷纷鸣叫展翅高飞。原野一片寂静没有什么游人，只有征夫在行走不停。他的心情凄凉悲怆、感伤，心中也充满忧伤和悲痛。于是沿台阶走下楼，心中却气愤难平。一直到半夜还不能入睡，惆怅徘徊翻来覆去睡不着。

脚印扛着一个人向上走，就在登高。水在杯子里登高，溢出来的是高度，也是心。

王粲简历

王粲（177～217），汉魏间文学家。字仲宣，山阳高平（今山东邹县）人。少时即有才名，博闻强记，过目不忘，曾受到著名学者蔡邕的赏识。先依刘表，未被重用。后为曹操幕僚，备受曹操重用，官拜侍中，赐爵关内侯，在兴革制度、谋划军事方面发挥了重要作用。随曹操征吴，病死途中。一生以文才而闻名天下，与曹植并称为“曹王”，为“建安七子”之一，在七子中文学成就最高。刘勰在《文心雕龙》中称他为“七子之冠冕”。

◎要做就做第一

——马第伯《封禅仪记》攀登泰山的最早作品

建武三十二年 (56) 二月，光武帝刘秀登泰山举行祭祀天地的封禅仪礼，马第伯是其随从的一名虎贲郎将，参加了整个封禅过程，并曾被先遣登山检查道路情况。《封禅仪记》是他记叙这次封禅仪礼的著述。

它为我们了解近两千年前一个游览者攀登泰山的情形提供了可贵文献、生动的实录。它的记载为后世编撰《泰山志》所采掇，它的描述为后来游泰山的游记作者所称道。

它是今存记述攀登泰山的最早作品——

是朝上山，骑行。往往道峻峭，下骑，步牵马。乍步乍骑，且相半至中观，留马，去平地二十里。南向极望无不睹。仰望天关，如从谷底仰观抗峰。其为高也，如视浮云；其峻也，石壁窅，如无道径。遥望其人，端端如杆升，或以为白石，或以为冰雪。久之，白者移过树，乃知是人也。殊不可上。四布僵卧石上，有顷，复苏，亦赖赍酒脯。处处有泉水，目辄为之明。复勉强相将行。

到天关，自以已至也。问道中人，言尚十余里。其道旁山胁，大者广八九尺，狭者五六尺。仰视岩石，松树郁郁苍苍，若在云中。俯视溪谷，碌碌不可见丈尺。遂至天门之下。仰视天门，窔辽如从穴中视天窗矣，直上七里。赖其羊肠逶迤，名曰环道，往往有絙索，可得而登也。两从者扶掖，前人相牵。后人见前人履底，前人见后人顶，如画重累人矣，所谓磨胸捏石扪天之难也。初上此道，行十馀步一休。稍疲，咽唇燋，五六步一休。牒牒据顿，地不避湿暗，前有燥地，目视而两脚不随。

早食上，晡后到天门。郭使者得铜物。铜物形状如钟，又方柄有孔，莫能识也，疑封禅具也。得之者，汝南召陵人，姓杨名通。东上一里馀，得木甲。木甲者，武帝时神也。东北百馀步，得封所。始皇立石及阙在南方，汉武在其北二十馀步，得北垂圆台，高九尺，方圆三丈所。有两陛，人不得从上。从东陛上，台上有坛，方一丈二尺所。上有方石，四维有距石，四面有阙。乡坛再拜。谒人多置钱物坛上，亦不扫除。国家上见之，则诏书所谓酢梨酸枣狼藉，散钱处数百，币帛具道。诏问其故，主者曰："是武帝封禅至泰山下，未及上，百官为先上跪拜，置梨枣钱于道以求福，即此也。"上曰："封禅大礼，千载一会，衣冠士大夫何故尔也。"

泰山东上七十里，至天门东南山顶，名曰日观。"日观"者，鸡一鸣时，见日始欲出，长三丈所。"秦观"者望见长安，"吴观"者望见会稽，"周观"者望见齐。黄河去泰山二百余里，于祠所瞻黄河如带，若在山址。山南有庙，悉种柏，千株大者十五六围，相传云汉武所种。小天门有秦时五大夫松。始皇封泰山，逢疾风暴雨，赖得松树，因复其下，封为五大夫。西北有石室。坛以南有玉盘，中有玉龟。山南胁神泉，饮之极清美利人。

日入下，去行数环。日暮时颇雨，不见其道。一人居其前，先知蹈有人，乃举足随之。比至天门下，夜人定矣。

马第伯说自己上泰山，首先是骑马上山，但因为道路坎坷崎岖，就经常不得不下马，牵着马走，时而骑马，时而下来，走了一段路。快到山下的时候，山峰高大如心，就在前面。仰望高处的山峰，就看到高耸的山峰如云，挂在那里。看到前面，没有道路的石壁间，有的人在用自己的身体作为道路前进。身体在哪里，道路就在哪里。在石头上爬行。到了天关以后，就以为到了山顶的核心位置，其实相距甚远，还没有。问路上的人，还有十余里的路程。山中十里，远比脚下平坦千里还要费神费力，何况很不安全，稍有不顺，就会粉身碎骨。"仰视岩石，松树郁郁苍苍，若在云中。"俯视，能看到山谷谷底。有恐高症者，肯定害怕，害怕指数绝对高压。到了天门，山间道路简直寸步难行，"赖其羊肠逶迤，名曰环道，往往有絙索，可得而登也。两从者扶掖，前人相牵。后人见前人履底，前人见后人顶，如画重累人矣，所谓磨胸捏石扪天之难也。初上此道，行十馀步一休。稍疲，咽唇干燥，五六步一休。"这就是爬行，战战兢兢，五六步、十来步，就要休息、停留。泰山的封禅大典，都会遗留一些物件，有人捡到这些，可以因此而回顾大典的相关情况。泰山东上 70 里，至天门东南山顶，名曰日观。日观峰看日出最佳，历代如此，后来者更如此。在山上看到的那些伟大树木，就像众神一样活着。今天已经见不到昔日山水，众神离席。

马第伯自叙先遣登泰山察路的情况。据载，光武帝听了他的叙述后，便增派一千人修筑登泰山道路。显然，马第伯并不着意为文，也不为旅游而作。旨在说明情况，亲身体验，因而它结构自然，语言质朴，描叙具体、生动，读之如临其境，如历其险。

对于登山者而言，登山的过程为一座山把一个人从他一步步的脚印里，拔萝卜一样拔出来，拔出来的高度比人自己高，就登了高。每一步拔出来一次，不断地拔出高度，就拔出了山的高度。

马第伯简介

马第伯，东汉初人。

第三章 目光最先洗风景

——魏晋时期：游记情怀很淡定

◎山水，谁发明的？

——谢灵运《游名山志》与山水相逢第一人

在一个领域里，能够成为第一，很不简单。第一具有开创性的意义，哪怕是后来有人超过这个第一，但这个第一还是第一。就像惠特曼，开创美国诗歌，被称为美国文学之父，就极为重要。谢灵运，山水找到他，挑选了他，他就成为中国文字历史上第一个写山水诗歌的人，也是第一个用山水游记做开场白的人，虽然之前还有人写山水，但都没有明明白白成型为游记一类的作品。

我们来看谢灵运的《游名山志》，这是中国最初的个体作家游记，其白话版本为——

在人的生命世界里，衣服和食物这二者属于人类赖以生存的物质资料，而山山水水等自然环境则随人的不同性格、情感而各相适宜、因人而异。在山水面前，放下尘世，今天放弃了所需物质资料的累赘，而拥有其所适宜的天性、情分罢了。世俗的议论都如是观：欢乐和满足，本来就在富丽堂皇的房屋，而隐居山林者，缺乏的是远大的志向，因而保持其困顿，然而谢灵运说并不是这样。有修养、有德行的君子，具有爱惜万物的情感，也具有救助万物的能力，对于动乱和灾祸所造成的弊端，如果没有才干和能力，就不能治理好，因此有人委屈自己而去接济他人，岂能以名誉和利益的场所，而胜过这清朗开阔之地吗？如果说万乘之尊的皇帝就有黄帝乘龙升天的鼎湖，可放开马缰纵马奔驰，论及太子储君则看到如中岳嵩山一样，能绝对驾驭控制时局。又有春秋战国时期的陶朱公范蠡，能双手抱拳作揖，告别越国宰相地位；还有汉朝留侯张良，也心甘情愿辞去汉朝皇帝之师"三公"的一品官衔，那么以此推论而言，则个中道理已明白无误。

在一片岩石间，有一条溪流叫破石溪，在它的南方二百多里处，有呈片状如帆的岩石。其长度和宽度与破石溪的岩石相当，其质地和颜色亦属相同。传说：古时候有人以风化裂变的石头，破石其一半为石帆，因此它名叫石帆，而以此岩石叫破石。这就是它的来历。

在会稽郡的永安、安固二县之间的半路中间，其东南，便是浙江云和的赤石。又有靠近大海的巫湖三面都是高高的平原，且靠近河流。绿洲、山岭、溪流、深涧，共有 5 处之多。而南面的第一山谷，即今始宁县（今浙江上虞县）东南所谓石壁精舍的佛寺。

说说石门涧这个地方，有 6 处由岩石天然形成的门户，逆流而上，可进入两座山岭相交的山口，这里两边都是悬崖石壁，右边的大岩石，从上向下临近涧中之水。

雁荡山神子溪在南山与七里山分流，水流流向斤竹涧达数里之遥。

华子冈，是江西南城麻姑山的第三大山谷。有典故经老前辈口笔相传，华子期这个人，是"商山四皓"之一的甪里先生的开门弟子，他曾从云端高处飞翔而降临于此山顶，因此以华子为其名称。这都是修炼的传奇，不能说其真假，就凭后人的智慧，无法理解他们的超越是何等的辉煌。

桂林很远，则是浙江嵊州市仙岩镇嵊山山顶的极强事物。

从临江楼步行向南二里多路，可向左望见湖中景致，而右则依傍滔滔长江。

在始宁又从北面转出一片水边平滩，经十里之遥直达谢灵运家园南的门楼，自南楼大约行百步相对始宁小越的横山。

地胏山这个地方，即王演的《山记》中的木榴山，故一名地脉。

关于吃的，新溪的牡蛎味道偏甜，超过紫溪的牡蛎。

扬州瘦西湖公园内的吹台，有高大的桐树，都有约一百双手的姆指和食指所合拢的周长，才发现山东邹城市东南峄山南坡所生长的特异梧桐树，方比此而显得其木质低劣。那时候的树木身心坦然，开开心心，自由而超越，按照大地的本意生长。

下面的是原版《游名山志》——

夫衣食人生之所资，山水性分之所适。今滞所资之累，拥其所适之性耳。俗议多云:欢足本在华堂，枕岩漱流者，乏于大志，故保其枯槁，余谓不然。君子有爱物之情，有救物之能，横流之弊，非才不治。故时有屈己以济彼，岂以名利之场，贤于清旷之域邪？语万乘则鼎湖有纵辔，论储贰则嵩山有绝控。又陶朱高揖越相，留侯愿辞汉傅，推此而言，可以明矣。

破石溪南二百余里，又有石帆，修广与破石等度，质色亦同。传云：古有人以破石之半为石帆，故名彼为石帆，此名破石。

永宁、安固二县中路东南，便是赤石。又，枕海巫湖三面悉高山枕水。渚山溪涧，凡有五处，南第一谷，今在所谓石壁精舍。

石门涧，六处石门，溯水上入两山口，两边石壁，右边石岩，下临涧水。

神子溪，南山与七里山分流，去斤竹涧数里。

华子冈，麻山第三谷。故老相传，华子期者，禄里先生弟子，翔集此顶，故华子为称也。

桂林顶远，则嵊尖疆中。

从临江楼步路南上二里余，左望湖中，右傍长江。

始宁又北转一汀十里,直指舍下园南门楼,自南楼百步许对横山。(并见《文选注》引)

地胏山者，王演《山记》之木榴山，一名地胏。(《初学记》五。)

新溪蛎味偏甘，有过紫溪者。(《御览》九百四十二。)

吹台有高桐，皆百围，峄阳孤桐，方此为劣。(《初学记》二十八。)

发明山水的人，才是山水的作者。写山水游记的人，是山水的注释。谢灵运的山水游记只是语录一样的记录，但也可以看到他语言的沉稳，虽然没有后来一些著名山水游记的成熟，但绝对是曙光属于抱出旭日的人。尤其是其山水诗歌，后来得到李白老大的青睐，就可以证明其才华。老谢开创性的能力不是凭空而来，没有自身的能力，他不会成为一个重要的角色。很明显，第一个写山水诗的人，他把山水重新发明一次，发明山水，让山水重生，感到很开心。

最初的人住在树上，树就“家”了人们的人生，最初人住在山洞里，山就成为衣服穿在人身上。最初的水照见世人，把人的另外一部分像撕走挂历一样，保存最美的人类版面。但世界到了今天，对人类感到十分迷惑。

谢灵运简介

谢灵运（385 ~ 433），东晋和南朝宋时代的诗人，是南北朝时代与陆机齐名的诗人。陈郡阳夏（今河南太康）人。出生于会稽始宁（今浙江上虞）。因从小寄养在钱塘杜家，故乳名为客儿，世称谢客。又因他是谢玄之孙，晋时袭封康乐公，故又称谢康乐，墓葬于今江西省万载县。

◎净土远在干净处

——慧远《庐山诸道人游石门诗序》山水禅意佛性

农耕时代，山水干净，土地安静，但人心的欲望与邪恶，已经让那些心灵高远者担心，他们用开悟彻底的心灵，将其作为抹布，把人心抹得干干净净。净土不在他处，在人心。佛学人生，人生如抹布，努力抹干净黑暗与龌龊，而为抹布者并没有脏，反而更干净。

晋代多奇迹，那个时代，很多智慧璀璨，那个时代，多少奇人成为时光的星星。慧远，智慧之远，其有《庐山诸道人游石门诗序》，庐山诸道人诗，意思即诸道人所作的诗歌作品，实际上作者为慧远。诸道人指与远公同趣共游者共三十余人，这个花名册就不一一列出来了，列出来也作用不大。

诗前有序长六百余字，就是下面的这一篇短文——

石门在精舍南十余里，一名障山，基连大岭，体绝众阜。辟三泉之会，并立而开流，倾岩玄映其上，蒙形表于自然，故因以为名，此虽庐山之一隅，实斯地之奇观。皆传之于旧俗，而未睹者众。将由悬濑险峻，人兽迹绝，径回曲阜，路阻行难，故罕径焉。

释法师以隆安四年仲春之月，因咏山水，遂杖锡而游。于时，交徒同趣三十余人，咸拂衣晨征，怅然增兴。虽林壑幽邃，而开途竞进；虽乘危履石，并以所悦为安。既至，则援木寻葛，历险穷崖，猿臂相引，仅乃造极。于是拥胜倚岩，详观其下，始知七岭之美，蕴奇于此；双阙对峙其前，重岩映带其后，峦阜周回以为障，崇岩四营而开宇。其中则有石台、石池、宫馆之象，触类之形，致可乐也。清泉分流而合注，渌渊镜净于天池，文石发彩，焕若披面，柽松芒草，蔚然光目。其为神丽，亦已备矣。斯日也，众情奔悦，瞩览无厌。游观未久，而天气屡变：霄雾尘集，则万象隐形；流光回照，则众山倒影。开阖之际，状有灵焉，而不可测也。乃其将登，则翔禽拂翮，鸣猿历响。归云回驾。想羽人之来仪；哀声相和，若玄音之有寄。虽仿佛犹闻，而神之以畅；虽乐不期欢，而欣以永日。当其冲豫自得，信有味焉，而未易言也。

退而寻之，夫崖谷之间，会物无主。应不以情而开兴，引人致深若此，岂不以虚明朗其照，闲邃笃其情耶？并三复斯谈，犹昧然未尽。俄而太阳告夕，所存已往。乃悟幽人之玄览，达恒物之大情，其为神趣，岂山水而已哉！于是徘徊崇岭，流目四瞩；九江如带，丘阜成垤。因此而推，形有巨细，智亦宜然。乃喟然叹：宇宙虽遐，古今一契；灵鹫邈矣，荒途日隔；不有哲人，风迹谁存？应深悟远，慨焉长怀！各欣一遇之同欢，感良辰之难再，情发于中，遂共咏之云尔！

此文叙述石门形势、游山缘起、览胜观感，奇情深理。石门在著名的庐山西南面，名字来历：铁船峰与天池山相对并峙，形如双阙，故名之，或名石门山，有瀑布，即称石门瀑布，极壮观。

我跟着和尚，夹杂在一群人中，在熙熙攘攘中保持自己的安静，重返那个时代，去看绝世美丽的传奇风景——

慧远和尚对这里的情形自然有一个大概的了解，因为生活在这里，周围还是很熟悉的。山水地理，也都熟悉自己养活的人，尤其喜欢自己养活的好人。一种山水养百种人，如同一种米养百种人一样。山水也养坏人，此为恩德与超度。一个人之所以成为自己，而不成为别人，有自己本来的因，而人生即果，世界多有因果，有来由，有源头。山水喜欢自己喜欢的人。就说水吧，水看到自己喜欢的人，心情就特高兴，临水照花，花让水开心。

大自然有自己的创作，山水一切，皆为其作品，亦即其身体。

大自然对自己的山水有自己的定位安排，各就各位，变化有路线图。

大自然有自己更好的“搜狗地图和卫星定位”，所以，你来不来，它就在那里——

石门在东林寺南方大约十余里处，它另外还有一个名称叫“障山”。山脚和周围起伏的群岭相连，山体超越身边的山脉独自矗立。众多的山泉在这里汇合，两峰并肩而立，涧水从中流出，倾斜的危岩在水中映出倒影，朦胧的景色水雾般覆盖着大自然，因此才有了石门这个名字。这里虽然只作为庐山一角，但确实为一大奇观。庐山之美，古来共谈。其奇丽只传说中见到，真正亲眼看过的人却并不多。原因在于瀑布湍急，人兽无法到达，山上石径往复曲折，阻碍重重，难以行走，很少有供人行走的山路。

我就感慨：风景在人无法达到的地方，因自由自在无人干扰，有更多的诞生。

在隆安四年仲春的一天，因为慧远和尚和大家想一同吟咏山水，就拄着锡杖去石门游玩。当时，共有志趣相投的人三十多位，大家都早早地起来，穿好衣服出了门，就算怅然的心情，也增加了不少兴致。

我作为一个他们未来的人，混进他们的队伍，他们更多的是接纳、欢迎，同道、同路。

山林虽然幽暗深邃，但大家仍然开辟道路竞相前进；连道路都没有，还要自己造句一样把道路新鲜造出来。我与他们交流，说现在的人去看风景，在风景名胜，走一些规定的道路，风景其实就已困在那里。他们听了我的话，嘲笑现在的人呆板与格式化的旅游模式。

走过的险路重重，但每个人都为自己见到的景色而感到满足。到了石门涧，众人就攀着树木揪着嵩草，翻越险峰涉过浅滩，相互搀扶着，体现了驴友们的团队精神。

只有一个目标，就是到达最高峰。最后，终于登上了山顶，背倚岩石，美丽的景色环绕身边，仔细往山峰下观看，这才知道庐山七岭之美，皆蕴藏于此：两座山峰对峙在前方，重重的山岩叠耸在后面。一圈圈的环形山峦围绕在周围，就像屏障打开翅膀，一块块高耸的岩石支撑起一片开阔的空间。这些岩石有的像石台，有的像石池，有的像宫馆……看到可以比拟的景物，让人无比喜悦。还有一道道清泉，先是分开流出后，又合在一起泻下。天池里的潭水，像镜子映照着天空，把天空抱在怀里，好似抱着胎儿在子宫里。彩色的石头散发着光彩，鲜明得像展开了美丽的面容。松柳和芒草这些草木，生长得茂盛而耀人眼目。它们向我们完整地展示了造物的神奇和美丽。

这一天，大家的心情奔放而又喜悦，四处游览却没有一丝厌倦。但是，游览时间不是太久，天气却多次发生变化：一会儿高空云雾聚集，周围的一切景象都隐藏在其中；一会儿流动的阳光返照回来，群山在水中投下了清晰洗澡的倒影。云雾开阖之际，它的形状就像是有灵气一样，让人难以预测。

正要重新开始登山时，一群飞翔的鸟儿散发大自然的名片，在空中振动着翅膀，远处猿儿鸣叫的声音也十分清晰。飘动的云彩像仙人的车驾，凄清的声音与传说中的仙乐一样娓娓动听。这一切虽然都处于朦胧之中，但是足以让人心神欢畅。但快乐不宜过度，长久保持是最主要的。当一个人怡然自得时，确实是意趣无穷呀，只是不容易用语言表达出来。

无言，无语，有时候超越很多表达而表达。

往回走时，慧远就在想：在山谷之间，所看到的大自然都无所主宰、随顺自然，应当不会因为游者的感情而增添什么情致。但仍然让人对大自然有这样深的感受，这难道不是在用一种空明虚静的景色开阔我们的观想，用悠闲深远的境界让我们的情致更加笃厚吗？慧远先后三次重复这样的话语，仍然没有找到答案。

不一会儿，太阳落下山去，眼前的景物已经模糊不清。慧远这才领悟到那些幽隐之人神秘的感悟：通达永恒事物的至深之情，其实是神灵赐给的禅趣，并非仅仅是眼前美丽的山水。

在山岭之间徘徊，放眼四下张望，只见九江之水弯曲如带，山岳像蚂蚁穴前的小土堆。因此慧远推想，物体有大有小，智慧也应当是这样呀。于是他不由得感叹：宇宙虽然遥远阔大而变化，但古今却是同一个样子；灵鹫山虽然悠远，荒无人烟的路程对于笃信佛教的人来说，却像是一天就可以到达。如果没有这些哲人，美好的风尚和古迹怎么会存在呢？感应深邃的哲理，领悟西方佛法的启发，心中又是一阵长久的思索。

大家对今日同游佳景感到十分高兴，又感叹良辰美景难以复再，心中之情不可压抑，于是一同吟咏诗篇。

与慧远和尚在古代同游，交了朋友，见了山水，山水重新安装了我的目光，给我目光里的现代杂质进行了必要的杀毒。山水是人心的杀毒软件，失去了这样的软件，人心的病毒就缺少了真正的药。

慧远简介

慧远（334～416），东晋庐山东林寺僧。俗姓贾，雁门楼烦（今山西宁武县）人。早年博通六经，尤善老庄。21岁时与弟慧持同受戒于名僧道安，受般若性空之学。后奉道安命南游传法。初在荆州，再至庐山，主讲《丧服经》。深爱庐山环境清幽，足堪避世，遂留居立东林寺，其弟慧持立西林寺。曾经与庐山僧俗隐逸122人结成莲社，与雷次宗、宗炳等17人并称莲社十八高贤，从此创立净土宗，成为后来佛教重要宗派，被奉为净土宗初祖。远公精研佛学，兼长大小二乘，主张以佛为主，儒玄为辅，其学说很有影响。且学识渊博，工诗善文，与同代名士谢灵运、陶潜、桓温等都有交往。著作有《法性论》、《庐山记略》等。

◎山水包容我们的喜怒哀乐

——王羲之《兰亭集序》山水聚会里的人生感慨

水穿上黑色，就变为液体的衣服，成为墨汁，墨汁给文字穿上衣服，就有了纸上的山山水水。曾经在王羲之的字帖里留恋，就像浏览令人震撼的伟大山水，其感觉很震心，震心最重要的享受是安静。那些字，在石刻的碑上，在石头上，镂空了时光，成为骨头里的骨头。空的事物，反而成为实物的骨头，更多的还有，就像心灵是为生命之主宰。虚实相生。石头身上空出的笔画痕迹，就连石头都让路。那样的美，光说美字，未免太俗气了吧。在石头上写字，在石头上画下空空荡荡的画面，每一笔每一划都空在那里，皆为骨头，空的骨头？是的，文字的骨头可以是空的，空就是力量，空不是不存在，而是真实地存在。每一个字都是一片江山，都是一幅画。

王羲之《兰亭集序》的价值无需多言，但在这个时候，我们更喜欢其中山水的奇趣快乐、境界——

永和九年，岁在癸丑，暮春之初，会于会稽山阴之兰亭，修禊事也。群贤毕至，少长咸集。此地有崇山峻岭，茂林修竹；又有清流激湍，映带左右，引以为流觞曲水，列坐其次。虽无丝竹管弦之盛，一觞一咏，亦足以畅叙幽情。

是日也，天朗气清，惠风和畅，仰观宇宙之大，俯察品类之盛，所以游目骋怀，足以极视听之娱，信可乐也。

夫人之相与，俯仰一世，或取诸怀抱，晤言一室之内；或因寄所托，放浪形骸之外。虽取舍万殊，静躁不同，当其欣于所遇，暂得于己，快然自足，不知老之将至。及其所之既倦，情随事迁，感慨系之矣。向之所欣，俯仰之间，已为陈迹，犹不能不以之兴怀。况修短随化，终期于尽。古人云："死生亦大矣。"岂不痛哉！

每览昔人兴感之由，若合一契，未尝不临文嗟悼，不能喻之于怀。固知一死生为虚诞，齐彭殇为妄作。后之视今，亦犹今之视昔。悲夫！故列叙时人，录其所述，虽世殊事异，所以兴怀，其致一也。后之览者，亦将有感于斯文。

开门见山，开门见到时间，见到有道路通向要去的地方，见到一根草，见到一阵快乐的风如同孩子一样快速跑过。

在永和九年，正值癸丑，暮春三月上旬的巳日，王羲之和一些人在会稽郡山阴县的兰亭集会，举行禊饮之事。在这个地方，当地德高望重的人无不到会，老老少少济济一堂。可谓盛大之事。

那么，就让我作为一个背包客，穿越时间，玩一玩现在很潮的穿越游戏，回到王羲之时代，去神游一番，与王羲之一起参加他们的非营利性大型沙龙吧。其实这样的聚会，看来就是主题聚会。

作为愉快的聚会，很少有不快乐的场景出现，因为参加聚会的人，都很有修养，都志同道合，无修养者，"不得入内"。与现在很多场合、空间（酒店宾馆之类）写的衣冠不整者禁止入内一样。

像聚会地点兰亭这地方的地理环境，有崇山峻岭环抱，林木繁茂，竹篁幽密。又有清澈湍急的溪流，就像青罗带一般映衬在左右。这样的环境描写，让我们今天羡慕不已。因为现在，要在这样环保的地方举办活动，不是不可以，而是一件比较奢侈的事情。如果没有经费，没有安排，OK，是办不了的。因为现在环境好一点的地方都被钱圈走，就很贵，都变成了盈利空间，已商业化。商业利益掠夺每一个山水细胞，而在古代，到处环保，无处不风景。地理空间美好，万分之一秒就可以知道其美入心。

在今天看来如此美如此震撼的空间，在古代遍地皆是。好了，就在这样的环境下，引溪水为曲水流觞，列坐其侧，即使没有管弦合奏的盛况，只是饮酒赋诗，也足以令人畅叙胸怀。

古代的聚会，很多都会有诗歌出现，诗歌是最快乐的生命，而在今天的聚会，除了 K 歌、喝酒、调情、打牌……很少有诗歌的雅兴。

看看聚会这一天的天气——天公作美，晴明爽朗，和风习习。好天气，就会有心情。快乐的天气，给人快乐的渲染。

在聚会上，王羲之不禁有所感悟——仰首可以观览浩大的宇宙，俯身可以考察众多的物类，纵目游赏，胸襟大开，极尽耳目视听的欢娱，真可谓是人生的一大乐事。

的确如此，人们彼此亲近交往，俯仰之间便度过了一生。有的人在心灵上喜欢反躬内省，满足于一室之内的晤谈；有人的生命则寄托于外物，生活狂放不羁。虽然他们或内或外的取舍千差万别，好静好动的性格各不相同，但当他们遇到可喜的事情，得意于一时，感到欣然自足时，竟然都会忘记衰老即将要到来之事。等到对已获取的东西发生厌倦，情事变迁，又不免会引发无限地感慨。以往所得到的欢欣，很快就成为历史的陈迹，人们对此尚且不能不为之感念伤怀，更何况人的一生长短取决于造化，而终究要归结于穷尽呢！古人说：死生是件大事。听起来，这怎么能不让人痛心啊！

每当看到前人所发的感慨，其缘由竟像一张符契那样一致，总难免要在前人的文章面前嗟叹一番，不过我们心里却弄不明白这是怎么回事。是啊，我与老王（王羲之）当然知道把死和生混为一谈非常荒诞，把长寿与夭亡等量齐观也很荒谬，后人看待今人，也就像今人看待前人，这正是事情的可悲之处。

所以这次王羲之要列出到会者的姓名，录下他们所作的诗篇。尽管时代有别，行事各异，但触发人们情怀的动因，无疑会相通。后人阅读这些诗篇，恐怕也会由此引发同样的感慨吧。

是有同样感慨的。因为《兰亭集序》这样的作品，把山水与人的细腻感情融合在一起，一些情景总会让人感慨，而这些感慨是如此地相通。

当一个人成为一个奇迹，他便永远奇迹而传奇。王羲之的字留了下来，文章留了下来——这篇文章就像文字的乐队，演奏山水的乐章，是一幅诗意的地图。

作为一个玩穿越游戏的背包客，穿越山水，穿越美的历程，便是快乐与享受。而背包客所追求的，正是生命健康的开心。

王羲之简介

王羲之，东晋书法家，字逸少，号澹斋，汉族，祖籍琅琊临沂（今属山东），后迁会稽（今浙江绍兴），晚年隐居剡县金庭，有“书圣”之称。其子王献之书法亦佳，世人合称为“二王”。此后历代王氏家族书法人才辈出。东晋升平五年卒，葬于金庭瀑布山（又称紫藤山），其五世孙衡舍宅为金庭观，遗址犹存。

◎身体内外的世外桃源

——陶渊明《桃花源记》给世人带来永恒版海市蜃楼

人的身体属于宇宙世界与造物主的神奇建筑，肚脐眼有玫瑰之根脐带的漩涡，也散发出独特无声无息的呼吸与目光。而母性的泉眼，从那里回去，就像人类潜意识的生命梦想，初极狭，才通人，此为人来到世界的出口，也属于回忆返回源头的进口，好似一条河流要回到泉眼里。很多人都想回到母体里的伟大世界。子宫世界才是人类的世外桃源。

陶渊明《桃花源记》这篇文章，没人不知道的，因为这是建立了一个灿烂世界的文章。这篇文章是如此伟大的建筑——

晋太元中，武陵人捕鱼为业。缘溪行，忘路之远近。忽逢桃花林，夹岸数百步，中无杂树，芳草鲜美，落英缤纷。渔人甚异之，复前行，欲穷其林。

林尽水源，便得一山，山有小口，仿佛若有光。便舍船，从口入。初极狭，才通人。复行数十步，豁然开朗。土地平旷，屋舍俨然，有良田美池桑竹之属。阡陌交通，鸡犬相闻。其中往来种作，男女衣着，悉如外人。黄发垂髫，并怡然自乐。

见渔人，乃大惊，问所从来。具答之。便要还家，设酒杀鸡作食。村中闻有此人，咸来问讯。自云先世避秦时乱，率妻子邑人来此绝境，不复出焉，遂与外人间隔。问今是何世，乃不知有汉，无论魏晋。此人一一为具言所闻，皆叹惋。余人各复延至其家，皆出酒食。停数日，辞去。此中人语云：“不足为外人道也。”

既出，得其船，便扶向路，处处志之。及郡下，诣太守，说如此。太守即遣人随其往，寻向所志，遂迷，不复得路。

南阳刘子骥，高尚士也，闻之，欣然规往。未果，寻病终。后遂无问津者。

陶渊明真是好玩，他的好玩都变为了经典与伟大。他是怎么好玩的呢？他创造了一个神奇的世界，在那里，生命成了真正的幸福。他所原创的这个世界，有伊甸园最初的创世之美，也有纯洁的乌托邦味道，所谓香格里拉即为它的同义词；同时还是对未来世界的探讨，对人类栖身之所的渴求与寻找。人要安身立命，就得有一个赖以生存的空间。这就是人的自然属性。

人喜欢游山玩水，这是人的本性，也是人的自然性得以还原。人靠自然得以存在与活命、养身，即靠自然提供的基本元素水、空气（树木是氧气的原创作者）、粮食养活自身。而心灵，依旧靠大自然的山山水水、一草一木、一花一果……来养、来育、来引导。

所谓大自然的风景，其实在农耕社会的安静美好时光里，无处不是风景，无处不是美，因为有太多的美，所以很多美，就见美不美，把美当成平凡的事物。哪怕那时候的一点点自然的真美，一点点常见的美，拿到现代文明的社会里来看，都会是惊艳之美，甚至被认为是美的奇迹。为什么这么说呢？原因在于现代文明毁掉的自然之美太多，使得自然消失了许多生命和力量，残存的风景就令世人大呼小叹。

生活安定，安居乐业，在自然的怀里淡定地生活，实为人最大的幸福与快乐。由于常年的战乱、苛捐杂税、生存压力超标，而使得就算在一个纯粹环保世界里的人，也想逃避现实，去向往另外美好的生活空间。

就这样，出现了一个伟大的传奇，我们来看五柳先生的震撼创造力——

时间：东晋太元年间

地点：在武陵郡这个地方

人物：打鱼人

职业：以打鱼为生

一天，打鱼人顺着溪水划船，忘记了路程的远近。忽然遇到一片桃花林，生长在溪水两岸，长达几百步。中间没有别的树，芳草鲜艳美丽，落花繁多。他对此感到非常诧异。又继续往前走，想走到这片林子的尽头。

桃花林在溪水发源的地方就到了头，便看到一座山，山上有个小洞口，隐隐约约好像有光。因为感到好奇，渔人离开了船，从洞口进去。

起初洞口很狭窄，仅仅只能容一个人通过。

又走了几十步，由狭窄幽暗突然变得宽阔明亮。一下子开阔起来，看起来赏心悦目。

面前的世界平坦宽广，房屋整整齐齐，有肥沃的土地，美丽的池塘，桑树竹林这一类景观。田间小路交错相通，（村落间）鸡鸣狗叫的声音能互相听到。这中间，人们在田野里来来往往，耕种劳作，男女的穿着就好像桃源外面的世人。老人和孩子们个个都安闲快乐，显得心满意足。

这里的人们，意外地看见了渔人，都非常惊讶，惊讶的表情，就像见到外星人一样目瞪口呆。也像看见鬼子进了村一样有诸多的害怕——但是经过惊慌、惊骇之后的人们，很快平静下来变得淡定。在自己家里，没有什么好怕的。

这里的人们，问他从哪儿来。渔人详细地回答他们。于是这里的人们，邀请他到自己家里去，摆了酒，杀了鸡准备食物款待他。其他这里的人听说来了这么一个人，都来打听消息。

他们说自己的祖先为了躲避秦时的战乱，率领妻子儿女和同一个地方的人来到这个跟世人隔绝的地方，不再外出，于是跟桃花源以外的人不再来往。

村人问渔人现在是什么朝代，这里的人竟然不知道有汉朝，更不必说以后的魏晋了。渔人把自己在外面世界听到的、所知道的事情，都统统地、一古脑儿地、一一详细地告诉了他们，他们听后，耳朵里塞进那么多未来世界，塞进那么多花园，都感叹、惋惜、惊叹。

其余的人各自都把渔人请到自己家中，都拿出酒饭来款待他。这个世界的人们，对他都客客气气、热情，他们单纯而清澈。

渔人因为挂念自己的一些事情，毕竟他自己属于另外一个世界的人。他的到来只属于作客或者访问一类。因此，停留了几天，他就告辞离去。村里人嘱咐他道："我们这个地方，不值得对外边的人说啊！"

渔人已经出来，找到了他的船，就顺着来时的路回去，处处都做记号。这就是起了坏的心思的证明。你做什么记号？有何居心？他到了郡下，去拜见太守，述说了自己的这番经历。太守将信将疑：难道真的有这样一个地方吗？抱着宁可信其有、不可信其无的态度，为证实其真伪，立即派人跟着他前往，寻找以前所做的记号，但最终迷失了方向，再也找不到原来的路了。

实际上，这个渔人离开的时候，那个世界的人们，其智慧者对他的不放心，就安排了人手跟着他，果然不出所料，见到他做记号，就赶忙把他的记号处理掉，然后把那个洞口堵好……他再次来寻找，自然就再找不到小聪明画下的记号了。

还有，南阳人刘子骥，是品质高尚的人，听到这件事后，高兴地计划前往寻找世外桃源。没有实现，不久，他因病去世。此后就再也没有探求桃花源的人了。

很早就想过，把《桃花源记》做成一个电影或电视连续剧，那会很有意思。我会把自己想象成为一个背包客，很意外地再次打开了世外桃源的大门，他们审视了我的真诚，对前面那个渔人进行了谴责。这里面就会有很多故事了——在此省略一个长篇电视连续剧的相关内容……

另外还有一点，那个渔人的不守信用，即一个地方慷慨热情地接待了他，他还要心怀鬼胎。所以去旅游，对一个地方的山水厚待了自己，接待了自己，给予了自己美丽和快乐，要感恩，千万不要做损坏、不利于它的事情。这样的人实际上还真不少，这就说明了问题的严重性。在风景名胜上写写画画，实际上也没有写出多高的水平，反而破坏了风景，就算扔垃圾等等这样的小事，还要不断地强调，实实在在愧对山水对人的善待与对人的付出。

陶渊明简介

陶渊明（约 365 ~ 427），字元亮，号五柳先生，谥号靖节先生，入刘宋后改名潜。东晋末期南朝宋初期诗人、文学家、辞赋家、散文家。浔阳柴桑（今江西省九江市）人。曾做过几年小官，后辞官回家，从此隐居，田园生活是陶渊明诗的主要题材。

◎纸上山水对原山水致敬

——孙绰《游天台山赋》心景掷地有声

孙绰曾出任章安令，汉章帝章和元年（公元 87 年），改回浦县为章安县，治所在今台州市椒江区章安镇。从章安到天台，也就几十里路程，不难朝发夕至。但那时的天台山，草昧未开、人迹罕至，实为穷乡僻壤。哪里会像今天，到处开发，绝对不让自然安静、休生养息。

在当时，无处不风景，无处不美，但要欣赏奇美奇景，没有寻幽探险的激情和勇于攀登的毅力，就不能领先饱赏钟灵毓秀的山川风光，也就没有这千古绝唱《天台山赋》——

天台山者，盖山岳之神秀者也。涉海则有方丈、蓬莱，登陆则有四明、天台。皆玄圣之所游化，灵仙之所窟宅。夫其峻极之状、嘉祥之美，穷山海之瑰富，尽人情之壮丽矣。所以不列于五岳、阙载于常典者，岂不以所立冥奥，其路幽迥。或倒景于溟，或匿峰于千千岭；始经魑魅之涂，卒践无人之境；举世罕能登陟，王者莫由堙祀，故事绝于常篇，名标于奇纪。然图像之兴，岂虚也哉！夫遗世玩道、绝粒茹芝者，乌能轻举而宅之？非夫远寄冥搜、笃信通神者，何肯遥想而存之？余所以驰神运思，昼咏宵兴，俯仰之间，若已再升者也。方解缨络，永托兹岭，不任吟想之至，聊奋藻以散怀。

太虚辽阔而无阂，运自然之妙有，融而为川渎，结而为山阜。嗟台岳之所奇挺，实神明之所扶持，荫牛宿以曜峰，托灵越以正基。结要弥于华岳，直指高于九嶷。应配天以唐典，齐峻极于周诗。邈彼绝域，幽邃窈窕。近智以守见而不知，仁者以路绝而莫晓。哂夏虫之疑冰，整轻翮而思矫。理无隐而不彰，启二奇以示兆：赤城霞起而见标，瀑飞流以界道。睹灵验而遂阻，忽乎吾之将行。仍羽人于丹丘，寻不死之福庭。苟台岭之可攀，亦何羡于层城？释域中之常恋，畅超然之高情。被毛褐之森森，振金策之铃铃。披荒榛之蒙笼，陟峭崿之峥嵘。济栖溪而直进，落五界而迅征。跨穹窿之悬磴，临万丈之绝冥。践莓苔之滑石，搏壁立之翠屏。揽樛木之长萝，援葛藟之飞茎。虽一冒于垂堂，乃永存乎长生。必契诚于幽昧，履重险而逾平。

既克济于九折，路威夷而修通。恣心目之寥朗，任缓步之从容。苏萋萋之纤草，荫落落这长松。窥翔鸾这裔裔，听鸣凤之邑邑。过灵溪而一濯，疏烦不想于心胸。荡遗尘于旋流，发五盖之游蒙，追羲农之绝轨，蹑二老之玄踪。

陟降信宿，迄于仙都。双阙云竦以夹路，琼台中天而悬居。朱阁玲珑于林间，玉堂阴映于高隅。彤云斐玉以翼棂，皎日炯晃于绮疏。八桂森挺以凌霜，五芝含秀而晨敷。惠风伫芳于阳林，醴泉涌溜于阴渠。建木灭景于千寻，琪树璀璨而垂珠。王乔控鹤以冲天，应真飞锡以蹑虚。驰神辔之挥霍，忽出有而入无。

于是游览既周，体静心闲。害马既去，世事多捐。投刃皆虚，目牛无全。凝思幽岩，朗咏长川。尔乃羲和亭午，游气高褰，法鼓琅以振响，众香馥以杨烟。肆觐天宗，爰集通仙。挹以玄玉之膏，漱以华池之泉；散以象外之说，畅以无生之篇。悟遗有之不尽，觉涉无之有间；泯色空以合迹，忽即有而得玄；释二名之同出，消一无于三幡。恣语乐以终日，竺寂默于不言。浑万象以冥观，兀同体于自然。

神奇山水开头便是奇迹，源头就有伟大。好文就似好山水。《天台山赋》的开篇，孙绰将天台山比做蓬莱、方丈仙山，列为大自然特别偏爱的骄子，把宇宙之神秀都集中在此。“赤城霞起以建标，瀑布飞流以界道”。这铮铮作响的 14 个字，形象简洁勾勒出“台岳”的两大奇景：赤城像红霞，高耸入云，在青山上树起一杆标柱；瀑布像银河，飞流直下，在群峦中划出鲜明界限。天台山，深隐云雾的神龙崭露头角，接下来，孙绰展开想象的翅膀，以生花妙笔，让台岳山川风物的神奇瑰丽、光怪陆离一一展现在阅读的背包客面前。天台山地理优越，山脉横亘于灵秀的越国，峰峦掩映于斗牛的分野。

天台山——气势雄伟，有的如同双阙，夹道耸峙，有的好似琼台，高悬空中。

天台山——物产丰美，萋萋芳草，落落长松，翔鸾鸣凤，灵芝琪树……令人应接不暇。

天台山——山川奇丽，风光优美，佛宗道源，人文荟萃。

寺观殿宇的宏现华美——朱阁玲珑于林间，五堂阴映于门隅。彤台斐衅以翼棂，日炯晃于绮疏。

讲经说法的庄严肃穆——法鼓琅以振响，众香馥以扬烟。

还有“王乔控鹤以冲天，应真飞锡以蹑虚。骋神辔之挥霍，忽出有而入无”。“仙都佛国”的氛围，让背包客设身处地于无限的神奇色彩之中。

景与情，浑然一体，词句真妙，胜景迭出，令阅读的背包客仿佛置身于声色俱佳的神话世界而心旷神怡。

孙绰有背包客开拓者的精神——“披荒榛之蒙茏、陟峭崿（高峻貌）之峥嵘……跨穹窿之悬蹬，临万丈之绝冥……揽樛木之藤萝，援葛藟之飞茎”，历尽千艰万险，终至坦途，得睹灵境。这正如后来王安石说的“世之奇伟、瑰怪、非常之观，常在于险远，而人迹罕至焉”。

孙绰完成《天台山赋》后，急不可耐拿给兄弟朋友范荣期看，并不无自豪自信地宣称：不妨把这篇赋掷到地上，它一定会发出铿锵金石之声。——“卿试掷地，当作金石声也。”范荣期（名启，字荣期，东晋南阳顺阳即今河南淅川县人，官至黄门侍郎）起初并不相信，对他的宣称觉得有一些狂傲，便讥讽道：“恐子之金石，非宫商中声。”古以宫、商、角、徵、羽定音，称其为五音或五声。因为是朋友的作品，而朋友对自己的作品也口出狂言，倒要仔细读读。每读到佳句，令人情不自禁地击节赞赏。就觉得孙绰是实力派而不是吹牛派。实力面前见实力。就这样，字字金石、句句中声的《天台山赋》，便不胫而走，传诵千古。

孙绰力捧天台山，天台山由此名声大振，从舆论上奠定了它风景名胜的神韵：“佛窟仙源，山水神秀”。什么到了今天都会走样，当山水被吹捧的时候，山水就害怕自己被捧杀。

孙绰简历

孙绰（314 ~ 371），字兴公，中都（今山西平遥）人。楚孙。为廷尉卿，领著作。少以文才称，温、王、郄、庾诸君之薨，必须绰为碑文，然后刊石。尤工书法，张怀瓘书估列入第四等。其善书博学，是参加王羲之兰亭修禊的诗人和书法家。

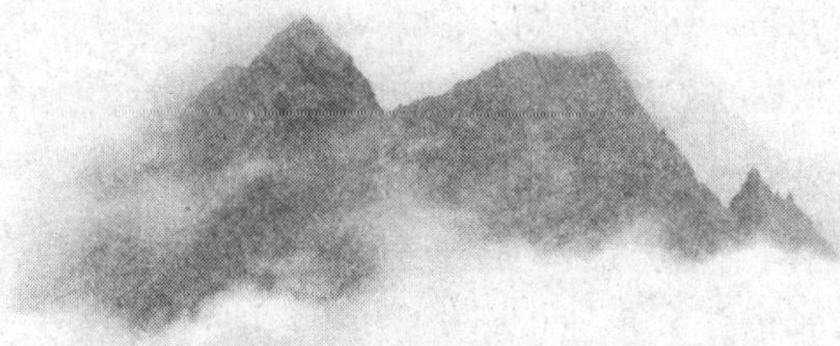

第四章 宁静的大自然公开课

——南北朝游记：百分之百纯度的千山万水

◎信中山水如此美

——鲍照《登大雷岸与妹书》家信里邮寄的风景

河流，一封漫长的信，在信封的岸里面。一叶小舟划进口袋，信在信封里来来去去。在宋文帝元嘉十六年，临川王刘义庆出镇江州，引荐鲍照为佐吏。同年秋天，鲍照就从剑客即现在的南京出发，水路赴任。走到今天的安徽望江县大雷岸时，就用骈文写信给才女妹妹鲍令晖，描绘旅途中自然景色与感受。

鲍照《登大雷岸与妹书》写道——

吾自发寒雨，全行日少，加秋潦浩汗，山溪猥至，渡泝无边，险径游历，栈石星饭，结荷水宿，旅客贫辛，波路壮阔，始以今日食时，仅及大雷。涂登千里，日逾十晨，严霜惨节，悲风断肌，去亲为客，如何如何！

向因涉顿，凭观川陆；遨神清渚，流睇方曛；东顾五州之隔，西眺九派之分；窥地门之绝景，望天际之孤云。长图大念，隐心者久矣！南则积山万状，负气争高，含霞饮景，参差代雄，淩跨长陇，前后相属，带天有匝，横地无穷。东则砥原远隰，亡端靡际。寒蓬夕卷，古树云平。旋风四起，思鸟群归。静听无闻，极视不见。北则陂池潜演，湖脉通连。苎蒿攸积，菰芦所繁。栖波之鸟，水化之虫，智吞愚，彊捕小，号噪惊聒，纷乎其中，西则回江永指，长波天合。滔滔何穷，漫漫安竭！创古迄今，舳舻相接。思尽波涛，悲满潭壑。烟归八表，终为野尘。而是注集，长写不测，修灵浩荡，知其何故哉！西南望庐山，又特惊异。基压江潮，峰与辰汉相接。上常积云霞，雕锦缛。若华夕曜，岩泽气通，传明散彩，赫似绛天。左右青霭，表里紫霄。从岭而上，气尽金光；半山以下，纯为黛色。信可以神居帝郊，镇控湘、汉者也。若潈洞所积，溪壑所射，鼓怒之所豗击，涌澓之所宕涤，则上穷荻浦，下至狶洲；南薄燕，北极雷淀，削长埤短，可数百里。其中腾波触天，高浪灌日，吞吐百川，写泄万壑。轻烟不流，华鼎振涾。弱草朱靡，洪涟陇蹙。散涣长惊，电透箭疾。穹溘崩聚，坻飞岭复。回沫冠山，奔涛空谷。碪石为之摧碎，碕岸为之落。仰视大火，俯听波声、愁魄胁息，心惊慓矣！至于繁化殊育，诡质怪章，则有江鹅、海鸭、鱼鲛、水虎之类，豚首、象鼻、芒须，针尾之族，石蟹、土蚌、燕箕、雀蛤之俦，折甲、曲牙、逆鳞、返舌之属。掩沙涨，被草渚，浴雨排风，吹涝弄翮。夕景欲沈，晓雾将合，孤鹤寒啸，游鸿远吟，樵苏一叹，舟子再泣。诚足悲忧，不可说也。

风吹雷飙，夜戒前路。下弦内外，望达所届。寒暑难适，汝专自慎，夙夜戒护，勿我为念。恐欲知之，聊书所睹。临涂草蹙，辞意不周。

这封信，把自已的旅程下载在信纸上，给妹妹寄去。这封信，山高水远，平坦的信纸上，山水百折，历经心灵的激流。

妹妹收到兄长寄来的山水与兄长融化在山水里的心情，读信如读人，阅读兄长的千古心灵流淌。借用其妹妹的目光，我们读客看到：山水变化而心灵依旧是当时的体温——

鲍照自从冒着寒雨从健康登船出发，雨水就成了旅途开始的朋友。雨水站在河面上，站在波浪的乐谱上。整天赶路的日子很少，加上秋天的雨水浩漫无边，山间溪水大量流入长江，逆流而上行驶在宽阔无边的江面上，游历在险绝的路上，在栈道上、星光下吃饭，结荷叶为屋歇宿在水边。

鲍照旅途行客的贫苦艰辛，水路的壮阔漫长，所以直到那天午饭时分，才到达大雷岸。路途行程千里，日子过了10天。凛冽的寒霜刺痛骨节，悲凉的秋风割人肌肤。离开亲人成为行客，心情是何等的凄怆！但朋友介绍，鲍照找到这份工作，实在不容易，为稻粱谋。虽说为官，实际上不就是一份工作么？

天气与景色，都影响人的心情。很多人都如此。天气好的时候，景色便好一些，心情便跟着好了一些。

前些日子因为且行且宿，凭览河川与陆地；骋目娱怀于清流中的洲渚，纵目远眺黄昏的景色；向东回顾有五洲之隔，向西眺望江有九道之分。看地门的绝妙奇景，望天边的冉冉孤云。那些云，都有自己的飞翔之迹。宏图大志，鲍照激发于心已经很久了！是的，大丈夫还是想干一番事业。这一点，他的妹妹早就知道。

南面看到的是——重重叠叠的山峦呈现千姿百态不同的形状，他们好比大自然雄性的模特，负恃着气势竞相比高，映含着鲜艳的朝霞、闪射着灿烂的阳光，峰峦高低错落迭递着争高称雄，超越田中高高隆起的长陇，前后相连，可以环绕天边一周，横亘着大地无穷无尽。连绵的山峦就像天生最为古老的长城，无数的肩膀链接在一起。

东面是另外的情形——原野像磨刀石一样平坦，越远越低，无边无际。寒风中的蓬草在黄昏时卷起，高大的古树上与云平。每一棵古树都像一个衣架，把天空挂在自己身上。旋风四面而起，思念故巢的鸟成群而归。静听风声却又寂然无闻，极目凝视鸟却不见。

北面的状况是——陂塘水泽和潜流，与湖水水脉相通。苎麻、蒿草积聚，菰米、芦苇丛生。栖息在水上的鸟，水中的鱼，智者吞吃愚者，大的捕捉小的，呼号噪叫、惊扰嘈杂，在水泽中纷纷攘攘。这样弱肉强食的情形，与人间并没有什么不同。

西面呢——西面曲折的江水永远流淌不休，浩淼的水波与天相连。长流滔滔哪得穷尽、浩浩荡荡怎会枯竭。从古至今，行船前后相接。唉，鲍照的乡思全都溶入了波涛，悲怆填满了深潭丘壑。烟云飞归八极之外，最终化为天地间的尘埃。而江河奔腾汇集，永远东流不可捉摸。此为大地沧海桑田不变的真理与规律。江河浩荡，知道它是什么原因呢。

转向西南——望见庐山，它独立雄峙更令人惊异。山脚压着大江的潮水，峰顶与星辰天汉相接。星星吻着巅峰，进行着爱的演绎。山尖上面常常堆积着云霞，就像雕锦缛采。夕晖映射出若木之花般的霞光，山岩与水泽上的雾岚连成一片，山林好似在洗蒸气浴一样。闪烁着光辉散下绚烂的彩霞，赫赫的光焰把天空照得一片通红。两旁升腾的青霭，环绕着紫霄峰周围。寂静有如此巨大的乐章。由山岭而上，雾岚散尽的山顶闪射出一片金光。半山腰以下，纯粹是青苍的黛色。由此鲍照判断，令人惊叹不已的庐山，确实可以凭借天神的威力，镇守控制着湘江、汉水流域。

至如小水积聚汇入大水里面，迅疾地奔流赶路，山谷间溪水喷射，好像憋着怒气那样互相撞击，洄流奔涌般激荡，不如把它看成激情万丈地喷射。则上穷尽于荻浦，下至于狶洲，南面迫近于燕，北面穷极于雷淀，削长补短，水流可至数百里。山水装有自己的动力，那神力的大小，自有调控。

其中翻腾的波浪碰到天穹，高高的浪花灌进红日——好似河流回到泉眼回到源头，重回子宫一样深奥——吸进吐出百条河川，奔泻腾泄于千岩万壑。波上轻烟水雾凝聚而不流动，就像华丽的鼎中水在沸溢一样，心中有数，与心中有丘壑有异曲同工之妙。细弱的岸草茎叶从水披靡,巨浪渐渐迫近了田陇。巨浪崩散常常令人惊恐，速度极快，力量也不小，就如同闪电般穿越、飞箭般迅疾。浪峰一会儿聚起一会儿跌碎——水对自己的演奏好似书法——简直要把河岸冲走使山岭颠复。回迸的飞沫高过山顶，奔腾的江涛扫空山谷。河边的捣衣石被撞击得粉碎，曲折的河岸被冲刷成碎末飞落。抬头仰看天上的火星，低头俯听水上的波声，恐惧得使人屏住了呼吸，急疾得使人魄悸心惊。

至于繁殖蕃衍的各种水生动物，大都有奇异的躯体怪诞的外形，比如说——有江鹅、海鸭、鱼鲛、水虎之类；还那些豚首、象鼻、芒须、针尾之族；以及有石蟹、土蚌、燕箕、雀蛤之辈；还有折甲、曲牙、逆鳞、返舌之属。遮掩在逐浪的沙滩上，躲避在长满草的洲渚边，沐浴在雨中并列迎风，吐着水沫、梳理着毛羽。

在夕阳就要西沉，晨雾即将弥漫之际，看那孤鹤在寒风中悲鸣，游荡的鸿鹄在远处哀吟，他们对生命的哀叹与我们人没有什么不同啊，甚至它们对世界的看法超越了我们的观点。砍柴取草的人一声叹息，船夫再次哭泣，像鲍照一样，一滴水一样的游子，心实在非常悲怆忧愁，非言语所能表达。

有时候，风吹送着雷霆狂飙，夜间必须提防前途。鲍照在当时那月的二十三、二十四日前后，可望达到目的地。在这秋冬季节，冷暖难以调适，他对妹妹交代：你务必自己当心。早晚当心保重，不要为他挂念。鲍照说自己毕竟是男子汉，虽有怀叹，但始终要面对现实，面对当下，面对日子和道路。

鲍照在信上最后如是说：妹妹，恐怕你想知道我旅中的近况，故聊且写下我的所见所感。途中匆匆草就，措辞达意恐或不周。

山水驻扎在信纸上。每一个字都有无限江山。鲍照让我们的读客，流连在一封信上旅游，看山看水，看风景，看心灵。大地入心，大地如信，其实我们都在信上。

鲍照，自己人生的背包客，背着行囊，去赴任。行囊带着他，出入人间。

鲍照简历

鲍照被认为是南北朝时期文人中成就最高者，与颜延之、谢灵运合称“元嘉三大家”。本籍东海（今山东临沂郯城县，但鲍照家乡在现在的江苏连云港）；一说上党（今属山西），可能是指东海鲍氏的祖籍。鲍照家世寒微，但很有志气，有一妹鲍令晖，也善文学。其青少年时代，大约在京口(今江苏镇江)一带度过。宋文帝元嘉十六年(439)，鲍照26岁，据史载，曾谒见临川王刘义庆，毛遂自荐，但没有得到重视。他不死心，准备献诗言志。有人劝阻："郎位尚卑，不可轻忤大王。"鲍照大怒："千载上有英才异士沉没而不可闻者，岂可数哉！大丈夫岂可遂蕴智能，使兰艾不辨，终日碌碌与燕雀相随乎？"之后，终得赏识，获封临川国侍郎，后来也做过太学博士、中书舍人之类的官。但在门阀制度森严的社会里，他始终是"下僚"，不能有所作为，为此，胸中郁结着愤愤不平。后因宫廷内部斗争，死于乱兵之中。鲍照一生仕途坎坷，生前诗文颇负盛名，对后世产生了重大影响。最有名的是《拟行路难》18首。对唐代的李白、高适、岑参等人的创作深有影响。杜甫说李白之诗"俊逸鲍参军"便是如此。

◎山川之灵，超越尘世之美

——陶弘景《答谢中书书》的山川绮丽

中国古代游记，山水辉煌，文字神奇，具有自然神性之光。谈山川之美，无法绕开陶弘景的《答谢中书书》。作为一个背包客，进入这样的短文，就先进入一粒种子。实际上这粒种子，浓缩有整个地球山水之美。

有陶弘景这样的朋友，是谢中书一生的快事、幸事。这不，陶弘景几十个字，连同朋友谢中书，都名垂千古了。

《答谢中书书》原文只有68个字，连一条短信的篇幅都不到——

山川之美，古来共谈。高峰入云，清流见底。两岸石壁，五色交辉。青林翠竹，四时俱备。晓雾将歇，猿鸟乱鸣；夕日欲颓，沉鳞竞跃。实是欲界之仙都。自康乐以来，未复有能与其奇者。

文章开始，陶弘景从人们对山水的态度入手：古往今来，没有人不赞美青山绿水的，特别是江南的山山水水，更是柔媚亮丽、清秀绝尘，如此典雅、飘逸。接着描写了山水、石壁、丛林、翠竹和早晨、黄昏的景象，融情于景，表达陶弘景对山水的赞美之情。最后，发出慨叹：从谢灵运后，又有谁能欣赏如此美景呢？望天下，熙熙攘攘皆为名利，能全身心投入自然的人，还有多少呢？一片黯然之情，悄然流露。

整篇文章，68字，有山水竹林、晓雾夕阳、猿鸟锦鳞，有比喻、夸张、拟人，有正面描写、侧面描写……说不完无限情趣、道不完生机盎然。这在魏晋六朝"诗尚玄理，文工骈体"的文风中，可谓一枝独秀。读来凡心皆无，身在物外，心清神明。

下面，我们白话文一遍这字字珠玑的珠宝文章，等于是一次梳理，一次享受——

山河的美丽，自古以来人们共同谈论赞赏。这里山峰高耸插入云霄，河流明澈能够见底。两岸的悬崖峭壁就像不同姿态的女子站立在那里，五彩交相辉映。苍青的密林和碧绿的竹子，四季长存。早晨的夜雾将要消散时，可以听到猿猴长啸，鸟雀乱鸣；傍晚的夕阳快要落山了，可以见到水中的鱼儿竞相跳跃。这里真是人间仙境啊！自从谢灵运之后，还没有人再能置身于这奇美的山水之中。

陶弘景视山水为性命，把草木当人生、为知己。

梁武帝早年便与陶弘景认识，称帝之后，想让其出山为官，辅佐朝政。陶于是画了一张画：两头牛，一个自在地吃草，一个带着金笼头，被拿着鞭子的人牵着鼻子。梁武帝一见，便知其意，虽不为官，但书信不断，常以朝廷大事与他商讨，人称“山中宰相”。与皇帝为友，而皇帝也要求他，他不在乎富贵。

陶弘景的思想脱胎于老庄哲学和葛洪的神仙道教，杂有儒家和佛教观点。他精通中医，有草木心，山水草木视其为密友与知音。

陶弘景简介

陶弘景(456 ~ 536)，字通明，号华阳隐居，丹阳秣陵（今南京）人。生于江东名门。祖陶隆，南朝宋时侍从孝武帝征战有功，封晋安侯。父陶贞宝，深解药术，博涉子史，官至江夏孝昌相。号华阳隐居，南朝齐、梁时期的道教思想家、医药家、炼丹家、文学家，卒谥贞白先生。南朝南齐南梁时期的道教茅山派代表人物之一。

自幼聪明异常，10 岁读葛洪《神仙传》，便立志养生，15 岁著《寻山志》。20 岁被引为诸王侍读，后拜左卫殿中将军。36 岁梁代齐而立，隐居句曲山（茅山）华阳洞。工草隶行书尤妙。对历算、地理、医药等都有一定研究。曾整理古代的《神农本草经》，并增收魏晋间名医所用新药，成《本草经集注》7 卷，共载药物 730 种，并首创沿用至今的药物分类方法，以玉石、草木、虫、兽、果、菜、米实分类，对本草学的发展有一定的影响（原书已佚，现在敦煌发现残本）其内容为历代本草书籍收载，得以流传。

◎在路上，一堂自然教育课

——吴均《与朱元思书》一段风景的清心之妙

写山水，都喜欢“吴均体”，什么是“吴均体”？吴均写下的诗歌文章，具有个性、特质，因其上乘而受人们赏识，很多人模仿。写得让整个时代模仿，便达到了一定的地位和成功，写得不朽而名垂千古，则更成功。

背包客，走一走“自富阳至桐庐，一百许里，奇山异水”的风景，让风景看看人，领略人的风采，不亦快哉。

山水书信，在一封信里旅游，且去吴均《与朱元思书》中去吧——

风烟俱净，天山共色。从流飘荡，任意东西。自富阳至桐庐，一百许里，奇山异水，天下独绝。

水皆缥碧，千丈见底。游鱼细石，直视无碍。急湍甚箭，猛浪若奔。

夹岸高山，皆生寒树，负势竞上，互相轩邈；争高直指，千百成峰。泉水激石，泠泠作响；好鸟相鸣，嘤嘤成韵。蝉则千转不穷，猿则百叫无绝。鸢飞戾天者，望峰息心；经纶世务者，窥欲忘反。横柯上蔽，在昼犹昏；疏条交映，有时见日。

风景即感受后的诗歌。风景与山水皆为容器，也为被容纳。好的目光，让它们找到快乐的归宿，有最好的根，有根可循。在如此绝美的山水面前，人的心灵受到教育，也生感慨。山水自然为人生最伟大的导师。

吴均把从富阳至桐庐一百多里的璀璨风光，写信告诉了朋友朱元思——

风尘烟霭全部散尽，天空与山峰显露出同样清澄的颜色。让脚印一样的船随着江流飘浮荡漾，任凭它或东或西。这是从富阳到桐庐，一百来里水路上看到的景色。一路上，奇峭的山峰奇异的流水，天下独一无二。

江水全都呈现出一片青苍之色，千丈深也能见到水底。可见那时候，没有今天环境污染被破坏的迹象。生活在那个时光、空间里，幸福感在环境上而言，今天的人无法比拟。任何一滴水皆为上帝的纯洁，神栖息在水的身上，感受到什么叫做真正的干净。那时候的水便是水的本身。在那时候水成为水，有水最大的快感、幸福感。

在千丈清澈见底的水中，零散钞票般游动的鱼和银子般细细的卵石，这些散漫的零花钱，都可以看得清清楚楚。湍急的流水快于飞箭，何等麻利；汹涌的江浪势如奔马，气贯长虹。两岸夹峙的高山上，全都生长着耐寒常青的树木。山依恃地势争着向上，互相比高比远。争着向高处笔直地指向天空，形成千百座峰峦。泉水冲击着石块，发出泠泠的声响，水与石头就成了乐器；好鸟彼此和鸣，织成嘤嘤的谐美旋律。蝉儿的录音机则无休止地鸣叫不停，“大型乐器”猿猴则千百遍地啼叫不绝。

在仕途上鹰一般冲天直上的人，望一眼这么美的峰峦就会平息热衷名利的心，山水之美超越人间的功名利禄；整天忙于筹划治理世俗事务的人，看一看如此幽美的山谷就会流连忘返，在大自然里，放下心灵里不必要的牵挂。横斜的树枝遮蔽天日，即使白天也像黄昏那样阴暗；稀疏的枝条交相掩映，有时也会漏下一些如同一串锈迹的光斑。树林里，阳光漏下的光斑金币。

这一封山水的书信，绿化了整个阅读。吴均是写山水小品的一代宗师，不仅如此，他写山水的诗歌，也属于世界一流的巅峰。其一首《山中杂诗》只有区区20字，就建立了一个诗歌的宇宙，全诗如下——

山际见来烟，竹中窥落日。

鸟向檐上飞，云从窗里出。

这首诗歌是说——

山边飘来的烟霭之气形成一种高远的境界，从竹林的缝隙里看到落日，看到世上最豪华的一枚铜钱。

鸟儿向屋檐上飞去，就像一枚神发出的飞镖，打水漂一样打向屋顶的一片片瓦的波浪里，好像要把书签夹进时光的册页。远远看去天边的云，就像是从窗里流出来的一样，云如同窗口孕出的胎儿。

这四句写景的小诗，自成格调。每句，实际上就是要我们看，在我们眼前，就会展现出一幅绝妙图画，响起一曲优美乐章。放眼四望，触景生情，将不同景物组合起来，形成一种特殊环境，给人以新鲜感。诗歌描写住在山中的有趣生活：山峰环绕，竹木茂盛，鸟在人家的房檐上飞，云彩竟然从窗里飘出。幽居荡尽人间尘埃，随意而传神，惬意闲适。一句一景，句句不离“山中”主题。笔墨都集中在写景上，与由景到人或由景而抒情的结构不同，开启新的格式。这四句句句是景，却时时有人在其中，“见”和“窥”字，暗示景的背后分明有人，景为人所见之，并非纯客观的描绘。“檐上”和“窗里”更透出有人的气息。“烟”由“山际”所见，“落日”由竹中所见，“鸟”檐上，“云”窗出，带上山居所见的主观色彩而有了典型意义。

吴均，自然喜欢的人，得到了自然的心灵，因而有最大的幸福。

吴均简介

吴均，字叔庠，吴兴故鄣（今浙江安吉）人，史学家。生于宋明帝泰始五年（469），卒于梁武帝普通元年（520）。家世寒贱，均好学而有俊才。沈约曾见其文，颇为赞赏。天监初，柳恽任吴兴太守，召他为主簿，常与他赋诗。后为建安王萧伟记室，升国侍郎。入为奉朝请。他曾表求撰写《齐春秋》，完稿后上呈武帝，武帝恶其实录，“以其书不实”，命焚毁。后奉诏撰写《通史》，未就而卒。

◎江河为大地的针线

——郦道元《三峡》七百里长的一个句子风景

地理学家即背包客，因为奔走在第一现场，考察大自然，还因思考与记录地理，而获得更多自然的力量。郦道元，一个赫赫有名的背包客，穿越江河大地，将江河穿针引线。

有的人生来就是为了做好一件极其了不起的事情。在北魏，郦道元年轻有为，勤奋好学，广阅奇书，立志要为西汉后期地理书《水经》作注。经多年辛苦，写成名垂青史的《水经注》。作为杰出的地理学家，郦道元坚决反对“虚构地理学”，重视野外考察。《水经注》一书记载郦道元野外考察取得的大量成果，他去过许多地方考察，足迹踏遍长城以南、秦岭以东的中原大地，积累大量实践经验和地理资料。《水经》记录河流 137 条，而《水经注》记录河流 1252 条。《水经》只有 1.5 万字，而《水经注》达 30 万字。郦道元广泛搜求南方地理著作，进行对比研究，得出自己的结论。在漫长的中世纪，全欧洲在地理学界都找不出这样一位杰出的学者。东方的郦道元留下了不朽的地理巨著《水经注》40 卷，开创了我国古代“写实地理学”，在世界地理学发展史上占有重要地位，不愧为中世纪最伟大的世界级地理学家。

南北朝时期，北方为北魏、北齐、北周政权，南方先后为刘宋、南齐、南梁、南陈政权。郦道元只在北魏地区之内，但著作并没有受政权地域限制，视野远远超出了北魏范围。《水经注》是北魏以前中国及周围地区地理学的总结。《水经注》突破了《水经》只记河流的局限，以河流为纲，详细记述河流流经区域的种种地理情况，在当时的汉语中国，以至世界上都无与伦比。它展现了 1400 年前的国家地理面貌。这些资料对于我们今天仍然非常有用。郦道元当之无愧地被后人尊为中世纪最伟大的地理学家。《水经注》使郦道元成为山水游记文学的鼻祖。唐宋陆龟蒙、苏东坡都有阅读《水经注》的嗜好。清初学者张岱说："古人记山水，太上郦道元，其次柳子厚，近则袁中郎。"称郦道元是山水游记文学的巨擘。原德国柏林大学校长、国际地理学会会长李希霍芬（1833～1905）称郦道元《水经注》是"世界地理学的先导"；毛泽东说："《水经注》作者也是一位了不起的人。"一个人把天下河流疏通为自己的血管，给河流穿上闪电之衣，也把河流摆成波浪皱纹晒太阳。找一根闪电作药引子，用一根河流作为民族的脐带。

《三峡》只是《水经注》一个节选——

自三峡七百里中，两岸连山，略无阙处；重岩叠嶂，隐天蔽日，自非亭午夜不见曦月。

至于夏水襄陵，沿溯阻绝。或王命急宣，有时朝发白帝，暮到江陵，其间千二百里，虽乘奔御风不以疾也。

春冬之时，则素湍绿潭，回清倒影。绝壁多生怪柏，悬泉瀑布，飞漱其间。清荣峻茂，良多趣味。

每至晴初霜旦，林寒涧肃，常有高猿长啸，属引凄异，空谷传响，哀转久绝。故渔者歌曰："巴东三峡巫峡长，猿鸣三声泪沾裳！"

这是郦道元这个背包客的三峡，也是我们所有背包客的山峡——

从三峡七百里中，两岸高山连绵不绝，没有一点中断的地方；群山连绵不断像坎坷乐谱，没有中断彼此的联系。一群山有缘聚会。重重的悬崖，层层的峭壁，遮天蔽日，如果不是正午和半夜，根本看不见太阳和月亮。

至于夏天江水漫上丘陵时，下行和上行的航路都被阻绝。有时遇到皇帝有命令必须急速传达，早晨从白帝城出发，傍晚就到了江陵，这两地可相距一千二百多里呀。即使骑上快马，驾着风，也没有这样快。

到了春天和冬天时，雪白的急流，碧绿的潭水，回旋着清波，倒映着各种景物的影子。水有另外一番自己的表情。高山上多生长着姿态怪异的柏树、悬泉和瀑布在那里飞流冲荡，瀑布的织布机给它们带来无比的乐趣。水清，树荣，山高，草盛，妙趣横生。

这里，四季的变化遵守自然之神的调遣。而现在，我们背包客已经在感叹四季的危机，在很多地方没有了四季，就像在北京，没有春秋，只有夏天和冬天，春秋只像走过场。而在广东，一年几乎只有夏天，其他三个季节好像都已消失。童年少年青年老年四季分明，大自然才会有更多更完美的生理机能。

每逢初晴的日子或者结霜的早晨，树林和山涧显出一片清凉和寂静，高处的猿猴放声长叫，声音持续不断，异常凄凉，空荡的山谷里传来猿叫的回声，悲哀婉转，很久才消失。所以三峡中的渔民唱到："巴东三峡巫峡长，猿鸣三声泪沾裳！"

河流为流动的舞台，河流的木地板凳子上，波涛如座位，泉眼为最初舞台住宿的宾馆，而灿烂的两岸座位与观众，从另外角度看，作为河流宽银幕的舞台。宽银幕躺着的河流反过来把观众当成戏剧与舞台。江河为大地之血脉，同样是人与万物的血脉。一个长句子的江河，有自己的活水流动。其水，为墨汁，描绘自己内心的鱼虾，也描绘自己的情感波澜，所以就有了波涛成为江河的行囊，船成为江河的补疤。

三峡，最古老的原汁原味的原装版三峡，在郦道元笔下展望未来，看到未来的三峡，看到自己被拦腰斩断的痛苦。自然对未来都有自己的打算，但它们的打算被人算所阻击，因而变成了灾难。

郦道元简介

郦道元，字善长，魏孝文帝延兴二年壬子（472）生于涿州郦亭（今河北涿州道元村），郦范长子，在郦姓宗族排列第九十八世。少时，因父亲郦范任青州刺史，随父母居住青州（今山东青州）。父去世后，郦道元承爵位，被封为永宁伯，担任太傅掾。太和十七年（493）秋季，北魏王朝迁都洛阳，担任尚书郎。十八年（494），随魏孝文帝出巡北方，因清正，被提拔为治书侍御史。魏宣武帝景明二年（501），任冀州镇（今河北冀州）东府长史，严厉打击邪恶。奸匪盗贼纷纷逃往他乡，冀州境内大治。正始元年（504），郦道元调任颍川（今河南许昌）太守。永平元年（508），又调任鲁阳（今河南鲁山）太守，上表请求在当地建立学府，教化乡民。蛮人服其威名，不敢为寇。延昌二年（513），升任辅国将军、东荆州刺史，威猛为政，如在冀州。其后，蛮人向朝廷诉讼郦道元严厉，朝廷召其返回洛阳。魏孝明帝正光四年（523），任河南尹，治理京城洛阳。其后，奉诏前往北方各镇，作好防守准备。孝昌元年（525），徐州刺史元法僧背叛北魏，投降南梁。郦道元奉诏率军征讨，全军在涡阳（今安徽省涡阳县）奋勇拼杀，多有斩获。返回京城，升任御史中尉。皇亲元微诬陷叔父元渊，郦道元力陈真相，元渊得以昭雪；元微因嫉恨郦道元。皇族元悦之亲信丘念仗势操纵州官选用大权，郦道元密访其踪，将其捕而入狱。元悦请皇太后胡仙真说情，郦道元坚决依法处死丘念，并以此弹劾元悦。元悦从此怀恨在心。孝昌三年丁未十月（527年11月），南齐皇族、北魏雍州刺史萧宝夤在长安（今西安）叛乱，元微、元悦借刀杀人，竭力怂恿胡太后任命郦道元为关右大使，去监视萧宝夤。萧宝夤得知，即发兵包围郦道元。贼兵攻入阴盘驿亭，郦道元怒目骂贼，被叛贼杀害，终年56岁。

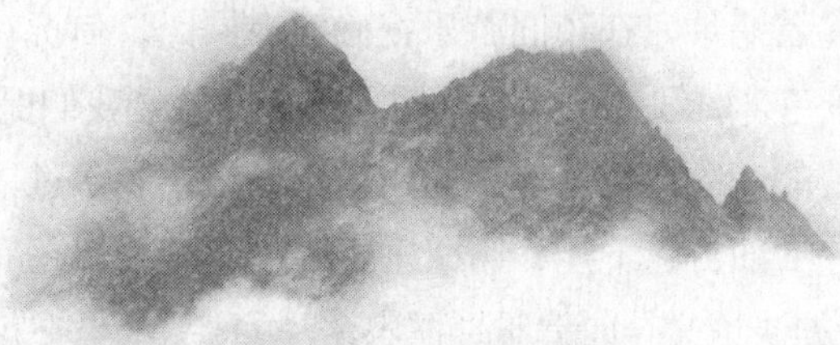

第五章 在唐朝潇洒走一回

——唐朝游记：唐诗是旅游的鼠标

◎在天地间潇洒走一回

——李白《春夜宴桃李园序》的山水快乐人生哲学

游玩的乐趣，消除人生的孤寂，而喧哗中、人群中、聚会中的孤独，更是孤独的极品。我们不知道李白兄弟在热闹与酒里，是否有比酒更深刻的孤独，但酒带着孤独的海洋，出入他身体的殿堂，来来去去，倒是千真万确。

春天有春天的心灵，夜色有夜色的奥秘，春夜的聚会与酒兴，在一个园林，如此令人唏嘘与感慨。李白《春夜宴桃李园序》有感而发——

夫天地者，万物之逆旅；光阴者，百代之过客。而浮生若梦，为欢几何？古人秉烛夜游，良有以也。况阳春召我以烟景，大块假我以文章。会桃李之芳园，序天伦之乐事。群季俊秀，皆为惠连；吾人咏歌，独惭康乐。幽赏未已，高谈转清。开琼筵以坐花，飞羽觞而醉月。不有佳作，何伸雅怀？如诗不成，罚依金谷酒数。

天地是万物的旅舍，时光是百代的过客。这就像天地之间过客悠悠。想到了很多年前香港一歌星叫叶倩文的，有一首歌曲《潇洒走一回》，也就这么唱的。看来，人对生命的感受，古今相同，从来没有变化过。过去的人就是我们今天的人。

李白有很多感慨——人生飘浮无常，就好似梦幻一般，在人的一生中，不如意的事情十之有八九，这完全由人性与生命本身的基因决定。的确如此，欢乐的日子能有多少呢？古人拿着蜡烛，在夜间游乐，确实有原因。何况在清明时节，这温和的春天，以秀美的景色来喊我们，大自然召引我们，又给我们提供了一派锦绣风光。现在聚会在桃李芬芳的花园，畅谈兄弟间的乐事。诸弟聪明过人，都有谢惠连的才华。大家咏诗歌唱，唯独自己不能和谢康乐相比而感到羞愧。静静地欣赏春夜的景色还没有完了，纵情的谈论又转向清雅。摆出豪华的筵席，坐在花丛中间，酒杯频传，醉倒在月光之下。没有好的诗篇，怎能抒发高雅的情怀？如有作诗不成的，按照金谷园的先例，罚酒三杯。

一个春天，一处风景，一杯酒，一群朋友，一个知己对面而坐，一杯茶成了一杯禅，一句诗成了闪电，一片树林成为起立的韵脚。

我与李白交往的时间很久了，一千年，两千年，一亿年……他就是我，我就是他，曾在大地上进行辽阔的漫游。山水如诗，山水高过诗篇。

天地如括号，把人搂在怀里。我们都是大地上的漫游者，都是游子，而游记家、背包客属于游子中的游子、行者中的行者。

李白简介

李白（701 ~ 762），字太白，号青莲居士。唐朝诗人，有“诗仙”之称。汉族，祖籍陇西郡成纪县（今甘肃平凉市静宁县南），出生于蜀郡绵州昌隆县（今四川江油市青莲乡），一说出生于西域碎叶（今吉尔吉斯斯坦托克马克）。逝世于安徽当涂县。公元762年病卒，享年61岁。

◎一个古代“房奴”的山水灵魂

——刘禹锡《陋室铭》背后的房奴简史

《陋室铭》写的是刘禹锡在古代做房奴的时候，抒发自己的心灵。其为千古名篇，全文共 81 字，字字珠玑，简简单单，如一条古老的短信——

山不在高，有仙则名。水不在深，有龙则灵。斯是陋室，惟吾德馨。苔痕上阶绿，草色入帘青。谈笑有鸿儒，往来无白丁。可以调素琴，阅金经。无丝竹之乱耳，无案牍之劳形。南阳诸葛庐，西蜀子云亭。孔子曰：何陋之有？

刘禹锡的《陋室铭》，我们把它当成山水之物，未尝不可。山水为心，山水是我们的身体和房子，也就是我们的命。我们的喜怒哀乐，都倾泻在山水身上。山为千古偏旁，水为千古纸张，它们是我们时空世界里的主语、老板，书写我们的生命。

这篇名作是刘禹锡一气之下挥毫写成的。贞元九年（793），刘禹锡中进士后，官至太子宾客，加检校礼部尚书，可谓官运亨通。在官场混，好运，厄运，他都交上了。一个人不可能老是好运，好运太多，如果把握不好，也会孕育厄运，所以无论在官场还是在其他生活空间里，都要考虑物极必反，居安思危。后因他参加王叔文的永贞革新运动，得罪了当朝的权贵宠臣，那些实力派，一点也不好惹，他们勾结在一起，织布一样织成了自己的势力范围与网络。在皇帝面前，整他一下，很快就见效了，他们也奸笑。就这样，毫无悬念，他被德宗皇帝贬至安徽和苏州当通判。

按当时地方官府的规定，他本应住衙门三间三厦的官邸，这是官方的游戏规则与明文规定。可是，和州的知县是个势利之徒，他见刘禹锡贬官而来，便百般刁难，要整整他。这些都是势利小人，这些人占的比例不小。他先是安排刘禹锡住在县城南门，不久，又要他搬至北门，故意让房子减肥，由原先的三间屋缩小到一间半，把刘禹锡赶到一个房奴的位置上，这样定位，用漫画的手法玩弄他。不久又要他搬居城中。工作表面上稳定，但是住房待遇很不公平。半年之间，连搬三次家，住房一次比一次狭小，一次比一次简陋，全家老小根本无法安身。遭受不公正待遇，刘禹锡觉得这县官欺人太甚，愤然提笔写下《陋室铭》一文，这篇文章，拿我们今天的所谓白话来说，也就这么一小段——

山不一定高，有仙人就成了名山；水不一定深，有了龙就成为灵异的水。这是简陋的屋子，只要我的品德好，就不感到屋子简陋。苔藓碧绿，长到阶上，草色青葱，映入帘里。与我谈笑交往的人，都是学识渊博的智慧者，往来没有浅薄庸人。可以弹奏不加装饰的古琴，阅读珍藏的佛经。没有嘈杂的音乐扰乱耳朵，没有官府的公文劳累我的身心。它好比南阳诸葛亮的草庐，西蜀扬子云的玄亭。孔子说：有什么简陋的呢？

他请大书法家柳公权书碑勒石，把原文刻在石头上，立于门前，以示“纪念”，一时轰动朝野。那个县官就成了一个笑话，也十分难堪。所以从这里，我们应该看到，要难堪别人、取笑别人、害别人，最后这些，可能都会落到自己身上，不是有一句江湖上的话吗？“出来混，迟早是要还的。”

话说这个时候，被贬为广西柳州刺史的柳宗元，与刘禹锡是同榜进士，诗歌唱酬，友谊殊深，他们有着“童靴”的情谊。当他读到《陋室铭》后，获知兄弟刘禹锡遭受势利小人冷遇时，愤懑不平，立即上书朝廷请求：“情愿以自己被遣之地柳州换和州，虽得重罪，死不恨。”虽未获准，但足可见“患难识知己，文人更相亲”的高贵兄弟品质。

在今天看来，人世沧桑，岁月如流。势利小人早已化作黄土，其实黄土也不喜欢收留无耻之徒，这样的人埋在泥土里弄脏泥土，喝水弄脏水，但是水土，因为有最为伟大的宽容胸怀，收留、劳动改造他。这个小人，想找时间找资料考证一番，看他究竟是谁。后来一想，也没有这个必要，小人已经是小人，难道还要揪出来，继续扩大他的影响力？非也，非也。我们还得要感谢他呢，没有他，就不会有刘禹锡写出这么经典的传世之作。

在山水的怀里，诗意地栖居。毕竟，珠穆朗玛，只有一个版本，只有唯一，而其他任何高高低低的山峰，都有自己的高度，那些高度都属于有自己意义的高度。有个性的高度，其魅力，不在于纯粹的数字高度，更在于纯粹的气场与美丽，有自己独到的深刻内涵。水也如此。水有深有浅：深，固然可以为海；而浅，只要有自己的力量，有自己伟大的内涵，也未尝不是神韵。

我在那些无名的山头，在那些无名的水面前，同样感受了其伟大与博大。任何一滴水都有自己的辽阔，任何一座小山都有自己的美德。山神、水神不会因为山头大小、水的深浅而离开自己的岗位，只要人不毁掉山这样的重要偏旁、不污染任何一滴水，任何地方的山山水水都是我们的恩人，不要做出对我们恩人不利的事情。

刘禹锡简介

刘禹锡（772 ~ 842），字梦得，晚年自号庐山人，彭城（今江苏徐州）人，匈奴后裔。唐中晚期诗人、哲学家。其家庭是世代相传的书香门弟。政治上主张革新，是王叔文派政治革新活动的中心人物之一。

刘禹锡从小就才学过人。19岁游学长安，上书朝廷。21岁，与柳宗元同榜考中进士。同年又考中了博学宏词科。后在政治上不得意被贬为朗州司马。他没有自甘沉沦，向民歌学习。一度奉诏还京后，刘禹锡又因诗句“玄都观里桃千树，尽是刘郎去后栽”触怒新贵被贬为连州刺史。后被任命为江州刺史，在那里创作了大量的《竹枝词》。名句很多，广为传诵。824年夏，写著名的《西塞山怀古》：“王濬楼船下益州，金陵王气黯然收。千寻铁锁沉江底，一片降幡出石头。人世几回伤往事，山形依旧枕寒流。今逢四海为家日，故垒萧萧芦荻秋。”这首诗为后世人激赏，认为是含蕴无穷的唐诗杰作。

后来，几经多次调动工作，在官场也混得不太好。刘禹锡被派往苏州担任刺史。当时苏州发生水灾，饥鸿遍野。上任以后，开仓赈饥，免赋减役，很快使人民从灾害中走出。苏州人民爱戴他，感激他，就把曾在苏州担任过刺史的韦应物、白居易和他合称为“三杰”，建立了三贤堂。皇帝也对他的政绩予以褒奖，赐给他紫金鱼袋。

晚年快退休的时候，回到洛阳，任太子宾客，与朋友交游赋诗，生活闲适。死后被追赠为户部尚书。

◎自然与人的互相欣赏

——元结《右溪记》人对山水的正确建设

一个背包客，不仅只是看、欣赏、享受自然美景，还有一点非常重要，即要有正确意义的建设性。对山水之爱，要有实际行动，不光是一看了事，不光是只享受，还要真正地去爱，去栽山种水。

元结对风景的建设，不会像今天的人，给一个景点堆上水泥堆积物，还嚷嚷什么创意，实际上借建设之名，在破坏自然与生态。对大自然的疏导，要符合自然的本性，而不可把自已的意志胡作非为“嫁给”山水，那样于自然反而会极不客气，自然就会痛苦不堪。

他的《右溪记》就可以作为一个参考文本，提醒我们，提醒背包客如何面对风景与建设的问题——

道州城西百余步，有小溪。南流数十步，合营溪。水抵两岸，悉皆怪石，欹嵌盘屈，不可名状。清流触石，洄悬激注。修木异竹，垂阴相荫。

此溪若在山野，则宜逸民退士之所游处；在人间，则可为都邑之胜境，静者之林亭。

而置州已来，无人赏爱；徘徊溪上，为之怅然。

乃疏凿芜秽，俾为亭宇；植松与桂，兼之香草，以裨形胜，为溪在州右，遂命之曰右溪。刻铭石上，彰示来者。

在道州城西边一百多步的地方，有一条小溪。它向南流几十步远，汇入营溪。溪水两岸，全都是怪石，这些怪石很可爱，就像石头凝固自己不同的表情，表情有书法杰出的表达。它们倾斜嵌叠，回旋盘曲，姿态奇特，不能够用语言来形容。清澈的溪流撞击着岩石，便激起冲天的浪花和股股洄流——水就像肌肉，回到石头的骨头上。岸边美丽的树木和珍奇的青竹，垂下的枝叶互相掩映。

这条溪水如果在空旷的山野，就很适合隐士居住；如果在人烟密集的地方，也可以成为市民游览的胜地和喜欢清静的人休憩的园林。但是自从道州成为州的治所以来，至今也没有人来欣赏和关爱；元结在溪水边走来走去，为它景色秀丽而无人知晓而惋惜。

懂得山水的人，就能够进入山水之心，如同进入神境。

元结于是进行疏导开通，清除掉杂乱的草木，建造了亭阁，栽上了松树、桂树，又种植了鲜花香草，来增益它优美的景致。因为溪水在道州城的右面，便命名为“右溪”。把这些文字刻在石上，是为了让后来的人知道。

元结仅仅用 140 个字，就把右溪的自然情趣描绘得清清楚楚。

元结任道州刺史，对一条没有名字的水，进行了一番修葺，并刻石铭文，取名右溪。右溪的自然美景，对它整修。山水流畅简洁，风景隽永淡雅，自然的风格纯真自然，大自然层次分明。

右溪无人赏爱，大自然也有寂寞的时候。文章前半部分集中写景，后半部分偏重议论抒情，景为情设，情因景生，情景交融，形神具备，带上了作者鲜明的个性。《右溪记》写出了水流的湍急，运用了直接正面的描写方法。

《右溪记》文笔简练，开头即以清丽的语言，寥寥数笔，勾勒出怪石嶙峋，泉佳林幽的右溪美景。文章虽短，却用了多种表达方式。溪，突出其小；石，突出其怪；水，突出其清和激；木竹，突出其垂阴。正面写溪、写水，又通过石、树竹从侧面烘托溪水。这一层重在描写。第二层抒写由小溪引起感慨，议论为主，兼以抒情，将隐士的襟怀表现俱足，使写景旨趣得以体现。对小溪的修葺和美化为记叙手法，而命名和刻石的来由则用诠释说明的方法。各种表达手法综合，达到高度统一。

元结为右溪无人赏识，任使芜秽的遭际鸣冤伸屈，流露出抑郁不平之气，为山水喊冤，就是为人。山水游记而言情寓道，甚至借题发挥，抒发牢骚，这正是特色。

元结在《右溪记》中的感慨和不平虽不及柳宗元山水游记所流露的那样激烈，但其笔下的右溪泉石，与柳宗元《永州八记》中的钴姆小丘、小石城山，实际为同一种笔法。“次山放恣山水，实开子厚先声，文字幽眇芳洁，亦能自成境趣。”

疏通右溪，建造亭宇，种上象征高洁的松桂和香草，表现出对美的追求，更反映了淡泊名利、爱好天然的性格。面对这样一片幽眇芳洁之景，元结并不像高人逸士那样纵情山水，潇洒出尘，耿介拔俗，自有孤芳独赏的感慨，别具贞静幽闲的情致，而是成为山水林泉的知音，寓意于山水。

由此联想——要给自然喂奶，要让山水在人间有善良的道路可走。

背包客，要成为山水的知音，才算做真正的背包客。背包客，山水要喜欢他，才能真正认可一个背包客。

山水包容了人的一生，人要知恩图报，不去迫害山水就是拥有基本的美德，对山水进行帮助，德望就有上升。山水为佛，山水的佛性引导人性脱离欲望与邪恶的苦海。

元结简介

元结（719～772），字次山，河南鲁山（今河南鲁山县）人，唐文学家，古文运动的先驱者之一。天宝十二年（753）举进士。曾任山南西道节度参谋、水部员外郎、道州刺史等官职。他同情人民疾苦，在道州任职期间，曾两度上书，请求蠲免百姓租税，深受道州人民爱戴。

◎中国古代最为伟大的绝版《瓦尔登湖》

——柳宗元《小石潭记》至今是汉语的辉煌圣水

柳宗元的永州八记，经典了又经典。赞叹了又赞叹。这个小石潭记，远远地比西方现代文明、美国的一个重要的自然主义者梭罗的《瓦尔登湖》要早。按照岁月年龄来说，瓦尔登湖是小石潭的小妹妹，自然，它们两个，有着亲戚关系。《瓦尔登湖》这本书，在中国一直畅销，畅销变为长销，长盛不衰，在此，也对瓦尔登湖做了一个免费而顺便的广告。这还是说明同一个问题——山水，没有谁不热爱它。同样，小石潭如此之精装版、浓缩汉语版本的瓦尔登湖，一直在人们心灵里走俏“热销”——

从小丘西行百二十步，隔篁竹，闻水声，如鸣佩环，心乐之。伐竹取道，下见小潭，水尤清洌。全石以为底，近岸，卷石底以出，为坻，为屿，为堪，为岩。青树翠蔓，蒙络摇缀，参差披拂。

潭中鱼可百许头，皆若空游无所依。日光下澈，影布石上，佁然不动；俶尔远逝，往来翕忽，似与游者相乐。

潭西南而望，斗折蛇行，明灭可见。其岸势犬牙差互，不可知其源。

坐潭上，四面竹树环合，寂寥无人，凄神寒骨，悄怆幽邃。以其境过清，不可久居，乃记之而去。

同游者，吴武陵，龚古，余弟宗玄。隶而从者，崔氏二小生：曰恕己，曰奉壹。

那么，就在唐代的永州地图上，跟着柳宗元，旅游小石潭一番——

从这个小丘向西走一百二十多步，隔着竹林，可以听到水声，就像人身上佩带的佩环相互碰击发出的声音，声音赏心悦目，我与柳宗元心里都感到高兴。竹林为活生生的乐器，风吹竹叶的舌音，发出神一样的声音。竹子，骨头。竹叶，可舌可脸面，舌也有脸面，亦如绿色的信。

被迫砍倒竹子，其实柳宗元不愿意砍倒更多的绿色，这样做，是为了开辟出一条道路，走过去，沿路走下去看见一个小潭，潭水格外清澈。

文字对小石潭的描述，永远比不上大自然对自己的描写那么精美。但柳宗元已经把汉语发挥到一个极限的魅力高度，汉语刻画的小石潭，刻画得如此神韵，如此令人惊叹。古代文言文的简洁、精炼、传神，远远胜于今天的白话文。

小石潭的情形是怎样的呢？其视觉、音乐效果，都属于上品、神品——

小潭以整块石头为底，心里有底，小石潭为液体的唱片，清水里的鱼儿游动舌头与音符。靠近岸边，石底有些部分翻卷过来露出水面。成为了坻、屿、堪、岩等各种不同的形状。青翠的树木，碧绿的藤蔓，覆盖缠绕，摇动下垂，参差不齐，随风飘拂。

我用柳宗元的目光看到——潭中的鱼大约有一百来条，都好像在空中游动，没有任何依靠——这是由于水太清澈的缘故，水看上去就像不存在一样。阳光直照到水底，鱼的影子映在水底的石上，那影子就像鱼的回忆与前生。鱼儿呆呆的一动不动，忽然向远处游去，来来往往，轻快敏捷的样子，好像和游玩的人互相取乐。人与眼前的情景互动，互为风景，鱼看到自己喜欢的人，同样愉悦。

引申开来，人在万物面前，在风景面前，一定要谦卑。万物都有自己的方式感受人的品质，如果一个事物喜欢一个人，就会把自己最好的一面呈现给人，给人带来快乐。

这样一个小地方，向小石潭的西南方望去，看到溪身像北斗星那样曲折，水流像蛇一样蜿蜒前行，时隐时现。两岸的地势，像狗的牙齿那样相互交错，也无法探知溪水的源头。

我与柳宗元坐在潭边，四面环绕合抱着竹林和树林，寂静凄清，很少有人来。使人心情凄凉，寒气入骨，寂静而且幽深，弥漫着忧伤的气息。因为这里的环境太凄清，不可长久停留，于是就把当时的情景记下来便离开。

一起去游玩的人有吴武陵、龚古、柳宗元的弟弟宗玄。跟着同去的有姓崔的两个年轻人。一个叫恕己，一个叫奉壹。这几个一起玩的人，一直也玩到今天，而且和文章里的山水里永远地玩下去。

大自然任何细小的地方都极其伟大，一个袖珍小潭，一滴心灵如此安详。

◎一条自由主义的支流

——柳宗元《袁家渴记》刚出炉很新鲜的水脉

在楚、越两地之间的方言字典里，水的支流叫做“渴”，这是很有意思的事情。一条可爱的支流，就像开小差的“白条”，有着积雪奔腾的纯洁与活泼。柳宗元《袁家渴记》也属于永州八记之一，写的就是袁家渴——

由冉溪西南水行十里，山水之可取者五，莫若钴鉧潭。由溪口而西陆行，可取者八、九，莫若西山。由朝阳岩东南水行，至芜江，可取者三，莫若袁家渴。皆永中幽丽奇处也。

楚、越之间方言，谓水之反流者为渴。渴，上与南馆高嶂合，下与百家濑合。其中重洲小溪，澄潭浅渚，间厕曲折。平者深黑，峻者沸白。舟行若穷，忽又无际。

有小山出水中，山皆美石，上生青丛，冬夏常蔚然。其旁多岩洞，其下多白砾。其树，多枫楠石楠、楩槠樟柚。草则兰芷。又有异卉，类合欢而蔓生，胶葛（轇轕）水石。每风自四山而下，振动大木，掩苒众草，纷红骇绿，蓊葧香气；冲涛旋濑，退贮溪谷；摇扬葳蕤，与时推移。其大都如此。余无以穷其状。

永之人未尝游焉，余得之，不敢专也，出而传于世。其地世主袁氏，故以名焉。

柳宗元就像一个导游，他来介绍一下——从冉溪向西南，走水路十里远，山水风景较好的地方有五处，风景最好的是钴鉧潭；从溪口向西，走陆路，风景较好的有八九处，风景最好的是西山；从朝阳岩向东南，走水路到芜江，风景较好的有三处，风景最好的是袁家渴。它们都是永州幽静、美丽而奇异的地方。基本地图看清楚了以后，继续往下说。

渴的上游与南馆的高山会合，下游与“百家濑”汇合。其中岛屿，这里指的是——

江河里边的岛屿、小溪、清潭、小洲，交错夹杂，蜿蜒曲折。水流平静的地方深黑色，急流的地方像沸腾之水一样冒着白沫。船好像就走到了尽头，忽然河水又看不到尽头。

有座小山从水中露出来——多么像贪玩的善于潜水的游泳高手。山上都是好看的石头，上面生长绿色的草丛，冬夏都浓密茂盛。山旁有许多岩洞，山下有许多白色的碎石。上山的树木多是枫树、石楠、楩树、槠树、樟树、柚树；小草则多是兰草、芷草，又有许多奇异的花卉，类似合欢但是长出许多茎蔓，缠绕着水中石头。每当有风从四周山上吹下，吹动大树，轻摇小草，红绿缤纷，香气浓郁；冲起波涛旋着水涡，从溪谷流进流出，萧条茂盛，根据时间变换。风景大都这样。柳宗元说自己没办法都描述出来。山水之美，得之于心，而成为人的灵魂。

永州的人未曾过来游玩，柳宗元说自己来到这里，不敢独自享受。回来写出文章告诉世人。这里土地的主人姓袁，所以柳宗元叫它“袁家渴”。是的，好山好水属于分享它的人，但不属于扎堆给山水带来压力与对山山水水的宁静造成骚扰的人。

柳宗元在这篇游记里，展现了写景的功力，首段由永州丽景写起，由钴鉧潭、西山美景陪衬，以带出袁家渴，突显这处景点。次段及三段写袁家渴的溪潭之貌，生动描绘袁家渴周遭山水之美，言简意赅。第三段最精彩，写山风像灵魂吹动时，袁家渴动态美景，拟人化的描写手法，情景交融，花草树木都充满了情感的色彩。

背包客的眼睛，都能够把看到的山水储存为灵魂。目光即仓库。

◎游历者的工笔白描眼光

——柳宗元《柳州山水近治可游者记》梳理局部具体的国家地理

《柳州山水近治可游者记》是唐代柳宗元的作品。柳宗元到柳州担任刺史以后，与他在北边永州相比，游山观水的时间有所减少，但他仍为柳州奇特的自然风光所吸引，游览了近郊周围的重要景点，这篇他个人风格特异、篇幅最长的山水游记即为游历怀孕生下的作品——

古之州治，在浔水南山石间。今徙在水北，直平四十里，南北东西皆水汇。

北有双山，夹道崭然，曰背石山，有支川，东流入于浔水。浔水因是北而东，尽大壁下们。其壁曰龙壁。其下多秀石，可砚。

南绝水，有山无麓，广百寻，高五丈，下上若一，曰甑山。山之南，皆大山，多奇。又南且西，曰驾鹤山，壮耸环立，古州治负焉。有泉在坎下，恒盈而不流。南有山，正方而崇，类屏者，曰屏山。其西曰四姥山，皆独立不倚。北沉浔水濑下。

又西曰仙弈之山。山之西可上。其上有穴，穴有屏，有室，有宇。其宇下有流石成形，如肺肝，如茄房。或积于下，如人，如禽，如器物，甚众。东西九十尺，南北少半。东登入小穴，常有四尺，则廓然甚大。无窍，正黑，烛之，高仅见其宇，皆流石怪状。由屏南室中入小穴，倍常而上，始黑，已而大明，为上室。由上室而上，有穴，北出之，乃临大野，飞鸟皆视其背。其始登者，得石枰于上，黑肌而赤脉，十有八道，可弈，故以云。其山多柽，多槠，多篔筜之竹，多橐吾，其鸟，多秭归。

石鱼之山，全石，无大草木，山小而高，其形如立鱼，在多秭归西。有穴，类弈仙。入其穴东，出其西北。灵泉在东趾下，有麓环之。泉大类毂雷鸣，西奔二十尺，有洞，在石涧，因伏无所见，多绿青之鱼，多石鲫，多鲦。

雷山，两崖皆东面，雷水出焉。蓄崖中曰雷塘，能出云气，作雷雨，变见有光"。祷用俎鱼、豆彘、脩形，稰稌、阴酒，虔则应。在立鱼南，其间多美山，无名而深。峨山在野中，无麓，峨水出焉，东流入于浔水。

文章抓住了柳州诸山的奇姿异态，采用工笔一般的白描手法，有详有略、真实准确地记叙了柳州雄姿各异，奇景叠出的群山风貌。

让柳宗元做一次古代山水的导游，带我们穿越时光，游历唐代的局部国家地理，听他为背包客介绍——古时候的柳州治所，设在柳江水南岸的石山之间。如今已经迁移到江水之北。这里纵横 40 里的地方，东西南北四面几乎都为江水所环绕。

柳宗元自然在这里做官，要知道当地的基本人文地理常识，他介绍路线图为——背石山——甑山——驾鹤山——屏山——石鱼山——雷山——立鱼山。

A．背石山——州城北面，有两座山相背而立，中间有一条小道，两旁山陡峙高峻，名叫背石山。北面有一小河，向东流入柳江水。柳江水到这里就由向北流折为向东流去。经过整整一堵巨大的石壁之下。这堵石壁名叫龙壁，其下面有很多美石，可以用来做砚台。

B．甑山——在州城附近乘船向南渡过江水，可见江边有一山，山脚没有缓坡林木。这座山约有八百尺宽，五丈高，山脚和山顶都一般大小，很陡峭，名字叫甑山。山南面，都是一些大山，且都很奇特。

C．驾鹤山——从甄山南面再往西走，就是驾鹤山。这座山雄伟高耸，四周都是峭壁环绕。古时候的州治所就是背靠这山而建的。驾鹤山南侧有泉水流出，形成一个池塘，池水经常满着而不流向别的地方。联想一下，在山上骑鸟的旅客，他们如神，都没有身体。那些神鸟，有心灵骑着它们，驾驶它们。

D．屏山——驾鹤山的南面，有一座山，方正而高，好像一扇屏风，所以名叫屏山。它的西面是四姥 (mǔ 母，山)，这些山都是各自独插蓝天，互不依靠的。另有一座山的北面直接沉入柳江水的急流之中。继续往西走，是仙屏山。山的西面有路可以攀登上去。山上有个大洞穴，洞穴中有“屏风”，有“房间”，有“屋檐”，“檐”下面有许多溶岩形成各种形状的钟乳石。有的像肝像肺，有的像莲蓬。或者是由溶岩滴到下面累积起来，有的像人，有的像禽兽，有的像各种器具。千姿百态，非常之多。这个洞穴东西宽约 90 尺，南北深度将近一半。从洞穴的东侧，又可进入一个小洞，走了 20 尺后，小洞又显得空阔宽大。这洞穴不通光线，开始时觉得漆黑一团，点上蜡烛照亮之后，发现洞穴的高度仅有那个大洞的“屋檐”那般高，里面是各种奇形怪状的钟乳石。由大洞穴的“屏风”南边的“房间”又可进入一个小洞穴向上爬行，有 32 尺高。开始很黑，后来便很明亮了。这就是上部的“房间”。由上部的这个“房间”再往上爬，又有一个小洞穴，从这洞穴的北面出去，便面对着一片宽阔的原野。下面有很多鸟儿在飞翔，但都只能看到鸟儿的背部。最初登上这座山的人，曾在上面见到一方石头棋盘，黑色的石块上有 18 道红色的线条，可以用来下棋，所以这座山就取名为仙弈山。山上有很多桂树、楮树，有很多节长竿高的名叫篔筜的竹子，还有很多又叫山紫菀的橐吾草。山上所见的鸟类，杜鹃鸟为最多。

E．石鱼山——全由石头组成，山上没有多少草，也没有大的树木，山体虽然很小，却显得很高，形状就像一尾站立起来的大鱼。它坐落在杜鹊鸟很多的仙屏山西面。山腰有洞穴。就像仙屏山那样。从东边走进洞内，可以从西北方走出。东面的山脚下有一个灵泉，泉的四周有缓坡和林木环绕着。泉水流动时，发出像车轮滚动时产生的打雷一般的声音。泉水由东向西奔流 20 尺以后，就有回流形成旋涡，再流到石涧，就潜伏到地下而看不见踪影了。灵泉水里有很多绿青色的鱼，还有很多石卿鱼和白缘鱼。

F．雷山——它两堵悬崖都面向东方，雷水在这里从地下流出，积蓄在两崖中间，名叫雷塘。雷塘里的水能变成云气在空中升腾，化作雷雨，而且有变幻莫测的光亮。向雷神祷告时，摆上用器皿盛着的鱼肉、猪肉、干肉、镧羹、粳米、糯米和水酒等祭品，内心又恭敬虚诚，就可以有好的应验。山水皆为神设，自然都有深意。

G．立鱼山——在立鱼山的南面，还有很多山峰。这些山都没有名字，但都很秀美幽深。峨山平地拔起，矗立在西郊的原野之中，山脚也没有缓坡和林木。一条名叫峨水的小溪从这里流出，向东进入柳江水。

在古代，没有丑陋的山水，只有丑陋的人的思维带来的黑暗，但古代人的黑暗还没有把摧毁自然表现得淋漓尽致。在古代，无论哪里，随处皆圣山圣水。

◎偏僻山水可最善良

——柳宗元《游黄溪记》逆境者也可“有道”

河流都要翻越自己的波浪，通过翻越自己的波浪座位坎坷与群山的牙齿而达到远游。

下面这篇文章是柳宗元游记中最为侧重记述游赏山水景致的作品。它作于元和八年（813）柳宗元被贬永州已有8个年头，抑郁激愤较减，思想深刻，而趋于通达。他虽然壮心不泯，而对再获任用不抱厚望，以为“自度罪大”，“但当把锄荷锸，决溪泉为圃以给茹，其隙则浚沟池，艺树木，行歌坐钓，望青天白云，以此为适”（《与杨晦之第二书》），心情显得平和——

北之晋，西适豳，东极吴，南至楚、越之交，其间名山水而州者，以百数，永最善。环永之治百里，北至于浯溪，西至于湘之源，南至于泷泉，东至于东屯，其间名山水而村者，以百数，黄溪最善。

黄溪距州治七十里，由东屯南行六百步，至黄神祠。祠之上，两山墙立，丹碧之华叶骈植，与山升降。其缺者为崖峭岩窟。水之中皆小石。平布黄神之上，揭水八十步，至初潭，最奇丽，殆不可状。其略若剖大瓮，侧立千尺。溪水积焉，黛蓄膏渟。来若白虹，沉沉无声，有鱼数百尾，方来会石下。

南去又行百步，至第二潭。石皆巍然，临峻流，若颏颔龂腭。其下大石杂列，可坐饮食。有鸟赤首乌翼，大如鹄，方东向立。

自是又南数里，地皆一状，树益壮，石益瘦，水鸣皆锵然。又南一里，至大冥之川。山舒水缓，有土田。始，黄神为人时，居其地。

传者曰：黄神王姓，莽之世也。莽既死，神更号黄氏，逃来，择其深峭者潜焉。始，莽尝曰：“余黄、虞之后也。”故号其女曰“黄皇室主”。“黄”与“王”声相迩而又有本，其所以传言者益验。神既居是，民咸安焉，以为有道，死乃俎豆之，为立祠。后稍徙近乎民，今祠在山阴溪水上。

元和八年五月十六日，既归为记，以启后之好游者。

这篇《黄溪游记》所表现柳宗元的形象是探幽赏奇，欣然自适，表面上没有发挥，实际上兴会心得，怡然自信。

文章开门见山，开头便出奇，不无夸张，发人兴趣，说天下山水“永最善”，永州山水“黄溪最善”。

然后柳宗元把我们带到黄溪东屯村，先在黄神祠欣赏黄溪山水全貌；再沿溪上山，一路指点领略奇丽景物，来到黄神当年隐身处。最后，柳宗元作为老练的导游，介绍了黄神的来历和所受敬遇。这样，就像“以启后之好游者”，文字中却很有意味。

黄溪其实很偏僻，它不是名山大川，而柳宗元誉为“最善”。黄神原为逃亡，不属名士清流，而居民“以为有道”。以实服人，以景夺人，写山水而用史笔，赏奇丽则多为白描。山为“墙立”而“骈植”，陡峭，丰茂。潭如剖瓮高挂，见游鱼“来若白虹”，想象奇妙，水清流急。第二个水潭，石怪鸟奇，迥无人迹；而临深峭，恍入桃源，“山舒水缓，有土田”，不是仙界，而是人境。循溪登山、探奇赏幽，就像当年黄神逃亡藏身、筚路蓝缕之行。而这相传为奸贼王莽的后裔，却因居住深山而被视为神，吸引人民安居黄溪，得到他们的尊敬，立祠祭祀。

让柳宗元带我们用他的心态游览一番，我们体验一下柳宗元——

黄溪在湖南零陵地区，源出宁远北阳明山，西经零陵，北合白江水，入湘江；唐代属永州。黄溪距离州城 70 里。由东屯向南行走 600 步，到达黄神祠。黄神祠上面两岸高山陡立如墙，山上并排生长红花绿叶，这些花树随着山势的高低而起伏，那山间的凹陷处形成了陡崖和洞窟。水流之中都有小石头平铺分布。

在黄神祠位置上面，撩起衣裳涉水，行走 80 步，来到初潭，此处最奇丽，大都难以描绘形容。溪两岸大致如同一个剖开的大瓮一样，在两旁立起，高达千尺，溪水汇积在里面。水呈深青之色，如同膏汁一样，积聚而无波痕拥挤的波浪现在都潜入水里安静地藏了起来。阳光下水流灌注恰似一条白虹一样，深沉、无声流动，有几百尾鱼儿，正游来，汇聚在石头之下。石头之下即它们玩耍的天堂。

往南行去又走上百步，来到第二潭。岩石都高高耸立，前临峻急的水流，山石形状仿佛脸的下巴和口的上壁，高低不平。潭下大石头杂错陈列，平整得可以就座饮食。

那弯腰喝水的石头，也不怕人看见。石上有一只鸟红首黑翼，大得像天鹅，正朝东面站立。它就像空气凭空雕刻出来的艺术品。

从这里又向南行几里，地势都是一个样子，一路上树木更加粗壮，山石更加瘦而长，流水都锵然有声。

再往南行一里，来到大冥平野，水流舒缓，山梁平坦，依山傍水，有土有地，有田有园。最初黄神作为普通人时，居于此地。

有传闻流传：“黄神姓王，是王莽的后人。”王莽已死，黄神改姓黄，逃来这个地方，选择幽深陡峭之处潜居下来。最初王莽曾吹牛：“我，是黄帝、虞舜的后人。”所以称他的女儿为黄皇室主。黄与王读音相近，并且又有实际的依据，那些用作传言的说法更有了凭证。黄神已生活在此，民众都安居乐业，认为他颇已得道。死后就祭祀他，为他立有宗祠。后来稍稍改变形象更接近平民。现在祠庙在山岭下黄溪的北岸。

因此山水不因偏僻而显得不奇不丽，人也不因逆境而显得无道。相反，偏僻山水可“最善”，在逆境者也可“有道”，有黄溪和黄神为证。此为其含蓄的思想与情怀。柳宗元行文艺术老到，浅而深，奇而实，引人入胜，天衣无缝。

柳宗元简介

柳宗元，唐朝著名文学家，字子厚，世称“柳河东”，与韩愈、欧阳修、苏洵、苏轼、苏辙、王安石和曾巩，并称“唐宋八大家”。文的成就大于诗。

◎山水孤独邀人赏

——王维《山中与裴秀才书》回忆与展望的游览

王维，山水诗最好的容器。裴迪是与王维来往最多的盛唐山水田园诗人。他开元末在张九龄荆州幕府，后到长安，曾隐于终南，王维得辋川别业后，常“与裴迪游其中，赋诗相酬为乐。”（《新唐书·王维传》）在王维与裴迪唱和的诗中，多称迪为“秀才”。两人之间交往密切。他们之间是互相关心、患难与共的关系。这种关系，是以两人思想、志趣相合作为根基的，用王维自己的话说，就是“携手本同心”。

《山中与裴秀才书》是王维写给兄弟裴迪的一封信——

近腊月下，景气和畅，故山殊可过。足下方温经，猥不敢相烦，辄（zhé）便往山中，憩感配寺，与山僧饭讫而去。

北涉玄灞（bà），清月映郭。夜登华子冈，辋（wǎng）水沦涟，与月上下。寒山远火，明灭林外。深巷寒犬，吠声如豹。村墟夜舂（chōng），复与疏钟相间（jiàn）。此时独坐，僮仆静默，多思曩（nǎng）昔，携手赋诗，步仄径，临清流也。

当待春中，草木蔓发，春山可望，轻鲦（tiáo）出水，白鸥矫翼，露湿青皋（gāo），麦陇朝雊（gòu），斯之不远，傥能从我游乎？非子天机清妙者，岂能以此不急之务相邀。然是中有深趣矣！无忽。

因驮黄檗（bò）人往，不一。山中人王维白。

王维在开元二十年前后曾在辋川隐居，他对田园风光、自然山水怀有特殊情感，写了许多诗歌。在隐居中经常和野老共话桑麻，同朋友饮酒赋诗，与山僧谈经论道。

在这些人中，裴迪是他最好的兄弟，就像一个字的拼音里声母与韵母的友谊关系，而声调就像友谊的指挥与温度计。早在移居辋川前，他们就一同在终南山隐居过，得宋之问蓝田别墅后，他们又经常“浮舟往来生，弹琴赋诗，啸咏终日”。《辋川集》即他二人的唱和诗集，记录了其生活和逸兴雅趣。

王维写这封信时，裴迪已回家去温习经书准备应试，他深感寂寞，只得独自去游山赏景。文中“深趣”反映王维热爱、醉情山水，厌恶官场，意欲归隐。

我们做一个陪伴他的背包客，让王维兄弟不再寂寞，那么就一起去山中走一趟——

“景气和畅，故山殊可过”，王维眼中岁末寒冬的山间景致也很优美动人，故山景气如何和畅，略而不述，专讲饭后归来时所见到的一片晚景：灞水深沉、月照城郭；辋川在月光中涟漪起伏；大自然画在月光的纸上。山上灯火，透过树林明灭可见；平时夜色里的灯火就像写在墨汁上的点点白纸，白墨汁写在黑纸上。此时月光下的世界，村巷里寒犬叫声、夜舂声和山寺里的疏钟声一并传来。夜景，那河水、城郭、远火，都在月色朦胧中看到，而那犬吠、夜舂和疏钟则在黑夜里听到，我们看到王维用所见所闻，来写那寒夜景物特色，更切实、逼真。

接下来，我们体验到了王维归家后的境遇和感触——当僮仆静默时，王维却思绪不宁，十分孤独。我们理解他，不禁想到他往日与裴迪一起走过仄径去寻幽访胜，对着清流赋诗论文的快乐。

这一段所写为王维兄弟在一天中游山经历和感受，但从“猥不敢相烦”到“多思曩昔”却发出对裴迪的思念，此为旨意。目的在于引起对方来同游故山的兴趣。

下面便正式邀请。王维希望裴迪来年春天能够前来。他用想象中的大好春光召唤对方。“草木蔓发”以下六个四字句，凝练描绘出一片生机勃勃。白鲦好似一个鼠标，轻快地在水中游动；白鸥展开矫健的翅膀，打开了一对飞翔的偏旁，掠空飞翔；野雉好似古老的录音机在麦陇中鸣叫，草木穿上唯一的新衣，其新衣染绿春山，一粒粒露水一粒粒心滋润堤岸。这一切与前面岁末景色的淡雅清冷构成鲜明的对照。

王维兄弟在寒冬夜色中保留浓厚游兴，还能敏锐预感春天不久就要降临，他已开始品味到未来的深趣。山中人王维是“天机清妙者”，即对风光有浓厚的兴趣，对佳山丽水有极强的领悟能力，发现岁末寒冬之夜朦胧可见、清晰可闻的景物，又凭经验想象来年的春光之美。

在冬天，盼望春天的心情，用内心酿造出春天的美景。在冬天，想到没有在一起的朋友，自己就会很孤单。在冬天，寒冷盘踞，一个人的心里，用朋友和春色取暖。

王维简介

王维（701～761），唐代诗人、画家。字摩诘。祖籍太原祁（今山西祁县），其父迁家蒲州（今山西永济），遂为蒲人。官终尚书右丞，世称“王右丞”。苏轼说：“味摩诘之诗，诗中有画；观摩诘之画，画中有诗。”王维描绘自然的高度成就，使其在盛唐诗坛独树一帜，成为山水田园诗派的代表人物，继承发展了谢灵运开创的山水诗传统，对清新自然的陶渊明田园诗也有所吸取，使其山水田园诗成就达到一个高峰。

◎“拍摄”与描述以及愤慨

——李华《吊古战场文》用拍摄描写旧时光

大地无处不战场，对于人类来说，杀戮实在太多。此为人类的生存与生命的黑暗写照。很多著名的古战场，后来世易时移，被时光抹掉，人类就像幻影曾经出现过。但那些战场上的苦痛，毕竟都是用血肉之躯承载、下载战争的残酷的。

李华凭吊古战场，此为特殊的游览，颇为沉重——

浩浩乎平沙无垠，夐不见人。河水萦带，群山纠纷。黯兮惨悴，风悲日曛。蓬断草枯，凛若霜晨。鸟飞不下，兽铤亡群。亭长告余曰：“此古战场也。常覆三军。往往鬼哭，天阴则闻。伤心哉！秦欤？汉欤？将近代欤？”

吾闻夫齐魏徭戍，荆韩召募。

万里奔走，连年暴露。沙草晨牧，河冰夜渡。地阔天长，不知归路。寄身锋刃，腷臆谁诉？秦汉而还，多事四夷。中州耗斁，无世无之。古称戎夏，不抗王师。文教失宣，武臣用奇。奇兵有异于仁义，王道迂阔而莫为。呜呼噫嘻！

吾想夫北风振漠，胡兵伺便。主将骄敌，期门受战。野竖旄旗，川回组练。法重心骇，威尊命贱。利镞穿骨，惊沙入面。主客相搏，山川震眩。声析江河，势崩雷电。至若穷阴凝闭，凛冽海隅；积雪没胫，坚冰在须，鸷鸟休巢，征马踟蹰；缯纩无温，堕指裂肤。当此苦寒，天假强胡，凭陵杀气，以相剪屠。径截辎重，横攻士卒。都尉新降，将军覆没。尸填巨港之岸，血满长城之窟。无贵无贱，同为枯骨，可胜言哉！鼓衰兮力尽，矢竭兮弦绝，白刃交兮宝刀折，两军蹙兮生死决。

降矣哉？终身夷狄。战矣哉？骨暴沙砾。鸟无声兮山寂寂，夜正长兮风淅淅。魂魄结兮天沉沉，鬼神聚兮云幂幂。日光寒兮草短，月色苦兮霜白。伤心惨目，有如是耶！

吾闻之：牧用赵卒，大破林胡，开地千里，遁逃匈奴。汉倾天下，财殚力痡。任人而已，其在多乎？周逐猃狁，北至太原，既城朔方，全师而还。饮至策勋，和乐且闲，穆穆棣棣，君臣之间。秦起长城，竟海为关，荼毒生灵，万里朱殷。汉击匈奴，虽得阴山，枕骸遍野，功不补患。

苍苍蒸民，谁无父母？提携捧负，畏其不寿。谁无兄弟，如足如手？谁无夫妇，如宾如友？生也何恩？杀之何咎？其存其没，家莫闻知。人或有言，将信将疑，悁悁心目，寝寐见之。布奠倾觞，哭望天涯。天地为愁，草木凄悲。吊祭不至，精魂何依？必有凶年，人其流离。

呜呼噫嘻！时耶？命耶？从古如斯。为之奈何？守在四夷。

以上原文版李华《吊古战场文》，此文脍炙人口，它把古战场写得愁惨悲哀，不堪再诵。唐玄宗时，大举进行对外战争，出现极大灾难。通过对古战场的描写，抒发反对不义战争的思想。伤心哉！秦欤？汉欤？将近代欤？明显透露出：名为千古，旨在当时，谴责唐代的穷兵黩武，对战士的命运寄予深厚同情。

此文的“拍摄”工夫，动用文字一个个剪辑的镜头。文章的每一个文字，都是一个镜头与画面——

想象丰富，描绘逼真。

本文融叙述、议论、描写与抒情于一体，对古代战争场面的描述全凭想象拍摄出来，惊心动魄，有如身临其境。渲染气氛，对战争“拍摄”十分具体，生动逼真。“拍摄”用墨如泼，动用不少艺术手段。

有直感：主客相搏，山川震眩。

有比喻：声析江河，势崩雷电。

有写实：利镞穿骨，惊沙入面。

有夸张：尸填巨港之岸，血满长城之窟……

李华作为凭吊古战场的背包客，面对古战场的时间与空间——

夹叙夹议，亦理亦情。

李华对古战场的“拍摄”与描述，几乎无一段不议论，无一处不浸满着强烈的主观情感。

“文教失宣，武臣用奇，财殚力痡，荼毒生灵，功不补患”等字句，都对历代穷兵黩武多事四夷表示巨愤巨怨。

“伤心哉，呜呼噫嘻，伤心惨目，生也何恩，杀之何咎”等字句，都对蒸蒸生民们的悲惨命运寄予了深切关注与同情。

我们在字里行间进行文字旅游，感受到——

段落分明，层次清晰。

其中心内容分别为所见、所闻所想和所感。

见是闻的诱因，感是见与闻的生发，步步深化，环环相扣。

全文共分三层次——

第一层次：自浩浩乎平沙无垠至将近代欤，总叙古战场概貌。“浩浩乎平沙先垠，亩不见人。河水萦带，群山纠纷。黯兮惨悴，风悲日曛。蓬断草枯，凛若霜晨。乌飞不下，兽铤亡群。亭长告余曰：“此古战场也。常覆三军。往往鬼哭，天阴则闻。伤心哉！秦欤？汉欤？将近代欤？”

我们看到李华为我们拍摄三个典型镜头，把古战场的荒凉遗迹和悲凉气氛，展示得具体、淋漓尽致。这就像一个典型的背包客的拍摄。

第一个镜头：远景。写实。

“浩浩乎平沙先垠，亩不见人。河水萦带，群山纠纷。”用平沙、河水和群山组成一幅高远宽阔的画面，更不见人突出表现空旷寂寥，毫无生气。

第二个镜头：近景。写实。

“黯兮惨悴，风悲日曛。蓬断草枯，凛若霜晨。乌飞不下，兽铤亡群。”进一步丰富与深化不见人的内容。风悲日曛、蓬断草枯，直接拍摄古战场荒无人烟，用鸟飞不下、兽铤亡群的镜头，反衬出它的凄凉已极。

第三个镜头：用亭长的话间接反映古战场。虚写。

原文——亭长告余曰：“此古战场也。常覆三军。往往鬼哭，天阴则闻。伤心哉！秦欤？汉欤？将近代欤？”

这个镜头：天阴闻鬼哭，用以反衬不见人。把整个古战场阴森可怖的环境与气氛和盘托出。

第二层次：自吾闻夫齐魏徭戍至功不补患，遥想古战场上当年征战的情形。

第二层次是全文的重点段，着墨虽浓，层次却很清晰。

每个小层次都有各自描述的中心，首句分别用吾闻矢……、吾想夫……和吾闻之……做起语，具有条理性和节奏感。

共分三个小层次：

第一小层：吾闻矢……呜呼噫嘻，概括自从战国、秦、汉以来多事四夷的情景及其根本缘由。

情景：千百万人民万里奔走，连年暴露，寄身锋刃……不知归路，而且是无世无之，致使中州耗度，整个国家损伤元气。造成此严重后果的根本原因在于文教失宜，武臣用奇，放弃天道，代之以奇兵霸道。

第二小层：吾想……有如是耶？

具体地写出了古战场当年两军交战拼搏撕杀的情景。

这一层实际上是第一段亭长的话常覆三军的具体再现，写得生动逼真，令人如临其境，具有很强的艺术感染力。

三军何以会覆灭呢？既有主观上的原因，也有客观上的原因。

主观上的原因：主将骄敌，毫无防守，致使期门受战，极为被动；

客观上的原因：天假强胡，凛冽也好，积雪也好，这对长年在北方生活惯了的强胡来说是作战最好不过的有利条件，而对汉军则相反，在面对缯纩无温，堕指裂肤的情况下还能够谈得上有什么杀气呢！当此之时，三军不覆，岂非怪事？第三层吾闻之……功不补患，用牧用赵卒、周逐猃狁等正面事例和汉倾天下、秦起长城、汉击匈奴等反面事例，两相比较，加以对照，得出了任人而已，其在多乎用兵不在于数量之多而在于质量之精的结论。

第三层次：自苍苍蒸民至守在四夷，对三军的精魂表示无限哀悼的深情。

战后，还能够继续收到勾魂摄魄的效果，是由于李华把所悼念的对象置身于家庭中，从家人想念乃至期待侧面“拍摄”的描写里，更加突出人生也何恩？杀之何咎的丰厚而深刻的含义。

当我们看到其存其殁，家莫闻知，悄悄心目，寝寐见之时，怎能不自然而然地联想起陈陶《陇西行》那样的诗句——

誓扫匈奴不顾身，五千貂锦丧胡尘。

可怜无定河边骨，犹是春闺梦里人！

李华简介

李华（约 715 ~ 766），字遐叔，赵州赞皇（今河北赞皇县）人。唐玄宗开元二十三年 (735) 中进士，官监察御史。因弹劾不法，不避权贵而被嫉忌，徙后补阙。后安禄山反时，被俘，并被委任为凤阁舍人；乱平以后，被贬为杭州司户参军。晚年隐居山阳（今江苏怀安县）。曾提倡古文，反对六朝以来浮艳的文风，唐代古文运动的先驱。

◎铁门关就是一个关隘

——玄奘《大唐西域记·铁门关》因其险固，遂以为名

玄奘《大唐西域记》很多西方学者都在研究这本书，印度同样非常重视。

出远门，取经，谈不上享受，但绝对开阔眼界。记录一路所见，实为百科写法。写到铁门关时，如是写道——

铁门者左右带山，山极峻峭，虽有狭径加之险阻，两旁石壁，其色如铁，既设门扉，又以铁锢，多有铁铃，悬诸户扇，因其险固，遂以为名。

铁门，被视为西突厥汗国之西界，玄奘指出铁门以南是吐火罗境，由此可以推断580年以后，铁门先是西突厥与厌哒、后是西突厥与寄多罗的分界。

翻译《阙特勤碑》的丹麦人汤姆森考订铁门关就是一个关隘，其地在今乌兹别克斯坦卡什卡达里亚州沙赫里沙勃兹市“渴石”以南90公里，为自布哈拉或撒马尔汗前往阿富汗北部马扎里沙里夫的必经要冲。此处形势险要，长约3公里，宽仅12～20米。中外学者同意此说。

每一个脚印，都是深渊，在未知的旅途上。脚印想堵住人掉下去，但人还是掉下去，掉到了泥土深处生活。

每下一步都是一个未知的未来。

但是，这样一个人，却走到了，而且把所有的脚印都收集起来，由舌头复印出来，装订为一本神奇之书。

这本书，有一些古怪的地方，所见所闻匪夷所思，就像山海经一样，有神秘色彩。比如说，有一个国王，什么都捐出来，把老婆也捐出来，孝敬佛寺。这就值得一笑，但是仔细一想，这个国王捐出老婆，说明了什么，说明了他在真正地信仰着，那么，他的舍弃，就不值得一笑了。还有一个地方，把刚出生的婴儿脑袋用木板压扁，他们相信扁脑袋的人长大很好，这就太过于酷刑。

一个人的远行，创造了一个奇迹。其他人恐怕走不了这么远，因为他的远行属于信仰的旅途，所以得到了心灵的保护，也即佛性发光，慈悲每一步，佛在其心灵里给予了一个伟大的世界。

只要心里真正地有佛，觉悟与虔诚达到了前所未有的程度，人身上的佛性就会产生无比神奇的力量，度过一切苦厄，可以闯过所有鬼门关。攀登真理的人，走平坦大道就在走绝壁，脚印的花瓣踩成音符，奏响心灵的自由，而在走绝壁的时候，

脚印站立为门，为脸，推开进去，就得到自由的光，脚印为底牌，翻开底牌，梦想如诗。

玄奘简介

玄奘（602～664），唐代僧人。旅行家，四大译经家之一，法相宗创始人。通称三藏法师。俗称唐僧。俗姓陈名。洛州缑氏（今河南偃师缑氏镇）人。13岁受度为僧，20岁受具足戒。参拜名师学《涅槃经》及《摄大乘论》、《毗论》、《成实论》，感各家学说不一，不知所从，决定西行求法以释疑惑。贞观三年（629）从长安出发，经今甘肃武威出敦煌，沿西域北道过今新疆及中亚地区南下，沿途拜师求学，于贞观五年抵摩揭陀国王舍城，入那烂陀寺从戒贤门下学《瑜伽师地论》及《显扬圣教论》、《中论》、《百论》和因明声明学、梵书《声明记论》。

第六章　奇山异水爱上一个人

——宋朝游记：山水是宋词的偏旁

◎忧思在前·快乐在后

——范仲淹《岳阳楼记》里山水与人的生命、心灵互动

凡事不要高兴得太早，也许要乐极生悲。凡事平淡，恍如和风吹拂。

从笑开始，可能是哭结束；从哭开始，可能是破涕为笑。

平平淡淡，也要适当开怀一笑。不必过于压抑，但也不能得意忘形。

世上的事莫不如此，但人有喜怒哀乐，主要是识别面对的情形，把握自己的分寸，人与世界的相处，与周围的相处，与自己的相处莫不如此。

当我们登上岳阳楼，想到范仲淹的忧与乐之间的辩证关系，就想到了人生、生命的一些事情。

岳阳楼有很多人去玩，背包客会想到这个地方，因为那里有一个楼、一个湖、一篇文章，是范仲淹的《岳阳楼记》——

庆历四年春，滕子京谪守巴陵郡。越明年，政通人和，百废具兴。乃重修岳阳楼，增其旧制，刻唐贤今人诗赋于其上。属予作文以记之。

予观夫巴陵胜状，在洞庭一湖。衔远山，吞长江，浩浩汤汤，横无际涯；朝晖夕阴，气象万千。此则岳阳楼之大观也。前人之述备矣。然则北通巫峡，南极潇湘，迁客骚人，多会于此，览物之情，得无异乎？

若夫霪雨霏霏，连月不开，阴风怒号，浊浪排空；日星隐曜，山岳潜形；商旅不行，樯倾楫摧；薄暮冥冥，虎啸猿啼。登斯楼也，则有去国怀乡，忧谗畏讥，满目萧然，感极而悲者矣。

至若春和景明，波澜不惊，上下天光，一碧万顷；沙鸥翔集，锦鳞游泳；岸芷汀兰，郁郁青青。而或长烟一空，皓月千里，浮光跃金，静影沉璧，渔歌互答，此乐何极！登斯楼也，则有心旷神怡，宠辱偕忘，把酒临风，其喜洋洋者矣。

嗟夫！予尝求古仁人之心，或异二者之为，何哉？不以物喜，不以己悲。居庙堂之高则忧其民；处江湖之远则忧其君。是进亦忧，退亦忧。然则何时而乐耶？其必曰："先天下之忧而忧，后天下之乐而乐乎。"噫！微斯人，吾谁与归？

时六年九月十五日。

这篇文章从一开始，就交代了有关的事情——庆历四年这一年的春天，范仲淹的朋友滕子京被贬为巴陵太守。到了第二年，那里政事顺利，巴陵的百姓安居乐业，各种荒废了的事业都兴办起来。滕子京的政绩斐然。于是重新修建岳阳楼，扩增它旧有的规模，把唐代名家和今人的诗赋刻在上面。嘱托朋友范仲淹写一篇文章来记述这件事。人生的事情，很多都是在朋友之间进行。

范仲淹描述——看那巴陵郡的美好景色，全部在洞庭一湖上表现出来。它连接着远方的山脉，吞吐着长江的水流；浩浩荡荡，宽广无边；早晴晚阴，气象万千，美不胜收。这是岳阳楼盛大壮观的景象。前人的记述已经很详尽。然而它北面通向巫峡，南面直到潇湘，被贬的政客和诗人，大多在这里聚会，看了自然景物而触发的感情，大概会有不同吧？

山水的风景往往有天气的重大影响。人的心情与眼前的天气与景色都会有关。景色好，心情会好；风景差，心情也会跟着差。人与自然其实是一体的，景色与人的心情连在一起，也极为正常——

像那阴雨连绵，接连几个月不放晴，阴冷的风怒吼呼号，浑浊的波浪冲向天空；太阳和星辰都隐藏了光辉，山岳也潜伏起了形体；商人和旅客不能前行，桅杆倒下、船桨断折；傍晚的时候，天色暗了下来，听不听到，都存在着：虎在咆哮，猿在悲啼。在这时登上这座楼，被贬者的心情，就会产生被贬离京、怀念家乡、担心诽谤、害怕讥讽的情怀，人会觉得满眼萧条，感慨到了极点而悲伤。

到了春天，春风和煦，阳光明媚，阳光好似儿童一样可爱并充满了力量。湖面平静，没有惊涛骇浪，上下天色湖光相接，一片碧绿广阔无际；沙洲上的白鸥时而飞翔时而停歇，美丽的鱼儿，游来游去；岸边的小草，小洲上的兰花，香气浓郁，颜色青翠。有时大片的烟雾完全消散，夜晚皎洁的月光就像复印出来的阳光，月光一泻千里，浮动的光闪着金色，静静的月影像沉下的玉璧一样安静。夜晚，月光下，劳作的渔夫，他们的歌声一唱一和，歌声用作劳动的添加剂，这样的添加剂有正面的积极意义。这种乐趣哪有穷尽呢。就像天堂一样灿烂。在这时登上岳阳楼，就有心怀开阔，精神愉快；荣耀和屈辱一并忘却，端着酒杯对着风，那心情真是快乐至极。

唉！我曾经探求古代品德高尚的人的思想感情，或许不同于以上两种心情，是什么原因呢？不因为外物的好坏和自己的得失而或喜或悲，在朝廷里做高官就为百姓担忧；不在朝廷上做官就为君主担忧。这样看来是在朝廷做官也担忧，不在朝廷做官也担忧。然而什么时候才快乐呢？那一定要说：“在天下人忧愁之前先忧愁，在天下人快乐之后才快乐”吧。唉！如果没有这种人，我同谁一道呢？

这篇文章，范仲淹写于庆历六年九月十五日（1046 年 9 月 15 日）。

作为一个背包客，应该看到——人的境界不一样，看到的风景就会有不同；人的眼光不一样，看到的景色就不一致。但有一点是相同的：大自然对人的慷慨，代表了神的胸怀。现在的洞庭湖已经压缩为一个小小的水饼，一个挣扎的唱片在哭泣。

范仲淹简介

范仲淹 (989 ~ 1052)，字希文，苏州吴县（今属江苏）人。唐宰相履冰之后。北宋政治家、思想家、军事家和文学家，祖籍邠州（今陕西省彬县），后迁居苏州吴县（今江苏省吴县）。为政清廉，力主改革，屡遭奸佞诬谤，数度被贬。皇佐四年（1052）五月二十日病逝于徐州，64 岁。是年十二月葬于河南洛阳东南万安山，谥文正，封楚国公、魏国公。

◎用山水陪伴一杯酒

——欧阳修《醉翁亭记》人·善·水·酒·玩·乐

对于景色，心是雕刻之笔。最初，以刀为笔，后来毛笔吐舌头把舌头吐成语言的尾巴，用尾巴雕刻世界。背包客明白——很多风景名胜，对空间的雕刻，会形成人间景色。无论什么人为的景点，都要靠老天与自然的通力协作与奉献，否则，不会有什么看头。人间第一景色还是自然。

醉翁亭就是一个人工修建在自然里面的小建筑。如此小建筑，很环保，对大自然没有伤害，大自然会快乐接受。对于世界来说，人所做的一切，都像雕虫小技。但作为人而言，只要不伤害，不损害，人可以玩。人，不要损自然，损自然，就会损掉自己。

一个快乐的建筑，就会形成人的快乐。欧阳修《醉翁亭记》写了一个快乐建筑与自然融为一体，其中有人的气息飘扬在那里——

环滁皆山也。其西南诸峰，林壑尤美。望之蔚然而深秀者，琅琊也。山行六七里，渐闻水声潺潺，而泄出于两峰之间者，酿泉也。峰回路转，有亭翼然临于泉上者，醉翁亭也。作亭者谁？山之僧智仙也。名之者谁？太守自谓也。太守与客来饮于此，饮少辄醉，而年又最高，故自号曰“醉翁”也。醉翁之意不在酒，在乎山水之间也。山水之乐，得之心而寓之酒也。

若夫日出而林霏开，云归而岩穴暝，晦明变化者，山间之朝暮也。野芳发而幽香，佳木秀而繁阴，风霜高洁，水落而石出者，山间之四时也。朝而往，暮而归，四时之景不同，而乐亦无穷也。

至于负者歌于途，行者休于树，前者呼，后者应，伛偻提携，往来而不绝者，滁人游也。

临溪而渔，溪深而鱼肥；酿泉为酒，泉香而酒洌；山肴野蔌，杂然而前陈者，太守宴也。

宴酣之乐，非丝非竹，射者中，弈者胜，觥筹交错，坐起而喧哗者，众宾欢也。苍然白发，颓乎其中者，太守醉也。

已而夕阳在山，人影散乱，太守归而宾客从也。树林阴翳，鸣声上下，游人去而禽鸟乐也。然而禽鸟知山林之乐，而不知人之乐；人知从太守游而乐，而不知太守之乐其乐也。醉能同其乐，醒能述其文者，太守也。太守谓谁？庐陵欧阳修也。

背包客要游览醉翁亭，就先来看外景与全景——环绕着滁州城的都是山。它西南面的许多山峰，树林、山谷尤其优美，远望那树木茂盛，又幽深又秀丽的地方，是琅琊山。沿着山路走六七里，渐渐听到水声潺潺，从两座山峰中间倾泻出来的，是酿泉。山势回环，山路转弯，有亭子四角翘起，像鸟张开翅膀一样，高踞在泉水上边的，是醉翁亭。

接下来，再看有关事情——修建亭子的人是谁？建筑的作者是山中的和尚智仙。给它取名的人又是哪一位？是欧阳修太守用自己的别号“醉翁”来命名的。太守和客人到这里来喝酒，喝一点就醉了，而且年龄又最大，所以自己取名叫醉翁。这很有意思吧。醉翁的情趣不在于喝酒，而在于山水之间。欣赏山水的乐趣，领会它在心里，并寄托它在酒上。这一点，太重要了。背包客为什么背包行走？激情与山水，寄情于山水，这一点与欧阳修太守一样。

至于像那太阳出来，树林中的雾气就会消散，暮云回聚拢来时，山岩洞穴就昏暗下来，阴暗明朗交替变化，就是山间的早晨和傍晚。

野花开放，散发清幽的香气，美好的树木枝叶繁茂，形成浓郁的绿荫，天气高爽，霜色洁白，水位低落，石头显露，这是山里的四季景色。早晨上山，傍晚返回，四季的景色不同，因而乐趣也没有穷尽。

至于背着东西的人在路上唱歌，走路的人在树下休息，前面的人呼唤，后面的人答应，老老少少来来往往不间断的，这是滁州人出游。到溪水里捕鱼，溪水深，鱼儿肥，用酿泉的水酿酒，泉水香甜而酒色清净，山中野味，田野蔬菜，杂乱地在前面摆着，这是太守在举行酒宴。酒宴上畅饮的乐趣，不在于管弦音乐，投壶的人投中，下棋的人得胜，酒杯和酒筹交互错杂，人们有时站立，有时坐着，大声喧嚷，宾客们（尽情）欢乐。而那一位脸色苍老、头发花白、醉醺醺地在宾客们中间，就是太守，他喝醉啦。

不久夕阳落山，人影纵横散乱，太守返回，宾客跟随。这时树林里浓荫遮蔽，鸟儿到处鸣叫，游人离开后禽鸟在快乐了。然而禽鸟只知道山林的乐趣，却不知道人的乐趣，人们只知道跟随太守游玩的乐趣，却不知道太守在享受自己的乐趣。喝醉了能够和大家一起享受快乐，酒醒了能够用文章记述的人，是太守。太守是谁？是庐陵人欧阳修。

山水尽是恩德，景色皆为良药。

欧阳修简介

欧阳修(1007～1073)，字永叔，号醉翁，又号六一居士。汉族，吉安永丰(今属江西)人，自称庐陵(今永丰县沙溪人)。谥号文忠，世称欧阳文忠公，北宋文学家、史学家。

◎时间的声音即生命空间里的音乐

——欧阳修《秋声赋》耳朵里的花园帝国

耳朵呼吸风景，呼吸沉默。声音也是风景，有时候，听风景，用耳朵“旅游”也具有乐趣。比如说，一个背包客，在一个风景点，晚上，遇到雨，可以听雨，听夜色入耳，听山入耳。

欧阳修《秋声赋》即一篇听风景之作。其原文全文如下——

欧阳子方夜读书，闻有声自西南来者，悚然而听之，曰:“异哉！”初淅沥以萧飒，忽奔腾而砰湃，如波涛夜惊，风雨骤至。其触于物也，铮铮作响，金铁皆鸣；又如赴敌之兵，衔枚疾走，不闻号令，但闻人马之行声。予谓童子：“此何声也？汝出视之。”童子曰：“星月皎洁，明河在天，四无人声，声在树间。”

予曰:“噫嘻悲哉！此秋声也，胡为而来哉？盖夫秋之为状也:其色惨淡，烟霏云敛；其容清明，天高日晶；其气慄冽，砭人肌骨；其意萧条，山川寂寥。故其为声也，凄凄切切，呼号愤发。丰草绿缛而争茂，佳木葱茏而可悦;草拂之而色变，木遭之而叶脱。其所以摧败零落者，乃其一气之馀烈。夫秋，刑官也，于时为阴;又兵象也，于行用金，是谓天地之义气,常以肃杀而为心。天之于物,春生秋实,故其在乐也,商声主西方之音，夷则为七月之律。商，伤也，物既老而悲伤；夷，戮也，物过盛而当杀。”

“嗟乎！草木无情，有时飘零。人为动物，惟物之灵；百忧感其心，万事劳其形；有动乎中，必摇其精。而况思其力之所不及，忧其智之所不能；宜其渥然丹者为槁木，黟然黑者为星星。奈何以非金石之质，欲与草木而争荣？念谁为之戕贼，亦何恨乎秋声！”

童子莫对，垂头而睡。但闻四壁虫声唧唧，如助予之叹息。

这是秋天声音的乐章。无论在哪里，秋天与山水加在一起，都会演奏出一种生命的声音。

文章在说——欧阳在子夜里正在读书，忽然听到有声音从西南方向传来，心里不禁悚然，一听，惊叹一声："奇怪！"这声音初听起来淅淅沥沥，萧萧飒飒，一下子忽然变得汹涌澎湃，就像那夜间的大海上波涛突起，风雨骤然而至，碰到物体上，铮铮，好像金属相击的声音。再仔细竖起树叶一样的耳朵，仔细一听，又好似奔赴战场的军队正衔枚疾进，没有听到号令，只有人马行进的声音，真很神奇，奇妙处只可意会不可言传。于是欧阳修问童子："这是什么声音？你出去看看，看看声音是什么。"童子这么回答自己的老板："秋天的月色皎皎，高空的星光灿烂，浩瀚银河，高悬中天。四下里没有人声，那声音的来源，从树林间传来。"

欧阳修明白了什么，恍然大悟，叹道："哦，原来这就是秋天的风声呀，听起来真令人伤感，它怎么突然就来了呢？秋天总如此——秋天的色调凄凄惨淡，云气消失，烟霭飘散；秋天的形貌爽朗清新，天空高远，日色一派晶明；秋天的气候清冷高越而萧瑟，寒冷的时候悲风凛冽，刺入人的肌骨；秋天的意境用心去尝一尝有冷落苍凉的味道，川流寂静，山林空旷。所以它发出的声音听起来时而凄凄切切，时而呼啸激昂。秋风没有起时，绿草如毯，丰美繁茂，树木葱茏，这一切令人心旷神怡赏心悦目。然而秋天一旦来临，拂过草地，草就要变色，就像人变了笑容一样，笑容冷却为霜冻。秋风掠过森林，树就要落叶。它用来摧败花草使树木凋零的，便产生一种肃杀之气的余烈。

欧阳修对秋天还有更深的感慨——秋天，刑官行刑的季节，它在时令上属阴；秋天又象征着用兵，它在五行中属金。这就是常说的"天地之义气"，它常常以肃杀为意志。自然对于万物，是要它们在春天生长，在秋天结实。所以秋天在音乐的五声中又属商声，商声代表西方的一种声音，而初秋七月的音律是"夷则"。商，也就是"伤"的意思，万物衰老时，都会悲伤。夷，为杀戮的意思，凡万物过了繁盛期，都会走向衰败。此为物极必反，老子说的，老子说出这话，实在伟大了。

欧阳修在这里探究了深奥的东西，向深处挖，探究秋天声音的来由。

接着，他还抒发了一些情感，不过抒发的情感不一定对啊，比如说"呜呼，草木是无情之物，"这就不对了。为什么呢？草木有情，其实万物都有自己的心灵，万物都有自己的感情，万物因为有灵性而生机勃勃。

是的，欧阳修说草木尚有衰败零落之时。人为动物，在万物中又最有灵性——人的灵性来自于神性的赠与。对于人来说，有无穷无尽的忧愁来煎熬其心，又有无数琐碎烦恼的事来劳累其身体；费心劳神，必然会损耗人的精力。何况常常思考自己的力量所做不到的事情，忧虑自己的智慧所不能解决的问题，自然会使人的鲜红滋润的肤色变得苍老枯槁，乌黑光亮的须发变得花白斑驳。人非金石，为什么却要以不是金石的肌体去像草木那样争一时的荣盛呢？我们每一个人仔细想想吧，伤害我们自己的到底是什么，又怎么可以去怨恨这秋声呢？"

他最后把人的命运与秋天的声音进行了有机地融合，人对大自然的所有一切，的确都没有责问的权利，因为大自然为我们的衣食父母。

欧阳讲了一大堆道理，他的书童要睡觉，书童没有深究这些。

童子没有应答，低头沉沉睡去，却听得四壁虫声“唧唧”，像在附和欧阳的叹息声。

大自然在人的耳朵里能够演奏我们的听觉，演奏我们的心灵，演奏我们的情感，演奏我们的生命与海市蜃楼、梦话、梦幻……那么，耳朵，就成为乐器，世界的声音都从这里发明出来。声音皆为耳朵的存款，到处都有其身影。回忆能从耳朵里提款，提出存进耳朵的一本本“书”。

◎一曲最初的荷塘月色

——周敦颐《爱莲说》里的莲花佛性

只要美，没有一个背包客不喜欢。人类对山水之美从来没有厌倦过。

荷塘的景色，在过去的南方，尤其是在江南，很多，不难见到。甚至在北方，也会有荷塘，北大校园里就有。朱自清的《荷塘月色》就把这一池荷塘，用一篇美文作为营养，养得更好。关于荷塘的风景，可用周敦颐《爱莲说》来作为一个经典的补白。这篇短文，不读它，就是一生的遗憾。在南方，看荷塘，就要记得带上这篇文章在心里，才能发出灵性的神韵来——

水陆草木之花，可爱者甚蕃。晋陶渊明独爱菊。自李唐来，世人盛爱牡丹。予独爱莲之出淤泥而不染，濯清涟而不妖，中通外直，不蔓不枝，香远益清，亭亭净植，可远观而不可亵玩焉。

予谓菊，花之隐逸者也；牡丹，花之富贵者也；莲，花之君子者也。噫！菊之爱，陶后鲜有闻。莲之爱，同予者何人？牡丹之爱，宜乎众矣。

这篇文章是说——

水中、陆地上的各种花草树木，受人喜爱的特别繁多。晋朝的陶渊明，他唯独喜爱菊花。自从唐代以来，世上的人们都很喜爱牡丹。周敦颐说自己，唯独喜爱莲花，喜欢的原因在于，它从淤泥中生长出来，却不受污染，经过清水的洗涤却并不显得妖艳。莲花的叶柄中间是空的，外面是直的，不牵牵连连，不枝枝节节的，有自己的个性，它的香气传播得越远就越显得幽香；莲，笔直地挺立在那里，只可以在远处看，而不可以在近处玩弄。

这样认为——菊花，属于花中的隐士；牡丹，是花中的富贵人；莲花，称得上是花中君子。啊！对于菊花的喜爱，陶渊明之后就很少有听说；对于莲花的喜爱，像周敦颐一样的还有什么人呢？对于牡丹的喜爱，当然很多人爱它。

实际上，周敦颐是因为自己的孤独，才会说爱莲花的人很少，这实际上是暗喻他自己的品质很高。爱莲花的人很多，莲花的佛性很香，而爱莲花的人不一定品质都很高。

莲花的佛性因观音而更加魅力，莲花的慈悲因莲子心的苦而幽香更加深远。一朵莲花，打开的一瓣瓣脚印，皆为佛的足迹。莲，不仅是花，还有污泥深处的藕，都象征了人间的情感关系。藕断丝连，那丝，看得见的光线，却有闪电般的力量。而枯荷的乐器那干燥的小小池塘，荷叶留下，仅仅是为了听那雨丝脐带演奏么？

周敦颐简介

周敦颐（1017 ~ 1073），字茂叔，号濂溪，汉族，宋营道楼田堡（今湖南道县）人，北宋著名哲学家，是学术界公认的理学派开山鼻祖。

◎人迹罕至处，风景才产生

——王安石《游褒禅山记》里的山水哲学思想

山水不仅携带抒情，也携带道理与议论。山山水水，对人间来来往往的过客，都有一笔账，流水记流水账，把人间记得清清楚楚。

王安石的改革对当时的社会伤害很深，但他的游记还是有自己的才华和真知灼见。其《游褒禅山记》，不失为独到的景致——

褒禅山亦谓之华山，唐浮图慧褒始舍於其，而卒葬之；以故其后名之曰“褒禅”。今所谓慧空禅院者，褒之庐冢也。距其院东五里，所谓华阳洞者，以其乃华山之阳名之也。距洞百馀步，有碑仆道，其文漫灭，独其为文犹可识曰“花山”。今言“华”如“华实”之“华”者，盖音谬也。

其下平旷，有泉侧出，而记游者甚众，——所谓前洞也。由山以上五六里，有穴窈然，入之甚寒，问其深，则其虽好游者不能穷也，——谓之后洞。余与四人拥火以入，入之愈深，其进愈难，而其见愈奇。有怠而欲出者，曰：“不出，火且尽”；遂与之俱出。盖余所至，比好游者尚不能十一，然视其左右，来而记之者已少。盖其又深，则其至又加少矣。方是时，予之力尚足以入，火尚足以明也。既其出，则或咎其欲出者，而余亦悔其随之，而不得极夫游之乐也。

於是余有叹焉：古人之观於天地、山川、草木、虫鱼、鸟兽，往往有得，以其求思之深，而无不在也。夫夷以近，则游者众；险以远，则至者少。而世之奇伟、瑰怪、非常之观，常在於险远，而人之所罕至焉，故非有志者不能至也。有志矣，不随以止也，然力不足者亦不能至也。有志与力，而又不随以怠，至於幽暗昏惑而无物以相之，亦不能至也。然力足以至焉而不至，於人为可讥，而在己为有悔；尽吾志也，而不能至者，可以无悔矣，其孰能讥之乎？此余之所得也！

余於仆碑，又以悲夫古书之不存，后世之谬其传而莫能名者，何可胜道也哉！此所以学者不可以不深思而慎取之也。

四人者：庐陵萧君圭君玉，长乐王回深父，余弟安国平父、安上纯父。至和元年七月某日，临川王某记。

王安石首先给我们穿行去宋代褒禅山旅游一番的背包客介绍了它的基本情况——褒禅山也称为华山。山的名字有它的来由——唐代和尚慧褒当初在这里筑室居住，死后又葬在那里；因为这个缘故，后世的人就称此山为褒禅山。现在人们所说的慧空禅院，就是慧褒和尚的墓舍。距离那禅院东边5里，是人们所说的华山洞，因为它在华山南面而这样命名。距离山洞一百多步的样子，有一座石碑倒在路旁，上面的文字已被剥蚀、损坏近乎磨灭，只有从勉勉强强能认得出的地方还可以辨识出“花山”的字样。现在将“华”读为“华实”的“华”，大概是（因字同而产生的）读音上的错误吧。

然后说明小范围里的具体地理情况——由此向下的那个山洞，平坦而空阔，有一股山泉从旁边涌出，在这里游览、题记的人很多，这就叫做“前洞”（所谓“题记”在风景名胜乱刻乱画，原来在我们的国度有着“悠久”的传统）。经由山路向上五六里，有一个洞穴，洞穴一派幽深的样子，进去便感到里面寒气逼人，打问它的深度，就算那些喜欢游险的人也未能走到尽头——这是人们所说的“后洞”。

在这里，王安石与4个人打着火把走进去，进去越深，前进越困难，而所见到的景象也就越奇妙。有个懈怠而想退出的伙伴说：“再不出去，火把就要熄灭了。”于是，只好都跟他退出来。他们几个人走进去的深度，比起那些喜欢旅游探险的人来，大概还不足十分之一，然而看看左右的石壁，来此题记的人已经很少。在洞内更深的地方，大概来的游人就更加减少。当决定从洞内退出时，王安石知道自己的体力还足够前进，火把还能够继续照明。在他们出洞以后，就有人埋怨那主张退出的人，其实王安石自己也后悔跟他出来，而未能极尽游洞的乐趣。但有一点还是要强调一下——注意安全，永远是对的。

由于这样的经历，于是王安石有所感慨——古人观察天地、山川、草木、虫鱼、鸟兽，往往有所得益，是因为他们探究、思考深邃而且广泛。平坦而又近的地方，前来游览的人便多；危险而又远的地方，前来游览的人便少。但是世上奇妙雄伟、珍异奇特、非同寻常的景观，常常在那险阻、僻远、少有人至的地方，所以，不是有意志的人是不能到达的。虽然有了志气，也不盲从别人而停止，但是体力不足的，也不能到达。有了志气与体力，也不盲从别人、有所懈怠，但到了那幽深昏暗、令人迷乱的地方却没有必要的物件来支持，也不能到达。可是，力量足以达到目的而未能达到，在别人看来，当然可以讥笑，在自己来说，也有所悔恨；尽了自己的主观努力而未能达到，便可以无所悔恨，这难道谁还能讥笑吗？这就是王安石与我这次游山的收获。

王安石对于那座倒地的石碑，又感叹古代刻写的文献未能存留，后世讹传而无人弄清其真相的事，哪能说得完呢？这就是学者不可不深入思考而谨慎地挪用资料的缘故。

他在游记里的议论，已经成为经典。经典就是这样诞生的——首先有最好的创意，抢先一步，然后不断扩散而流传。

最后，老王说明了一下自己——与他同游的 4 个人如下：庐陵人萧君圭，字君玉；长乐人王回，字深父；弟弟安国，字平父；安上，字纯父。至和元年七月，临川人王安石记。这几个人，我都见了，与之同行。

面对山水，有抒情，有议论……现在背包客都这样了，而王安石走在山水议论的一个重要位置。

王安石简介

王安石（1021 ~ 1086），字介甫，号半山，封荆国公。汉族，临川人（今江西省抚州市区荆公路邓家巷人），北宋政治家、思想家、文学家、改革家，唐宋八大家之一。官至宰相，主张改革变法。诗作《元日》、《梅花》等最为著名。

◎何夜无月？何处无竹柏？但少闲人

——苏轼《记承天寺夜游》真实记录生活片段

胖乎乎的月光，有自己的镜子，有人照镜子，就拿着月亮照，月亮，看到它的脸，用它的面子照镜子，脸有谜底，月亮有谜底。这么大的月亮造句，造出一根竹子，光预言：大凡竹子的骨头，千疮百孔磨难后，反而能发出最为自由的心灵声音。原来哑巴的骨头说出了真理。

苏轼《记承天寺夜游》写于宋神宗元丰六年（1083），当时，作者正因“乌台诗案”被贬谪到任职。本文对月夜景色作了美妙描绘，真实的记录了作者当时生活的一个片段——

元丰六年十月十二日夜，解衣欲睡，月色入户，欣然起行。念无与为乐者，遂至承天寺寻张怀民。怀民亦未寝，相与步于中庭。庭下如积水空明，水中藻、荇（xìng）交横（héng），盖竹柏影也。何夜无月？何处无竹柏？但少闲人如吾两人者耳。

元丰六年十月十二日夜晚（1083），苏轼脱下衣服准备睡觉时，恰好看见月光透过窗户洒入屋内，于是苏轼高兴地起床出门散步。想到没有可以与自己共同游乐的人，于是他前往承天寺寻找张怀民。张怀民也没有睡，二人便一同在庭院中散步。庭院的地面沐浴在像积水那样清澈透明的月色之中，“水中”交错纵横着像藻、荇那样的水草，其实那是庭院里松柏树枝叶映在地上的影子。苏轼感慨——哪一个夜晚没有月光？又有哪个地方没有松柏树呢？只是缺少像我们两个这样不汲汲于名利而又能从容流连光景清闲的人罢了。

这篇文章的核心“何夜无月？何处无竹柏？但少闲人如吾两人者耳。”表达出苏轼孤寂凄凉，无所归依的心境以及仕途不得志的抑郁，以及他豁达的人生观。《记承天寺夜游》表达的感情微妙而复杂，贬谪悲凉，人生感慨，赏月欣喜，漫步悠闲都包含其中。苏轼“解衣欲睡”时，“月色入户”，于是“欣然起行”，月光难得，不免让人欣喜。可是没有人和自己共同赏月，只好去找同样被贬的张怀民，这里面有多少贬谪的悲凉与人生的感慨呀！两人漫步中庭，又是悠闲的。自比“闲人”，则所有意味尽含其中。

“美”来自结尾的“精”。从文章结构看，结句属“合”，就此打住。从语意上看，它包蕴丰富。“闲人”一词，表面上自嘲自己和张怀民是清闲者，闲来无事才出来赏月，实际上却为自己的行为而自豪——月夜处处都有，却只有情趣高雅的人能欣赏，有了人的欣赏才有美，只有此时此地的月夜才最幸运，因为有情趣高雅的人来欣赏它。其次，“闲人”包含了郁郁不得志流落黄州的悲凉心境，在内心深处，他又何尝愿做一个“闲人”呢？赏月“闲人”的自得只不过是被贬“闲人”的自慰罢了。

◎一叶扁舟在酒杯里飘荡弄月

——苏轼《前赤壁赋》诗意漂浮

一叶小舟的邮票，贴在酒杯里，小舟痛饮月亮解渴，痛饮女神的意境。苏轼是一个经典的背包客，也是一个中国文学史上了不起的巨人。他虽然多次被贬，但也饱览了山河之美，有巨大的福气。每到一处，山水、心灵、生命融为一体。另外，如此才华，把山水写得如此之美，山水也喜欢他，感谢他。其在赤壁，有传世杰作。《前赤壁赋》不朽了赤壁的波涛与月色——

壬戌之秋，七月既望，苏子与客泛舟，游于赤壁之下。清风徐来，水波不兴。举酒属客，诵明月之诗，歌窈窕之章。少焉，月出于东山之上，徘徊于斗牛之间。白露横江，水光接天。纵一苇之所如，凌万顷之茫然。浩浩乎如冯虚御风，而不知其所止；飘飘乎如遗世独立，羽化而登仙。

于是饮酒乐甚，扣舷而歌之。歌曰：“桂棹兮兰桨，击空明兮溯流光。渺渺兮于怀，望美人兮天一方。”客有吹洞萧者，倚歌而和之，其声呜呜然：如怨如慕，如泣如诉；余音袅袅，不绝如缕；舞幽壑之潜蛟，泣孤舟之嫠妇。

苏子愀然，正襟危坐，而问客曰：“何为其然也？”客曰：“月明星稀，乌鹊南飞，此非曹孟德之诗乎？西望夏口，东望武昌。山川相缪，郁乎苍苍；此非孟德之困于周郎者乎？方其破荆州，下江陵，顺流而东也，舳舻千里，旌旗蔽空，酾酒临江，横槊赋诗；固一世之雄也，而今安在哉？况吾与子，渔樵于江渚之上，侣鱼虾而友麋鹿，驾一叶之扁舟，举匏樽以相属；寄蜉蝣与天地，渺沧海之一粟。哀吾生之须臾，羡长江之无穷；挟飞仙以遨游，抱明月而长终；知不可乎骤得，托遗响于悲风。”

苏子曰：“客亦知夫水与月乎？逝者如斯，而未尝往也；盈虚者如彼，而卒莫消长也。盖将自其变者而观之，而天地曾不能一瞬；自其不变者而观之，则物于我皆无尽也。而又何羡乎？且夫天地之间，物各有主。苟非吾之所有，虽一毫而莫取。唯江上之清风，与山间之明月，耳得之而为声，目遇之而成色。取之无禁，用之不竭。是造物者之无尽藏也，而吾与子之所共适。”

客喜而笑，洗盏更酌，肴核既尽，杯盘狼藉。相与枕藉乎舟中，不知东方之既白。

原文的神韵，不是今天的白话文所能做出来的。这篇游记主要写有——

壬戌年秋，7 月 16 日，苏东坡与友人在赤壁下泛舟游玩。清风阵阵拂来，水面波澜不起。他举起酒杯向同伴敬酒，吟诵赞美明月的诗句，吟唱婉转优美的乐曲。没有多久，明月从东山后升起，盘桓在斗宿星与牛宿星之间。看那白茫茫的雾气横贯江面，清泠泠的水光连着天际。他在船上，听任小船飘流到各处，凌于苍茫的万顷江面之上，就像在酒上在云海上漂游。乘着轻风，在江面上，无所不至，并不知到哪里才会停栖，感觉身轻得似要离开尘世飘飞而去，就像道家羽化成仙一样自由轻松而快乐。

这样的晚上，这样的游玩，快乐，如同神仙。人生这样游玩过，白发苍苍的时候，也有足够美好的回忆用以绿化自己的生命。一个快乐的背包客，生命之所以丰富多彩，全在山水与文化给予的乐趣。

很多地方，有水，有河流、江湖、大海之地，都会有游船，在夜色里，游玩的乐趣，任何背包客都可以做苏东坡。

还是看苏东坡的玩——

在船上游玩的人喝酒，喝得高兴起来，用手叩击着船舷，应声高歌。歌中唱道："桂木船棹呵香兰船桨，迎击空明的粼波，逆着流水的泛光。我的心怀悠远，想望伊人在天涯那方"。

月亮，水，船只，酒，歌声……

游玩的同伴吹起洞箫，按着节奏为歌声伴和，洞箫呜呜作声：有如怨怼有如倾慕，既像啜泣一样也如低诉一般，余音袅袅，在江上回荡，丝丝缕缕，缭绕不绝。其效果，听起来，听到的听众，会感受到——那声音那旋律那节拍，能使深谷中的蛟龙为之起舞，能使孤舟上的孀妇为之饮泣。

苏东坡神色也愁惨起来，整好衣襟坐端正，向同伴问道："箫声为什么这样哀怨呢？"同伴这样回答："'月明星稀，乌鹊南飞'，这不是曹公孟德的诗么？这里向东可以望到夏口，向西可以望到武昌，山河接壤连绵不绝，（目力所及）一片郁郁苍苍。这不正是曹孟德被周瑜所围困的地方么？想当初，他攻陷荆州，夺得江陵，沿长江顺流东下，麾下的战船延绵千里，战船的旌旗将天空全都蔽住，在江边持酒而饮，横转矛槊吟诗作赋，看上去，他委实是那时的一位重量级英雄人物，而今天又在哪里呢？何况我与你在江边的水渚上打渔砍柴，与鱼虾作伴，与麋鹿为友，在江上我们驾着这一叶小舟，举起杯盏而相互敬酒，好似蜉蝣置身于广阔的天地中，就像沧海中的一粒粟米那样渺小。唉，这样一感慨，哀叹我们的一生只是短暂的片刻，情不自禁，不由羡幕长江的没有穷尽。想要与仙人携手遨游各地，与明月相拥而永存世间。知道这些终究不能实现，只得将憾恨化为箫音，托寄在悲凉的秋风中罢了。"

山水之庇护，游玩之心境，全在生命之承载，落在感受上面。

苏东坡也发表感慨：“你可也知道这水与月？流逝的就像这水一样，其实并没有真正逝去；时圆时缺的就如同这月一样，终究又何尝盈亏。可见，从事物变易的一面看来，天地间没有一瞬间不发生变化；而从事物不变的一面看来，万物与自已的生命同样无穷无尽，又有什么可羡慕的呢？何况天地之间，凡物各有自己的归属，如果不是自己应该拥有的，即令一分一毫也不能求取。只有江上的清风，以及山间的明月，送到耳边便听到声音，进入眼帘便绘出形色，获得这些不会有人禁止，感受这些也不会有竭尽的忧虑。这是造物者恩赐的没有穷尽的大宝藏，你我尽可以一起享用。”

说了这些，感觉很爽，于是同伴喜笑颜开，更换杯盏重新饮酒。菜肴果品都被吃个精光，只剩下桌上的杯碟一片凌乱。苏子与同伴在船里互相枕着睡去，不知不觉天边已经露出鱼肚白。

还有一句诗，是鲁迅的——“漏船载酒泛中流”。在船上喝酒，江湖之上，面对波涛，或者安安静静，明月之下，一酒，一心如空。

◎有的景色需要在夜晚才能美

——苏轼《后赤壁赋》夜游心情小夜曲

自然好色，但不贪恋；人好色，往往被色淹死。苏轼这个爷们，再来一篇来劲的《后赤壁赋》，继续经典，继续游玩。人生啊，在自然里，以自然的美色下酒，实为快乐人生。

《后赤壁赋》与《前赤壁赋》呼应，其文为——

是岁十月之望，步自雪堂，将归于临皋。二客从予过黄泥之坂。霜露既降，木叶尽脱，人影在地，仰见明月，顾而乐之，行歌相答。

已而叹曰：“有客无酒，有酒无肴，月白风清，如此良夜何！”客曰：“今者薄暮，举网得鱼，巨口细鳞，状如松江之鲈。顾安所得酒乎？”归而谋诸妇。妇曰：“我有斗酒，藏之久矣，以待子不时之需。”

于是携酒与鱼，复游于赤壁之下。江流有声，断岸千尺；山高月小，水落石出。曾日月之几何，而江山不可复识矣。予乃摄衣而上，履巉岩，披蒙茸，踞虎豹，登虬龙，攀栖鹘之危巢，俯冯夷之幽宫。盖二客不能从焉。划然长啸，草木震动，山鸣谷应，风起水涌。予亦悄然而悲，肃然而恐，凛乎其不可留也。反而登舟，放乎中流，听其所止而休焉。

时夜将半，四顾寂寥。适有孤鹤，横江东来。翅如车轮，玄裳缟衣，戛然长鸣，掠予舟而西也。须臾客去，予亦就睡。梦一道士，羽衣蹁跹，过临皋之下，揖予而言曰："赤壁之游乐乎？"问其姓名，俯而不答。"呜呼！噫嘻！我知之矣。畴昔之夜，飞鸣而过我者，非子也邪？"道士顾笑，予亦惊寤。开户视之，不见其处。

后赤壁赋记录的是——

这一年10月15日，苏东坡从雪堂出发，准备回临皋亭。一路上，有两位客人跟随着他，一起走过黄泥坂。这时霜露已经降下，树叶全都脱落。他们的身影倒映在地上，抬头望见明月高悬。向四周看看，心里十分快乐，于是一面走一面吟诗，相互酬答。

过了一会儿，苏东坡不禁叹惜道："有客人，却没有酒，有酒，却没有菜。这真的算得上是遗憾啊。你们看，月色皎洁，清风吹拂，这样美好的夜晚，我们怎么度过呢？"一位客人听他说后，也说出自己的话："今天傍晚，我撒网的时候，捕到了鱼，这鱼的长相，大嘴巴，细鳞片，形状就像吴淞江的鲈鱼一模一样。不过，有了鱼，就有了下酒菜，还是缺少酒，到哪里去弄到酒呢？"是这样的情况，苏东坡就回家和妻子商量，妻子说："我有一斗酒，保藏了很久，为了应付您突然的需要。"这样的妻子，与子偕老，多么值得，不枉人间走一遭。

生命的快乐之一，是与好朋友在江湖上安静地喝一杯。

就这样，苏东坡他们携带着酒和鱼，再次到赤壁的下面游览。长江的流水发出声响，陡峭的江岸高峻直耸；山峦很高，月亮显得小了，水位降低，礁石露了出来。才相隔多少日子，上次游览所见的江景山色再也认不出来了！苏东坡就撩起衣襟上岸，踏着险峻的山岩，拨开纷乱的野草；蹲在虎豹形状的怪石上，又不时拉住形如虬龙的树枝，攀上猛禽做窝的悬崖，下望水神冯夷的深宫。跟随而来的两位客人，都不能跟着他到这个极高处。苏东坡大声长啸，草木皆被震动，高山与他发出共鸣，深谷响起了回声，大风刮起，波浪汹涌。这个时候，大声发泄之后，苏东坡也不觉忧伤悲哀，感到恐惧，觉得这里使人害怕，不可久留。回到船上，把船划到江心，任凭它漂流到哪里就在哪里停泊。

这时快到半夜，望望四周，觉得冷清寂寞得很。正好有一只鹤像一本经典，横穿江面从东边飞来，翅膀就像车轮一样大小，尾部的黑羽就像黑裙子一样，身上的白羽好似洁白的衣衫一般，它"嘎嘎"地拉长声音叫着，擦过他们的船向西飞去。

不一会儿，客人就离开了，苏东坡随后也睡觉了。梦见一道士，羽衣蹁跹，过临皋之下，对苏东坡打了一个拱手说道："赤壁之游，很开心吧？"苏东坡在梦里就问其姓名，他俯而不答。长吁短叹。畴昔之夜，那飞鸣而过苏东坡的大鸟，难道不是你吗？”道士听了，看着梦里的苏东坡笑，苏东坡从梦中惊醒。推开窗户一看，什么都没有，不见其处，原来是一梦啊。人生何尝不是梦呢。

行囊里装着梦。背包客——简简单单，把山水与玩，当成最佳生命，而玩没有给生命带来伤害。其实，人生都是一个背包客，带着人生的行囊，游走在大地上。

◎对山水的命名都有其神奇之处

——苏轼《石钟山记》对地域文化的考证

有多少世界，在人体细胞里看风景。有多少远游，在人身上的水里面顺流逆流。

对于苏东坡而言，写出一篇好文章，实在太容易，文学大腕就是专门为写好文章而生的。《石钟山记》为其一篇文章。这篇山水游记的特点在于考证一个地名的来由，有寻根到底的精神，深挖到了源头。

做一个真正能够领略山水精神的背包客，要懂点山水的声音，知其文化，就能深入山水之心。

背包客，请开始《石钟山记》原文原汁原味的石钟山之旅吧——

《水经》云："彭蠡之口有石钟山焉。"郦元以为下临深潭，微风鼓浪，水石相搏，声如洪钟。是说也，人常疑之。今以钟磬置水中，虽大风浪不能鸣也，而况石乎！至唐李渤始访其遗踪，得双石于潭上，扣而聆之，南声函胡，北音清越，桴止响腾，余韵徐歇。自以为得之矣。然是说也，余尤疑之。石之铿然有声音，所在皆是也，而此独以钟名，何哉？

元丰七年六月丁丑，余自齐安舟行适临汝，而长子迈将赴饶之德兴尉，送之至湖口，因得观所谓石钟者。寺僧使小童持斧，于乱石间，择其一二扣之，硿硿焉。余固笑而不信也。至暮夜月明，独与迈乘小舟，至绝壁下。大石侧立千尺，如猛兽奇鬼，森然欲搏人，而山上栖鹘，闻人声亦惊起，磔磔云霄间；又有若老人咳且笑于山谷中者，或曰："此鹳鹤也。"余方心动欲还，而大声发于水上，噌吰如钟鼓不绝，舟人大恐。徐而察之，则山下皆石穴罅，不知其浅深，微波焉，涵澹澎湃而为此也。舟回至两山间，将入港口，有大石当中流，可坐百人，空中而多窍，与风水相吞吐，款坎镗嗒之声，与向噌吰者相应，如乐作焉。因笑谓迈曰："汝识之乎？噌吰者，周景王之无射也；款坎镗嗒者，魏庄子之的、歌钟也。古之人不余欺也。"

事不目见闻而臆断其有无，可乎？郦元之所见闻殆与余同，而言之不详；士大夫终不肯以小舟夜泊绝壁之下，故莫能知；而渔工水师虽知而不能言，此世所以不传也。

而陋者乃以斧斤考击而求之，自以为得其实，余是以记之，盖叹郦元之简，而笑李渤之陋也。

苏东坡在这篇文章里集中考证与感悟——

《水经》上说过："鄱阳湖的湖口有石钟山。"郦道元认为它的下面对着很深的湖水，微风荡起波浪，湖水击拍山石，发出声音好比大钟发出的声音一样。这个说法，人们常常怀疑它的可靠性。如果把钟磬放在水里，即使有大风浪，也不会发出声音，何况石头这样沉重的词语呢！到了唐代，李渤才开始访问那地方，在湖边上找到两块石头，敲一敲，听它的声音，南边的那块发出的声音厚重而模糊，北边的那块发出的声音清脆而响亮，鼓槌停止了敲击，声音还在传播，余音慢慢地才消失。他自以为已经找到这石钟山得名的原因。但对他的这种说法，苏东坡更加怀疑其可靠性。石头被敲了以后，能够响亮地发出声音，到处都这样，这是事物的普遍性，但独有这座山用钟来命名，为什么呢？

苏东坡决心打开这个谜团，因为有顺路的机会，所以探访石钟山就省心——

元丰七年六月初九日，苏东坡从齐安县坐船到临汝去，他的大儿子苏迈要去就任饶州德兴县的县尉，苏东坡送他到湖口，因而能够观察那个人们所说的石钟。

佛寺的和尚，叫一个小孩拿了斧头，在乱石中选了一二块石头敲打它，石头"箜箜"地发出声响。听了之后，苏东坡姑且笑笑，不相信。

到了晚上，月亮很亮，旧的月亮也显示出新鲜的气息。苏东坡独自同苏迈坐小船，到石钟山下那笔陡的山崖下面（对于晚上游玩山水，苏东坡已经不止一次两次）。那绝壁侧着矗立，有千尺之高，其力量有造化之神奇。它好像猛兽一样具有力量，又像奇鬼一般奇特诡异，阴森森地要向人扑过来；山上寄巢的鹘鸟，听到了人的声音以后，也惊得飞了起来，在云霄间"喳喳"地叫个不停；同时，又有一种宏亮的声音从水上传来，"嗡嗡"地像敲钟的声音响个不停。

对此，船夫的反应是感到奇怪，大惊起来，大呼小叫的，感到意外。

而苏东坡安慰他别怕，引导他享受山水的神奇之处，自己则慢慢地探察这个声音，原来山下都是石洞石缝，也不知道那石洞石缝有多少深浅，微波涌入洞里，水波荡漾因而产生这种声音。

接着，他们的船回到两座山的中间，将要进入港口，有一块大石头挡在水流的中间，那石上可以坐百来个人，石头中间是空的，有很多窟窿，窟窿吞进吐出江风湖水，发出"坎坎镗鞳"的声音，同刚才的"噌吰"声音相呼应，好像音乐在演奏。他于是就笑着对儿子苏迈说："你知道这声音吗？"噌噌吰吰"，就像周景王的无射钟发出来的声音，坎坎镗鞳，就像魏庄子的歌钟一样呀。古代的人称这山为石钟山，查看一个究竟，其命名的来由，没有欺骗我啊。”

找到了真正的来历根由，苏东坡就感叹不已——

世界上的很多事情，没有亲眼看见、亲耳听到，就主观臆断它有或者没有，可以吗？郦道元的所见所闻，大概与我一样，但是他说得不详细，文字的记录没有到位；当官的人又总不肯驾着小船黑夜停泊在绝壁下面，所以不能了解石钟山得名的原因；渔人和船工虽然知道情况，他们却不能用文字表达出来。根据这些我的总结、思考与探险、考究而得知——这就是世上没有流传下来石钟山得名由来的缘故。而浅薄无知的人，竟然用斧头敲打石头的办法，来寻求石钟山得名的原因，还自以为探得了事情的真相——这未免太好笑了。我所以记下这件事，叹惜郦道元的说明太简单，并且笑话李渤的知识浅薄。

山水之乐，在于它在人间，有了人的心灵，进一步，山水让人有了山水之性，就对人进行了弥补，弥补人性的不知足、不足。

◎聋医生作为快乐的驴友

——苏轼《游沙湖》苦中作乐

苏东坡的这篇《游沙湖》一作《游兰溪》。兰溪，在湖北省蕲水县东，水出竹箬山，其侧多兰，唐置兰溪县。时兰溪之水颇有盛名，《煎茶水记》说“蕲州兰溪石下水第三。”苏轼于宋神宗元丰三年（1080）二月到黄州，游兰溪是元丰五年（1083）三月的事。文章记述了与聋人医生庞安时结识的过程及同游清泉寺的情景，笔墨颇为风趣，略有苦中作乐的味道——

黄州东南三十里为沙湖，亦曰螺师店。予买田其间，因往相田得疾。闻麻桥人庞安常善医而聋，遂往求疗。安常虽聋，而颖悟过人，以纸画字，书不数字，辄深了人意。余戏之云：“余以手为口，君以眼为耳，皆一时异人也。”

疾愈，与之同游清泉寺。寺在蕲水郭门外二里许。有王逸少洗笔泉，水极甘。下临兰溪，溪水西流。余作歌云：“山下兰芽短浸溪，松间沙路净无泥，萧萧暮雨子规啼。谁道人生无再少？门前流水尚能西，休将白发唱黄鸡。”是日剧饮而归。

从这几句话的精彩短文里快速看到——

在黄州东南30里，有一个乡镇沙湖，又叫螺蛳店。苏东坡在那里买了几亩田，因为去看田地好坏，得了病。为了治病，经打听，有个麻桥人叫做庞安常，他医术高明，但耳朵聋，就去他那里请他看病。

庞安常这个人，虽然耳朵聋，而其聪明领悟，超过一般人，苏东坡用纸写字给他看，没写几个字，他就能够懂得其意思。苏东坡和他开玩笑说："我用手当嘴巴，你用眼当耳朵，我们两个都是当代的怪人。"

病好之后，苏东坡和他一同游览清泉寺。寺在蕲水县城外两里多路，那里有个王羲之的洗笔池，水很甘美，池下方有条兰溪，溪水往西流。苏东坡作了一首诗歌——

山下短短的兰芽浸在溪水中，
松林里沙子路上干净没有污泥。
晚间萧萧细雨里子规啼鸣。
谁说是人老了不再年青，你看那流水还能向西，
白发的老人还能作报晓的公鸡。

这一天，喝得大醉才回去。

背包客不仅以山水为心，以山水为友，还在山水中找到人，结识有缘的朋友。

苏轼简介

苏轼（1037～1101），字子瞻，一字和仲，号东坡居士。眉州眉山（今四川眉山县）人。北宋文学家、画家，"唐宋八大家"之一。与其父洵、弟辙，合称"三苏"。幼年受到良好的家庭教育，青年时期就显露出多方面的艺术才能。仁宗嘉佑二年（1057）考进士时，主司欧阳修见其文章连称"快哉！快哉！"嘉佑四年（1059）任大理评事、签书凤翔府判官。英宗即位，任大理寺丞。神宗时，任太常博士、开封府推官，因与王安石政见不合，请求外任，出为杭州通判，改知密州、徐州、湖州。元丰二年（1079），御史台有人摘引其非议新法的诗句，以"讪谤朝政"罪名入狱，即所谓"乌台诗案"。出狱后，贬为黄州团练副使，5年后，改任汝州团练副使。哲宗即位司马光等旧党执政，他复为朝奉郎，任登州知州、中书舍人、翰林学士、知制诰，充任侍读，又因与司马光等政见不合，请求外任，出知杭州、颍州、扬州，后任兵部尚书兼侍读、端明殿学士兼翰林侍读学士、礼部尚书。元佑八年（1093）新党再度执政，他以"讥刺先朝"罪名，贬为惠州安置、再贬为儋州（海南儋县）别驾、昌化军安置。徽宗即位，调廉州安置、舒州团练副使、永州安置。元符三年（1101）大赦，复任朝奉郎，北归途中，卒于常州，谥号文忠。其文学观点和欧阳修一脉相承，更强调文学的独创性、表现力和艺术价值。他认为作文应达到"如行云流水，初无定质，但常行于所当行，常止于所不可不止。文理自然，姿态横生"。苏轼散文著述宏富，与韩愈、柳宗元和欧阳修

三家并称。

◎高处有高处的佛性

——范成大《峨眉山行记》奇妙“兜罗绵世界”

在汉语的山水里，和尚占山头，是一个历史悠久的传统。寺院与名山，往往连为一体。它们似乎就像一对知音，在一起畅谈、长谈。山水有佛性，寺院有人性。和尚虽然是个光头，但绿化了山，绿化了水，绿化了心，因为佛心的缘故。心为灵山也为灵水。

天下名山僧占多。峨眉山也不例外，峨眉山有自己的寺院。

范成大《峨眉山行记》即写此处山与寺院——

复诣岩殿致祷，俄氛雾四起，混然一白，僧云：“银色世界也。”有顷，大雨倾注，俄氛雾四起，混然一色，僧云：“银色世界也。”有顷，大雨点有余飞，俯视岩腹，有圆光，偃卧平云之上。外晕三重，每重有青黄红绿之色。光之正中，虚明凝湛，观者各见其形，现于虚明之处，毫厘无隐，一如对镜，举手动足，影皆随形，而不见旁人。僧云：“摄身光也。”此光既没，前山风起云驰。风云之间，复出大圆相光横亘数山，尽诸异色合集成彩，峰峦草木皆鲜妍绚傅，不可正视。云雾既散，而此光独明，人谓之“清现”。凡佛光欲现，必先布云，所谓兜罗绵世界。光相依云而出，其不依云，则谓之“清现”，极难得。食顷，光渐移过山而西。左顾雷洞祠，复出光，如前而差小。须臾亦飞行过山外，至平野间转徙，得与岩正相直，色状俱变，遂为金桥，大略如吴江垂虹，而两旁各有紫云捧之。凡自午至未云物净，谓之“收岩”。独金桥现至酉后始没。

让我们看电影一样看当年范成大峨眉山的旅游过程——

范成大又回到光明岩祈祷，只一会儿便云雾四起，天地混然一白。和尚说：“这就叫银色世界。”

过一阵子，大雨倾注，就像有一架巨大的织布机在编织出银子的交响曲，雾气暂消。和尚又说：“这是洗岩雨。”说这意味著佛光将大现——

佛光是什么？

看到那兜罗绵云又布满岩下，氤氲而上，将到岩数丈的地方就停止。云头就像玉一般平整，天上还零星飘雨点。俯看岩下有浩大的圆光，横卧在平整的云团上。

圆光有三重晕，每重有白、黄、红、紫的不同颜色。看那光的正中，空明深透，观看的人各自见到自己的影子，就显现在那空明中，就像对着镜子，清清楚楚把人的外表照个透彻，一举手一投足，影子都随着你自己，而看不到他人的影子。和尚指出："这叫摄身光。"——由此感悟：世上有照见心灵的镜子吗，所谓照妖镜现出原形，指心灵与外物的形象，而心灵觉悟，能帮助一切镜子看见自己——这光既隐没后，前山风起云驰之间，又出来个大圆光，横互在众峰上面，映得诸峰各呈异色，并互相辉映，合成美丽的异彩。峰峦上的草木都鲜艳绚丽，不可正视。

云雾既散，而这大圆光还独自明亮。大家将这叫做"清现"。

凡佛光要出现，必定先有云雾密布——即那所谓的"兜罗绵世界"——佛光依托在云层上出现。而这种不依托云出现的佛光就叫"清现"，最难得一见。

过了约一顿饭的工夫，佛光渐渐过山向西飘忽而去。向左看，雷洞祠山那边又出一圈佛光，比前一个要小些。一会儿，也飞过山外。到了平野间，又转了方向，恰好正对着光明岩，其色与形状都已改变，变成金桥，大体上就像那江南的拱桥，而两桥各自有紫色云衬着。直到午后近一点钟左右，云雾才消散，这被称之为"收岩"。只有那金桥，一直显现到午后五六时才消失。

背包客阅读山山水水而在此领悟——我们看到的山山水水，全为在光的纸上的剪纸。佛光在心，就有无限山山水水之美，在那里喂养灵魂。

范成大简介

范成大（1126 ~ 1193），字致能，号石湖居士。平江吴郡（郡治在今江苏吴县）人。南宋诗人，谥文穆。从江西派入手，后学习中、晚唐诗，继承白居易新乐府现实主义精神，风格平易浅显、清新妩媚。诗题材广泛，以反映农村社会生活内容的作品成就最高。他与杨万里、陆游、尤袤合称南宋"中兴四大诗人"。

◎景色也有关键词

——朱熹《百丈山记》突出亮点

看山看水，何尝不是看自己。游客看见自己的心情，都贴在山水脸上。旅行的目的在于把自己的心灵从山水里捡回来，山水那里，寄存了人的灵魂。朱熹在中国思想历史上，有他重要的地位，其思想就像其他任何人的思想一样，都有自己的缺陷。

这姑且不说，他追求诗意人生，表明了人类的共性，即诗意地栖居在大地上。用诗歌表现春天、大地、心灵，还用游记表达自己与山水的沟通。

朱熹在百丈山玩的时候，《百丈山记》就把山水写在心里——

百丈山三里许，右俯绝壑，左控垂崖；叠石为磴十余级乃得度。山之胜盖自此始。循磴而东，既得小涧，石梁跨于其上。皆苍藤古木，虽盛夏亭午无暑气；水皆清澈，自高淙下，其声溅溅然。度石梁，循两崖，曲折而上，得山门，小屋三间，不能容十许人。然前瞰涧水，后临石池，风来两峡间，终日不绝。门内跨池又为石梁。度而北，蹑石梯数级入庵。庵才老屋数间，卑庳迫隘，无足观。独其西阁为胜。水自西谷中循石罅奔射出阁下，南与东谷水并注池中。自池而出，乃为前所谓小涧者。阁据其上流，当水石峻激相搏处，最为可玩。乃壁其后，无所睹。独夜卧其上，则枕席之下，终夕潺潺，久而益悲，为可爱耳。出山门而东，十许步，得石台。下临峭岸，深昧险绝。于林薄间东南望，见瀑布自前岩穴瀵涌而出，投空下数十尺。其沫乃如散珠喷雾，日光烛之，璀璨夺目，不可正视。台当山西南缺，前揖芦山，一峰独秀出；而数百里间峰峦高下，亦历历在眼。日薄西山，余光横照，紫翠重叠，不可殚数。旦起下视，白云满川，如海波起伏；而远近诸山出其中者，皆若飞浮往来，或涌或没，顷刻万变。台东径断，乡人凿石容磴以度，而作神祠于其东，水旱祷焉。畏险者或不敢度。然山之可观者，至是则亦穷矣。

刻画山水在朱熹笔下，就像时光对我们人生的雕刻那么栩栩如生。反过来，人对时光的雕刻，只不过是卑微的展现。朱熹没有把笔墨花在记述出游时间、行程等上面，着力描写百丈山的优美。文章开门见山，从“山之胜盖自此始”写起，到“山之可观者，至是则亦穷矣”，首尾呼应，一气贯串，集中紧凑。有选择地落笔在6处景致，分为两组，第一组叙述踏石磴、过涧水、入山门而至西阁，主要写西阁环境优美和夜宿听泉感受。第二组中由石台引出，主要写瀑布、夕照与云海，叙次分明，铺排得当，重点突出，引人入胜。状物写景，准确形象，细致生动，其精细观察能力很给力。

让我们模拟朱熹的百丈山之行，来一次快乐的背包之旅——

登上百丈山约三里多路的样子，右边俯临深险的山谷，左边连接陡峭得门板一样的悬崖；重叠的石块形成台阶，铺成坎坷之美，走了十多级台阶方才越过。百丈山的优美景色大概就从这里开始——

沿着石阶的乐谱向东走，就能看到一个小涧，有一座石桥如同破折号横跨在它上面。涧里长满苍翠的藤蔓和参天古木，在今天看来，都最原生态。这里即使在盛夏中午最炎热时，也感觉不到逼人的暑气；这里，涧中水流清澈——古代的水都能够保持自己的纯洁——从高处急速流下，发出淙淙的声音。水，能高能低，能上能下，水往高处走，水也向低处流。喷泉射向天空，即向高处走，水似乎更懂得向低处流。

越过石桥，沿着两边山崖曲折小路就像踏着乐谱而上，可以发现一座精装小户型寺庙，寺庙大致有三间小屋，不能容纳十来个人群居。但这里前面可以俯瞰清澈的涧水，后面临近一泓小池，习习清风从两边山峡间吹来，整日不停。风为水的出窍灵魂。门内横跨小池的又有一座石桥，越过石桥向北走，踏着数级石梯能够进入一座庵中。庵里只有几间老屋，低矮而又狭窄，没有什么值得观赏。但是这样的空间，大自然喜欢，因为它容纳心灵的归宿。只有庵中的西阁楼风景优美。溪流从西边山谷中顺着石头缝隙奔射而出于西阁之下，小溪就像一条胖胖的光线，在那里白发苍苍地玩。大自然有自己自娱自乐的方式。南边和东边溪水一同注入小池中，从小池中泻出，形成前面所说的小涧。

西阁位居小涧上游，正对湍急的水流和峻峭的山石相撞搏击处，这里最值得观赏。背包客要学会挑选欣赏的角度，就像看一个人要看到别人的长处一样来看山水之美，那样，被欣赏的人和山水，都会赞赏我们的眼光，他们也会反过来欣赏我们。

然而在西阁后面，却是石壁，没有什么风景可看。唯独在夜里睡在西阁楼上，枕席下面就整宿都响着潺潺的流水声，听的时间一久，更感到悲凉，这种情境令人觉得可爱。出了山门向东，走十多步，可看到一座石台，它的下面临悬崖峭壁，深暗险峻。在草木丛杂之处向东南眺望，可以看见一挂瀑布由前方岩石洞穴中喷涌而出，凌空而下长达几十尺。瀑布就挂在那里，好似我们的毛巾一样。瀑布不穿衣服，就用皮肤作为包装。瀑布就像天然的美女，裸体的时候更美。其飞沫就像飞散的珍珠喷洒着雾气，日光照射下，光彩鲜明，晃人眼目，让人不敢正视。

石台正对着山西南的缺口，对着芦山，这座山独立挺拔而出，周围其他几百里间的高高低低的山峰，好似喷泉凝固在那里聚会，也都历历在目，十分分明。太阳迫近西山，余晖横斜的照耀下，群山或紫或翠，重叠相映，数也数不尽。

睡在这里的背包客或山水的客人，早晨起床，向山下探视，看到——

满山遍野之间白云裸体飘荡，像大海波涛起伏；而远近各座山峰隐现于其中，像时而在飞奔，时而在漂浮，来来往往，有的涌现，有的隐没，顷刻之间，变化万千，令人心旷神怡，赏心悦目，感慨不已。

石台东面，小路断绝，乡里的人在山壁上凿出石级为路，把石头凿空，凿出牙齿来，凿出来的石级，虽然叫着坎坷，但在坎坷上行走，还有路可做。这总比无路可走要强。石级用以行走，因而在它的东面修造祭神的祠堂，天旱或水涝时在这里向神佛祈祷。那些畏惧险途的人不敢走，但百丈山值得观赏的景物到此也就穷尽。

朱熹的百丈山之行，让背包客随随便便就知道——感悟山水，诗意人生，大地开恩，随处风景，人与山水，互相欣赏，互相尊重，心灵相通，互不伤害，此为心境，实为灵魂。

朱熹简介

朱熹（1130～1200），字元晦，一字仲晦，号晦庵、晦翁、考亭先生、云谷老人、沧洲病叟、逆翁。汉族，南宋江南东路徽州府婺源县（今江西省婺源）人。19岁进士及第，曾任荆湖南路安抚使，仕至宝文阁待制。为政期间，申敕令，惩奸吏，治绩显赫。南宋著名的理学家、思想家、哲学家、教育家、诗人、闽学派的代表人物，世称朱子，是孔子、孟子以来最杰出的弘扬儒学的大师。

◎雕刻时光里的山水

——晁补之《新城游北山记》恍恍惚惚的回忆景致

晁补之自幼能文。熙宁间，父亲晁端友为新城县令，补之随父同往新城。时苏轼为杭州通判，补之登门求教，获其指导。曾作《七述》，述苏轼之言，叙钱塘风物之美，苏轼有“吾可以阁笔”之叹。作为苏门四学士之一，补之创作成绩斐然，苏轼称赞他“于文无所不能，博辩俊伟，绝人远甚”。补之对记体颇为擅长。

晁补之去他那个时候的新城北山玩了一次。新城，宋属杭州路（今属浙江桐庐），其北30里有官山，即北山。此文为作者游北山数日后所追记——

去新城之北三十里，山渐深，草木泉石渐幽。初犹骑行石齿间。旁皆大松，曲者如盖，直者如幢，立者如人，卧者如虬。松下草间有泉，沮洳伏见；堕石井，锵然而鸣。松间藤数十尺，蜿蜒如大螈。其上有鸟，黑如鸲鹆，赤冠长喙，俯而啄，磔然有声。

稍西，一峰高绝，有蹊介然，仅可步。系马石觜，相扶携而上，篁筱仰不见日，如四五里，乃闻鸡声。有僧布袍蹑履来迎，与之语，愕而顾，如麋鹿不可接。顶有屋数十间，曲折依崖壁为栏楯，如蜗鼠缭绕乃得出，门牖相值。既坐，山风飒然而至，堂殿铃铎皆鸣。二三子相顾而惊，不知身之在何境也。且暮，皆宿。

于时九月，天高露清，山空月明，仰视星斗皆光大，如适在人上。窗间竹数十竿相磨戛，声切切不已。竹间梅棕，森然如鬼魅离立突鬓之状。二三子又相顾魄动，而不得寐。迟明，皆去。

既还家数日，犹恍惚若有遇，隐追忆之。后不复到，然往往想见其事也。

本文第一段记叙此游所见景物。第一层，开头一句："去新城之北三十里，山渐深，草木泉石渐幽。"总叙此地山深景幽。第二层，先紧扣"大松"着笔，记松之形状、松下之泉、松间之藤、松上之鸟；接着写登西峰所见茂密竹林。第三层，记叙山顶僧居，写僧人神态、僧屋形状、风声和铃声。到处渲染幽深的气氛。第二段记叙夜宿山上之情景，写山空月明、梅棕森然，再接再厉营造幽深的氛围。第三段叙作记以追怀此行。从"犹恍惚若有遇"的描写可见幽深的北山给晁补之留下十分难忘的印象。

新城北山以其幽深奇特别具一格，背包客阅览本文，有身临其境之感，晁补之把背包客带到幽美的北山，让背包客领略他的北山景物刻画极其逼真、深刻的状态。他对自然景物作细致入微的观察，穷形尽态摹写。其摹写物形，把大松的曲、直、立、卧种种形态，毫无遗漏形象地描绘；又用"曲折依崖壁为栏楯，如蜗鼠缭绕乃得出，门牖相值"，对山顶之屋数十间的结构形态，简明、贴切、生动地刻画。摹写声音，草间的泉水堕入石井，发出"锵然而鸣"；赤冠长喙的鸟儿俯而啄食，其声为"磔然有声"；山风"飒然而至"，堂殿上"铃铎皆鸣"，窗间竹"相摩戛"，有"声切切不已"。摹写光亮，在竹林"仰不见日"，夜晚宿山顶上"山空月明，仰视星斗皆光大，如适在人上"。所有声、光、形、态的描写惟妙惟肖，恰到神韵。另外，文中比喻多而贴切，背包客在比喻的向导作用下，如见其形，如闻其声。松树的比喻为"曲者如盖，直者如幢，立者如人，卧者如虬"，16字直指松树，得其多姿多态，言简意赅。山顶僧人"与之语，愕而顾，如麋鹿不可接"，这极传神的比喻。麋鹿见生人惊慌不定，喻山僧见人时之局促不安。此外，"松间藤数十尺，蜿蜒如大螈"和"竹间梅棕，森然如鬼魅离立突鬓之状"等比喻，逼真地形容物态，渲染了山行及夜宿时森然恐怖。还有，晁补之将浓烈的主观感受融入文中山水，以"二三子相顾而惊，不知身之在何境也"、"二三子又相顾魄动而不得寐"、"还家数日，犹恍惚若有遇"等直抒心灵的方式表现，又隐含在以移情人景、移情于物、营造氛围的描写中。背包客随其文笔导游指引，在北山览胜。笔端含情，真切动人。

那么，让背包客领略了原汁原味原版的新城北山游历后，再来还原晁补之的游乐过程——

离新城北面30里，越往里走山就越深，尽野草树木、泉水岩石，环境越来越幽静。开始时晁补之还可以骑马行进在乱石纵横的路上。旁边都是一些大松树，松干弯曲者像车盖，笔直者像垂筒形的旌旗，挺立者仿佛人一样，平卧者如同有角的小龙。松树下的草丛间有散漫的泉水，水的脉络在低洼潮湿之处时隐时现；散文一样的泉水落入石井中，发出锵然鸣声，那种幽静仿佛从我们见到的人心里发出来的——日本松尾芭蕉有一首著名的俳句"古潭呀，青蛙跳入，水声响"的境界与此异曲同工。松树之间有藤长数十尺，藤弯弯曲曲像一大蟒蛇。树上有鸟，其黑色羽毛很像八哥，它红顶长嘴，俯而啄食，发出清脆声响——这鸟天生如同乐器，自己养活自己的声音。

稍稍往西，有一座山峰很高，山下一小路，像一句野生诗歌在那里活着，它窄得只可容人行走。把马的缰绳系在岩石尖角上，晁补之与其他人一道，大家相扶相携着，往上攀登。竹子一片，骨头林立，抬头看不见太阳，这周围四野无居住，他们一行人，走了约四五里，才听到鸡叫声，到了有人生活的地方。偏僻之处，见到有人来访，有僧人穿着布袍踩着鞋子前来相迎，晁补之他们跟和尚交谈，和尚惊愕地与他们对视着，像麋鹿一样不可接近。因为这里少有人来，这些和尚与自然一起融为一体，进行自己的修行。

山顶有数十间房屋，曲折回旋，依崖壁而建，筑有栏杆，如此建筑，就如同绝壁上种田耕耘，别出心裁，新鲜刺激。这样的地方，要像蜗牛一样爬行，老鼠一样攀援，迂回着走，才得以出奉，而这间屋的门和那间屋的窗正好相对。人在坐定之后，山风一阵吹来，堂殿上的铃铎都响了起来。他们相视而惊慌，不知道自身正在什么地方，有种恍若隔世的感觉。因为将近黄昏，下山往回返，不太可能，就都睡在山上。

此时正是秋天九月，天空高旷，露水清莹，山间空寂，月光明亮，仰看星斗都大而光亮，一切如同正在人头顶上。窗间数十竿竹子互相摩擦，不停地发出凄厉的声响。竹子间的梅树和棕榈树森然耸立在那里找到自己的位置，站好自己的岗位，就好像认认真真上班的员工，这些树如同相对而立鬓毛突出的鬼魅，这样看的效果，因为光线不太明朗才会形成与之相应的视觉与感受。为此，他们几个又面面相觑惊恐不安而未能如睡。等到天亮，他们就都离开那里。

晁补之回家几天之后，还是恍恍惚惚地脑海中浮现出山上的情景，于是追记了这些。后来，他没有再到北山去，然而往往想起这次游山的事。

很多事物回忆起来，我们依旧记得它的魅力和令人牵挂。我们常常反反复复提到同一件事情，这件事情就进入了我们的心灵，时间不仅没有抹去记忆，反而加深了。回忆就像今年发的芽，有去年的滋味。

晁补之简介

晁补之 (1053 ~ 1110)，北宋文学家。字无咎，号归来子。济州巨野（今属山东）人，苏门四学士之一。

◎与竹楼共舞一回

——王禹偁《黄冈竹楼记》心在此处更逍遥

竹楼为骨头的香气支撑的容器，为竹子身上隐居的笛子建成的空间，时间与人生在这样的容器里，都用骨头洗涤出安静。安静为无言的哑巴说出最好的自由与灵性。在一个地方，有自己喜欢的一个房子，过一种惬意的日子，谁都喜欢。现代伟大诗人海子《面朝大海，春暖花开》写的就是如此。而王禹偁《黄冈竹楼记》，同样表达了自己的竹楼情结——

黄冈之地多竹，大者如椽。竹工破之，刳去其节，用代陶瓦。比屋皆然，以其价廉而工省也。

子城西北隅，雉堞圮毁，蓁莽荒秽，因作小楼二间，与月波楼通。远吞山光，平挹江濑，幽阒辽寂，不可具状。夏宜急雨，有瀑布声；冬宜密雪，有碎玉声。宜鼓琴，琴调虚畅；宜咏诗，诗韵清绝；宜围棋，子声丁丁然；宜投壶，矢声铮铮然；皆竹楼之所助也。公退之暇，被鹤氅衣，戴华阳巾，手执《周易》一卷，焚香默坐，消遣世虑。江山之外，第见风帆沙鸟，烟云竹树而已。待其酒力醒，茶烟歇，送夕阳，迎素月，亦谪居之胜概也。彼齐云、落星，高则高矣;井干、丽谯，华则华矣;止于贮妓女，藏歌舞，非骚人之事，吾所不取。

吾闻竹工云：“竹之为瓦，仅十稔；若重覆之，得二十稔。”噫！吾以至道乙未岁，自翰林出滁上，丙申，移广陵;丁酉又入西掖;戊戌岁除日岁除日，新旧岁之交，即除夕，有齐安之命；已亥闰三月到郡。四年之间，奔走不暇；未知明年又在何处，岂惧竹楼之易朽乎！幸后之人与我同志，嗣而葺之，庶斯楼之不朽也！

咸平二年八月十五日记。

王禹偁这篇文章以竹楼为核心，结构严谨，构思巧妙，层次分明，多用排比，寓情于景，轻快自然，抒写随遇而安、贬谪不惧的心态，含蓄表现其愤懑不平。清幽潇洒，可与欧阳修《醉翁亭记》相媲美。

先叙黄冈多竹，可用其代替陶瓦，价廉工省。然后在竹楼上可观山水、听急雨、赏密雪、鼓琴、咏诗、下棋、投壶，极尽人间享乐;亦可手执书卷，焚香默坐，赏景、饮酒、品茶、送日、迎月，尽得谪居胜概。藉齐云、落星、井干、丽谯各名楼反衬竹楼诗韵，表明王禹偁甘居清苦、鄙夷声色。最后说生存奔走不暇，眷恋竹楼。

作为现代社会的我们，如果有如此竹楼，谁都会开心。

在背包客中，爱竹楼者大有人在。

那么，背包客就与王禹偁的竹楼共舞一回，牵着山水的精灵与人间美好的造物，怡然自乐一番，还能陶冶心灵——

黄冈这个地方盛产竹子，大的粗得有椽子那么大，竹匠剖开它，削去竹节，用来代替陶瓦，家家房屋都这样，因为竹瓦价格便宜而且又省工。

子城的西北角上，矮墙毁坏，长着茂密野草，一片荒秽，王禹偁因而就地建造小竹楼两间，与月波楼相连接。

登上竹楼，远眺可尽览山色，平视可将江滩、碧波尽收眼底。那清幽静谧、辽阔绵远之景，实在无法一一述出。夏天宜有急雨，人在楼中就像听瀑布的乐器演奏；冬天遇到大雪飘零也很相宜，听起来就好似碎琼乱玉的敲击声——耳朵为音乐的漩涡，亦为声音仓库；这里适宜弹琴，琴声清虚和畅；这里适宜吟诗，诗的韵味清雅绝妙；这里适宜下棋，棋子声丁丁动听，这里适宜投壶，箭声铮铮悦耳。这些都是竹楼所促成的。

公务办完后的空闲时间，披着鹤氅，戴着华阳巾，手执一卷《周易》，焚香默坐于楼中，能排除世俗杂念。这里江山形胜之外，但见轻风扬帆，沙上禽鸟，云烟竹树一片而已。等到酒醒之后，茶炉的烟火已经熄灭，送走落日，迎来皓月，此亦是谪居生活中的一大乐事。那齐云、落星两楼，高是算高的了；井干、丽谯两楼，华丽也算是非常华丽了，可惜只是用来蓄养妓女，安顿歌儿舞女，那就不是风雅之士的所作所为了，不赞成。

王禹偁听竹匠说："竹制的瓦只能用10年，如果铺两层，能用20年。"

唉，他在至道元年，由翰林学士被贬到滁州，至道二年调到扬州，至道三年重返中书省，咸平元年除夕又接到贬往齐安的调令，咸平二年闰三月来到齐安郡。四年当中，奔波不息，他感叹自己不知道明年又在何处，又叹问：难道还怕竹楼容易败坏吗？王禹偁希望接任他的人与其志趣相同，继他爱楼之意而常常修缮它，那么这座竹楼就不会朽烂了。

咸平二年八月十五日王禹偁撰记写自己与竹楼的生命情态。

生活中的竹筷，一把竹林在人间游泳。一把竹筷何尝不是一把面条，骨头的面条；何尝不是根与日子。

王禹偁简介

王禹偁（954 ~ 1001），字元之，济州钜野（今山东巨野）人。宋太宗太平兴国八年(983）进士，授成武县主簿。雍熙元年（984），迁知长洲县。端拱元年（988）应中书试，擢直史馆。次年迁知制诰。淳化二年（991），为徐铉辩诬，被贬为商州团练副使。淳化五年（994），再任知制诰。至道元年（995）兼翰林学士，后罢知滁州，不久又改扬州任职。真宗即位，复任知制诰。咸平元年（998）预修《太祖实录》，直笔犯讳，降知黄州。咸平四年（1001）移知蕲州后去世，48 岁。

◎凭吊墨池遗迹

——曾巩《墨池记》议论成为风景

在墨水没有形成文字之前，在墨汁里面隐形潜伏的文字，以无的身体存在一本有的字典宇宙。墨汁宁愿自己承担黑暗，说出千千万万明亮的宇宙与风景。

墨池在江西临川县，相传为东晋大书法家王羲之洗笔砚处。曾巩仰慕王羲之盛名，于庆历八年 (1048) 九月，专程来临川凭吊墨池遗迹。州学教授（官名）王盛请他为“晋王右军墨池”作记，于是曾巩根据王羲之轶事，写下这篇著名的《墨池记》——

临川之城东，有地隐然而高，以临于溪，曰新城。新城之上，有池洼然而方以长，曰王羲之之墨池者。荀伯子《临川记》云也。羲之尝慕张芝，临池学书，池水尽黑，此为其故迹，岂信然邪？

方羲之之不可强以仕，而尝极东方，出沧海，以娱其意于山水之间。岂其徜徉肆恣，而又尝自休于此邪？羲之之书晚乃善，则其所能，盖亦以精力自致者，非天成也。然后世未有能及者，岂其学不如彼邪？则学固岂可以少哉！况欲深造道德者邪？

墨池之上，今为州学舍。教授王君盛恐其不章也，书“晋王右军墨池”之六字于楹间以揭之，又告于巩曰：“愿有记。”推王君之心，岂爱人之善，虽一能不以废，而因以及乎其迹邪？其亦欲推其事，以勉其学者邪？夫人之有一能，而使后人尚之如此，况仁人庄士之遗风余思，被于来世者如何哉！

庆历八年九月十二日，曾巩记。

名为《墨池记》，着眼点却不在“池”，而在于阐释成就并非天成，要靠刻苦学习的道理，勉励学者勤奋学习。以论为纲，以记为目，记议交错，纲目统一，写法新颖别致，见解精警，为难得的佳作。

开头，大处落笔，以省险的笔墨，根据荀伯子《临川记》所云，概括了墨池的地理位置、环境和状貌：“临川之城东，有地隐然而高，以临于溪，曰新城。新城之上，有池洼然而方以长”。同时，又根据王羲之仰慕张芝，“临池学书，池水尽黑”的传说，指出墨池得名由来。有关墨池传说，还有诸种说法。据《晋书》记载，骠骑将军王述，少时与羲之齐名，而羲之甚轻之。羲之任会稽内史时，述为杨川刺史，羲之成了他的部属。后王述检察会稽郡刑改，羲之以之为耻，遂称病去职，并于父母墓前发誓不再出来做官。王羲之这段经历，以“方羲之之不可强以仕强以仕”一语带过，随之追述王羲之随意漫游，纵情山水的行踪：“尝极东方，出沧海，以娱其意于山水之间，岂有徜徉恣肆，而又尝自休于此邪？”它突出王羲之傲岸正直、脱尘超俗的思想。

曾巩属于正统派古文家，卫道气息较浓。《墨池记》以记为附，以议为主，不多见。《醉翁亭记》灵魂在于“醉翁之意不在酒，在乎山水之间也”。《岳阳楼记》的重心不在记楼，在于敞露个人“先天下之忧而忧，后天下之乐而乐”的襟怀，触景生情。而《墨池记》记“池”文字少，议论文字多。这篇短文的一个显著特点为因小及大，小中见大，用小题目做大文章。

既然如此好文好景点，就看看其中到底说了什么——

曾巩说——南朝宋人荀伯子在《临川记》里所记述的有：临川郡城东面，有一块缓缓高起的高地，下临溪水，名叫新城。新城上面，有一口低洼长方形水池，称为王羲之墨池。王羲之曾仰慕东汉书法家张芝，在此池边练习书法，池水都因而变黑，这就是他的故迹。难道真的是这回事吗？

曾巩论说——当王羲之不愿受人勉强而做官时，他曾遍游越东各地，泛舟东海之上，以快心于山光水色之中。难道当他逍遥遨游尽情游览时，又曾经在此地休息过吗？王羲之的书法到了晚年才渐入佳境，看来他所以能有这么深的造诣，原因在于他刻苦用功所达到的结果，而并非天才所致。但后世没有能及得上王羲之者，原因恐怕在于他们所下的学习功力、下的工夫不如王羲之吧？看来学习的工夫怎么可以少呢！更何况对于想要在道德方面取得很高成就的人呢？

墨池旁边现在是抚州州学的校舍。教授王君深怕关于墨池的事迹被湮没无闻，就写了“晋王右军墨池”这6个大字悬挂在门前两柱之间标明它，又对曾巩说：“希望有篇叙记文章。”

曾巩推测王君的心意——莫非因为爱好别人的长处，即使一技之长也不肯让它埋没，因此就连他的遗迹一并重视起来吗？或者想推广王羲之临池苦学的事迹，以此勉励这里的学生吗？人有一技之长，尚且使后代人尊崇到这般地步，更不用说仁人君子们留下来的风尚和美德会怎样地影响到后世人呢！

曾巩简历

曾巩（1019 ~ 1083），字子固，世称“南丰先生”。汉族，建昌南丰（今属江西）

人。后居临川（今江西抚州市西）。北宋政治家、文学家、散文家，“唐宋八大家”之一。在学术思想和文学事业上贡献卓越。

◎给山水寓意，如给心灵点灯

——曾巩《道山亭记》里的寓主意于客位

曾巩的散文相当漂亮，列为唐宋八大家之一，可见其地位不一般。山水在自然，好似文章散漫布在大地上。

每一个独具匠心者，对山水的看法都有其独到之处，此看法为山水与人共有的心灵。《道山亭记》就有曾巩对山水别具一格的认识——

闽，故隶周者也。至秦，开其地，列于中国，始并为闽中郡。自粤之太末，与吴之豫章，为其通路。其路在闽者，陆出则阸于两山之间，山相属无间断，累数驿乃一得平地，小为县，大为州，然其四顾亦山也。其途或逆坂如缘絙，或垂崖如一发，或侧径钩出于不测之溪上：皆石芒峭发，择然后可投步。负戴者虽其土人，犹侧足然后能进。非其土人，罕不踬也。其溪行，则水皆自高泻下，石错出其间，如林立，如士骑满野，千里下上，不见首尾。水行其隙间，或衡缩蟉糅，或逆走旁射，其状若蚓结，若虫镂，其旋若轮，其激若矢。舟溯沿者，投便利，失毫分，辄破溺。虽其土长川居之人，非生而习水事者，不敢以舟楫自任也。其水陆之险如此。汉尝处其众江淮之间而虚其地，盖以其陕多阻，岂虚也哉？

福州治侯官，于闽为土中，所谓闽中也。其地于闽为最平以广，四出之山皆远，而长江其南，大海在其东，其城之内外皆涂，旁有沟，沟通潮汐，舟载者昼夜属于门庭。麓多桀木，而匠多良能，人以屋室巨丽相矜，虽下贫必丰其居，而佛、老子之徒，其宫又特盛。城之中三山，西曰闽山，东曰九仙山，北曰粤王山，三山者鼎趾立。其附山，盖佛、老子之宫以数十百，其瑰诡殊绝之状，盖已尽人力。

光禄卿、直昭文馆程公为是州，得闽山嶔崟之际，为亭于其处，其山川之胜，城邑之大，宫室之荣，不下簟席而尽于四瞩。程公以谓在江海之上，为登览之观，可比于道家所谓蓬莱、方丈、瀛州之山，故名之曰“道山之亭”。闽以险且远，故仕者常惮往，程公能因其地之善，以寓其耳目之乐，非独忘其远且险，又将抗其思于埃壒之外，其志壮哉！

程公于是州以治行闻，既新其城，又新其学，而其余功又及于此。盖其岁满就更广州，拜谏议大夫，又拜给事中、集贤殿修撰，今为越州，字公辟，名师孟云。

曾巩文笔雄伟奇崛，巧妙运用移步换景之手法，先写福建山川形势、水陆交通以及风土民情，然后点出道山亭的景状及其寓意，层次清晰，结构完整。

写闽地山水之险非用意所在，写程师孟不畏其地险远，而能安于其居，好整以暇，才能做出政绩来，为其心，这重心不明说，而用大量篇幅在客位上铺张渲染，将背后含义蕴于其中，寓主意于客位，其高明使文章显山露水，新颖别致，内涵深刻。

我们背包客，要明白山水所承载的人间气息，即人在大地上建立的文化，彰显人的所作所为要符合天地之道——

基本地理情形为——闽，原来隶属于周朝，到秦时，开辟了这方土地，列入中原，这才合并为闽中郡。从越国的太末县，和吴地的豫章郡，为自中原通向它的通道。这通道到了闽地，陆路就被阻塞在两山当中，而山相连没有间断，接连过了几个驿站才能见到一块平地，小的作为县，大的作为州，然而州、县城的四面望去也都是山。

它的陆地道路简介情况——有的道路迎着山坡像攀援着粗绳登上，有的道路垂直挂在山崖上像一丝头发，有的小路蜿蜒在深不可测的溪流上，路旁都有石刃从峭壁上刺出，要看准了脚下的地方然后才可以举步。背着、顶着东西的人即使是本地人，也还要侧着脚然后才能够前进。不是那个地方的人很少不被绊倒的。

对背包客的启示——不熟悉的地方，新鲜而来的背包客在一个地方，不要被陌生的力量即不熟悉的地理、地形、地势所绊倒，其实在熟悉的地方也会被绊倒。就算小心了，还会有意外。有的人就被自己的脚印绊倒，脚印即为最大的绊脚石。

这里走水路，水都从高处奔流而下，岩石交错出于水中，就像树木竖立，好似兵马遍布野外，上下千里，见不到头尾。水流穿行在其空隙里面游刃有余，有的曲折盘绕流淌，有的逆行侧射，其形状像蚯蚓盘结的情形，像虫形雕刻一样，漩涡像轮子的形象，水流激射好像箭一样快而险。

在上面这样的状况下——船逆行而上或顺流而下时，要善于利用水势，稍微有分毫差错，即刻船破溺水。即使本地人，如不是一生下来就练习水上功夫，也不敢担任起行船的职责。

闽地水陆两路的艰险就如此。汉代曾经把这里的人迁徙到江淮之间，而使这地方空着，大概因为这地方险狭多阻，难道这是虚言吗？

插播小贴士：艰险处有风景，但艰险对人的安全威胁依然存在。背包客每到一处，既要领略山水，又要注意自身安全。

福州的州治所在侯官，对闽地来说在土地中部，即所说的闽中。它是闽地最平坦宽广之地，离四面的山都很远，而闽江就在它南边，大海就在它东边。城内外都有路，路旁有小河，小河牵引自己可以沟通大海，船载的人和货物昼夜都可以聚集在家门口。

在这里，山上多大树，工匠中有很多手艺精湛上乘。人们竞相夸耀自己房屋的大并且华丽，即使来自社会底层的下等贫苦者，也一定要使自己的住宅宽敞。而佛教、道教之徒，他们的庙观又特别壮丽。

城中有三山，西边的山叫闽山，东边的山叫九仙山，北边的山叫越王山，三山鼎立。沿着山势，佛教、道教的庙现有数十上百处，它那宏伟奇异绝然不同的形状，也许已经用尽了人工之力。

现代背包客——不得不叹服古代人的创造力和在自然间的付出，其鬼斧神工的自然主义艺术塑造，远比今天的创造与建筑要艺术、要亲近人心、要倾向自然。

在山水之中，人要何为？其作为要顺应天意，才会深得山水喜欢——光禄卿、直昭文馆程公主政福州，在福州高耸处，建一亭子，这里山水胜景，城池宏大，宫室繁荣，不用走离竹席就尽可观望四面景色。

程公认为这里在江海之上，登山四望观看，可以和道家所说的蓬莱、方丈、瀛州三座仙山并列，所以为它起名叫“道山之亭”。

闽地由于道路艰险偏远，所以为官者常怕到此任职，程公能够依照这地方的长处筑亭，用来寄托他耳目的欢乐，不但忘掉了它路远而险峻，又将他自己的思想提高，出于尘埃之外，其志向多么壮阔。

程公在这个州府由于治理得好而闻名，既改造了城墙，又革新了学府，并且利用公事之余的时间又办好了建亭这件事。由于政绩突出，他一年以后就改任广州知府，随后又赴任谏议大夫，接着任给事中、集贤殿修撰，现在担任越州知府，他的字是公辟，名字叫师孟。

背包客应该知道——这篇山水，与范仲淹的《岳阳楼记》有类似之处，即对山水的领悟，往往是那些文人为官，在一个地方有所作为后，把人间的气息更好地与自然之美融合。

在今天，没有开发的地方，才会有原始风景。过度开发，往往就成为山水的灾难。要顺应自然，不可更改自然的本性，不要给自然太大的超负荷运转，从自然身上获取，不要超过其支出能力。

◎观山石、游洞穴

——曾巩《游信州玉山小岩记》青春寻幽探胜的志趣

景祐三年（1036）五月这年，曾巩 18 岁，其父曾易占在玉山县令任上。玉山县东南这座小岩下有洞，曾巩观山石、游洞穴——

去县治所东南二十五里，有山秀特卓诡，介然出于群峰之表。下有浮图，幽邃冲静，栋宇朴约，无綵饰刻镂，而与俗绝远。游其间，真若排阊阖，登阆风，追伯侨、羡门而与之驰骋，翩翩然有超忽荒、烟外之意。景祐二年，家尊受诏为是邑宰，仆侍偕来。至未周岁，居甚无事，思有以远览为尘外之乐者，得是小岩焉。

其状略曰：距寺西南隅四十步有奇，逾小桥西北至于岩下，隆然而有门，初若隘局不可通者；入其中，辟而益广。其道盘屈险阻，而无光明，隆超俯降，登陟艰难甚。乃命仆人秉烛，破其晻翳昧默，群入焉。其石之异，有重碧耸翠，崛然本于下而起者；有势依理合，峨然覆于空而存者；有鳞叠羽缀，委其旁而列者；有壁峭刃攒，缭其隅而倚者。森然巍然，而玮奇怪，与珉瑊甚远。探其穴，犬牙交峙；视其形，若圭璧联植。若瞻浮云，枝偃叶丽，错置旁列乎空旷；骇若窥武库，巉然见戈甲，蘩委并拥乎王府。

行十馀步，上下有水声潺然，若急鸣玉而趋者，非丝竹也。而听之者，心平气舒，訏乎《韶》之奏，有忘形绝累之趣，益知轩冕而荣者为其外，恬静而居者为其内。又行二十馀步，至于西北隅，有若架危构虚，成宫殿而宅浮屠之像者，上蔽下承，中旷然甚夷。其下有钟乳，围五六人，凝而欲滴者，若簷溜垂空合而外结；积而广者，若聚雪委平压侧崇而未浅。腻如酥凝，分如瓜形，垂如盖张，色若海波，风聚而为沫。食之咁吻津舌，异若蔗浆露蕊，殚乎美味，说者云："可以安躬辅气，颐精休神，为不死之药。"自始通至于其深，飙发众窍，当之怆然体清，欻振忽怒，反炀为冷，幽虫伏蛇，往往鸣息其下。又行三十余步，状益奇诡，而石上俯压乃可前。人甚疲，而恐惧者益众。仆固求穷其终，而不我从，遂相与复还。噫嘻！使我遗泉石之胜，而不得远骋周视，良可惜也。

是日之会者；叔父易丰伯洪，伯氏晔成之、绎世昌，仲氏牟子进、宰元辅。其名皆以书于石矣。惧其远而翰墨剥缺也，复使仆实其事为记，以诒永久。乌呼，自古述山水者多矣！见其华美幽丽，而多诿之神明之为，其言怪诞迂谲，非戴縰垂绅而游者所宜尚，予不敢知也，故于是独而无取。若夫觞豆之丰约，弦革之嘲轰，皆羁于流俗，而不有异，非书岩石之本，辄复略其辞焉。

是时，景祐三年仲夏五月戊子日也。

从上看出，这篇文章从一开始就交代在县城附近的山之魅力："去县治所东南25里，有山秀特卓诡，介然出于群峰之表。下有浮图，幽邃冲静，栋宇朴约，无綵饰刻镂，而与俗绝远。游其间，真若排阊阖，登阆风，追伯侨、羡门而与之驰骋，翩翩然有超忽荒、烟外之意。"因为父亲在这里当县官的缘故，曾巩来游玩也就顺理成章了："景祐二年，家尊受诏为是邑宰，仆侍偕来。至未周岁，居甚无事，思有以远览为尘外之乐者，得是小岩焉。"

对于这个小岩山，有一个洞，进去就越来越大而且深广："其状略曰：距寺西南隅四十步有奇，逾小桥西北至于岩下，隆然而有门，初若隘局不可通者；入其中，辟而益广。其道盘屈险阻，而无光明，隆超俯降，登陟艰难甚。乃命仆人秉烛，破其晻翳昧默，群入焉。"着力描写奇形怪状的岩石、钟乳石，也表现了年轻的曾巩寻幽探胜的志趣和不信"神明之为"的见解："其石之异，有重碧耸翠，崛然本于下而起者；有势依理合，峨然覆于空而存者；有鳞叠羽缀，委其旁而列者；有壁峭刃攒，缭其隅而倚者。森然巍然，而玮奇怪，与珉瑊甚远。探其穴，犬牙交峙；视其形，若圭璧联植。若瞻浮云，枝偃叶丽，错置旁列乎空旷；骇若窥武库，巉然见戈甲，藂委并拥乎王府。"

和曾巩的散文名篇比较起来，这篇少作自然尚未能达到简洁明晰、雍容含蓄的地步，但也有它的特点。

对岩石、钟乳石的描摹，大量运用形容和比喻，不但显示了驾驭文字的技巧，而且表现了较为丰富的想象力。

在叙事、写景之中穿插的议论，比如："乌呼，自古述山水者多矣！见其华美幽丽，而多诿之神明之为，其言怪诞迂谲，非戴縰垂绅而游者所宜尚，予不敢知也，故于是独而无取。若夫觞豆之丰约，弦革之嘲轰，皆羁于流俗，而不有异，非书岩石之本，辄复略其辞焉。"

其志趣和见解都有可取之处，也说明曾巩的文章喜欢议论从早年就已经开始了。

山里的石头就是山的骨头，山洞就是山的内衣。山外表有气势，而内秀如山洞。在山洞里游玩，就在美女的内衣里看风景，令人心头一热而无限神往。

◎下山比上山更难

——王得臣《登莲花峰记》勿谓天不可升，但虑无其志

奇士王元冲坚毅果敢，心怀凌云壮志，胆大，心细，游遍天下名山，遍览名胜古迹，从游历中寻找精神寄托，锤炼意志。他立志攀登莲花峰，不因险峻而放弃，仔细观察，合理安排攀登路线与行程，不惧艰险，誓死登临，攀登随时会丧生，用几十天时间，攀登绝顶成功，领略绝顶无限风光。

王得臣《登莲花峰记》好像是游记，其实好像是探险传奇小说——

嘉祐癸巳之岁，吕巧臣兄自江入秦。冬十二月，宿于北华之野狐泉店。到时日晚，势尚早，逆旅喧哄。吕巧臣乃与予同登南坡兰若，访僧曰义海，气貌甚清，谈吐亦雅，中夜围炉，设茶果待客颇勤，因话三峰事。海曰："去年初秋一日，日迨暮，有士人风格峻整，麻衣芒履，荷笠而来投宿者。问其所至？姓氏谁何？答曰："元冲，姓王。来自天雄，性甘隐遁，好奇为心，所游陟诸山名迹，尽东南之美矣。唯有华山莲花峰之秀异未觌，今则力役一登尔。"

海师谓之曰："兹山峭拔若削，自非驭风凭云，亦无有去理。"

元冲曰："贤人勿谓天不可升，但虑无其志耳。仆亦之华阳川，中有路，志其幽寻焉。"

海观其辞气壮厉，亦然之。元冲曰："某明日且去。其日当留山址。计其五千仞为一旬之程，亦足矣。既上，当爇火为信。至时，可乘桃林南野望。"

翌日，元冲发笈取一药缶，并火金怀之而去，义海书于屋壁。

期一日，至桃林宿。明日平晓，岳色晴明，无纤翳。伫立数息间，有白烟一道，欻起莲花峰顶。海秘之不言，复归。

二旬而元冲至，歇定乃言曰："前者既入华阳川中，寻微径，萦纡至莲花峰下，憩止一宿，方登。初登也，虽险峻，犹可垂足以迹，困则伏于石庵中，暮亦如之。既及华三分之一，则壁立群嶂，莓苔冷滑，石罅纵横，仅容半足。乃以死誓志，作气而登，时遇石发垂下，接之以升。再一旬而及峰顶，广约百亩。中有池，亦数亩，菡萏方盛，浓碧鲜红。四旁则巨桧乔松，竦擢于霄汉，馀奇花芳草不可识。池侧有破铁舟，触之则碎。周览已，乃取火金敲之，揉枯荄以承之，大木亦有朽仆于地者，拉其枝干爇火焉。既而循池玩花，将取数叶，又思灵境不可渎，只采取落叶数片，及铁舟寸许怀之。一宿乃下，下之危峻复倍于登陟时。"

海不觉前席，执元冲手曰："君固三清之奇士也！不然，何以臻兹。"于是，元冲

以莲叶、铁赠义海。

明日，复负笈而去，莫知所终。则尚子寻五岳，亦斯人之徒欤。

王得臣的文章《登莲花峰记》讲述了一个感人的奇异故事。

在西岳华山北麓兰若佛寺，僧人义海在初秋一暮色苍茫的傍晚，接待一个风格峻整麻衣芒履荷笠而来的游客投宿。义海问来者姓名，去哪里。游客自报姓名，名为王元冲，介绍自己喜隐居与避世，以好奇为心，名山大川，诸山名迹，是为爱好与游览的场所。他已经游遍东南名山美景，华山莲花峰，此次想登临奇景。

和尚义海听了一惊，觉得不可思议，说道："这座山，峭拔得好像刀削一样，那些山就像刀站在那里，如果缺少驭风凭云的能力，就会无法登临上去。"王元冲对此，只是微微一笑，他从容地对和尚说道："不要说天不可升，只怕没有登天的志向啊。来你这里之前，我已经到华山南侧华阳川视察过，通往山上的路总还有，只需要仔细寻找罢了。"在他看来，山本身就是道路。义海和尚见他登山意志巨强，被其壮志感染，欣然同意王元冲的见解。王元冲说："明天，我就动身登山，先到莲花峰下的山脚，然后按每一旬攀登五千仞计算，也足够攀上山顶。当攀到山顶时，我就点火，发出信号，那时你去莲花峰北的桃林观看，就 OK。"

第二天，王元冲打开随身行囊，从中取出一装药瓦罐，还有取火火镰，揣在怀内，瓦罐如子宫，火镰像冬眠的火焰像结冰的火焰。然后随即踏上登山路程。义海送走王元冲，把约好的日期和事项写入寺里墙壁上。

王元冲攀上莲花峰山顶的前一天，这是预定的一个时间，和尚义海赶到桃林住下。第二天，天刚放亮，华山山色晴明，没有一片云彩，义海和尚伫立远眺，没有多久，就见莲花山顶突然升起一道白烟。义海和尚知道王元冲登顶成功，什么也没说就折回了寺庙。

20 天后，王元冲从山上回到寺庙。歇息后，对义海和尚讲述自己攀登的惊险经历。他早已到华山脚下寻找进山小路，辗转到莲花峰下，只休息一宿，就开始攀登。开始时虽山势险峻，还可以落脚行走，累了之后，就在石缝中歇息，晚上也在石缝中睡眠。等到爬到华山三分之一处后，壁立群嶂，莓苔冷滑，石罅纵横，只放得下半只脚。这时，下了决心，以誓死之志，鼓起勇气，向上攀登，不时遇上苔类植物石发垂下根茎，用手抓住石发的根茎，依旧向上攀登。就这样，又用 10 天时间，终于登上莲花峰山顶。

接着，王元冲向义海讲述莲花峰顶奇异的景色。

山顶的面积，广约百亩，中间有一大池塘，数亩之大。池塘盛开鲜艳荷花，浓碧鲜红。池塘四周长巨桧乔松，肃立挺拔，直向霄汉，许多不认识的奇花芳草也盛开新鲜。池塘旁边有一破碎了的铁船，触之即碎。

王元冲把山顶奇异景色看够后，拿出火镰，拖来地上枯木朽株，点燃它们，发出一道白烟，让义海和尚知道他已经到达山顶。接下来他沿池塘边沿观赏荷花，想取下数片荷叶，又一想不可亵渎灵境，只采取数片已经落叶之片，还有少许铁船碎片，一并揣入怀中。在莲花峰顶只住一宿，他就开始下山，而下山的险峻，比上山时又增加数倍。

王元冲把从莲花峰顶取得的莲叶和铁船的碎片赠给义海，第二天，背着行囊，又踏上了远行路程，再也不知去向。

故事奇异惊险，抓人心，如惊险小说。险峻华山，在宋代就产生过如此震撼故事。高山顶，竟然有数亩荷花和数不尽的奇卉异木，还有破碎铁船，铁船何代何人造，又怎样到华山之巅呢？达到山顶的脚印，就属于一系列船队呀。

王得臣简介

王得臣（1036 ~ 1116），北宋学者。字彦辅，自号凤台子。安州安陆（今湖北安陆）人。王昭素之后，幼年师事乡人郑獬及泰州胡瑗，又与程颐友善，学问广博，以文学驰名当时。嘉祐四年 (1059) 登进士第。历岳州巴陵令、管干京西漕司文字、为秘书丞、提举开封府界常平等事、开封府判官。元祐二年 (1087) 后，先后出任唐州、邻州、鄂州、黄州知州，福建转运副使。绍圣元年 (1094) 回朝任金部郎中、军器少监、司农少卿。绍圣四年 (1097) 九月，以目疾管勾崇禧院致仕，赠太中大夫，卒年 81 岁。《麈史》是王得臣晚年所整理的笔记，涉及范围很广。所记凡二八四事，分四十四门，凡朝廷掌故，耆旧遗闻，耳目所及，咸登编录。其间参稽经典，辨别异同，亦深资考证。其写作目的也十分明确，即“自朝廷至州里，有可训、可法、可鉴、可诫者无不载”，发扬了以史为鉴的优秀传统。同时，他的写作态度也非常严肃，自称“出夫实录”，因而书中保存了不少第一手文史资料，其中尤以宋代典章制度为详。由于作者是安陆人，因此书中记载了大量安陆的人物、地理、风俗情况，为后世编修地方志提供了不少可作为参考的资料。元丰七年 (1084) 游览少林寺所写的一首诗，诗中颇见中唐诗人风格：天入千岩碧，林收曼古青。静中深有境，险外绝无邻。宦牒婴污色，禅关脱世尘。安心无觅处，断臂为何人。

◎名山见证友谊

——张栻《南岳游山唱酬序》

在族谱上，张栻是本书作者张绍民的先祖，张绍民为张栻三子直系后裔。当时张栻在今湖南一带，南岳之行是为一趟有意义之事，因为他与朱熹一起旅行。朱熹是其好友。《南岳游山唱酬序》把其行写得明明白白——

栻来往湖湘逾二纪，梦寐衡岳之胜，亦尝寄迹其间，独未得登绝顶为快也。乾道丁亥秋，新安朱熹元晦来访于湘水之上，留再阅月，将道南山以归，乃始偕为此游，而三山林用中择之亦与焉。

粤十有一月庚午，自潭城渡湘水。甲戌，过石滩，始望岳顶。忽云四合，大雪纷集，须臾深尺许。予三人者，饮道傍草舍，人酌一巨杯，上马行三十余里，投宿草衣岩。一时山川林壑之观，已觉胜绝。乙亥，抵岳后，丙子，小憩，甚雨，暮未已，从者皆有倦色。湘潭彪居正德美来会，亦意予之不能登也。予独与元晦决策，明当冒风雪亟登。而夜半雨止，起视明星灿然；比晓，日升旸谷矣。

德美以怯寒辞归。予三人联骑渡兴乐江，宿雾尽卷，诸峰玉立，心目顿快。遂饭黄精，易竹舆，由马迹桥登山。始皆荒岭弥望，已乃入大林壑，崖边时有积雪。甚快，溪流触石曲折，有声琅琅。日暮，抵方广，气象深窈，八峰环立，所谓莲华峰也。登阁四望，雪月皎皎，寺皆板屋，问老僧，云："用瓦辄为冰雪冻裂。自此如高台、上封，皆然也。"

戊寅，明发，穿小径，入高台寺。门外万竹森然，间为风雪所折，清爽可爱。住山了信有诗声，云："良夜月明，窗牖间有猿啸清甚。"出寺，即行古木寒藤中，阴崖积雪，厚几数尺。望石廪如素锦屏，日影下照，林间冰堕，铿然有声。云阴骤起，飞霰交集，顷之，乃止。出西岭，过天柱，下福岩，望南台，历马祖庵，由寺背以登，路亦不至甚狭，遇险辄有磴可步，陟逾二十余里。过大明寺，有飞雪数点自东岭来，望见上封寺，犹萦纡数里许乃至。

山高，草木坚瘦，门外寒松皆拳曲拥肿，繁枝下垂，冰雪凝缀，如苍龙白凤然。寺宇悉以板障蔽，否则，云气嘘吸其间，时不辨人物。有穷林阁，侍郎胡公题榜，盖取韩子"云壁潭潭，穷林攸擢"之语。予与二友始息肩，望祝融绝顶，褰裳径往。顶上有石，于坐数十人。时烟霭未尽澄澈，群峰峭立，远近异态，然其外四望，渺然不知所极，如大瀛海环之，真奇观也。湘水环带山下，五折乃北去。寺僧指苍莽中云：洞庭在焉。晚居阁上，观晴霞横带千里。夜宿方丈，月照雪屋，寒光射人，泉声隔窗泠然，通夕洸不知此身踞千峰之上也。

己卯，武夷胡实广仲、范彦德伯崇来会。同游仙人桥，路并石，侧足以人，前崖挺出，下临万仞之壑，凛凛不敢久驻。再上绝顶，风劲甚，望见远岫，次第呈露，比昨观殊快。寒威薄人，呼酒举数酌犹不胜，拥毡坐乃可支。须臾，云气出岩，复腾涌如馈馏，过南岭，为风所飘，空蒙杳霭，顷刻不复见。是夜，风大作。

庚辰，未晓，雪击窗有声，惊觉。将下山，寺僧亦谓石磴冰结，即不可步。遂亟由前岭以下，路已滑甚，有跌者。下视白云滃淳弥漫，吞吐林谷，真有荡胸之势。欲访李邺侯书堂，则林深路绝，不可往矣。行三十里许，抵岳市，宿胜业寺劲节堂。

盖自甲戌至庚辰，凡七日，经行上下数百里，景物之美，不可殚叙。间亦发于吟咏，更迭唱酬，倒囊得百四十有九篇。虽一时之作，不能尽工，然亦可以见耳目所历、兴寄所寓，异日或有考焉，乃裒而录之。方己卯之夕，中夜凛然，拨残火相对，念吾三人，是数日间，亦荒于诗矣。大抵事无大小美恶，流而不返，皆足以丧志。于是，始定约束，翌日当止。盖是后事虽有可歌者，亦不复见于诗矣。嗟夫！览是编者，其亦以吾三人者自儆乎哉！

张栻往来于湖北、湖南之间，已超过了24年，睡梦中都未能忘怀衡山风景的优美；也曾在山间居住过，唯独没有享受过登上衡山顶峰的愉快。乾道丁亥的秋天，新安人朱熹（字元晦）到湘江来拜访张栻，留住了两个月，兄弟之间友谊深厚，才会在张栻家的招待下，能够住上这么长的时间。朱熹准备游览衡山以后回去，张栻这才陪同他一起作了一次衡山之游。三山人林用中（字择之）也参加了这次游览。

十一初六日，从潭州渡过湘江。初十日，经过石滩，才看到衡山的顶峰。突然之间，乌云从四面汇集，大雪纷飞，一会儿地上积雪有一尺多。雪中游玩，别是一番乐趣。他们三个人在路旁的草屋里吃饭，每人喝了一大杯酒。又上马走了三十余里，投宿在草衣岩。一时间，使人觉得山水林木溪涧的景色已经十分秀丽。十一日，他们到达衡山的山麓。十二日，大家稍事休息。天下大雨，到傍晚还没有停止，跟随的仆人脸上都显出疲倦的神色。湘潭有一个叫彪居正字德美的人到这里来相会，也以为张栻朱熹他们这次不能登山了。张栻特地和朱熹商定，明天决心冒着风雪快步登山。但到了半夜雨就刹车停掉，起来看到天空星光灿烂；等到天亮时，太阳已经在东方升起。

彪居正因为怕寒冷，便辞别回去。他们三个人骑马先后渡过兴乐江，这时夜间升的雾气已经消散，衡山的群峰静静玉立，如同站立凝固的音符，令人赏心悦目。吃过饭，换乘竹轿，从马迹桥上山。刚进山时，看到荒山野岭挤满视野，好像今天春运火车站一样挤满黑压压的人群。走过一段路，才进入高大的山林涧谷。山崖边不时还能看到积雪。在山中行走，心情十分愉快，溪水冲激着山石曲折地奔流，经过折腾，发出琅琅的声音。太阳落山时，到达方广寺，这里气象幽深，四面八方山峰环绕，它就是人们常说的莲花峰。入夜，一行三人登上楼阁四面观望，白雪和月光交映，分外皎洁，白雪好似月光的凝固，月光好似白雪的皮肤。方广寺为木板做成的房子，问老和尚是什么原因，他介绍：用了瓦片常常被冰雪冻裂。从这个寺到高台寺、上封寺都是用木板覆盖屋顶的。

十四日，天亮就出发，三人穿过曲折的小路，进入高台寺。寺门外，成千上万的翠竹茂密阴森，其中偶然有被风雪折断的，雪与竹子如同骨头与肉，骨肉相连，互相呼应。二者配合在一起，清心爽朗，十分可爱。寺中有住山、了信二僧，二人以能写诗闻名，他告诉来访的客人："良宵明月，窗下还能听到清哀的猿啼声。"张栻朱熹等人走出寺门，便行走在古木藤萝荫蔽的山路中，背阴的山崖间的积雪几乎厚达数尺。遥望石廪峰，它像白色锦绣屏风，太阳的光线透过林木，树上的冰凌掉下来，发出铿锵响声，大自然演奏自己奇特的音乐。刹那间，乌云四起，乌云的乐器飞溅出冰珠的音符一粒粒一块块，飞落下来，但不一会儿就"刹车"下来。走出西岭，越过天柱峰，下山到福岩寺，遥望南台，经过马祖庵，从福岩寺北面上山，路径尚不算十分狭窄，遇到险峻处都有石级可以攀登。他们又走了二十余里路，经过大明寺时，还有稀疏的雪花从东面飞来。虽然看到了上封寺，但仍旧迂回曲折地走了好几里路才到。

高山上的草木结实、细瘦，寺门外耐寒的松树都弯曲、臃肿，蜷曲的枝条向下低垂，冰雪凝集在它上面，仿佛青龙白凤模样，高贵。寺中房屋全都用木板遮蔽，否则，云雾就会弥漫到屋子里面，有时就会看不清人和物。上封寺有个穷林阁，为侍郎胡铨所题匾额，因摘录韩愈"云壁潭潭，穷林攸擢"句子中的词语而命名。张栻与两位同游的朋友刚刚坐下休息，却看到了祝融峰的最高点，就撩起衣襟向上攀登。

山顶上有石头，石头大得可以坐下十来人。烟霭还没有散尽，看不远，所以不澄澈，而群峰峭立，就好像一群群模特，远近之美各不相同。从山顶向外四望，渺然不知所极，如同大海环绕抱着山头，抱着婴儿一样，这与大海抱着小岛没有什么区别，真是看到的奇观。湘水环带山脚流动，就像一条弯弯曲曲的小路铺好山要走的道路向北而去。庙里的和尚指着眼前一片苍莽说道：洞庭就在那里。晚上张栻居阁上，看到晚霞纵横群山间有千里之长。夜宿于此处，月照雪屋，寒光射人，泉声隔窗，泉水在那里寒冷流动赶路不舍昼夜，他们在梦里，睡着了，就不知此身踞千峰之上。

己卯，又有新的朋友来会朱熹张栻一行，赶来相陪，毕竟与当时的思想界巨匠一起玩是一件快乐的事情。大家就一起同游仙人桥，人一多，就更加热闹。路上的石头不好走，侧足才能够走过去，前面的山崖挺出，下临万仞之壑，站在这里感觉到脚下凛凛生风，不敢久驻，有恐高症的人恐怕不能来这里，安全有时候比欣赏风景重要，有人在风景与自然里探险，都丢了小命的。当然这并不能一概而论，有时候看好风景需要有探险精神，那也是境界和生命的意义。再上绝顶，风的力气显得尤为强大，望见远处奔走的云雾，不同形状，次第呈露，比昨天见到的速度要快。寒冷的威力射入人的身体，他们大声说话谈论、喝酒御寒，拥毡而坐，才稍微解决严寒对人的全方位包围。一会儿，云气从山岩里飘出来，再次奔腾云涌翻滚，那些云动作熟练好像顶尖级的书法家，把自己写得流水一样流畅，云过南岭，为风所飘，空蒙杳霭，如呼吸的长虹痕迹，顷刻不复看见。这一夜，风很大，似乎风的脾气辽阔给力。

庚辰，天还没有亮，雪击窗而有声，人被惊醒。将下山，庙里的和尚提醒石磴结了冰，就不可在上面行走，因为很打滑，走起来不安全。石头结冰，即骨头再穿上骨头的衣服，穿着暂时的盔甲。就改由前岭下山，路结冰很不好走，有跌倒的人。下视白云弥漫，吞吐在林谷之间，真有荡胸之势，其感受有些类似杜甫写登泰山的感受。想去拜访友人，因为大雪间，雪吃掉了林间的道路，那些本来有的道路，就像逃走了逃学的学生。没有道路带路，不可往矣。走了 30 里的样子，到达了城镇，就住下来。

这次出游一共 7 天时间，经过数百里的漫游，看到的景物之美，不可一一殚叙。把旅途所见写了一批诗歌。虽是一时兴起之作，不能做到完美，但也可以见证耳目所历、表达当时心意，可以作为将来人生的追忆和谈资与交流。那天夜里，中夜感到寒冷，拨开残火取暖，张栻想到他们三人，在寒冷的数日间游历。也有诗作。大抵事无大小与美恶，流连不返的话，都足以丧志。于是，三人就决定约束自己，第二天就结束游玩。

把这一次玩游写下的诗歌整理结成集子。

道不同不相为谋，游览也如此，谈不拢的人，很难结伴而行，就算结伴而行，也无话可说，那多么没有趣味，甚至会很郁闷。张栻、朱熹等人的友谊穿越千年，时光记得，山水记得。后来的后代知道自己的祖先有什么样的朋友。这就是，从玩伴的品行与层次，可以看出一个人的品行与层次。

◎游乐山水中自有磊落胸怀

——苏辙《武昌九曲亭记》以适意为悦

《武昌九曲亭记》作于元丰五年(1082)。时苏辙贬谪筠州，苏轼贬谪黄州，但他们都并不消沉。这就告诉我们，战胜自己，那么得益的就是自己。自己消沉，吃亏的是自己。但人会有消沉的时候，所以要快速安慰自己，走出不良心情。

《武昌九曲亭记》告诉我们，寄情山水，在山水里解脱，瓦解自己的不良心情，因而我们都要对山水好一点。

深入《武昌九曲亭记》原文，方可知其妙——

子瞻迁于齐安，庐于江上。齐安无名山，而江之南武昌诸山，陂陁蔓延，涧谷深密，中有浮图精舍，西曰西山，东曰寒溪。依山临壑，隐蔽松枥，萧然绝俗，车马之迹不至。每风止日出，江水伏息，子瞻杖策载酒，乘渔舟，乱流而南。山中有二三子，好客而喜游。闻子瞻至，幅巾迎笑，相携徜徉而上。穷山之深，力极而息，扫叶席草，酌酒相劳。意适忘反，往往留宿于山上。以此居齐安三年，不知其久也。然将适西山，行于松柏之间，羊肠九曲，而获小平。游者至此必息，倚怪石，荫茂木，俯视大江，仰瞻陵阜，旁瞩溪谷，风云变化，林麓向背，皆效于左右。有废亭焉，其遗址甚狭，不足以席众客。其旁古木数十，其大皆百围千尺，不可加以斤斧。子瞻每至其下，辄睥睨终日。一旦大风雷雨，拔去其一，斥其所据，亭得以广。子瞻与客入山视之，笑曰："兹欲以成吾亭邪？"遂相与营之。亭成，而西山之胜始具。子瞻于是最乐。昔余少年，从子瞻游。有山可登，有水可浮，子瞻未始不褰裳先之。有不得至，为之怅然移日。至其翩然独往，逍遥泉石之上，撷林卉，拾涧实，酌水而饮之，见者以为仙也。盖天下之乐无穷，而以适意为悦。方其得意，万物无以易之。及其既厌，未有不洒然自笑者也。譬之饮食，杂陈于前，要之一饱，而同委于臭腐。夫孰知得失之所在？唯其无愧于中，无责于外，而姑寓焉。此子瞻之所以有乐于是也。

从上可知，此文记述苏轼重建武昌九曲亭的由来，阐发苏轼"适意为悦"的思想情趣，表现出苏轼游乐山水中自有磊落胸怀、洒脱、风度，也寄托着苏辙自己的人生态度。构思上，既记叙建亭，又突出苏轼思想与性格。

文章先从苏轼好游武昌诸山写起，指出苏轼在黄州三年"不知其久"的原因正在于武昌西山风景好，山里人也好，展现苏轼失意时善于自得其乐，为记叙建亭作铺垫。再引出九曲亭址所在，属于游西山的游客"至此必息"的一处胜境，而且"有废亭焉”。但长久无人治理，冷落而荒废，古木盘踞，重建困难，苏轼有心无力。真是天助人愿，一场大风雷雨刮倒一大树，创造重建条件，苏轼心愿实现，九曲亭重新建成。建亭经过的记叙，含蓄赞美建亭兴废利众，符合天意，而建设者也从中获得极大乐趣。最后具体议论苏轼所追求的乐趣为“以适意为悦”不计个人得失，处世为人，苏轼“无愧于中，无责于外”。

从背景看风景——

子瞻被贬到齐安（今黄冈），在长江边上建房居住。齐安没有名山，而长江南岸武昌（今鄂州）群山，连绵不断，高低起伏，山谷幽、深、寂、静，里面有佛塔寺庙僧舍，西边者为西山寺，东边者为寒溪寺。它们背靠山梁，面对山沟，隐蔽在茂密的松树枥（即“栎”树）树丛中，清静，寂寞，与世隔绝，见不到车马喧嚣和来人足迹。每当风停，太阳出来，江面波平浪静时，子瞻就拄拐杖，带美酒，乘渔船，渡长江，奔南山。山中有几人，热情好客，喜游山水，听说子瞻到来，都裹头巾，欢笑，迎上来，然后携手同行，逍遥自在，拾级而上，一直走到深山尽处，大家都筋疲力尽，方才停下歇息，扫去落叶，坐于草地上，举起酒杯，互相问候彼此，玩到心情舒适时，竟至忘记回去，就往往留在山上夜宿。因为过如此惬意的生活，子瞻在齐安住三年之久，都不觉得时间过得很久。

再看登山与修建亭子的历程——

然而将往西山去时，就要从青松翠柏之间经过，走过弯弯曲曲羊肠山路，才会见到稍微平坦之处，游览者一定会在此休息。游历者倚靠在嶙峋怪石上玩赏，躲在茂密林荫下小憩，目光向下，可俯视大江滚滚滔滔，向上可仰望高山巍巍，旁边可扫视小溪幽谷，风云变化和树林山脚正面、反面的种种景象，都在人们身边呈现出来。平地上，有一破旧亭子，其遗址空间非常狭小，不能够坐下许多游客。亭旁有几十棵古木，似都有百围之大、千尺之高，不能够用刀斧来砍伐。子瞻每次一到树下，就整天无可奈何地斜视它们。一天，一阵暴风雷雨后，其中一棵古木被连根拔倒，子瞻趁机将那倒下老树的地方收拾平整，亭子地基才得以扩大。子瞻与朋友们进山看了看，相视而笑，说道：“这大概老天爷想成全我们重修亭台的事情吧？”大家于是一起重修一座新亭。亭子建成后，西山胜景才算完备。子瞻对这件事极为高兴。

苏辙的思绪万千——

他感慨：从前我年轻时，跟随着子瞻游览各地。遇山就登山，遇水就泛舟，子瞻都未尝不是带头提起衣服卷起裤脚走在我的前面。有不能到达之处，子瞻就总为这事成天不愉快。有时他一人飘然独游，悠闲自在地在泉石上漫游，采摘树林中山花野草，拾取落在山沟中的果子，从溪中舀水而喝，看到他这样子的人，往往把他当成神仙人物。其实天下乐事无穷无尽，而以使人心情畅快之事最叫人喜爱。而当他称心如意时，觉得万事万物都不能换取这种快乐；到了他兴尽时，又没有不感到吃惊、自我嘲笑的。好比喝酒吃饭，五花八门的菜肴摆在面前，总之为一饱肚腹，而吃下去后，那些事物、无论好不好的食物，同样变成腐臭的东西，有谁还会去管哪道菜对人有益，又哪道菜对人有害呢？只要心中不觉惭愧，外面不受人家指责，就不妨把心思寄托在这山林之间，尽情享受。此即子瞻在这里感到快乐的真正原因。

苏辙简介

苏辙（1039 ～ 1112），字子由，一字同叔。眉州眉山（今属四川）人。他是苏洵之子，苏轼之弟。19 岁与苏轼同登进士第。宋仁宗时，任商州军事推官。宋神宗时，为王安石属官，因反对新法，调任他职。后因苏轼诗罪株连，被贬为筠州监盐酒税。宋哲宗至宋徽宗时，仕途几经起落，最后以太中大夫退职，住在许（今河南许昌），自号颍滨遗老。死后追赠端明殿学士，谥号“文定”。他是著名散文家，为唐宋八大家之一。

◎钱塘观潮就像看茫茫人海

——周密《观潮》奇景奇文互动

钱塘江又称新安江，是浙江省最大的河流，全长四百多公里，流经杭州，在杭州湾入海，由于江口呈喇叭状，海潮倒灌，便形成了钱塘潮这一自然奇观，被前人称为“壮观天下无”。钱塘观潮也成为古今盛事，天下奇观。潮水躺着，改成站立。大海也有起床的理想。

从耳朵里取出一卷捆好的大地一样的潮水，打开铺在地上，看上面画下的影像。《观潮》一文也是天下奇文——

浙江之潮，天下之伟观也。自既望以至十八日为盛。方其远出海门，仅如银线；既而渐近，则玉城雪岭际天而来，大声如雷霆，震撼激射，吞天沃日，势极雄豪。杨诚斋诗云“海涌银为郭，江横玉系腰”者是也。

每岁京尹出浙江亭教阅水军，艨艟数百，分列两岸；既而尽奔腾分合五阵之势，并有乘骑弄旗标枪舞刀于水面者，如履平地。倏尔黄烟四起，人物略不相睹，水爆轰震，声如崩山。烟消波静，则一舸无迹，仅有“敌船”为火所焚，随波而逝。

吴儿善泅者数百，皆披发文身，手持十幅大彩旗，争先鼓勇，溯迎而上，出没于鲸波万仞中，腾身百变，而旗尾略不沾湿，以此夸能。

江干上下十余里间，珠翠罗绮溢目，车马塞途，饮食百物皆倍穹常时，而僦赁看幕，虽席地不容间也。

周密描写耳闻目睹钱塘江大潮潮来前、潮来时、潮头过后景象，以及观潮盛况，自然美、人情美交织，使人受到美的陶冶，赞美大潮奇特、雄伟、壮观。

区区两百余字，却写出钱塘江潮的雄伟壮观、水军演习的宏大场面和吴中健儿高超的弄潮技巧。写景，又写民俗，叹为观止。写此文时，南宋已灭亡，表达了周密对故国的思念。

第一段，海潮雄伟。开篇一句“浙江之潮，天下之伟观也”，先声夺人。接着交代海潮最盛的时间，然后对潮水从形、色、声、势“四方面军”进行正面描绘，由远及近，镜头推出海潮的雄奇。比喻、夸张的“如银线”、“玉城雪岭”、“如雷霆”、“吞天沃日”几句，把海潮从远方奔涌到眼前的形状、颜色、声势表现出来。最后用杨万里的诗句对上文进行形象概括，呼应首句。

第二段，演军之威。开头仍一句总述，每年京尹都要在海潮最盛时教练水军。然后描写水军演习的精彩场面：演习船只众多，阵势变化多样，作战技艺娴熟，演习战斗激烈，声势浩大无比，结束撤退迅速。结在“烟消波静”的静景上，动静相衬，也为下文别开生面的另一场水上表演铺垫。

第三段，弄潮之勇。这时潮水已经来到，众多吴中健儿在惊涛骇浪中精彩表演，同时从侧面写潮之壮观。

第四段，观潮之盛。观潮人群密集，江潮和水上表演多么具有吸引力，观潮之盛是为从侧面衬江潮之盛和水上表演精彩。

本文结构得当。钱塘潮为造化之奇迹，水上表演头绪纷繁，场面众多，观潮人数众多，写得井然有序，主次分明，以海潮为线索，写景记事相融合，正面描写与侧面烘托相结合。惜墨如金，用语简练，十分生动，比喻夸张，巧妙之极。

就在周密导游下，去神游一番吧——

钱塘江的海潮，天下间最壮观。从每年 8 月 16 至 8 月 18，这期间海潮最盛大。当海潮从远方海口出现时，只像一条白色银线一般，过了一会儿，慢慢逼近，白浪高耸就像白玉砌成的城堡、白雪堆成的山岭一般，波涛好像从天上堆压下来，发出很大的声音，就像震耳雷声一般激越。波涛澎湃汹涌，仿佛吞没了蓝天、冲洗了太阳，非常雄壮豪迈。杨万里曾在诗中说：“海涌银为郭，江横玉系腰”，意思为：“海水涌起来，成为银子堆砌的城市；钱塘江横着，潮水给系上一条白玉的腰带。”的确就像这样一般。

每年临安府的长官到浙江亭外检阅水军，数百艘巨大战舰分别排列于江的两岸，那真是像今天的美国海军一样伟大，一会儿全部战舰都往前疾驶，一会儿分开；一会儿聚合，形成五种阵势，并有人骑马耍弄旗帜标枪，舞弄大刀于水面之上，就好像步行在平地一般，这就是水上骑兵的厉害。忽然间黄色烟雾四处窜起，人物一点点都看不见，水中爆破声轰然震动，就像高山崩塌一般。过一会儿，烟雾消散，水波平静，看不见任何一条大船，只有演习中充当敌军战船的军舰被火焚烧，随着水波而沉于海底。

浙江一带善于游泳的数百健儿，每个人都披散头发，身上满是刺青，手里拿十幅长的大彩旗。大家奋勇争先，逆水流踏浪而上，在极高的波涛之中，忽隐忽现腾越着身子，姿势变化万千，然而旗尾一点也没有被水沾湿，以此来夸耀自已奔浪的才能。他们就像水上的狼群。

而有钱巨富、尊贵官吏，争先赏赐银色彩绸。在江岸南北上下十余里之间，满眼穿戴华丽手饰与衣裳的观众，太多车马，路途为之阻塞，也堵车啊，却没有搞所谓的交通管制。所贩卖饮食物品哄抬物价，比平时价格高出一倍。而游客租借观赏的帐篷，即使容纳一席之地的空间也没有，非常拥挤。

周密简介

周密（1232 ~ 1298），宋元间文学家。字公谨，号草窗，又号四水潜夫、弁阳老人、华不注山人，南宋文学家。祖籍济南，流寓吴兴（今浙江湖州）。

◎四元素即中秋月、临水、独往、去人远

——张孝祥《金沙堆观月记》赏月四条件

乾道二年 (1166)，张孝祥在知静江府、广南西路经略安抚使任上被免职，自桂林北上，途经洞庭湖，舟泊金沙堆，时当中秋，独登观月，作本文以记之——

月极明于中秋，观中秋之月，临水胜；临水之观，宜独往；独往之地，去人远者又胜也。然中秋多无月，城郭宫室安得皆临水？盖有之矣；若夫远去人迹，则必空旷幽绝之地，诚有好奇之士，亦安能独行以夜而之空旷幽绝，蕲顷刻之玩也哉！今余之游金沙堆，其具是四美者与？

盖余以八月之望过洞庭，天无纤云，月白如昼。沙当洞庭、青草之中，其高十仞，四环之水，近者犹数百里。余系船其下，尽却童隶而登焉。沙之色正黄，与月相夺；

水如玉盘，沙如金积，光采激射，体寒目眩，阆风、瑶台、广寒之宫，虽未尝身至其地，当亦如是而止耳。盖中秋之月，临水之观，独往而远人，于是为备。书以为金沙堆观月记。

洞庭湖中，有金沙堆，观中秋月，别有一番景象，情趣在其中。金沙堆由沙积而成，在明月映照下，沙色与月光争辉，黄金般的积沙与白玉盘一样的湖水“光采激射”，一幅光、色可见的图画就在眼前。观月“四美”，有着审美趣味，其中“独往”、“去人远”云云，与张孝祥罢官后的心情也不无关系。短文中，有议论、叙述，有描写、抒情，意到笔随，流畅自如，有苏轼之风格。

张孝祥提出自己一套头头是道的观月观点，即赏月四条件：中秋月、临水、独往、去人远——

1．中秋月：中秋夜观赏月亮最明亮；

2．临水：观赏中秋的月亮在靠近水的地方景观优美；

3．独往：靠近有水的地方去观赏，最好独自一人前往；

4．去人远：而独自前往之处，又以离人远之处最好。

张孝祥为此感慨：而中秋往往又多没有月亮。况且城郭宫室等地方，又哪里能都靠近水泽呢？假如有如此之处，要么远离人居、人迹罕至，要么空旷幽静少有之处。果真有喜欢猎奇人士，谁又能在黑夜中独行到这样地方，以得到一时之快乐呢？

当张孝祥在金沙堆游玩，认为这里正符合自己提出的赏月四条件（即中秋月，临水，独往，去人远）。

张孝祥于8月15路过洞庭湖，天空明朗，没有一丝云朵，月光皎洁积雪堆积，宛如白天。金沙堆正好位于洞庭湖内，正个沙洲青草葱茏，高有十仞，四面绿水环绕，最近的陆地离这里也有几百里。

他把船停靠在岸边，系在沙洲下面，让书僮仆役全部退去，然后独自一人徐步向上攀登。只见沙洲上的沙子一片金黄，和月光争辉；此时此刻，天上月亮好像玉盘一样，地上的沙子如同堆积的黄金，光芒四射。微风吹过，顿感一阵凉意，似觉眼花了一般，就像到了仙境。即使没有曾经亲身到达那里，应该也不过如此而已吧。看样子赏月之至，中秋，临水，独往，去人远，在这里全都完备了啊！

张孝祥就特写此文以记述金沙堆观月情景。风景也喜欢孤独的人，这样就可以把自己和盘托出，交给一个人、尽情地看，好似美人裸身给自己的爱人观赏没有遮遮掩掩的伪善与色情。

张孝祥简历

张孝祥(1132～1169)，南宋著名的爱国词人。他主张抗战，寄情于词。张孝祥，字安国，号于湖居士，历阳乌江(今安徽和县)人。23岁举进士，廷试第一。孝宗乾道五年(1169)三月，以显谟阁直学士退休；不久，病卒于芜湖。

◎登山揽胜与泛舟观荷

——王质《游东林山水记》登山见水，泛舟山下

王质生活在南宋初年的动乱时代，关怀国事。他在文学上把自己看做苏轼的继承者，诗写得有点儿苏轼的气派。

原汁原味的《游东林山水记》——

绍兴二十八年八月三日，欲夕，步自阛阓中出，并溪南行百步，背溪而西又百步，复并溪南行。溪上下色皆重碧，幽邃靖深，意若不欲流。溪未穷，得支径，西升上数百尺。既竟，其顶隐而青者，或远在一舍外，锐者如簪，缺者如玦，隆者如髻，圆者如璧；长林远树，出没烟霏，聚者如悦，散者如别，整者如戟，乱者如发，于冥蒙中以意命之。水数百脉，支离胶葛，经纬参错，迤者为溪，漫者为汇，断者为沼，涸者为坳。洲汀岛屿，向背离合；青树碧蔓，交罗蒙络。小舟叶叶，纵横进退，摘翠者菱，挽红者莲，举白者鱼，或志得意满而归，或夷犹容与若无所为者。山有浮图宫，长松数十挺，俨立门左右，历历如流水声从空中坠也。既暮，不可留，乃并山北下。冈重岭复，乔木苍苍，月一眉挂修岩巅，迟速若与客俱。尽山足，更换二鼓矣。

翌日，又转北出小桥，并溪东行，又西三四折，及姚君贵聪门。俯门而航，自柳、竹翳密间，循渠而出，又三四曲折，乃得大溪。一色荷花，风自两岸来，红披绿偃，摇荡葳蕤，香气勃郁，冲怀盈袖，掩苒不脱。小驻古柳根，得酒两罂，菱芡数种。复引舟入荷花中，歌豪笑剧，响震溪谷。风起水面，细生鳞甲；流萤班班，奄忽去来。夜既深，山益高且近，森森欲下搏人。天无一点云，星斗张明，错落水中，如珠走镜，不可收拾。隶而从者曰学童，能嘲哳为百鸟音，如行空山深树间，春禽一两声，翛然使人怅而惊也；曰沈庆，能为歌声，回曲宛转，了亮激越，风露助之，其声愈清，凄然使人感而悲也。

追游不两朝昏，而东林之胜殆尽。同行姚贵聪、沈虞卿、周辅及余四人。三君虽

纨绮世家，皆积岁忧患；余亦羁旅异乡，家在天西南隅，引领长望而不可归。今而遇此，开口一笑，不偶然矣。皆应曰："嘻！子为之记。"

王质秋游东林，第一天登山揽胜，第二天泛舟观荷，虽各有侧重，却又是登山见水，泛舟山下，山山水水，贯穿全篇，描绘出这一地区的风光特点。

他刻画山容水态，运笔颇下功夫。

且看——小舟叶叶，纵横进退，摘翠者菱，挽红者莲，举白者鱼，或志得意满而归，或夷犹容与若无所为者。

小舟如书签插进荷叶与波浪的翻书韵律中，摘菱、采荷、捕鱼，而菱青、荷红、鱼白，色彩相间如画；

且看——一色荷花，风自两岸来，红披绿偃，摇荡葳蕤，香气勃郁，冲怀盈袖，掩苒不脱。小驻古柳根，得酒两罂，菱芡数种。复引舟入荷花中，歌豪笑剧，响震溪谷。风起水面，细生鳞甲；流萤班班，奄忽去来。

荷花满溪，迎风摇曳，香气冲怀，则诗意盎然；

且看——夜既深，山益高且近，森森欲下搏人。天无一点云，星斗张明，错落水中，如珠走镜，不可收拾。

群星映水，如镜面滚珠，又能"状难写之景如在目前"，松涛、山月、流萤，也各得其趣。

记叙第二天游程，以闻口技与歌声"怅而惊"，"感而悲"作结——隶而从者曰学童，能嘲哳为百鸟音，如行空山深树间，春禽一两声，翛然使人怅而惊也；曰沈庆，能为歌声，回曲宛转，了亮激越，风露助之，其声愈清，凄然使人感而悲也。

这篇游记里，深夜山势之"森森欲下搏人"，也很容易使人想起苏轼《石钟山记》中那句十分相似的话。

而从诗情画意转入同行者"积岁忧患"、"羁旅异乡"的感慨，巧妙而自然地作了铺垫。

山水吾身，山水吾命，山水吾心。

山，水之夫；水，山之妻，情景交融，山水一体。山玩水，为情；水玩山，为心；山水合一，才有完美。

人与山水，共度一命，实为互相照顾，才有生命的意义。

王质简介

王质(1135～1189)，字景文，号雪山，兴国(今属江西)人。绍兴三十年(1160)进士。

他做过当时抗金将领张浚、虞允文的幕僚，与陆游、张孝祥是朋友。任太学正时，因言事罢官。著有《雪山集》。

◎如水人生，人在水途

——陆游《入蜀记》史上第一部长篇游记

乾道五年十二月，陆游得报差通判夔州。由于身体状况的原因，久病在身，不能远行，如果远行上任，肯定吃不消。次年，身体有所好转，就在（1170）闰五月十八日，从家乡山阴出发，十月廿七日抵夔州，即到达今天的今重庆奉节。一路上，把这次赴任途中所见山川风物与心得记录成文，他写下了流传后世的《入蜀记》。

《入蜀记》由入蜀途中日记而成，4万字，历时160天，路线经现在的浙、苏、皖、赣、鄂、渝六省市。

古代的交通工具主要是马匹马车等动力交通工具为陆路交通。而舟子为水路主要交通工具。此次陆游取长江舟行，所以写下的自然风光以大江壮景为多。

作为水路观光，在古代实为常见，在今天的旅游行动中，相对而言比较少一些，因为今天的陆路、空中道路要比水路的速度要快得多，也多得多。如是缘故，我们就随着陆游上任的路线图，坐一趟舟子，去体验做官上任、看风景的滋味。

陆游此行路线可以分为两段——

第一段：先沿着运河从山阴到临安，再经嘉兴、苏州、常州，到镇江后进入长江。

第一段路程中的地点都是陆游曾多次经过的，其山川风景是他非常熟悉的，所以不很能引起他的写作兴趣。

《入蜀记》中仅用不足一卷的篇幅来写第一段路程，当因此故。

第二段：全在长江中行进，沿途经过的重要地点有建康府（今南京）、太平州（今当涂）、芜湖、池州（今贵池）、江州（今九江）、黄州、鄂州（今武汉）、岳州（今岳阳）、江陵府（今沙市）、夷陵（今宜昌）、秭归、夔州等。

第二段路程却在陆游面前展开一幅全新的江山画卷，除了镇江一带的江山算是故地重游以外，其余的地点都是首次经历。而且自镇江开始溯江而上，两岸的奇丽风光接连不断且变化无穷，镇江的金山、焦山可算是渐入佳境的起点。《入蜀记》中泼墨如水地进行大笔渲染的写景即始于镇江，多半是出于这个原因。

体验古代水路远行的背包客可以看到，陆游的水路风景颇为精彩。用陆游如水的目光看风景，看到了我们自己的目光里没有的山水气场与内涵，他的目光弥补了我们目光的不足，我们的目光也弥补了他目光的不足，互补——

镇江——“东望京山，连亘抱合，势如缭墙，官寺楼观如画，西阚大江，气象极雄伟也。”

“二十八日，夙兴，观日出，江中天水皆赤，真伟观也……午间过瓜洲，江平如镜，舟中望金山，楼观重复，尤为巨丽。”

壮景固成其大块文，优美、幽奇、清秀、深邃之景揽入文心。

小孤山——峭拔之壮美与秀丽之优美合二为一，妙用烘云托月，多维视野远望与近观来刻画。比较出风景：“始见庐山及大孤。大孤状类西梁，虽不可拟小孤之秀丽，然小孤之旁，颇有沙洲葭苇，大孤则四际渺弥皆大江，望之如浮水面，亦一奇也。”“浮”字，写景逼真，自然生动；体现江西诗派炼字功底。山水也就这样炼出神奇与灵魂。

写小孤山之自然美后，笔锋一转：“但祠宇极于荒残，若稍饰以楼观亭榭与江山相发挥，自当高出金山之上矣。”12 世纪，陆游即在旅游、审美实践中提出以美的人文景观匹配美的自然风景，是旅游美学与风景学的精华。

神女峰——实笔出美人一样的纤丽，深处佐以故事，妙添虚笔，让我们背包客联想其神韵，无声画面竟荡漾美妙丝竹管弦天乐。“峰峦上入霄汉，山脚直插江中。议者谓太华衡庐皆无此奇。然十二峰者不可悉见。所见者八九峰，唯神女峰最为纤丽奇峭，宜为仙真所托。祝史云：每八月十五夜月明时，有丝竹之音往来峰顶，山猿皆鸣，达旦方渐止。”

水路少不了鱼的演出，皖江巨鱼如是——“巨鱼十数，色苍白，大如黄犊，出没水中；每出，水辄激起，沸成白浪，真壮观也。”

在池州，看到陆游援引历史——北宋灭南唐，缘由在于“首克池州，然后能取芜湖、当涂，驻军采石，而浮桥成。则池州今实要地，不可不备也。”

在常州，沧桑兴亡：“又见梁文帝陵。文帝，武帝父也。亦有二辟邪尚存。其一为藤蔓所缠，若絷缚者。然陵已不可识矣！”

我们背包客在陆游的导引下，跟着这样真正的内行，有如此专业的向导，就不怕自己不深刻。

远行赴官者盘缠必须自筹，但宋朝政府也提供一定的旅行便利。陆游入蜀，靠亲友资助。当上路之后，也得到官府照应。

八月三日，行至江州，“始得夔州公移”（卷三），夔州官府已有文书前来。

至二十三日，行至鄂州，“夔州迓兵来参”（卷四），夔州方面已派士兵来迎接。

九月十日，行至石首县附近，“遣人先至夔”（卷五），所遣之人当即夔州派来迎接的士兵。

九月二十一日，在江陵府，“刘帅丁内艰，分迓兵之半，负肩舆自山路先归夔州”（卷五）。夔州派来的“迓兵”人数不少。

南宋时官府对地方官赴任之行有所安排照应。陆游在路经所有州府时都得到当地长官宴请接待，那些官员并非都是他的旧交，地方官府有接待过路官员的责任。

陆游除在临安时曾一度搭乘官船以外，都租船而行。

《入蜀记》租船记载始于镇江，是长江航行始点："(闰五月) 二十日，迁入嘉州王知义船。"(卷一)

至二十九日又记云："舟人以帆弊，往姑苏买帆，是日方至。"(卷一)

为了在长江长途航行,事先须作好充分准备。此船是载重很大的"二千斛舟"(见卷三"七月二十八日")，一路平安。

经公安县后,换一船:(九月)十七日,"日入后迁行李过嘉州赵青船,盖入峡船也。"(卷五)

因为过三峡必须换乘专门的"入峡船"。这种船："(九月) 二十日，倒樯竿，立橹床。盖上峡唯用橹及百丈，不复张帆矣。百丈以巨竹四破为之，大如人臂。予所乘千六百斛舟，凡用橹六枝、百丈两车。"(卷五)

可惜这"入峡船"并没有把陆游一行安全送到夔州,"(十月) 十三日,舟上新滩,由南岸上及十七八，船底为石所损。急遣人往拯之，仅不至沉。然锐石穿船底，牢不可动。盖舟人载陶器多所致。"(卷六)

"十五日,舟人尽出所载,始能挽舟过滩,然须修治。遂易舟,离新滩,过白狗峡。"(卷六) 由于船主贪利多载货物，导致船底被礁石刺穿，只得又换船，才过了新滩和白狗峡到达归州。

自镇江至夔州，竟三易其舟，才得到达，水路入蜀，何等艰险。

陆游一路上沿途访亲问友，每逢名胜古迹，都要停留数日，尽兴观览。他在闰五月十八日动身以后，至二十日已达临安，在临安逗留十日，省兄访友，游览西湖，至六月一日才离开。六月十七日抵镇江，又停留十日，到二十八日才渡江至瓜洲。行经建康府、庐山、鄂州等地，也都停留五日以上。

赶赴远处任所不必日夜兼程，赴官者可以从容为之。陆游从乾道五年 (1169) 年底接到任命，迟至次年闰五月才动身赴任。因病而迁延，上路之后仍"行道迟迟"，走了五个多月，才到达夔州，可以看到，他并未把王命看得急如星火。

《入蜀记》是一部名副其实的旅行笔记。记载了陆游奉朝廷之命赶赴任所的经过，记录了宋代官差旅行的丰富资料。

从《山海经》到《大唐西域记》，再到《入蜀记》，游记也在走自己的一条路。

◎凡有所相，皆为心相

——《入蜀记》途中人像雕刻功夫

《入蜀记》对普通人的生命很关心，陆游用独特视角观察生活，对沿途风土、民俗、生产、生活极为关注。作品对沿途所见风土民俗，随意点缀，涉笔成趣。

其中有展现劳动妇女的生活情景。

三峡沿岸，劳动妇女背负重物以及其发髻装饰皆历历如画——妇人汲水，皆背负一全木盎，长二尺，下有三足。至泉旁，以杓挹水，及八分即倒坐旁石，束盎背上而去。大抵峡中负物率着背，又多妇人，不独水也。有妇人负酒卖，亦如负水状。呼买之，长跪以献。未嫁者率为同心髻，高二尺，插银钗至六只，后插大象牙梳，如手大。(卷六,十月十三日)

河边妇女同时进行两种劳作，其辛苦劳顿不言自明——运河水泛溢，高于近村地至数尺，两岸皆车出积水。妇人、儿童竭作，亦或用牛。妇人足踏水车，手犹绩麻不置。(卷一,六月八日)

飘浮在江中的大筏，居然有数十户居民居住在筏上随波逐流，属于没有土地的贫民无可奈何之举——

抛大江，遇一木筏，广十余丈，上有三四十家。妻子、鸡犬、臼碓皆具。中为阡陌相往来，亦有神祠，素所未睹也。舟人云此尚其小者耳，大者于筏上铺土作蔬圃，或作酒肆，皆不复能入夹，但行大江而已。(卷四,八月十四日)

土地私有制，没有钱的人，就没有土地，没有立锥之地，命运何其悲惨。

《入蜀记》有一些为普通人所画素描——

性格急躁的船工，失去“招头”(即水手长)的职务后，竟至投江自尽——

有嘉州人王百一者,初应募为船之招头。招头者,盖三老之长,顾直差厚。每祭神,得胙肉倍众人。既而船户赵清改用所善程小八为招头，百一失职怏怏，又不决去，遂发狂赴水。予急遣人拯之。流一里余，三没三踊，仅得出。(卷五,九月二十八日)

人生悲剧来自于看不开吗？实际上有时候人想不开，的的确确是没有了活路，怎么还能活下去?

终身潦倒而苦学不已的读书人——

(毛) 德昭极苦学，中年不幸病盲，而卒无子……其盲后犹终日危坐，默诵六经至数千言不已，可哀也。(卷一,六月六日)

没有希望是痛苦的，而没有尽头也是痛苦的，没有实现理想是悲叹的，而无法实现理想，生命就是黑暗的。

曾抗金立功但没有得到任何封赏的战士——

庙中遇武人王秀，自言博州人，年五十一。完颜亮寇边时，自河朔从义军，攻下大名，以待王师。既归朝，不见录。且自言孤远无路自通，歔欷不已。(卷一,六月二十五日)

如果一个社会没有肯定，没有表扬，就不会有光明的榜样，也会使更多的人失去信心。

有趣生活的人：金山寺与焦山寺，镇江两名刹，两处名胜。僧人本应六根清净，然而金山寺僧人垄断水神庙祭神猪头，出榜公示。佛门净地收进去猪头甚多，观者就要大笑——

(六月)二十五日,早以一豨、壶酒谒英灵助顺王祠,所谓下元水府也。祠属金山寺，寺常以二僧守之，无他祝史。然榜云："赛祭猪头，例归本庙。"观者无不笑。(卷一)

佛门本来就是红尘，就是心灵的考试课堂，一考就灵。就像今天的一些"和尚"，开公司，娶三房老婆……

该寺的僧人还为了与焦山寺争胜,为亭子取名"吞海亭"来压倒后者的"吸江亭"，这哪里像是遁入空门中人的作为。僧人们的世情俗态，不免让人忍俊不禁——

(六月) 二十六日，五鼓发船，是日始伐鼓，遂游金山……山绝顶有吞海亭，取毛吞巨海之意。登望尤胜。每北使来聘,例延至此亭烹茶。金山与焦山相望,皆名蓝,每争雄长。焦山旧有吸江亭，最为佳处，故此名"吞海"以胜之，可笑也。(卷一)

沿途看到的人，类似笔记小说的雕刻——宋代道姑妙静练师："结庐葛仙峰下,平生不火食,唯饮酒,食生果,为人言祸福生死无毫厘差。每风日清和时,辄掩关独处,或于户外窃听之，但闻若二婴儿声，或歌或笑，往往至中夜方止，莫有能测者。"

绝壁怪道如是——"将午,过三山矶。矶上新作龙祠。有道人半醉立薛崖绝峭处,下观行舟，望之使人寒心，亦奇士也。"

因为坐船，肯定与水手打交道，所以也记载了舟子们的一些趣闻——

(七月十一日) 是日便风，击鼓挂帆而行。有两大舟东下者，阻风泊浦溆，见之大怒，顿足诟骂不已。舟人不答，但抚掌大笑，鸣鼓愈厉，作得意之状。(卷二)

(七月二十八日) 至石壁下，忽昼晦，风势横甚。舟人大恐失色，急下帆趋小港。竭力牵挽，仅能入港系缆。同泊者四五舟，皆来助牵。(卷三)

一写顺风行舟者与逆风行舟者的矛盾心态，一写舟子间的互相帮助，生动如画。此外如乘客搭船之事，在《入蜀记》中也有所记载——

(八月) 二十九日早，有广汉僧世全、左绵僧了证来附从人舟。(卷五)

(九月) 十三日，泊柳子。夜过全、证二僧舟中，听诵梵语般若心经。(卷五)

陆游在镇江所租王知义之船共有两艘，其一给从人乘坐，二僧来搭乘的就是“从人舟”。展现了当时长江航运许多细节性画面。

行舟长江，祭神、避险及旅客搭乘，舟子与湍流险滩如何搏斗等细节，生动得好像波浪之于水一样。

长江行舟，船夫辛苦异常。

“九月一日，始入沌，实江中小夹也……两岸皆葭苇弥望，谓之百里荒。又无挽路，舟人以小舟引百丈，入夜才行四十五里。”（卷五）

用纤挽船逆流而上，一整天才前进十多里，更何况遇到连纤路也没有之处，竟需要用小船来拉纤，何等苦！然而更大的麻烦在于险滩急流，船夫常要向神灵祈求平安——

（九月）四日，平旦始解舟。舟人云：“自此陂泽深阻，虎狼出没。未明而行，则挽卒多为所害。”是日早见舟人焚香祈神云：“告红头须小使头：长年三老，莫令错呼错唤！”（卷五）

至是月二十二日，“舟人祀峡神，屠一豨。”（卷五）至十月三日，“舟人杀猪十余口祭神，谓之开头。”（卷五）

频繁祭神，见证覆舟之险在水手心头投下的阴影严重。

一生之旅途，途中所见之人，皆为吾身。那么，世上的人，都是一个人。看见他们，就看见不同的自己。人生作为生命的艺术，一路上所见，皆为生命。

◎多角度的行程

——《入蜀记》的文、史、考各有其力，亦融合无间

《入蜀记》将日常旅行生活与亲历的自然人文与景观、还有当地的风俗世情、以及军事政治状况、与具体景致相关的掌故、文史考辨、诗文、旅游审美情趣和当地地理沿革兴废有机融合为百科字典，既评古也论今，夹叙夹议，不断闪烁卓见，发出深邃的感慨。

《入蜀记》文学和史料价值比史地考订更为重要，以这两方面的成就而跻身于宋代笔记佳作之林。后人非常重视陆游在巴蜀的生活经历，它与安坐在书斋里所写的，有着不同的艺术风貌。

关键词：多角度。

这部游记举凡地貌特征、地理沿革、郡国利病、名胜古迹、地方物产等各个方面，立体地、百科似地都映入陆游眼帘，而且娓娓道来，富于文学意味。

从运河到长江，陆游入蜀所经历的都是历史文化积淀非常深厚的地方。

《入蜀记》中历史与文学意味一体化的内容主要有以下三类——

第一类为缅怀历史人物

《入蜀记》景、史、情一体化，片断简直独立成篇。萧瑟秋风，登“秋风亭”，缅怀当年名臣寇准贬谪至此，感叹同是天涯沦落人。又想到江山之美，因地远人贫，无人为此为文，更为慨叹。前后慨叹本有矛盾，因率真而情切。自由挥洒，随意行止——

(十月) 二十一日，舟中望石门关，仅通一人行，天下至险也。晚泊巴东县，江山雄丽，大胜秭归。但井邑萧条，邑中才百余户。自令廨而下皆茅茨，了无片瓦……谒寇莱公祠堂，登秋风亭。下临江山，是日重阴微雪，天气飔飘，复观亭名，使人怅然，始有流落天涯之叹。遂登双柏堂、白云亭。堂下旧有莱公所植柏，今已槁死。然南山重复，秀丽可爱。白云亭则天下幽奇绝境，群山环拥层出，间见古木森然，往往二三百年物。栏外双瀑泻石涧中，跳珠溅玉，冷入人骨。其下是为慈溪，奔流与江会。予自吴入楚，行五千余里，过十五州，亭榭之胜，无如白云者，而止在县廨厅事之后。巴东了无一事，为令者可以寝饭于亭中，其乐无涯。而阙令动辄二三年，无肯补者，何哉？(卷六)

陆游在入蜀途中对苏轼的流风遗韵极为留意，仅在《入蜀记》中提及苏轼的就有 12 处之多。对于苏轼，陆游一向怀最高敬意，不仅仅由于苏轼的文学成就，也由于其崇高人格精神。陆游曾称誉苏轼：“公不以一身祸福，易其忧国之心。千载之下，生气凛然，忠臣烈士所当取法也。”黄州，苏轼贬谪之地，亦苏轼文学首次大放异彩之处，其别号“东坡居士”就得名于黄州一地名。而今陆游亲临当年苏轼啸傲风月的地方，思潮澎湃。“东坡”、“雪堂”，自与当年苏轼有关。连小桥、暗井等等极为常见的地名，也得名于苏轼名章迥句。每到一处，陆游将所记诵的苏轼名句与眼前景象对照，仿佛随苏轼一路经行，难怪要感慨万千——

(八月) 十九日早，游东坡。自州门而东，冈垄高下，至东坡则地势平旷开豁。东起一垄颇高，有屋三间。一龟头曰“居士亭”，亭下面南一堂颇雄，四壁皆画雪。堂中有苏公像，乌帽紫裘，横按筇杖，是为雪堂。堂东大柳，传以为公手植。正南有桥，榜曰“小桥”，以“莫忘小桥流水”之句得名。其下初无渠涧，遇雨则有涓流耳。旧止片石布其上，近辄增广为木桥，覆以一屋，颇败人意。东一井曰“暗井”，取苏公诗中“走报暗井出”之句。泉寒熨齿，但不甚甘。又有“四望亭”，正与雪堂相直。在高阜上，览观江山，为一郡之最。亭名见苏公及张文潜集中。坡西竹林，古氏故物，号南坡，今已残伐无几，地亦不在古氏矣。出城五里，至安国寺，亦苏公所尝寓。兵火之余，无复遗迹。唯绕寺茂林啼鸟，似犹有当时气象也。(卷三)

第二类为评说历史事件

陆游是南唐史专家。当他来到采石矶，目睹当年樊若冰暗测江面留下的遗迹，不免要对与南唐亡国直接有关的这件历史事件评论。陆游为宋臣，对本朝平定南唐拥护，而对樊若冰因个人不得意遂卖国投敌不以为然，再三强调宋灭南唐为天意，非樊若冰个人举动所能决定。引北宋张耒《平江南议》意见，认为宋对樊若冰应"正其叛主之罪而诛之"，并评论："文潜此说，实天下之正论也。"南宋虽是南唐敌国北宋的沿续，而在面临来自北方强敌威胁而将长江视为边防要地却与南唐相像。陆游对樊若冰投敌求荣批判，不足为奇。此外，陆游对南唐君臣文恬武嬉终致亡国史实深为慨叹，联系南宋黑暗现状，"暗且怠"难道不正是微言大义？——

（七月）十一日……采石一名牛渚，与和州对岸，江面比瓜洲为狭，故隋韩擒虎平陈及本朝曹彬下南唐，皆自此渡。然微风辄浪作，不可行。刘宾客云："芦苇晚风起，秋江鳞甲生。"王文公云："一风微吹万舟阻。"皆谓此矶也。矶即南唐樊若冰献策作浮梁渡王师处。初，若冰不得志于李氏，诈祝发为僧，庐于采石。凿石为窍，及建石浮图。又月夜系绳于浮图，棹小舟急渡引绳至江北，以度江面。既习知不谬，即亡走京师上书。其后王师南渡，浮梁果不差尺寸。予按隋炀帝征辽，盖尝用此策渡辽水……然隋终不能平高丽，国朝遂下南唐者，实天意也，若冰何力之有！方若冰之北走也，江南皆知其献南征之策……然若冰所凿石窍及石浮图皆不毁，王师卒用以系浮梁。则李氏君臣之暗且怠，亦可知矣！（卷二）

第三类为历史事实考证

对江州"庾楼"描绘，考辨此楼以晋人庾亮命名不妥。指出庾亮当年任江、荆、豫州刺史，其治所在武昌，唯武昌南楼才能合法称为"庾楼"，前人将江州之楼称"庾楼"皆为误传而不妥当——

（八月）五日，郡集于庾楼。楼正对庐山之双剑峰，北临大江，气象雄丽。自京口以西，登览之地多矣，无出庾楼右者。楼不甚高，而觉江山烟云皆在几席间，真绝景也。庾亮尝为江、荆、豫州刺史，其实则治武昌。若武昌南楼名庾楼，犹有理。今江州治所，在晋特柴桑县之湓口关耳，此楼附会甚明。然白乐天诗固已云"浔阳欲到思无穷，庾亮楼南湓口东"，则承误亦已久矣。张芸叟《南迁录》云："庾亮镇浔阳，经始此楼。"其误尤甚。（卷三）

诗文界限不绝对，非不可超越，它们有时也会互相渗透，甚至造成一些交叉地带，《入蜀记》中就有不少诗情浓郁的片断——

（八月十六日）晚过道士矶，石壁数百尺，色正青，了无窍穴，而竹树迸根，交络其上，苍翠可爱。自过小孤，临江峰嶂无出其右。矶一名西塞山，即玄真子《渔父辞》所谓“西塞山前白鹭飞”者……泊散花洲，与西塞相直。前一夕月犹未极圆，盖望正在是夕。空江万顷，月如紫金盘自水中涌出，平生无此中秋也。(卷四)

(九月四日）过纲步，有二十余家，在夕阳高柳中，短篱晒罾，小艇往来，正如图画所见，沌中最佳处也。(卷五)

(九月）九日，早谒后土祠。道旁民屋，苫茅皆厚尺余，整洁无一枝乱。挂帆抛江行三十里，泊塔子矶，江滨大山也。自离鄂州，至是始见山。买羊置酒，盖村步以重九故，屠一羊。诸舟买之，俄顷而尽。求菊花于江上人家，得数枝，芬馥可爱，为之颓然径醉。夜雨极寒，始覆絮衾。(卷五)

这些片断使《入蜀记》臻于文学极高的艺术境界。

◎大小两山如兄弟

——陆游《过小孤山大孤山》一山过了还一山

在安徽宿松县和江西彭泽县之间，宿松城东南60公里长江中，小孤山屹立在此处，区别于鄱阳湖的大孤山。它形成于第四纪冰川时期。风姿秀逸，独立孤峰，山高一百余米，自山下至山顶建筑所谓错落有致、古树翠竹掩映，天水一色。其龙耳洞最著名，洞内风光旖旎。此山围仅一里许，形如古代妇女头上发髻，旧称髻山。随船身移动，看到山貌渐变。沿364级石阶，蹑磴扪萝，一步步登上小孤山，顿生磅礴之气。

主要建筑启秀寺始建于唐，民称“小姑庙”。民间传说小姑与彭郎相爱而终难成眷属，投江殉情，死后化作小孤山，又名小姑山。彭郎因悲于小姑之死，遂化成石矶，立江边，即彭浪矶，亦名彭郎矶。山顶梳妆亭，传为小姑梳妆处。

小孤山南岸与彭浪矶相对峙，湍激如沸江流滚滚，海潮至此不得上，因有“海门第一关”之称，为横锁长江的“楚塞吴关”。古为兵家必争之地，驻有戍兵。朱元璋陈友谅之间、太平天国军曾国藩湘军之间、王阳明朱宸濠之间……都曾在这一带江上血战。马当在小孤山斜对岸，更为长江要塞。抗日期间，为阻挡日军舰溯江而上，启动马当封江，不顾敌机轰扫，于马当江段，凿沉满载石块的很多船只，滞缓了日军进攻。

小孤山弹丸之地地盘小，名声大如雷贯耳。

世人对小孤山赞誉——

“障百川于千里，纳群山于足下”。“海门石柱”、“长江绝独”、“江上第一景”。山水诗鼻祖谢灵运，一首有名的《登江中孤屿》即为小孤山而作。苏东坡的“大孤小孤江中央”，更脍炙人口。

小孤山被人们所青睐，顾况、卢仝、王安石、王十朋、王守仁、袁枚纷至沓来……连明朝皇帝朱元璋、朱厚焙也来附庸风雅。

明代谢缙有诗赞曰：“半空岩石架高台，过客登临此处来。佩玉尚闻仙子去，乘鸾疑见女郎回。澄江秋水明妆镜，绝顶云鬟绾髻堆。”动人传说与奇秀风光使小孤山充满浪漫情调。画家们则纷纷将小孤山入画，唐代李思训《长江绝岛图》即画小孤山与鄱阳湖上的大孤山。

陆游《入蜀记》里的《过小孤山大孤山》为——

八月一日，过烽火矶。南朝自武昌至京口，列置烽燧，此山当是其一也。自舟中望山，突兀而已。及抛江过其下，嵌岩窦穴，怪奇万状，色泽莹润，亦与它石迥异。又有一石，不附山，杰然特起，高百余尺，丹藤翠蔓，罗络其上，如宝装屏风。是日风静，舟行颇迟，又秋深潦缩，故得尽见杜老所谓“幸有舟楫迟，得尽所历妙”也。过澎浪矶、小孤山，二山东西相望。

小孤属舒州宿松县，有戍兵。凡江中独山，如金山、焦山、落星之类，皆名天下，然峭拔秀丽皆不可与小孤比。自数十里外望之，碧峰巉然孤起，上干云霄，已非它山可拟，愈近愈秀，冬夏晴雨，姿态万变，信造化之尤物也。但祠宇极于荒残，若稍饰以楼观亭榭，与江山相发挥，自当高出金山之上矣。庙在山之西麓，额曰“惠济”，神曰“安济夫人”。绍兴初，张魏公自湖湘还，尝加营葺，有碑载其事。又有别祠在澎浪矶，属江州彭泽县，三面临江，倒影水中，亦占一山之胜。舟过矶，虽无风，亦浪涌，盖以此得名也。昔人诗有“舟中估客莫漫狂，小姑前年嫁彭郎”之句，传者因谓小孤庙有彭郎像，澎浪庙有小姑像，实不然也。晚泊沙夹，距小孤一里。微雨，复以小艇游庙中，南望彭泽、都昌诸山，烟雨空蒙，鸥鹭灭没，极登临之胜，徙倚久之而归。方立庙门，有俊鹘抟水禽，掠江东南去，甚可壮也。庙祝云，山有栖鹘甚多。

二日早，行未二十里，忽风云腾涌，急系缆。俄复开霁，遂行。泛彭蠡口，四望无际，乃知太白“开帆入天镜”之句为妙。始见庐山及大孤。大孤状类西梁，虽不可拟小姑之秀丽，然小孤之旁，颇有沙洲葭苇，大孤则四际渺弥皆大江，望之如浮水面，亦一奇也。江自湖口分一支为南江，盖江西路也。江水浑浊，每汲用，皆以杏仁澄之，过夕乃可饮。南江则极清澈，合处如引绳，不相乱。晚抵江州。州治德化县，即唐之浔阳县，柴桑、栗里，皆其地也；南唐为奉化军节度，今为定江军。岸上赤而壁立，东坡先生所谓“舟人指点岸如赪”者也。泊湓浦，水亦甚清，不与江水乱。自七月二十六日至是，首尾才六日，其间一日阻风不行，实以四日半溯流行七百里云。

我们来游览陆游版的小孤山——

八月一日，船经过烽火矶。南朝以来，从武昌（今鄂城）到京口，都设置了很多报警的烽火台，这座山应该是其中之一。

从船上看山，只见到高耸的山峰而已。

等到抛锚停船后，陆游走过山下，看到岩石镶嵌在洞穴里，奇形怪状，色彩光亮润泽，也和别的石头不大一样。又有一块巨石，与烽火矶不相连。高峻雄伟地拔地而起，高约一百多尺，有红藤绿蔓蒙络在它上面，像宝石镶嵌的屏风。

这一天，风平浪静，船走得很慢，又因为深秋，江水较浅，所以能看到这里的一切美景，正如杜甫所说的“幸有舟楫迟，得迟所历妙”。

经过澎浪矶、小孤山，这两座山东西相望。

小孤山属于舒州宿松县，山上有兵戍守着。所有江中的独山，如金山、焦山、落星山之类，都是名闻天下的，但从峭拔秀丽上看，都不能和小孤山相比。

从几十里外看去，小孤山碧绿的山峰高高耸立着，直插云霄，已经不是别的山可以相比的了。越近看它越秀丽，冬天、夏天、晴天、雨天，姿态变化万千，确实属于自然界风景最优美的地方。

只是山上庙宇太荒凉残破，如果再增加些楼台亭榭，与山光水色互相辉映，自然会比金山更漂亮。

庙在西边山脚下，匾额上写着“惠济”二字，里面供奉的神叫“安济夫人”。绍兴初年，魏国公张浚从湖南回来，曾经修缮过，有座碑记载了这件事。

又有另一座庙在澎浪矶，在江州彭泽县境内，三面临着长江，山的倒影映在水中，也是一处名山胜景。

船过澎浪矶，即使无风，浪也很大，澎浪矶大概因此而得名吧。

古人有诗：“舟中估客莫漫狂，小姑前年嫁彭郎。”说小孤山的庙里有彭郎像，澎浪矶庙里有小姑像，其实并不是这样。

这天晚上，陆游的船就停在沙夹，距小孤山大约一里远。

天下着雨，陆游又乘小艇到小孤山的庙中浏览。

向南远望，彭泽、都昌一带山峦，烟雨迷茫，沙鸥和白鹭时隐时现。

登山临水浏览名胜可算登峰造极，徘徊了很长时间才回去。

陆游刚到庙门口站着，有一只健美的老鹰正在追逐水鸟，掠过江面向东南方向飞去，非常壮观。守庙的人说，山上栖息着很多老鹰。

第二天早晨，船行不到 20 里，忽然风起云涌，于是急忙系上揽绳。

不一会儿，天又转晴，船又继续前行。

泛舟到彭蠡口，四面望去，没有边际，这时陆游才领会李白“开帆入天镜”这句诗的妙处。这时才看到庐山和大孤山。

大孤山的样子就像西梁山，虽然比不上小孤山那样秀丽，但是小孤山的旁边，很有几块沙洲和初生的芦苇；大孤山的四周却是茫茫无际的江水，远望它，就像浮在水面上一样，也是一种奇观呀！长江从湖口分出一支成为南江，为江西路一带水域。这一段长江的水很浑浊，每逢要汲用江水时，都需用杏仁来澄清，过一个晚上才能喝。南江的水却很清，两江的水合流处如用绳尺划分过一样，不相混淆。

晚上到达江州，州府设在德化县，就是唐代的浔阳县。

柴桑、栗里，都属于江州地面；南唐时由奉化军管辖，现在是定江军。

岸上的土红色，岸墙一样直立着，东坡先生所说的“舟人指点岸如赪”，说的就是这个。

船停泊在湓浦口，水也很清，不和江水相混。

从七月二十六日到今天，前后才六天，其中有一天因为风阻船不能行，实际用了四天半的时间，逆水而上，航行了七百里。

◎巫山神女

——陆游《过巫山凝真观》神女为谁而生

《过巫山凝真观》为《入蜀记》里一个片段——

二十三日，过巫山凝真观，谒妙用真人祠。真人即世所谓巫山神女也。祠正对巫山，峰峦上入霄汉，山脚直插江中，议者谓太华、衡、庐，皆无此奇。然十二峰者不可悉见，所见八九峰，唯神女峰最为纤丽奇峭，宜为仙真所托。祝史云：“每八月十五夜月明时，有丝竹之音，往来峰顶，山猿皆鸣，达旦方渐止。”庙后，山半有石坛，平旷。传云：“夏禹见神女，授符书于此。”坛上观十二峰，宛如屏障。是日，天宇晴霁，四顾无纤翳，唯神女峰上有白云数片，如鸾鹤翔舞徘徊，久之不散，亦可异也。祠旧有乌数百，送客迎舟。

陆游写神女峰，不仅实笔状其如美人纤丽，功夫深更佐以故事，妙添虚笔，令人产生联想，于无声画面荡漾美妙丝竹管弦，宛如天乐，使我们备得审美享受：“峰峦上入霄汉，山脚直插江中。议者谓太华衡庐皆无此奇。然十二峰者不可悉见。所见者八九峰，唯神女峰最为纤丽奇峭，宜为仙真所托。祝史云：每八月十五夜月明时，有丝竹之音往来峰顶，山猿皆鸣，达旦方渐止。”

陆游的女神是唐婉。

陆游为她写下了史上最为伟大的凄凉爱情诗篇。

而在上任途中，二十三日，过巫山的凝真观，拜谒了妙用真人的祠堂。真人就是大家所说的巫山神女。

祠堂正对着巫山，峰峦很高冲入云霄，而山脚则直插入江水中，议论的人都说泰山、华山、衡山、庐山，都没有巫山奇特。

可是十二峰并不能全看见，能看到的八九个山峰，只有神女峰纤巧修长，陡起而变幻多姿，确实适宜作为神女的化身。

祠中主持祭祀者说："每年的八月十五晚上月亮朗明的时候，就能听到优美的管弦音乐，在峰顶上来回走，能听到山上的猿啼鸣，到天明才渐渐停止。"

在庙的后边，半山腰中有个石坛，比较平坦。传说"夏禹遇到神女，神女就是在这个地方把符书送给禹。"在石坛上看十二峰，就像屏障一样。

这一天，天空晴朗，看四周围没有丝毫云烟，只有神女峰上有几片白云，就像凤凰、白鹤在那里跳舞、散步，很久也不散去，也是很奇异的一个现象。

祠旧有乌数百，送走客人，迎来新舟。

关于巫山，更有巫山云雨的传奇诗篇。这里不仅产生伟大的山水，更有伟大的诗篇。可见中国文化里的爱情、生命最为动人的部分，都回到了山水的根蒂。

◎鱼如银刀有青山

——陆游《开南窗观溪山》打开诗性窗口

陆游《开南窗观溪山》为《入蜀记》里的一个片断——

（七月）十四日，晚，晴。开南窗观溪山。溪中绝多鱼，时裂水面跃出，斜日映之，有如银刀。垂钓挽罟者弥望，以故价甚贱，僮使辈日皆餍饫。土人云，此溪水肥，宜鱼。及饮之，水味果甘，岂信以肥故多鱼邪？溪东南数峰如黛，盖青山也。

打开窗口，看见世界的鱼。

鱼是什么？是水的钥匙。

鱼有不同的身材。

这里最有意思的是，那些身材苗条的鱼儿如银刀。现在要吃到好鱼、没有污染的鱼，就要付出钱的代价。

我们可以翻译成为散文诗一样的如歌散板——

七月十四日，傍晚，天晴。

打开船舱中向南的窗，观看河山风光。

姑熟溪中有很多鱼，不时冲开水面跃出来，夕阳照映溪水，如同银刀一样。

垂竿钓鱼、拉网捕鱼的人满眼都是，因为这缘故，鱼价很低，家僮差役们每天都吃得饱饱的。

当地的人说，这溪水很肥，适于鱼的生长。

等到我唱了这溪水，觉得水味道真甜，难道当真是因为水肥的缘故吗？

溪的东南许多山峰像青黑色的颜料染过一样，原来是青山啊。

◎只为途中与山水万物相见

——陆游《入蜀记》日日有新景

《入蜀记》里，日记日日有风景，今选录，辑录，品读，品山品水品心——

原文——

（八月）十四日，晓，雨。过一小石山，自顶直削去半，与余姚江滨之蜀山绝相类。抛大江，遇一木筏，广十余丈，长五十余丈。

译文——

八月十四日，船从富池出发西行，拂晓，下雨。经过一座小石山，这座山笔直得像从山顶一刀削去一半，跟余姚江边的蜀山很相似。行船在江上，遇到一木筏，宽十多丈，长五十多丈。

原文——

（八月）二十一日。过双柳夹，回望江上，远山重复深秀。自离黄，虽行夹中，亦皆旷远，地形渐高，多种菽粟荞麦之属。晚，泊杨罗，大堤高柳，居民稠众。鱼贱如土，百钱可饱二十口；又皆巨鱼，欲觅小鱼饲猫，不可得。

译文——

八月二十一日，船从黄州上游戚矶港出发，经过双柳夹，回头望江上，远山重重深幽清秀。从离开黄州，虽然行进在双柳夹中，也都空阔辽远，地形渐渐高了，大多种些豆子、谷子、荞麦之类的粮食作物。晚上，在杨罗洑停泊，这里堤岸宽大，柳树高密，居民稠密众多。鱼像土般便宜，一百个铜钱买的鱼，可以使 20 个人吃饱；又都是大鱼，想找点小鱼养猫，不能找到。大鱼不能养猫?

原文——

（九月）九日，早，谒后土祠。道旁民屋，苫茅皆厚尺余，整洁无一枝乱。挂帆，抛江行三十里，泊塔子矶，江滨大山也。自离鄂州，至是始见山。买羊置酒。盖村步以重九故，屠一羊，诸舟买之，俄顷而尽。求菊花于江上人家，得数枝，芬馥可爱，为之颓然径醉。夜雨，极寒，始覆絮衾。

译文——

九月九日，船行至荆州石首县境内。早上，往拜土神的庙。路旁的民屋，覆盖房顶的茅草都有一尺多厚，整齐得没有一根乱草。张起船帆，在江中航行30里，在塔子矶停泊，塔子矶是江边的大山。从离开鄂州，到这里才见到山。买羊买酒，在村庄旁的水边停船，因为是重阳节的缘故，杀了一只羊，几条船分买了，不一会就吃完了。在江边的人家那里买了几枝菊花，芳香可爱，因此就喝得醉了。夜里下起雨来，非常寒冷，这才开始盖被子了。

原文——

上有三四十家，妻子鸡犬臼碓皆具，中为阡陌相往来，亦有神祠，素所未睹也。舟人云，此尚其小者耳，大者于筏上铺土作蔬圃，或作酒肆，皆不复能入夹，但行大江而已。是日逆风挽船，自平旦至日昳才行十五六里。泊刘官矶，旁蕲州界也。儿辈登岸，归云："得小径，至山后，有陂湖渺然，莲芰甚富。沿湖多木芙蕖，数家夕阳中，芦藩茅舍，宛有幽致，而寂然无人声。有大梨，欲买之，不可得。湖中小艇采菱，呼之亦不应。更欲穷之，会见道旁设机，疑有虎狼，遂不敢往。"刘官矶者，传云汉昭烈入吴尝权舟于此。晚，观大鼋浮沉水中。

译文——

上面有三四十户人家，妻子儿女鸡狗以及舂米的臼、碓都有。中间有相往来的通道，还有神祠，这是向来没有见过的。驾船的人说，这还是小的呢，大的可在竹筏上铺上土作菜田，或开酒店，大得却不再能开进小水湾，只在大江中行进罢了。这天刮逆风，纤夫用力拉船，从天亮到日落才走了十五六里。船在刘官矶停泊，这里古代蕲州边界。子侄等辈上岸，回来后说："发现一条小路，从小路到山后面，有一个小湖，面积很大，莲子菱角很多，沿湖有很多木芙蕖，几户人家在夕阳中，芦苇篱笆、茅屋房舍，仿佛是一个幽雅的地方，而且寂静得没有人声。有很大的梨，想买它，但没法买到。湖中有轻快的小船采菱角，叫他们也没有人答应。想要再看个究竟，恰好看见路旁设有打捉野兽的工具，怀疑有虎狼，于是便不敢再向前走了。"刘官矶，传说蜀汉昭烈帝刘备到吴国去，曾在这里拢船上岸。晚上，看见大鳖在水中沉浮。

一路上，走走停停，什么是快？什么是慢？慢有慢的风景。

一路上，遇见千山万水，一山一水皆为心，千山万水皆为命。

一路上，遇见万物皆为吾身。

一路上，万物万命，无数目光看来者，就像看前生、今世、来生。

烟火人间，日日有气息。

山川万里，无一不景色。

尘世怎能离开山川？人在世间，依旧在山川之间。

◎最美风景没有超过白云亭的

——陆游《巴东景象》贫穷而美之所

《巴东景象》为《入蜀记》里很有意思的一篇——

（十月）二十一日。舟中望石门关，仅通一人行，天下至险也。晚，泊巴东县，江山雄丽，大胜秭归。但井邑极于萧条，邑中才百余户，自令廨而下皆茅茨，了无片瓦。权县事秭归尉右迪功郎王康年、尉兼主簿右迪功郎杜德先来，皆蜀人也。谒寇莱公祠堂，登秋风亭，下临江山。是日重阴微雪，天气凄冷，复观亭名，使人怅然，始有流落天涯之叹。遂登双柏堂、白云亭。堂下旧有莱公所植柏，今已槁死。然南山重复，秀丽可爱。白云亭则天下幽奇绝境，群山环拥，层出间见，古木森然，往往二三百年物。栏外双瀑泻石涧中，跳珠溅玉，冷入人骨。其下是为慈溪，奔流与江会。余自吴入楚，行五千余里，过十五州，亭榭之胜无如白云者，而止在县廨听事之后。巴东了无一事，为令者可以寝饭于亭中，其乐无涯，而阙令动辄二三年，无肯补者，何哉？

陆游十月二十一日，船过归州，在船中望石门关，才能通过一个人，真是天下最险的地方。这里还有道路可以走，没有道路的地方即死亡来临才是危险之路，而对于一些人而言，死亡未尝不是解脱与幸福。人生只是漫漫路程的一个小节。

晚上，船停泊在巴东县，在这里的感受是，大江和山川都很雄伟壮丽，远远超过了秭归。

街市上很萧条冷落，县城里才一百多户人家，县令的办公室都是茅草屋，没有一片瓦。看来做官的还是很廉洁，没有浪费纳税人的钱，修建豪华办公楼。

代理县尉的是秭归的县尉右迪功郎王康年，尉兼主薄是右迪功郎杜德先来，都是四川人。

拜见寇莱公词堂，登上秋风亭，下面挨着长江。

这一天天阴沉沉地下着小雪，天气凄冷，再看亭子的名字，使人怅然若失，才有流落天涯的感慨。

于是又登上双柏堂、白云亭。

堂下原先有寇莱公所栽种的柏树，现在已经枯死了。

然而南山峰峦很多，秀丽可爱。

白云亭，天下最幽奇最绝妙的地方，群山环围着，一层一层显现出来，古木繁密茂盛，往往都是二三百年长起来的。亭栏外面有两个瀑布直流进山涧中，像珍珠在跳跃，像玉屑在飞溅，冷气侵入骨间。

它的下面是慈溪，奔流着与长江会合。

陆游从江浙进入湖北，行程五千余里，经过了15州，感受到最美的风景没有超过白云亭的，它只在县尉办公之地的后方。

巴东知县一点事也没有，作县令的可以睡觉、吃饭都在亭子中，那种乐趣简直无边，也许真的做到了无为而治，他也不需要忙于说假话。

可是县令空缺动不动就是二三年，没有谁肯来补缺，这是为什么？

就这样，一个贫穷而美丽的地方，就像今天的偏远山区，其实只要内心强大，照样可以幸福。如果要靠开发来毁掉大自然而获得享受，那么幸福就会幸福到毁灭。

如果养宠物，就养白云吧。

如果养宠物，就养群山河流吧。

陆游简历

陆游（1125～1210），南宋诗人。字务观，号放翁，越州山阴（今浙江绍兴）人，他始终坚持抗金，在仕途上不断受到当权派的排斥打击。中年入蜀抗金，军事生活丰富了他的文学内容，作品吐露出万丈光芒，成为杰出诗人。词作量不如诗篇巨大，但和诗同样贯穿了爱国主义精神，“气吞残虏”。

◎称赞之下，一探虚实

——柳开《游天平山记》五日游

柳开于太宗至道元年（995）游天平山，他做了一趟五日游，这趟五日游的收获还是蛮大的。他的五日游，不像今天一些忽悠、走马观花的五日游，他的五日游，没有半点水分。靠一座山作为五日游的粮食，吃得很好，吃得开心。

他游后写《游天平山记》——

至道元年，开寓汤阴。未几，桂林僧惟深者，自五台山归，惠然见过，曰："昔公守桂林，尝与公论衡岳山水之秀，为湖岭胜绝；今惟深自上党人于相州，至林虑，过天平山明教院，寻幽穷胜，纵观泉石，过衡岳远甚。"予矍然曰："予从先御史居汤阴二年，汤阴与林虑接境，平居未尝有言者。今师诒我，是将以我为魏人而且欲佞予耶？"越明日，惟深告辞，予因留惟深，曰："前言果不妄，敢同游乎？"惟深曰："诺。"初自马岭入龙山，小径崎岖，有倦意。又数里，入龙口谷，山色回合，林木苍翠，通观俯览，遂忘篓辔之劳。翊日，饭于林虑，亭午抵桃林村，乃山麓也。泉声夹道，怪石奇花，不可胜数。山回转，平地数寻，曰槐林。坐石弄泉，不觉日将晡，憩环翠亭，四顾气象潇洒，恍然疑在物外，留连徐步。薄暮，至明教院，夜宿于连云阁。明旦，惟深约寺僧契园从予游，东过通胜桥，至苍龙洞，又至菩萨洞；下而南观长老岩、水帘亭，周行岩径，下瞰白龙潭而归。翊日，西游长老庵，上观珍珠泉，穿舞兽石，休于道者庵下，至于忘归桥。由涧而转至于昆阆溪、仙人献花台，出九曲滩，南会于白龙潭。扪萝西山，沿候樵径，望风云谷而归。明日，契园煮黄精、苍术苗，请予饭于佛殿之北，回望峰峦，秀若围屏。契园曰："居艮而首出者，倚屏峰也。"予曰："诸峰大率如围屏，何独此峰得名？"契园曰："大峰之名有六，小峰之名有五，著名已久，皆先师之传。又其西二峰，一曰紫霄峰，上有秀士壁，次曰罗汉峰，二有居士壁，以其所肖得名也。又六峰之外，其南隐然者，士民呼为扑猪岭。又其次曰熨斗峰。"诸峰皆于茂林乔松间拔出石壁数千尺，回环连接，崭岩峭拳，虽善工亦不可图画。予留观。予留观凡五日，不欲去，始知惟深之言不妄。又嗟数年之间，居处相去方百里之远，绝胜之景，耳所不闻，对惟深诚有愧色。明日将去，惟深、契园固请予留题。予惧景胜而才不敌，不敢形于吟咏，因述数日之间所见云。

熙宁年间，韩琦从他的侄婿柳材（柳开之孙）家得到此文，并写了一篇《〈游天平山记〉跋》（《安阳集》卷二十三），说"此文不传久矣"，还提到当时明教院主僧要刻之于石。因此，柳开的这篇集外佚文才得以保存下来。

本篇记述了柳开在天平山的五日游程，文中以时间和游历的行程为顺序，记述了山峰、岩洞、潭水、山谷、小溪、山泉、以及山石，叙述井然，详略有致。在写法上前后呼应，文情跌宕。描述中形象鲜明，语言传神，启人遐想。

开头说明游山缘起：游山，是因为听人称赞天平山景胜而不相信，要一探虚实。

山石——过天平山明教院，寻幽穷胜，纵观泉石，过衡岳远甚。

首先，柳开还是不太相信天平山的风景有多美，自己决定看一看，眼见为实。

岩洞——至苍龙洞，又至菩萨洞。

岩洞是仓库，也是空白，什么地方都不能太实，而要虚实相生。有岩洞空出自己的内心，才有大山踏踏实实堆积的力量。

潭水——翊日，西游长老庵，上观珍珠泉，穿舞兽石，休于道者庵下，至于忘归桥。由涧而转至于昆阆溪、仙人献花台，出九曲滩，南会于白龙潭。

实际上，柳开写景，只是提一下，说明一个过程，很少真刀真枪写一段美景，写潭水如何如何，没有这样写。

山谷——山色回合，林木苍翠。扪萝西山，沿候樵径，望风云谷而归。

“山色回合，林木苍翠”这样的句子，就相当漂亮。

小溪——由涧而转至于昆阆溪、仙人献花台，出九曲滩，南会于白龙潭。

小溪即山里的水童，就像水的童年一样，而露珠就算得上山里的婴儿。

山泉——泉声夹道，怪石奇花，不可胜数。坐石弄泉，不觉日将晡，憩环翠亭，四顾气象潇洒，恍然疑在物外，留连徐步。

“泉声夹道，怪石奇花，不可胜数。”“坐石弄泉……”这样的语言简单、大气，极美。让我们看到了《与朱元思书》、《小石潭记》的最高级语言。

山峰——诸峰皆于茂林乔松间拔出石壁数千尺，回环连接，崭岩峭拳，虽善工亦不可图画。

山峰就像什么呢？就像从大地里拔出的春笋与萝卜。青山，青花瓷。小溪，这大山的瓷器的裂缝，白发闪电把山撕开，但瓷器并没损坏。

柳开做记缘起：柳开在文中结尾说“惧景胜而才不敢敌，不敢形于吟咏”，文中所述，皆为亲历胜景之实录，极少有浮夸之词，务实精神值得后人学习。

柳开简介

柳开（947 ~ 1000），原名肩愈，字绍先（一作绍元），河北大名人，北宋初期散文家。

以韩愈、柳宗元的继承自居。

◎心就像龙吸水吸进有氧之景

——罗大经《游桂林岩洞与容州勾漏洞天》游洞趣事

南宋时，笔记一类的著作很多，其内容广泛，也有一些记游的短文。这类短文往往只是截取一个片断，突出景之奇者、游之异者，给人一种新鲜、深刻的印象。

《鹤林玉露》是罗大经晚年“闲居”时写的一部笔记，这里节选书中记游桂林、容州岩洞的一则——

桂林石山怪伟，东南所无。韩退之谓“山如碧玉篸”，柳子厚谓“拔地峭起，林立四野”，黄鲁直谓“平地苍玉忽嶒峨”，近时刘叔治云“环城五里皆奇石，疑是虚无海上山”，皆极其形容。然此特言石山耳。至于暗洞之瑰怪，尤不可具道，相传与九疑相通。范石湖尝游焉，烛尽而反。余尝随桂林伯赵季仁游其间，列炬数百，随以鼓吹，市人从之者以千计。巳而入，申而出；入自曾公岩，出于栖霞洞；入若深夜，出乃白昼，恍如隔宿异世……

又尝游容州勾漏洞天，四面石山围绕，中平野数里，洞在平地，不烦登陟。外略敞豁，中一暗溪穿入。因同北流令结小桴，秉烛坐其上，命篙师撑入，诘屈而行，水清无底，两岸石如虎豹猱玃，森然欲搏。行一里许，仰见一大星炯然，细视乃石穿一孔，透天光若星也。溪不可穷，乃返。洞对面高崖上，夏间望见荷叶田田，然峻绝不可到。土人云：或见荷花，则岁必大熟。

如本文所记，罗大经随赵季仁游桂林曾公岩、栖霞洞，列炬数百，从者千人，还一路吹吹打打，这样的场面实属少见罕闻，也算保存了七百多年前一则游洞趣事。

《鹤林玉露》中另外记有赵季仁与罗大经游桂林、容州岩洞的一段谈话：“赵季仁谓余曰：某生平有三愿：一愿识尽世间好人，二愿读尽世间好书，三愿看尽世间好山水。余曰：尽则安能，但身到处莫放过耳。”所记游勾漏洞天一段，描述秉烛乘筏而入，水清而石奇；仰视洞顶，天光穿孔有如明星；远眺高崖，居然荷叶田田，这情景对读客也是很有吸引力的。

罗大经简介

罗大经，字景纶，号竹谷子。庐陵（今江西吉安）人。南宋理宗宝庆二年(1226)进士，做过容州（今广西容县）法曹掾，淳祐年间(1241～1252)任湖南安抚使。著有《鹤林玉露》。

第七章　租来的朝代，山川在人间远游

——元朝游记：故乡成为异乡的景象

◎泉水为心所流动

——元好问《济南行记》心泉流出来

济南名泉，史上有名，可饮，可诗，可心。泉水喜欢干净之身，喜欢裸身，大地就像站立起来的泉水脱下的袍子，尤其那喷泉如同积雪的液体小孩，亦如佛身，那大地如棉衣，穿在其身上。

蒙古太宗七年（1235）秋七月，元好问第二次来济南，此时他已 46 岁。对于他在今明昌六年（1195）随生父元德明去山东掖县，路经济南和此次来济南的缘由，他在《济南行记》开头作了交代："予儿时从先君陇城府君官掖县。长大来，闻人谈此州风物之美，游观之富，每以不得一游为恨。岁乙未秋七月，予来河朔者三年矣，是以故人李君辅之之故，而得一至焉。"

重访故地，兴奋泛舟大明湖，寻访金线泉，南登千佛山，东攀华不注，即景抒怀，挥笔泼墨，歌咏济南山水的诗篇和游记，都从心里流出来，最为爽目。

其《济南行记》为其中——

予儿时从行陇城府君官掖县，尝过济南，然但能忆其大城府而已。长大来，闻人谈此州风物之美，游观之富，每以不得一游为恨。岁乙未秋七月，予来河朔者三年矣。始以故人李君辅之之故，而得一至焉。因次第二十日间所历，为行记一篇，传之好事者。

初至齐河，约杜促梁俱东。并道诸山，南与太山接，是日以阴晦不克见。至济南，辅之与同官权国器置酒历下亭故基。此亭在府宅，自周齐以来有之。旁近有亭，曰环波、鹊山、北渚、岚漪、水香、水西、凝波、狎鸥、台与桥同曰百花芙蓉，堂曰静化，轩曰名士。水西亭之下，湖曰大明，其源出于舜泉，其大占城府三之一，秋荷方盛，红绿如绣，令人渺然有吴儿洲渚之想。大概承平时，济南楼观天下莫与为比；丧乱二十年，唯有荆榛瓦砾而已。正如南都隆德故宫，颓圮百年，涧溪草树有荒寒古淡之趣。虽高甍画栋，无复其旧；而天巧具在，不待外饰而后奇也。凡比渚亭，所见西北孤峰五，曰匡山，齐河路出其下，世传李白尝读书于此；曰粟山，曰药山，以阳起石得名；曰鹊山，山之民有云：每岁七、八月，乌鹊群集其上，亦有一山皆曰鹊时，此山之所以得名欤；曰华不注，太白诗云："昔岁游历下，登华不注峰。兹山何峻秀，青翠如芙蓉。"此真华峰写照诗也。大明湖由水北门出，与济水合，弥漫无际，遥望此山，如在水中，盖历下城绝胜处也。华峰这东有卧牛山，正东百五十里邹平之南有长白山，范文公学舍在焉，故又谓之黉堂岭。东十里有南北两妙山，两山之间有闵子骞墓，西南大佛头岭下有寺。千佛山之西有函山，长二十里所，山有九十谷，太山之北麓也太山去城百里而近，特为函山所得，天晴登北渚，则隐隐见之。历山去城四五里许，山有碑云："其山修广，出材不匮。"今但兀然一丘耳。西南少断有蜡山，由南山而东，则连亘千里，与海山通矣。

爆流泉在泉在城之西南，泉泺水源也。山水汇于渴马崖，洑而不流，近城出而为此泉。好事者曾以谷糠验之，信然。往时漫流没胫，故泉上涌高三尺许；今漫流为草木所壅，深及寻丈，故泉出水面才二三寸而已。近世有太守改泉名槛泉，又立槛泉坊，取诗义而言，然土人呼爆流如故。爆流字又作趵突，曾南丰云然。金线泉有纹若金线，夷犹池面。泉今为灵泉庵，道士高生妙琴事，人目为琴高，留予宿者再。进士解飞卿好贤乐善，款曲周密，从予游者凡十许日，说少日曾见所谓金线者。尚书安国文国宝亦云："以竹竿约水，使不得流，尚或见之。"予与解裴回泉上者三四日，然竟不见也。杜康泉今湮没，土人能投其处。泉在舜祠西庑下，云杜康曾以此泉酿酒，有取江中泠水与之较者，中泠每升重二十四铢，此泉减中泠一铢。以瀹茗，不减陆羽所第诸水云。舜井二，有欧公诗，大字刻石。甘露园纪《历下泉》云："夫济远矣，初出河东王屋曰沇水，注秦泽潜行地中，复出共山始曰济。故禹书曰：道沇水东之，逾温，逾坟城，入于河。溢于荥，洑于曹濮之间，乃出于陶丘北，会于汶，过历下泺水之中北，遂东流。且济之为渎，与江、淮、河等大而均尊。独济水所行道，障于太行，限于大河，终能独达于海，不然则无从谓之渎矣。江、淮、河行于地上，水性之常者也；济或洑于地中，水性之变者也。”予爱其论水之变与常，有当于予心者，故并录之。珍珠泉今为张舍人园亭,二十年前,吾希颜兄尝有诗。至泉上则知诗为工矣。凡济南名泉七十有二，爆流为上，金线次之，若玉环、金虎、黑虎、柳絮、皇华、无忧、洗钵及水晶，非不佳，然亦不能与泉侔矣。

此游至瀑流者六七，宿灵泉庵者三，泛大明湖者再，遂东入水栅。栅这水名绣江，发源长白山下，周围三四里。府参左张子钧、张飞卿觞予绣江亭，漾舟荷花中十馀里，乐府皆京国之旧，剧谈豪饮，抵暮乃罢。留五日而还。道出王舍人庄，道旁一石刻云：隋开皇丙午十二月铅珍墓志。珍,巴郡武昌人,学通三家,优游田里,以寿卒。志文鄙陋，字以“巴”为“巳”，盖周隋以来俗传习之弊。其云葬鲍山也。以岁计之，隋开皇六年丙午，至今甲午，碑石出圹中，盖十周天馀一大衍数也。道南有仁宗时侍从龙图张侍郎揆读书堂。读书堂三字东坡所书，并范粹律诗，俱有石刻。揆字叔字，自题仕士宦之后，每以王事至某家，则必会乡邻甥侄，尽醉极欢而罢，各以岁月为识。叔文有文誉，仕亦达，然以荣利之故，终身至其家三而已。名宦之役人如此，可为一叹也。

至济南，又留二日，泛大明，待杜子不至。明日行齐河道中，小雨后，太山峰岭历历可数。两旁小山间见层出，去烟出没，顾揖不暇。恨无佳句为摹写之耳。前后所得诗凡十五首，并诸公唱酬，附于左。

再读尚可说。

秋荷方盛，红绿如绣，令人渺然有吴儿洲渚之想。济南楼观天下莫与为比；正如南部都隆德故宫，颓圮百年，涧溪草树有荒寒古淡之趣。虽高甍画栋，无复其旧；而天巧具在，不待外饰而后奇也。平淡之韵。

兹山何峻秀，青翠如芙蓉。俏大明湖由北水门出，与济水合，弥漫无际，遥望此山，如在水中，盖历下城绝胜处也。梦中亦有水中之山历。

这一散文名篇对济南名泉当时的描绘和考证，为后世背包客留下一份依据。《济南行记》首先就考证了济南泉水的由来——《甘露园纪·历下水》云：“夫济远矣，初出河东王屋，曰揆水，注秦泽，潜行地中，复出共山，始曰济。故禹书曰：道揆水东之，逾温，逾坟城，入于河，溢位（於）荥，洑于曹濮之间，乃出于陶邱北，会于汶，过历下泺水之北，遂东流。且济之为渎，与江、淮、河等大而均尊，独济水所行道，障于太行，限于大河，终能独达於海，不然则无以谓之渎矣。江、淮、河行地上，水性之常者也；济或洑于地中，水性之变者也。”这就是一些人文地质资料。

还有今天的背包客可见——元好问论证了瀑流泉（趵突泉）的成因与命名来历：瀑流泉在城之西南。泉，泺水之源。山水汇合在渴马崖，洑而不流，近城出而为此泉。好事者以谷糠验之，就相信了。往时漫流，才没胫，故泉上涌高三尺许——泉水跳起来，跳高能够跳一米高。今漫流为草木所壅，深及寻丈，故泉出水面才二三寸而已——现在泉水冒出来，才能跳起二三寸高，好比跳出一个脑袋的高度。近世有太守改泉名为“槛泉”，又立槛泉坊，取诗义而言；可是很多人还是一直称呼其名称为“瀑流”。“瀑流”字又作“趵突”。

还有，背包客可从其中探考金线泉“金线”之奇和寻觅“金线”之难——

金线泉，有纹就像金线夷犹池面。金线泉，好似一根金线一样，颇为奇特。

泉成为灵泉庵，道士留元好问谈心看泉。进士解飞卿，喜欢结交好友，乐于做善事，招待朋友很热情，有的人说少日曾见传说中的金线泉水。尚书安文国宝也这么说：“以竹竿约水，使不流，尚或见之。”元好问与解裴回泉上者三四日，但是没有见到，很遗憾。

现在的背包客，还能借助其文，知道杜康泉当时“现况”及其水质之优——杜康泉已经湮没，熟悉的人还能说出其位置。泉在舜祠西庑下，传说杜康曾用泉酿酒。有取江水中泠水与它比较，江水每升重二十四铢，此泉减江水一铢，用来煮茶，比起陆羽说的其他著名泉水还要好。

还有舜井文物旧迹：有舜井二，提有欧阳修的诗歌，大字石刻。欧阳修在出仕青州，途经济南曾作诗。述珍珠泉的状态：珍珠泉，变为了张舍人的园亭，二十年前，希颜兄尝有诗；至泉上，就知道情况了。希颜诗指的是雷渊《济南珍珠泉》一诗，雷渊字希颜。

文尾对济南名泉给以总体评价：凡济南名泉七十有二，泉水排行榜——

泉水状元：瀑流

泉水榜眼：金线

泉水探花：珍珠

还有玉环、金虎、黑虎、柳絮、皇华、无忧、洗钵及水晶潭，不是说不好，但还是比不上前三名。

《济南行记》记述具体、详实。文笔平易，自然清新，质朴醇厚，雄健给力。元好问对济南泉水小百科般的整理，增长了今日背包客有关济南泉水的知识和见闻，为此，酷爱名泉之心和对泉城济南爱慕的背包客，其心得到巩固。

但是这都属于“纸上谈兵”而已，城市的扩张，气候变化，环境已不如从前，济南的泉水早就没了昔日的辉煌。唉，山水没有昔日亮丽，都是人做的恶。背包客应该有一点常识：爱惜山水，从我做起，低碳旅行，时时记得。

◎当时心情于隐逸

——杨维桢《干山志》行舟看山为寄情

杨维桢《干山志》大约作于明初。元末时期，起义风起，杨维桢避居松江，彷徨观望，寄情山水，聊以度日。但松江滨海，水多而山少。

干山为一座小山，景致不多，杨维桢去游玩，在船行纡绕中显出水乡游趣，唐代诗人王维的“辋川画苑”，恰当地表现了干山的特点。

杨维桢经历战乱，以前朝遗老面临新朝初定，自怀清高而庆幸劫余，心悸未尽而抉择未定，别有一种滋味在心头，因而游干山，意在会友遣怀。

两日游程，遇道士，会隐士，宿处士，访饿夫，经痴醉，显出干山仿佛荟萃遗世隐逸之流的幽僻胜境，而这小山也俨然深山大泽多龙虎之居。

勾勒渲染，笔墨不多，传神写意，没有着力描摹形胜，这显然寄托着杨维桢当时的心情。其原因即在此。

那我们就看看他的心情吧——

华亭地岸海，多平原大川，其山之联络于三泖之阴者十有三，名于海内者九其一，曰干山，又九之甲也。世传夫差王冢干将其上，故名。其形首昂脊弓，肩髀礌磊状马，又云天马。

至正癸卯四月十有八日，洪生驾黑楼船邀予出南关，泛白龙堆北行，过沈泾，至皇父林西小溪。蛇行六七里，抵山麓。命谢公屐蹑峻磴。及半山麻松溪，丹室道士郭常作茗供，题诗壁间。更肩舆上绝顶，借盘石踞坐，俯视众山累累，如子立膝下。佛宫老宇离立于旁，瓦次鳞鳞，杂出蘱树间。桑丘麦亩，连绵错绣，俨然如辋川画苑也。乌有婆饼焦者，时声于耳。冷风锵然起松，雨滴衣帽，使人肌骨惨懔。

下山，生之外氏张景良请移舟，旋山而北若干步，斗折三矢地，怪石夹插，类剖蚌拔土特起，类跳狼躍豹，木皆鸾回凤翥。顶悬碧萝若缕索，下有轩四程，名碧萝窗。扫榻就坐，窗洞开，野香袭人，若术芝。良父梓山公几八秩，扶藜出，肃客，已而燕客于轩，复出子女罗拜。公躬奉觞为余寿，予复觞之曰：“劫灰一吹，阅十年，无地不烬砾，公独在不劫地，又时与一辈高人韵士徜徉山水，谓东南之庆人福地，非耶？”于是主客交欢，酒不计量，颓然就醉，不觉日在牖西。是日，宿东崦曹氏玄修精舍。

明旦，奠云西处士墓，放舟山南，访金山卫饿夫郑道士，不值。又沿流经石氏醉痴门邂逅。捉月时，李份邀予饮蠢石轩笴隐生，余谨陪饮，赋蠢石诗，书于东窗，夜乘月归，凡题某氏、某轩、某斋舍，凡若干，所入《铁雅集》。会稽抱遗叟杨维桢试老陆乐墨书。

看杨维桢游览干山，也隐隐约约透露出其人生的孤独与无奈，其实谁都这样，没有一个人不是孤独的。寄情山水，山水接纳人们，对人的孤独很慷慨，包裹温暖、慰藉安抚人心。

山中两日，所见甚多，所遇甚多，所事甚多。遇道士，会隐士，宿处士，访饿夫，经痴醉。小溪里藏龙，龙会缩小，但依旧是龙。小山里卧虎，虎有自己一座山作为粮食，粮食少，足以生存而避开杀身之祸，得以幸存，也算最大的幸福。好好活，比什么都好，但当然不要失去灵魂的好好活着。

杨维桢简介

杨维桢 (1296 ~ 1370)，字廉夫，号东维子、铁崖，山阴(今浙江绍兴)人。元末曾任江西儒学提举。张士诚起事江南，累招不至。晚年居松江。明洪武二年，遣使征召修礼乐书，不就。他工诗能文，善草书。

◎瀑布肥胖与瀑布减肥

——李孝光《大龙湫记》水大水小时的同一景色

《大龙湫记》是元代李孝光写的一篇散文。通过两次大龙湫的记游，说出大瀑布的奇特。第一次是水大时，大龙湫声势夺人；第二次是水小时，写了大龙湫“乍大乍小”的奇观以及周围的秀丽景色。李孝光善于运用各种手段从不同角度来写，既写大龙湫本身的壮观，又通过游人的感受来加以衬托，读者读后有一种变幻莫测、美不胜收的感受——

大德七年秋八月，予尝从老先生来观大龙湫。苦雨积日夜，是日大风起西北，始见日出。湫水方大，入谷未到五里余，闻大声转出谷中，从者心掉。望见西北立石，作人俯势，又如大楹。行过二百步，乃见更作两股倚立。更进百数步，又如树大屏风。而其颠谽，犹蟹两螯，时一动摇，行者兀兀不可入。转缘南山趾稍北，回视如树圭。又折而入东崦，则仰见大水从天上堕地，不挂著四壁，或盘桓久不下，忽迸落如震霆。

东岩趾有诺讵那庵，相去五六步，山风横射，水飞著人。走入庵避，余沫进入屋，犹如暴雨至。水下捣大潭，轰然万人鼓也。人相持语，但见张口，不闻作声，则相顾大笑。先生曰："壮哉！吾行天下，未见如此瀑布也。"是后，予一岁或一至，至，常以九月。十月，则皆水缩，不能如向所见。

今年冬又大旱，客入，到庵外石矼上，渐闻有水声。乃缘石矼下，出乱石间，始见瀑布垂，勃勃如苍烟，乍大乍小，鸣渐壮急。水落潭上洼石，石被激射，反红如丹砂。石间无秋毫土气，产木宜瘠，反碧滑如翠羽凫毛。潭中有斑鱼二十余头，闻转石声，洋洋远去，闲暇回缓，如避世士然。家僮方置大瓶石旁，仰接瀑水，水忽舞向人，又益壮一倍，不可复得瓶，乃解衣脱帽著石上，相持扼掔，争欲取之，因大呼笑。西南石壁上，黄猿数十，闻声皆自惊扰，挽崖端偃木牵连下，窥人而啼。纵观久之，行出瑞鹿院前——今为瑞鹿寺。日已入，苍林积叶，前行，人迷不得路，独见明月，宛宛如故人。

老先生谓南山公也。

大德七年秋季八月间，李孝光曾经跟随老先生（即南山公）来观赏大龙湫瀑布，正逢阴雨连绵，日夜不停。

这一天，大风从西北刮起，才见到太阳出来。

大龙湫的水势正大，是看瀑布的最好时机。

进入山谷，还不到五里多路，就听到巨大的声响从谷中曲折传出。

跟随者都胆战心惊。

望见西北方屹立的一座山峰，做出人俯伏的姿势，又很像堂前的柱子。

走过 200 步，于是又见到此峰变得好像是两腿互相支撑站立。

再前行 100 步多，此峰就又像是竖立着的大屏风。它的顶峰裂开而又深陷，仿佛螃蟹的两只螯足，不时地摇动。

看到眼前的景象，游人心神紧张而不敢再往里走。于是转身沿着南山脚，向偏北方向走去，回头再看那山峰就像是树立的玉圭。同一个事物，从不同的角度，会看到是不同的效果。

又转弯进入东山，抬头就看见大水从天上直落到地上，一点水也不沾挂四边石壁，有时瀑水在半空中回旋久久不落，刹那间又迸落如雷霆万钧。东山脚下有诺讵那庵，相距五六步远，山风横吹过来，瀑水就飞射到人的身上。走进庵堂躲避，瀑水的余沫仍然会飞溅入屋，好像暴雨来了一样。瀑水向下冲击大水潭，轰然震响如同万人击鼓。游人互相拉手说话，只看见嘴巴张开，却听不见话音，于是相视大笑。老先生说："壮观啊！我走遍天下，没有见过如同这样的瀑布。"从此以后，李孝光每年来一次。来时，常在九月。因为在十月，瀑水就减少，不能像以前所见到的那样了。

今年冬天又是大旱。李孝光自外而来，到诺讵那庵外的石桥上，渐渐有水流声可以听到。于是顺着石桥下去，走出乱石丛，才看见瀑布垂挂着，水气喷溢升腾犹如青色的云烟，忽大忽小，而水声也渐渐宏壮急迫起来。瀑水跌落在水潭中低凹的石面上，石面被瀑水猛烈地冲击，反射出丹砂一般的红光。石间没有丝毫的泥土气息，生长于此的树木本该瘦瘠，却反而像翡翠鸟和野鸭的羽毛那样碧绿光滑。水潭里有二十多尾斑鱼，听到石头被水冲去转动的声音，就舒缓地摇尾游向远处，悠闲徘徊，就像避世的隐士那样。李孝光的家僮此时在石旁放置了大瓶，想盛接由上而来的瀑水。瀑水忽然飞舞着向人们扑来，势头加大了一倍，家僮们不能再取回瓶子。于是他们解衣脱帽放在石上，互相牵拉着，想努力取回瓶子，并因此而大声呼叫笑闹。西南方的石壁上，有几十只黄猿，听到笑闹，全都惊惶不安，攀援着山崖顶端横卧的树木鱼贯而下，窥视着游人而啼叫。他们放眼观赏很久，才走到瑞鹿院前。瑞鹿院就是现在的瑞鹿寺。这时太阳已经落下，青苍的树林里堆满了落叶，往前走时，人们已迷失了路径，只见明月当空依依多情仿佛是老朋友。

老先生就是南山公。

李孝光简介

李孝光（1285～1350），字季和，号五峰。温州乐清（今浙江乐清市）人，少博学，后隐居雁荡山五峰下，远来受学的人很多。元顺帝至正三年（1343）应诏入征任著作郎、秘书监丞。李孝光以文章负名当世，他的文章取法秦武，不追逐世俗。

◎登高青春之美

——高启《游天平山记》九月九与山水作伴之趣

天平山在苏州西吴县境内，离苏州14公里，自唐宋以来，逐渐成为游览之处。《姑苏志》如是云："天平山在支硎南五里，视诸山最为峭崒。其林木亦秀润，山多奇石，诡异万状。"山顶正平，称之为天平。（1362）九月，时高启27岁。他游天平山并写下了《游天平山记》——

至正二十二年九月九日，积霖既霁，灏气澄肃。予与同志之友以登高之盟不可寒也，乃治馔载醪，相与诣天平山而游焉。

山距城西南水行三十里。至则舍舟就舆，经平林浅坞间，道傍竹石蒙翳，有泉伏不见，作泠泠琴筑声。予欣然停舆听，久之而去。至白云寺，谒魏公祠，憩远公庵，然后由其麓狙杙以上。山多怪石，若卧若立，若博若噬，蟠拏撑住，不可名状。复有泉出乱石间，曰白云泉，线脉萦络，下坠于沼；举瓢酌尝，味极甘冷。泉上有亭，名与泉同。草木秀润，可荫可息。过此，则峰回磴盘，十步一折，委曲而上，至于龙门。两崖并峙，若合而通，窄险深黑，过者侧足。又其上有石屋二：大可坐十人，小可坐六、七人，皆石穴，空洞，广石覆之如屋。既入，则懔然若将压者，遂相引以去，至此，盖始及山之半矣。

乃复离朋散伍，竞逐幽胜。登者，止者，哦者，啸者，惫而喘者，恐而呴者，怡然若有乐者，怅然俯仰感慨，若有悲者：虽所遇不同，然莫不皆有得也。

予居前，益上，觉石益怪，径益狭，山之景益奇，而人之力亦益以惫矣。顾后者不予继，乃独褰裳奋武，穷山之高而止焉。其上始平旷，坦石为地，拂石以坐，则见山之云浮浮，天之风飕飕，太湖之水渺乎其悠悠。予超乎若举，泊乎若休，然后知山之不负于兹游也，既而欲下，失其故路，树隐石蔽，愈索愈迷，遂困于荒茅丛筱之间。时日欲暮，大风忽来，洞谷谽呀，鸟兽鸣吼，予心恐，俯下疾呼，在樵者闻之，遂相导以出。至白云亭，复与同游者会。众莫不尤予好奇之过，而予亦笑其恇怯颓败，不能得兹山之绝胜也。

于是采菊泛酒，乐饮将半，予起，言于众曰："今天下板荡，十年之间，诸侯不能保其国，大夫不能保其家，奔走离散于四方者多矣。而我与诸君蒙在上者之力，得安于田里，抚佳节之来临，登名山以眺望，举觞一醉，岂易得哉！然恐盛衰之不常，离合之难保也，请书之于石，明年将复来，使得有所考焉。"众曰："诺！"遂书以为记。

这篇文章用细致的笔触，写游览天平山的经过和游览感慨。其写景、记人、抒情于一炉，就像熬药一样，熬出心灵需要的景色。

至正二十二年九月九日，也就是重阳节这天，久雨后晴，天高气爽。高启和一群志同道合的朋友，因为登高之约不能背弃的缘故，就准备好饭菜酒食，结伴去天平山游玩。很多背包客，都有驴友，一起相约行动，结伴而行，快乐分享，而独行的背包客也会有自己的独特快乐。

天平山距离城西南从水路走有 30 里。高启与相约的朋友们，到后就弃船坐车，经过平旷的树林和山坞，路边有竹石遮蔽，有泉水藏而不见，只听见像琴筑发出的清越声音传出来，好似来自肺腑深处的心灵声音。如此天籁，高启的耳朵很高兴，停下车听，很久还不愿离去，耳朵为古老与生俱来的录音机，喜欢录下赏心悦目的声音，好的声音即神的脉搏跳动、神心跳的声音。

到了白云寺，高启他们拜谒魏公祠，在远公庵稍事休憩，喝喝茶，用休息整理一下身体与心思。然后从这里的山脚，像猕猴攀登小木桩一样，攀登而上。

今天的背包客要知道——古代的游山玩水，很多都要靠走野路，才会有路可走，或者还要靠走出唯一的一条新路来。野路瞬间诞生，走完即死，偶然一现，与人的缘分，就像身体与人的缘分一样。在今天，格式化的风景名胜，很难有规定的道路以外的路子可走。

山上有很多怪石，有的怪石像躺着而有的怪石像站着，有的怪石还像采取行动的姿势——像要抓人、像要咬人的都有。很多石头，仿佛龙盘曲搏持如柱撑天而立，无法一一形容描绘。又有泉水从乱石间如同灵感一样冒出来，称其为白云泉，泉水细如光线一样，仿佛脉一样延续，向下流坠入水潭中，用瓢舀来尝尝那味道，极为甘甜清冽，有天地之阴气滋味在里面。

泉水上有一亭子，亭的名字与泉水相同。泉边的草木都很安静，秀丽润泽，遮盖成荫，可供游人休憩。过了这里，就峰回路转，登山的石道盘绕，十步一折，蜿蜒曲折而上，一直到龙门。两面的山崖壁立对峙，中通一小径，窄小险峻，幽深黑暗，仅容一人侧身而过。山崖上有两间石屋：大的石屋可坐10人，小的石屋可坐六七人，其实它们都是空旷的石洞穴，因为有大石覆盖在上面使得石洞如同一个屋子一样。进入石洞里面，感觉寒冷森然，好像会被压在里面一样，于是高启他们互相招呼牵引着离开了。虽然提倡背包客独行山水，但很多风景危险的地方，不宜独行。因为三五人、两三人在野外，可以互相照应。在大石洞这里，此次游玩的路程，到这里大概才到山的一半呢。

在安全之地，高启他们于是又解散队伍分头行动，竞相追逐幽深美好之景，同一个风景，同一座山，不同的游客有自己不同的爱好和风景取舍。他们这些人，继续登山者，停下来休息者，吟哦感叹者，疲惫喘气者，惊恐而哭者，怡然而乐者，俯仰之间怅然感慨像所有悲伤者：虽然所遇到之事物、所看到的对象不一样，但都有收获。

高启走在最前面，越往上，越觉得岩石更怪，路更窄，山的景色更奇，而人也更疲惫。风景常在艰险处，走得更远者历经的美丽越多，但要付出的汗水与攀登同样会更多。高启回头看后面的人跟不上自己，就独自提起衣裳奋步攀登，上到山的最高处才停下来。山上平坦而宽旷，坐在平坦拂净的石上，他只看见山顶白云流动飘荡，自然之风吹拂有声，太湖的水渺远悠悠。此时此刻，一个人像高启一样，在这里，超脱得就像要飞起来，恬静得像要睡着，有如此的感受，一定要自己亲身经历才行。这样之后，高启才知道这山没有辜负自己的此次游览。接着想要下山，却发现找不到上山时的路，树隐石蔽，越找越迷，终被困在荒草乱竹之间。这时天将黑下来，大风忽起，洞穴深谷的空阔回响，鸟兽在演奏自己的声音，它们或鸣或吼，发出自己的声音。高启这时候也真实地感到心里恐惧，就俯身向下大呼，有樵夫听到，终于引导他走出，到了白云亭，又与同游者会合。众人没有不指责他追逐奇景过错者，而他也笑大家怯懦灰心，不能看到这山绝美的风景。于是采来菊花在水边流觞饮酒，快乐地喝到一半时，高启站起来，对众人感慨几句："现在天下混乱，10 年中，不能保住自己封地的诸侯，不能保住自己家的大夫和士人，在四面八方奔走离散的人很多啊。而我与各位承蒙皇恩，得以安心隐居，在重阳佳节，登上名山眺望，饮酒尽兴，难道这是易得的吗？但是我担心盛衰无常，离合难保，请允许我把今天的游历记在石上，明年再来，能有所考证啊。"这样一席话，使得众人都异口同声："好！"于是他就写下了当天之事作为记载。

高启简介

高启（1336 ~ 1374），字季迪，长洲（今江苏苏州市）人。元末明初期文学家。性格疏放，不拘于礼法。元末隐居吴淞青丘，自号青丘子。明太祖洪武（1368 ~ 1398）初期，被荐修《元史》，授户部右侍郎，不受，赐金放还。后因写文章有所讥讽，被朱元璋借故腰斩于南京，死时仅 39 岁。

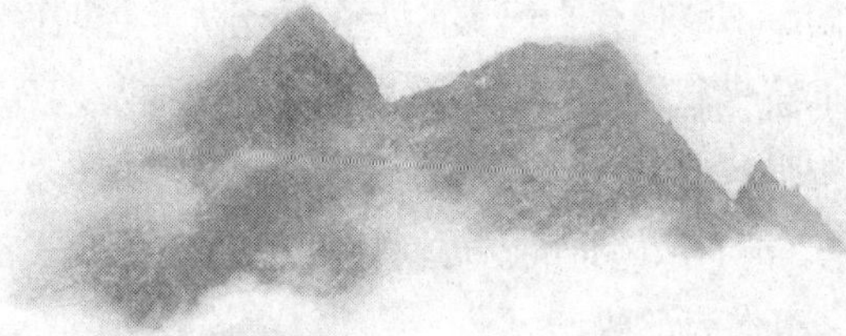

第八章 背包客那些旅游的事儿

——明朝游记：那些人那些心那些旅游的脚印

◎泉声山色为耳目

——徐霞客《游天台山日记》风雨阳光山中行

徐霞客为真正的背包客，其游记成为不可绕过的一部百科全书。对于他而言，人生的快乐早就胜过了旅途的艰辛。他的脚印时常在旅途中站直站成自己的悬崖。在遇到危险的时候，脚印就会把人吃掉，吃进自家肚子里，脚印化为荷包一样的棺材。一个人的棺材怀孕，也就像出生时的怀孕，都只有一次。但我们的徐霞客，为旅游而生，旅游就像人生的历程。

我们来看他天台山的游历——

四月初一日早雨。行十五里，路有岐，马首西向台山，天色渐霁。又十里，抵松门岭，山峻路滑，舍骑步行。自奉化来，虽越岭数重，皆循山麓；至此迂回临陟，俱在山脊。而雨后新霁晴，泉声山色，往复创变，翠丛中山鹃映发，令人攀历忘苦。又十五里，饭于筋竹庵。山顶随处种麦。从筋竹岭南行，则向国清大路。适有国清僧云峰同饭，言此抵石梁，山险路长，行李不便，不若以轻装往，而重担向国清相待。余然同意之，令担夫随云峰往国清，余与莲舟上人上人：对僧人的尊称就石梁道。行五里，过筋竹岭。岭旁多短松，老干屈曲，根叶苍秀，俱吾阊门盆中物也。又三十余里，抵弥陀庵。上下高岭，深山荒寂，恐藏虎，故草木俱焚去。泉轰风动，路绝旅人。庵在万山坳低洼处中，路荒且长，适当其半，可饭可宿。

今天我们来复习一下徐霞客的天台山行程——

四月初一早上，下雨。走 15 里，路上有分岔，马头朝西向着台山（意为他向西往台山去），雨过天晴，天色渐渐明亮。又走 10 里，抵达松门岭，山险峻，路很滑，徐霞客舍弃骑马改为步行。

自从奉化以来，虽然翻越好多座山岭，但都沿着山麓而走；到这里迂回上升，皆在山脊上走。雨后，天刚放晴，泉水的声音，山上美丽的景色，回环往复改变，翠绿的树丛中，山杜鹃映照着头发，令人忘记攀登的辛苦。

又走 15 里，在筋竹庵吃饭。山顶随处种着麦子。从筋竹岭向南走，则是朝向国清的大路。适逢有国清的僧人云峰和徐霞客一起吃饭，说起从这里到石梁，山势险峻，路途遥远，带着行李会很不方便，不如轻装前往，雇人挑着行李在后面。徐霞客欣然同意这个提议，让担夫随同云峰前往国清，他与莲舟上人（上人：对僧人尊称）走石梁的小路。走了五里，经过筋竹岭。筋竹岭旁边都是短松，老树干弯曲，根和叶子苍劲秀丽，都是阊门好的盆景材料（盆中物这个词不确定，觉得是盆景）。又走了 30 里，抵达弥陀庵。身边都是高高的山岭，深山里很荒凉寂静，怕藏有老虎，所以把草和树木都烧掉。泉水轰鸣，风吹着，路上没有一个旅人。弥陀庵在万山坳低洼处的当中，道路荒凉且长远，徐霞客正走到一半的地方，可以在这里吃饭和住宿。

徐霞客到的地方甚多，他就像远行的一块泥土，穿越风雨四季，一块土一本时光简史。人生如一块土，在时间里消化。

徐霞客简介

徐霞客（1586 ~ 1641），明代散文家、地理学家。名弘祖，字振之，号霞客。南直隶江阴（今属江苏）人。徐霞客出身官僚地主家庭，幼年好学，博览史籍及图经地志。应试不第后，感慨于明末政治黑暗，党争剧烈，遂断功名之念，以问奇于名山大川为志，自 22 岁起出游。30 余年间，东涉闽海，西登华山，北及燕晋，南抵云贵两广，游历了今日的江苏、浙江、山东、河北、山西、陕西、河南、安徽、江西、福建、广东、广西、湖南、湖北、贵州、云南等地。

◎黄山挑选自己的知音

——徐霞客《游黄山日记》风景对游客的回报

徐霞客的第二次黄山之行，不仅得到名山喜欢，而且名山对他也极为厚爱，展示了自己的最美，作为对自己中意者的回报。一座山喜欢一个人，就嫁给了他——

路旁一岐东上，乃昔所未至者，遂前趋直上，几达天都侧。复北上，行石罅中。石峰片片夹起；路宛转石间，塞者凿之，陡者级之，断者架木通之，悬者植梯接之。下瞰峭壑阴森，枫松相间，五色纷披，灿若图绣。因念黄山当生平奇览，而有奇若此，前未一探，兹游快且愧矣！

时夫仆俱阻险行后，余亦停弗上；乃一路奇景，不觉引余独往。既登峰头，一庵翼然，为文殊院，亦余昔年欲登未登者。左天都，右莲花，背倚玉屏风，两峰秀色，俱可手擥。四顾奇峰错列，众壑纵横，直黄山绝胜处！非再至，焉知其奇若此？遇游僧澄源至，兴甚勇。时已过午，奴辈适至。立庵前，指点两峰。庵僧谓："天都虽近而无路，莲花可登而路遥。只宜近盼天都，明日登莲顶。"余不从，决意游天都。挟澄源、奴子仍下峡路。至天都侧，从流石蛇行而上。攀草牵棘，石块丛起则历块，石崖侧削则援崖。每至手足无可着处，澄源必先登垂接。每念上既如此，下何以堪？终亦不顾。历险数次，遂达峰顶。唯一石顶壁起犹数十丈，澄源寻视其侧，得级，挟予以登。万峰无不下伏，独莲花与抗耳。时浓雾半作半止，第一阵至，则对面不见。眺莲花诸峰，多在雾中。独上天都，予至其前，则雾徙于后；予越其右，则雾出于左。其松犹有曲挺纵横者；柏虽大于如臂，无不平贴石上、如苔藓然。山高风巨，雾气去来无定。下盼诸峰，时出为碧峤，时没为银海。再眺山下，则日光晶晶，别一区宇也。

徐霞客这天应已经做好了攀登天都峰的准备。先在石缝间走过一段山路，继而到达一个中转站（不知叫什么峰，只知上面有座寺院叫文殊院），休息了一会儿，下午又接着进发。

老徐（是徐霞客不是徐静蕾，请注意）从路旁一条岔路往东上去，为以前所未到的地方，于是向前直上行进，几乎要挨到天都峰一侧。又向北而上，在石缝中行走，石峰一片一片地拔地而起。路就弯曲流转在石峰之间：道路堵塞，就凿开它；陡峭之处，就凿成台阶往上爬；路断开之地，就架起木板通过；上下落差比较大的地方，就架起绳梯接起来再爬上去。不时往下看，峻峭的山谷让人觉得阴森森的，枫树和松树相间而生，五彩斑斓，互相交错，灿烂得如图画锦绣。于是老徐感慨黄山当为自己一生所能见到的奇观之一，然而更有天都峰这样的奇观，老徐未前去一探，实在是美中不足，让老徐心生遗憾啊！

回眸间，随从们都因为碍于险阻落在后面，老徐也停下来不再往上爬；他没注意他们，是因为这一路的风景觉着诱惑，老徐独自向上攀登。已经到达一座峰头，只见一间寺庙屹立其上，仿佛就要腾空飞起，这是文殊院，也是老徐从前没有到达的地方。

站在这座峰头，左边天都峰，右边莲花峰，背靠着从玉屏峰吹来的山风，仿佛天都和莲花两座山峰秀丽的景色都可以用手去拥抱。往四周眺望，各种各样奇秀的山峰错落排列，山谷纵横交错，简直就是黄山最壮观的地方。不是老徐第二次到黄山来，怎么知道黄山之奇竟达到这种境界！

正巧遇到一位游行的僧人澄源，更加兴致勃勃。过了中午，随从仆人们也随即赶到。一行人站在寺庙前，指点品评着天都、莲花两峰。寺庙的僧人说道："天都峰虽然很近，但毕竟险峻无路；最好在近处观望着天都峰，明天一早去攀登莲花峰。"老徐没听从，决意要到天都峰一游。

老徐作为旅游的主语，带领着澄源和尚和仆役们，仍向着崎岖的山路进发。到了天都峰的一侧，他们的队伍沿着流石逶迤盘旋而上，抓着野草荆棘，见有石块堆成的路，就踏着石块往上走，见有石崖斜侧可攀，就顺着崖壁攀援。每当到了手脚没处搁的地方，澄源和尚必先攀上去，再拉大家上去。那些石头，就像修行的和尚，在那里思考。

老徐心中想着上去都这么难，下来怎么办呢？然而坚定了决心就不再往回走。

经历数次凶险，最终到达了天都峰的峰顶。山顶上只有一块石头有数十丈高，澄源观望了一下，见其侧边有台阶，于是协同老徐往上登临。从山上往下看，诸峰无不伏在天都峰下面，唯独莲花峰能和它齐平。时逢浓雾一会生出，一会消止，一阵雾来，对面都难以看清。眺望莲花峰等山峰，多半隐没在雾中。独自登上天都峰，老徐往前走，雾则跑到身后，雾好似袍子套在身上。老徐往右行几步，雾则从左边生出。峰顶上松树也有弯曲挺拔，纵生横卧的，千姿百态；柏树虽然很大，但无不平贴生于石头上，就好像苔藓一样。山高风自然就大，雾气飘忽，往来不定。往下张望诸峰，云雾中，时而惊现为绿色尖而高的山，时而被吞没为银色的海洋。再往山下看，则日光闪耀，别有一番天地。

徐霞客这篇文章写得跌宕起伏，可谓一路艰险，一路风景。老徐的衬托手法是非常高超的，先写在石罅间行进的艰难，这就为后文攀登天都峰"攀草牵棘"、"手足无可着处"的艰险作了衬托；还用寺院僧人的规劝来衬托路途的艰险，进一步衬托诗人攀登天都峰的决心。老徐为何要不畏艰险，下定决心攀登呢？这是因为天都峰景色的奇丽，而他最后登临天都峰顶，看见云雾变化，松柏奇姿，仿佛也是对徐霞客的一种回报。

◎水之泪

——袁中道《游岳阳楼记》引发的心泪

我因为朋友东荡子的岳父在岳阳，病重期间，去了两趟岳阳，去看看，表示关心。在那里与岳阳电视台的张灵均还有岳阳晚报的沈念，一起在岳阳楼下的水面游船上吃饭。看到水面浊浪排空，环境被毁，在毁灭中挣扎的自然，还给我们奉献自然本性的魅力。唉……

关于岳阳楼洞庭的文章，多如牛毛，相关经典有范仲淹《岳阳楼记》、杜甫《登岳阳楼》、李白《陪侍郎叔游洞庭醉后》、孟浩然《望洞庭湖赠张丞相》。李白、杜甫、孟浩然为诗歌、概括的写法。在李白、杜甫和孟浩然笔下，洞庭湖永远烟波浩渺：

吴楚东南坼，乾坤日夜浮（杜甫）

气蒸云梦泽，波撼岳阳城（孟浩然）

李白笔下，波澜还嫌不够过瘾，还要让它变成酒：

巴陵无限酒，醉杀洞庭秋。

而我们看到袁中道笔下，没有如此浪漫——

洞庭为沅湘等九水之委。当其涸时，如匹练耳，及春夏间，九水发而后有湖。

这里说的和李白、杜甫、孟浩然不一样。

袁中道的写实就把具体差异强调出来。散文也有概括的，范仲淹的《岳阳楼记》就如此——

霪雨霏霏，连月不开；阴风怒号，浊浪排空；日星隐曜，山岳潜形；商旅不行，樯倾楫摧；薄暮冥冥，虎啸猿啼。

至若春和景明，波澜不惊，上下天光，一碧万顷；沙鸥翔集，锦鳞游泳；岸芷汀兰，郁郁青青。而或长烟一空，皓月千里；浮光跃金，静影沉璧；渔歌互答，此乐何极。

我们的重点在于游览袁中道，阅读就是游览，来游览其《游岳阳楼记》——

洞庭为沅湘等九水之委，当其涸时，如匹练耳；及春夏间，九水发而后有湖。然九水发，巴江之水亦发。九水方奔腾浩淼，以趋浔阳；而巴江之水卷雪轰雷，自天上来。竭九水方张之势，不足以当巴江旁溢之波，九水始若屏息敛衽而不敢与之争。九水愈退，巴江愈进，向之坎窦，隘不能受，始漫衍为青草，为赤沙，为云梦。澄鲜宇宙，摇乾坤者，八九百里。而岳阳楼峙于江湖交会之间，朝朝暮墓，以穷其吞吐之变态，此其所以奇也。

楼之前为君山，如一雀尾炉，排水当面，林木可数。盖从君山酒香、朗吟亭上望，洞庭得水最多，故直以千里一壑，粘天沃日为奇。此楼得水稍诎，前见北岸，政须君山妖茜，以文其陋；况江湖于此会，而无一山以屯蓄之，莽莽洪流，亦复何致？故楼之观，得水而壮，得山而妍。诗人李白之“刬”、张碧之“碍”，如怜小儿者，呼美为丑，非贬词也。

游之日，风日清和，湖平于熨。时有小舫往来，如绳头细字，着鹅溪练上。取酒共酌，意致闲谈，亭午风渐劲，湖水汩汩有声，千帆结阵而来，亦甚雄快。日暮，炮车云生，猛风大起，湖浪奔腾，雪山汹涌，震撼城廓。予时四望惨淡，投箸而起，愀然以悲，泫然不能自已也。

昔滕子京以庆帅左迁此地，郁郁不得志，增城楼为岳阳楼。既成，宾僚请大合乐落之，子京曰：“直须凭栏大哭一番乃快”。范公“先忧后乐”之语，盖亦有为而发。夫定州之役，子京增谍籍兵，慰死犒生，边垂以安，而文法吏以耗国议，其后朝廷用人如此，诚不能无慨于心。第以束发登朝，入为名谏议，出为名将帅，已稍稍展布其才；而又有范公为知己，不久报政最矣，有何可哭？至若予者，为毛锥子所窘，一往四十余年，不得备国家一屏一障之用，玄鬓已皤，壮心日灰，近来又遭知己骨肉之变，寒雁一影，飘零天末，是则真可哭也，真可哭也。

从这里可以看出袁中道在山水文章里放任个性追求，从他所处地位，从他所处社会环境来看，他都有点不怕骇世惊俗的勇气。但，猛风四起，湖浪奔腾，乃大自然现象，而且又是和水波很贴近的情况下，不像杜甫、范仲淹，以登高远眺的姿态来引发感觉，为自然现象而哭，为自己的命运感怀。

也有为山水悲伤的背包客。

袁中道的岳阳楼与洞庭湖是怎样的呢？是这样的——

洞庭湖为沅江、湘江等九条河流汇集而成。秋冬时节湖面因寒冷凝结，就像一匹白绢。等到春夏季节，九条河流发水以后才有眼前的湖面景象。但这九条河流发水时，长江也正发大水。九条河流之水奔腾浩荡，直奔浔阳；而长江波浪就像卷起的白雪，声音就像雷声轰鸣，好似从九天上飞流直下。竭尽那九条河流的正涨潮势头，不足以抵挡长江旁溢的波浪。这九条河流只得像人屏住呼吸裹紧衣服，不敢与长江争雄。九条河流越退却，长江越进逼，原来那些坑洞、狭窄地方根本不能承受长江的冲击，开始涨满潮水成为青草湖、赤沙湖、云梦湖。清丽世界，摇撼天地八九百里。而岳阳楼耸立在江湖交汇之处，早早晚晚，看尽它变幻无穷吞吐之态，此为岳阳楼奇特之处。

楼前面的君山，如同一尊雀尾炉，劈开水面，正对着这座楼，山上树木清晰可数。从君山上的酒香亭、朗吟亭上远望洞庭湖，见到的水面最大，所以只因千里茫茫的一个大山谷里水面远接天边，日光沐浴其中为奇妙。在岳阳楼上见到的水面稍窄，前面能看到长江北岸，正好必须以君山的妖媚来文饰其不足与丑陋之处，何况江湖在此交汇，其气势如果没有一座山来包容，只莽莽洪流，又有什么意趣呢？所以楼之气势，有了水才雄壮，有了山才美丽。诗人李白用“刬”、张碧用“碍”这样的词语形容君山，好比人们怜爱小孩子，把美的称呼得不美，而实质上并非贬义词啊。

袁中道他们游览的这一天，风和日丽，湖面像熨烫过一样平坦。不时有小船来来往往，如蝇头小字写在白色溪水的绢上。

这样的比喻境界在现代化的今天根本看不到了。

他们举酒同饮，意趣闲淡。

到了中午时分，风渐渐大起来，很多船只排阵而来，速度很快捷。傍晚就像炮车般的黑云升腾，狂风大作，湖面波浪奔腾，白色的波浪如雪山汹涌起伏，震撼城廓。

袁中道这时环顾四周一片惨淡，放下筷子站立起来，忧惧悲伤，伤心流泪而且不能自制。

他感慨——

从前滕子京因在庆州统领军队抗敌之事被贬官于此，因不得志而心情忧郁，扩大原有城楼规模而有了现在的岳阳楼。等到完工，宾客同僚请典礼大乐庆祝落成。滕子京的感受是：“简直要扶着栏杆大哭一场才觉得痛快”。范仲淹“先忧后乐”的话，是因为滕子京有作为而发的感慨。定州一役，滕子京增高城墙招募士卒，告慰死者犒劳生者，边疆得以安宁。但后来执政的酷吏却以耗费国家资财的罪名上书弹劾，以后朝廷如此用人，把滕子京贬官岳州，怎么能不心生感慨呢。但他年纪轻轻就入朝做官，在朝廷做文臣有名，出朝廷外统领军队为知名武将，年轻时就稍稍展示了自己的才华，又有范仲淹如此名士为知音，贬官不久政绩卓著至极，有何值得哭的呢？而我袁中道被诗文写作束缚，一下子就四十多年，没有得到国家任何任用，黑色鬓发已经白了光线，往日壮志已心灰意冷，近来又遭遇兄弟病故的悲痛，我袁中道像冬日大雁孤身一人，飘零天涯，这才真值得哭，值得大哭一场，泪水多得比洞庭湖的水还要多。

水有泪，水有汗，水有自己的血液。而人的泪水，都属于水熬出的中药。

◎视险敢闯就能渡险如夷

——程敏政《夜渡两关记》自然给人的惊险考试

背包客要明白一个道理——大自然给予人类的魅力，并非全都软绵绵的、安全的、甜美的，不会都像温顺的美女。很多美丽，都像性格火焰的美女，奔放，让人感受惊心动魄与阻力，而一旦克服，便深受其魅力最伟大的震撼，达到美的极致。

程敏政《夜渡两关记》就讲了如此感受——

予谒告南归，以成化戊戌冬十月十六日过大枪岭，抵大柳树驿时，日过午矣，不欲行。但问驿吏，吏绐言虽晚尚可及滁州也。上马行三十里，稍稍闻从者言，前有清流关，颇险恶多虎，心识之。予默计此关乃赵检点破南唐擒其二将处，兹游虽险，而奇为平生绝冠，夜二鼓，抵滁阳。

抵关，已昏黑，退无所止，即遣人驱山下邮卒，挟铜征束燎以行。山口两峰夹峙，高数百寻，仰视不极。石栈岖崟，悉下马，累肩而上。仍相约，有警，即前后呼噪。适有大星光煜煜自东西流，寒风暴起，束燎皆灭，四山草木萧飒有声，由是人人自危，相呼噪不已，铜征哄发，山谷响动。行六、七里，及山顶，忽见月出如烂银盘，照耀无际，始举手相庆；然下山犹心悸不能定者久之。

十七日午，过全椒，趋和州。自幸脱险即夷，无复置虑。行四十里，渡后河。见面山隐隐，问从者，云："当陟此，乃至和州香林院。"已而，日冉冉过峰后，马入山嘴，峦岫回合，桑田秩秩，凡数村，俨若武陵、仇池，方以为喜。既暮，入益深，山益多，草木塞道，杳不知其所穷，始大骇汗。过野庙，遇老叟，问此为何山，曰："古昭关也。去香林院尚三十余里，宜急行。前山有火起者，乃烈原以驱虎也。"时铜钲、束燎皆不及备。傍山涉涧，怪石如林，马为之避易；众以为伏虎，却顾反走，颠仆枕藉，呼声甚微，虽强之大噪，不能也。良久乃起，复循岭以行，谛视崖堑，深不可测，涧水潺潺，与风疾徐。仰见星斗满天，自分恐不可免。且念伍员昔尝厄于此关，岂恶地固应尔耶？尽二鼓，抵香林。灯下恍然自失，如更生者。

噫！予以离亲之久，诸所弗计，冒险夜行，渡二关，犯虎穴，虽濒危而幸免焉，其亦可谓不审也已！谨志之，以为后戒。

《夜渡两关记》记载了程敏政因省亲心切，夜渡清流关和昭关所遇惊险之事。两次皆为虚惊，同样都是夜渡地势除恶而又多虎的关隘，但在程敏政笔下，却各有不同写法，都写得扣人心弦，按时间顺序写来，脉络清晰，层次分明，文字尤为简洁利落，用笔跌宕起伏，曲折回合，极尽腾挪之妙，但这都通过极自然的文字、巧妙的布局来完成。其情其境，作为一个阅读的背包客宛如亲历。

程敏政具体的山水历程——

程敏政请假探亲回南方，在成化十四年十月十六日过大枪岭，到达大柳树驿站。当时时间已经过了正午，不想就此停下，向驿站小吏打听，小吏胡乱预估："等天黑就能赶到滁州。"

骑马走了30里，渐渐听到随从有人说："前面有处清流关，非常险要可怕，老虎多。"程敏政记住这些相关情报。

到了清流关，天色已暗下来，后退也没有住处，就派人把山下驿站的差役找来，带上铜锣、火把一同前进。

山口两座山头相对有几百丈高，仰起头也看不到顶。山路险峻的情况就摆在眼前，大家都下马，人踩着人肩一样往上爬。程敏政他们再三约定：有紧急情况就大声喊叫前后呼应。

这个时候，恰巧有一颗大星，闪闪发亮地从东往西滑去。寒风突然刮起，火把全被吹灭，真的不凑巧啊；四面山上的野草树木，发出"簌簌"的声音。这一下，一行人，人人都感到可怕，互相叫喊不停来壮胆子。铜锣也一起敲响，山谷里到处震荡着回声，这样走了六七里，登上了山顶，情况好转起来，忽然看见月亮，像一面光辉灿烂的银盘子，照耀着无边无际的大地，大家这才举起手来互相祝贺。其实，月亮何尝不像膏药贴在那里，像一块锈。

可下山以后依旧心惊胆战，好久都没能平静下来。

山山水水身上什么力量都有，给人魅力，也能给人惊险和敬畏，还能给人忠告、警告、预告。

十七日中午，程敏政过了全椒县，往和州去。心里正庆幸离开险境走上平坦之路不用再担心。走了40里，渡过后河。只见面对着的山隐隐约约，问随从人员，他们回答："应当爬过这座山，才能到和州香林院。"

不久，太阳慢慢下山，马进入山中。山峦重叠，桑树农田，井然有序，总共有好几个村庄，很像武陵、仇池，方才以为可喜之事。

但是到了晚上，情况变化得不一样了，往山里越走越深，山也越来越多，野草和树木把山路封堵，深远得看不到其尽头，程敏政他们这才开始害怕得流出汗来。

路过一座野庙时，遇上一位老汉，问他："这是什么山？"他回答："这就是古时候的昭关。离香林院还有三十多里，要快些走。前面山上有火烧起之处，人们在放火赶老虎。"

面对这样的情形，这时，铜锣火把都来不及准备，靠着山崖，沿着山沟，奇形怪状的石头一块连着一块，鬼斧神工神态惊骇，就连马都被吓得往后躲避。大家是心理作用，以为那里伏着老虎，转身逃跑，跌倒的人横七竖八的，人压着人，叫喊的声音很低，即使强要他们大喊，他们也不敢大喊。这就显示了人的弱点，人其实有极其脆弱的一面。

过了好一会，他们才爬起来，沿着山梁走，看看崖下的沟谷，深得没法知道；山涧里的水哗哗流淌，和风声一样时快时慢。

程敏政抬头看见满天星斗，自己估计这一回难逃危险，同时想起当年伍子胥曾经在这里被困，难道人在险恶地势就应该这样受苦吗？

二更时分，到达香林院。

在灯下忽然清醒放松下来，就像重新活了过来一样。光，即人的亲人、心灵、粮食。

程敏政很感慨——啊呀，因为自己离开亲人很久，一切都不考虑，冒着危险连夜赶路，越过两座关卡，扰犯了老虎窝，虽说临近危险而能避免，大概也可以算是很不谨慎了。认真地把这些记下来作为以后的警戒。

程敏政把描写自然景物和书写主观情感结合起来，揭示出——遇险畏缩则一事无成，视险敢闯、能渡险如夷。

程敏政简历

程敏政（1446 ～ 1499），字克勤，中年后号篁墩，又号篁墩居士、篁墩老人、留暖道人，明南直隶徽州府人，后居歙县篁墩（今屯溪篁墩），时人称为程篁墩。明代著名学者、文学家、理学家、文献学家。

◎松树对风的演奏

——刘基《松风阁记》看风景要有最佳位置

刘伯温，名气很大，民间对他的传说很多，其杂文《卖柑者言》家喻户晓，其中说人的比喻“金玉其外，败絮其中”早就成了成语。还有其《推背图》更加具有神秘预言色彩，在民间影响极大。

他的《松风阁记》告诉我们背包客看风景的一个原理，即看风景要找到最佳位置。其实，还应该知道，看一个风景还要找对时间、季节，还有看风景者的心情与素质，也要与风景匹配。

这篇文章，原汁原味原生态——

一

雨、风、露、雷，皆出乎天。雨、露有形，物待以滋。雷无形而有声，唯风亦然。风不能自为声，附于物而有声，非若雷之怒号，訇磕于虚无之中也。唯其附于物而为声，故其声一随于物：大小清浊，可喜可愕，悉随其物之形而生焉。土石质矗，虽附之不能为声；谷虚而大，其声雄以厉；水荡而柔，其声汹以豗。皆不得其中和，使人骇胆而惊心。故独于草木为宜。

而草木之中，叶之大者，其声窒；叶之槁者，其声悲；叶之弱者，其声懦而不扬。是故宜于风者莫如松。

盖松之为物，干挺而枝樛，叶细而条长，离奇而茏炊，潇洒而扶疏，鬖髿而玲珑。故风之过之，不壅不激，疏通畅达，有自然之音；故听之可以解烦黩，涤昏秽，旷神怡情，恬淡寂寥，逍遥太空，与造化游。宜乎适意山林之士乐之而不能违也。

金鸡之峰，有三松焉，不知其几百年矣。微风拂之，声如暗泉飒飒走石濑；稍大，则如奏雅乐；其大风至，则如扬波涛，又如振鼓，隐隐有节奏。

方舟上人为阁其下，而名之曰松风之阁。予尝过而止之，洋洋乎若将留而忘归焉。盖虽在山林而去人不远，夏不苦暑，冬不酷寒，观于松可以适吾目，听于松可以适吾耳，偃蹇而优游，逍遥而相羊，无外物以汩其心，可以喜乐，可以永日，又何必濯颍水而以为高，登首阳而以为清也哉？

予，四方之寓人也，行止无所定，而于是阁不能忘情，故将与上人别而书此以为之记。时至正十五年七月九日也。

二

松风阁在金鸡峰下，活水源上。予今春始至，留再宿，皆值雨，但闻波涛声彻昼夜，未尽阅其妙也。至是，往来止阁上凡十余日，因得备悉其变态。

盖阁后之峰，独高于群峰，而松又在峰顶。仰视，如幢葆临头上。当日正中时，有风拂其枝，如龙凤翔舞，离褷蜿蜒，轇轕徘徊；影落檐瓦间，金碧相组绣。观之者，目为之明。有声，如吹埙篪，如过雨，又如水激崖石，或如铁马驰骤，剑槊相磨戛；忽又作草虫鸣切切，乍大乍小，若远若近，莫可名状。听之者，耳为之聪。

予以问上人。上人曰：“不知也。我佛以清净六尘为明心之本。凡耳目之入，皆虚妄耳。”予曰：“然则上人以是而名其阁，何也？”上人笑曰：“偶然耳。”

留阁上又三日，乃归。至正十五年七月二十三日记。

从原文可知——《松风阁记》一、二两篇，内容重点各不同。第一篇议论为主，先从风和松谈起，再谈到松声的特点，再归结到金鸡峰上三棵松，用四种比喻形象表现不同的风吹松的声音。第二篇补充第一篇，着重描写耳闻目睹风吹松的情况，继续用五种比喻形象表现风吹松的声音，笔墨简炼，形象真切。

下篇是精彩部分。第一自然段简要交代松风阁的地理位置及两次游览情况。第二自然段具体描写松姿松声的种种变化。先写松姿。用一句话交代松树所在的位置及仰视所见到的松树形状，点出观赏地点和角度。接着点出观赏的具体时间正午和天气情况为风和日丽，并用两个形象比喻“如龙凤翔舞”、如“金碧相组绣”分别描绘出松枝风中舞动的柔美及树影和檐瓦相映的美色，展现出优美图画。然后写松声。连用“如吹埙篪”、“如过雨”、“如水激崖石”、“如铁马驰骤”等六个比喻，描绘变幻莫测的松声，从音质、节奏、力度和变化等方面把松声刻画得具有神韵。第三、四自然段写松风阁得名的缘由，交代写该文的时间。得名缘由早已暗示，在文章结末，刘基故意不正面交代，而以自已的观赏感觉请教上人，先让上人说出“耳目之入，皆虚妄耳”的佛语，再迫使他承认“以是而名其阁”，那么文章就耐人寻味，曲折有致。刻意写松而非阁，处处写松，处处写风，写松姿松风的快人耳目，用意指阁观松的最佳位置，只有在此观松，才能产生所写美感。

松风阁在金鸡峰下面，在活水源上面。刘伯温作为一个时光过客，在那年春天才来到这里，留宿了两夜，都遇到下雨，只听到波涛般的声音响彻白天黑夜，没有能完全观看到其奇妙之处。到这时候，来来往往住在松风阁上共有十多天，因而能够完全知道松风阁景色变化的不同情状。

松风阁后面的山峰，在众山峰中特别高，而松树又生长在山峰顶上，抬头向上看，就像饰有鸟羽的旗帜以及车盖笼罩在头顶上一样。当太阳正当中时，有风轻轻掠过那松枝，松枝就像龙凤在飞翔舞蹈一样，那么——风就成为松树的舞台，反过来，松树也成为风的舞台，它们互为舞台。在风中，长满茂密松针的枝条萦回屈曲，交错纠结，来回摆动；阳光把树影洒落在屋檐瓦楞之间——好似阳光把自己身上影子这样的汁水挤出来，汁水可以“黑色”灌溉用以解渴。阳光、树叶、树影……金黄碧绿的颜色交叉错综，编织成美丽的花纹。使观看到这种景色的人，眼睛都因此明亮。有声音，像吹埙篪一样，像阵雨迅急经过，又像水流冲激着山崖石壁，有时像披着铁甲的战马在奔驰，剑和长矛在互相撞击；忽然又发出草虫鸣叫的“切切”声，忽大忽小，像在远处，又像在近处，无法用语言形容那种情状。使听到这种松声的人，耳朵都因此灵敏——此为洗耳的最佳声音。

刘伯温将自己的这种感觉去询问上人，上人回答：“不知道啊。我们佛门把使六境清洁纯净作为使心思清明纯正的根本。凡耳朵听到、眼睛看到者，都属于荒诞无稽的东西罢了。”刘伯温故意问：“既然这样，那么上人用‘松风’给这个楼阁取名，那是为什么呢？”上人笑着告诉他：“偶然这样罢了。”

刘伯温在松风阁又留宿了三天才回来。元惠宗至正十五年七月二十三日写此记。

松树之美，古来共谈，其可为心，奇美无比。松树下，有古代中国人心灵的气息，下棋，喝茶，打瞌睡，一切精美、静美的心灵，散漫而有趣。很多人在松树下看透了人生，顿悟了生命。在古中国，松树的佛性、大道之力，融为一体。从松树身上采气，采到生命的隐秘通道。看见悬岩边的一棵松树，就像自己的一件灵魂衣裳站在那里安静的思考。

刘基简历

刘基（1311 ~ 1375），明初文学家。字伯温，青田（今属浙江）人，元代末期至顺年间（1330 年~ 1333）进士，任高安县丞、江浙儒学副提举，不久罢职归田。后任浙东元府都事，因反对招安方国珍，与朝廷大臣意见不合，受羁管处分。又一度出任江浙行省都事，不久又弃官而去。元至正二十年（1360），受朱元璋聘，协助朱元璋平定天下，任太史令。明洪武元年（1368）拜御史中丞兼太史令。明洪武三年（1370）授弘文馆学士，封诚意伯。后为左丞相胡惟庸所谗，忧愤而死。著有《郁离子》等。后人合编为《诚意伯文集》，或称《诚意伯刘文成公文集》。

◎水超过君子之德

——刘基《活水源记》水恩泽万物

在元顺帝至正十五年（1356），刘伯温从越城即今天的绍兴，经平水，游览会稽山的山山水水，历时一个多月，写了八篇游记。《活水源记》是其一——

灵峰之山，其上曰金鸡之峰。其草多竹；其木多枫槠，多松；其鸟多竹鸡。其状如鸡而小，有文采，善鸣。寺居山中，山四面环之。其前山曰陶山，华阳外史弘景之所隐居。其东南山曰日铸之峰，欧冶子之所铸剑也。寺之后，薄崖石有阁曰松风阁，奎上人居之。有泉焉，其始出石罅，涓涓然冬温而夏寒。浸为小渠，冬夏不枯，乃溢而西南流，乃伏行沙土中，旁出为四小池，东至山麓，潴为大池，又东注于若耶炎溪，又东北入于湖。其初为渠时，深不逾尺，而澄澈可鉴；俯视，则崖上松竹花木皆在水底。故秘书卿白野公恒来游，终日坐水旁，名之曰活水源。其中有石蟹，大如钱，有小鲼鱼，色正黑，居石穴中，有水鼠常来食之。其草多水松、菖蒲。有鸟大如鸜鹆，黑色而赤觜，恒鸣其上，其音如竹鸡而滑。有二脊令，恒从竹中下，立石上，浴饮毕，鸣而去。予早春来时方甚寒，诸水族皆隐不出。至是，悉出。又有虫四、五枚，皆大如小指，状如半莲子，终日旋转行水面，日照其背，色若紫水晶，不知其何虫也。

予既爱兹水之情，又爱其出之不穷，而能使群动咸来依，有君子之德焉。上人又曰："属岁旱时，水所出，能溉田数十亩。"则其泽又能及物，宜乎白野公之深爱之也。

先简要介绍活水源周围的环境——金鸡峰的地理位置与名称：灵峰之山，其上曰金鸡之峰。

山上草木的特点：其草多竹；其木多枫槠，多松；

山上鸟儿的情况：其鸟多竹鸡。其状如鸡而小，有文采，善鸣。

寺庙就像一个必不可少的关键词：寺居山中，山四面环之。

人文地理情况：其前山曰陶山，华阳外史弘景之所隐居。其东南山曰日铸之峰，欧冶子之所铸剑也。寺之后，薄崖石有阁曰松风阁，奎上人居之。

然后生动地看到水的清澈——有泉焉，其始出石罅，涓涓然冬温而夏寒。浸为小渠，冬夏不枯，乃溢而西南流，乃伏行沙土中，旁出为四小池，东至山麓，潴为大池，又东注于若耶炎溪，又东北入于湖。其初为渠时，深不逾尺，而澄澈可鉴……

从石头缝隙里流出来的水，缝隙里的缝隙，好似夹缝穿的内衣。但它有奇妙的易容术，会长大，就像婴儿，慢慢长大，流到一定的地方，就把自己放下，因而它懂得深深的禅意，放下反而有了自我。

那些小动物无不新鲜可爱，衬托出水的幽深可爱——

石蟹、小鲼鱼、水鼠三者相关：其中有石蟹，大如钱，有小鲼鱼，色正黑，居石穴中，水鼠常来食之。

有关草的情况：其草多水松、菖蒲。

小动物：有鸟大如鸜鹆，黑色而赤觜，恒鸣其上，其音如竹鸡而滑。有二脊令，恒从竹中下，立石上，浴饮毕，鸣而去。

因为寒冷的时光：予早春来时方甚寒，诸水族皆隐不出。

至是，悉出。

小虫子的形象：又有虫四、五枚，皆大如小指，状如半莲子，终日旋转行水面，日照其背，色若紫水晶，不知其何虫也。

水虽寂静，但没有凄清。

这里，使人联想到柳宗元的小石潭里的那些小鱼儿，就像雕刻在液体石头里，清纯无比，清澈无比。

刘伯温把自己人的思维融入水中，让水有了人的感情，于是赋予水有了人的美德，但水高出人的生命，人的生命从属于水。“有君子之德、其泽又能及物”，这些加深了水的力量，也表现了人对水的感恩。

空气是一种纸，风是奔走的画，而水是最古老的墨水，描绘出自己的世界，万物如同水画出的海市蜃楼。水源即灵感的来源地，水的灵感才会水灵灵，心灵的灵感如果像水的灵感，那么才算做真正的灵感。一个人身上的水，如果喜欢这个人，那么他的人生就会流畅，那么他就会得到灵感，就连汗水也会成为美酒，就连泪水也成为慈悲的源头。水的智慧才是真正的智慧。

◎旧日景色今不再

——袁宗道《极乐寺纪游》娓娓道来的风景忧伤

现代化的今日北京，已经膨胀得太大太大。今日之北京，已经不是原来的北京，更加谈不上是古代的北京。山水在旧日时光里有清澈的记忆。它自己记得自己旧时的美丽。饱受现代文明侮辱而被污染的山水，时时刻刻在怀旧，怀念过去自己的美好时光。

很多风景已经不再，仿建、再设都不会有原来的滋味。

就说现在的北京，无法看到明清许多风景。幸亏背包客还能在字里行间行走，看一看时光倒流中的旧日北京人文风景与自然的和谐状态。

极乐寺在北京阜成门外，高梁桥西三里，明代成化年间（1465～1487）建。

袁宗道《极乐寺纪游》就为我们打开了明代北京的一个时空——

高梁桥水，从西山深涧中来，道此入玉河。白练千匹，微风行水上，若罗纹纸。堤在水中，两波相夹，绿杨四行，树古叶繁，一树之荫，可覆数席，垂线长丈馀。岸北佛庐道院甚众，朱门绀殿，亘数十里。对面远树，高下攒簇，间以水田。西山如螺髻，出于林水之间。极乐寺去桥可三里，路径亦佳。马行绿荫中，若张盖。殿前剔牙松数株，松身鲜翠嫩黄，斑剥若大鱼鳞，大可七八围许。暇日曾与黄思立诸公游此。余弟中郎云：“此地小似钱塘苏堤。”思立亦以为然。予因叹西湖胜境，入梦已久，何日挂进贤冠，作六桥下客子，了此山水一段情障乎？是日分韵各赋一诗而别。

文不在长，有风水灵秀就行。这篇短文清新简洁、灵秀活泼、诗趣盎然。长桥、流水，堤坝、绿树、寺院，画面一幅幅剪下来，都洋溢着清新秀美。袁宗道以高梁桥为起点，一路游来，桥下之水就像白练一样柔和纯净；长堤被水所夹持，有震动摇荡的效果；

幽深繁茂的堤上绿杨，令袁宗道气爽神清。佛寺道观依山傍水而建，朱门绀殿，壮观华丽。掩映在浓密古松中的极乐寺，有自己的灵魂之树——嫩黄鲜翠而斑斓的古松。其优美就像让袁宗道如同回到了西湖人间仙境。

背包客啊，只能在阅读里浏览昔日的全环保人文景观——

极乐寺院，高梁桥下的河水从西山深峡谷中流淌过来，经过此地流入河里。河水恰似一千匹白色的带子，微风吹过水面产生像一种叫罗纹纸的纸张一样的视觉效果。河堤筑在水中，被两条河夹着。这是山水的一种游戏玩法。堤上有四行绿色的杨树，好似四行绝对牛的绿色诗歌。树木一大把古老的年纪，但枝叶繁盛又显得很年轻，一棵大树的树荫，就可以铺好几张席子那么大，从叶子缝隙中垂下的光线有一丈多长。

在河岸北边，寺庙道院非常多，大殿红门，绵延好几十里远。对面远处的树木，高矮成林，中间几处水田，西山好像人盘着螺旋状的头发，耸立在树林河水之间。

极乐寺离桥大约有三里路远的样子，看上去，道路的风景也很好，马在绿荫下前行，道路两边的树木，树叶婆娑连在一起，就像给马车做的车棚。值得一提的是，佛殿前有几株“剔牙松”，这几棵松树的躯干嫩黄碧绿，树皮的衣服斑驳疏落，就像大鱼的鱼鳞，松树大约有七八围粗。一人伸开手臂环抱的长度叫做围。

背包客在此想一想——在现代文明摧毁自然的今天，哪里还会有这么巨大的大树。那些大树很多都已经长寿几千年。就算这些树木活到今天，也会被现代文明丑陋之处吓死。

空闲时节，袁宗道曾经和黄思立等先生一起来这里游玩。袁宗道的弟弟袁中郎说：“这个地方就像钱塘、苏堤”。黄思立也认为是。袁宗道于是感慨西湖美景，他梦到很多次了，他很感慨——什么时候能挂起进贤冠——意即辞去官职，挂起官帽，让给贤能的人，去做一个充当西湖六桥底下的游客，了却自己的一段山水情缘？他们游览的当天每人分别押一个韵，各自做了一首诗，然后道别。

背包客要明白——当大自然变为一种利益而不是爱与生命、心灵，那么就会遭受屠杀与毁灭。

昔日风景不再，只有愤慨与忧伤。风景也会把愤怒告诉我们。人类如果不允许树木长寿，不允许小草快乐，自己就不会长寿，自己就不会快乐。只有对草木蚂蚁慈悲，才有自己的生存机会。爱草木，爱蚂蚁，就像爱自己的身体，那么，人就会变得无比广阔。

作者简介

袁宗道（1560～1600），字伯修，号玉蟠，又号石浦，湖广公安（今湖北公安县）人。自幼聪颖好学，10岁能诗文。万历七年（1579），考中湖广乡试举人。万历十四年（1586）举会试第一，次年入翰林院，授吉士，进编修。万历二十五年（1597）以翰林院修撰充东宫讲官。与弟袁宏道、袁中道齐名，并称“三袁”。前后七子倡导“诗必盛唐”，他们则崇尚本色，反对摹拟，世称“公安派”。平生崇敬白居易与苏轼。

◎山水不嫌贫穷人生

——钟惺《浣花溪记》择胜而居的安祥

水给自己洗澡，洗得干干净净，水为天下第一美人。一条小溪流喜欢花朵，就会自己慢慢地成为花朵的内衣，把花朵深处的灯光洗干净，因而花朵在世上，能够散发出灯光的香气，人们也能看到花朵穿着用灯光裁剪出的时装。

人文与自然的完美结合，使得自然之美更符合人间的心灵。很多自然的的确确令人心旷神怡，如果加上这里有令人心服口服正面积极的人性光明，那么二者融合，更有风景。人文景观的魅力即如此引人入胜。

唐肃宗乾元二年（759）冬天，杜甫由同谷（今甘肃成县）流亡到成都，借住在浣花溪边草堂寺里。次春，才在寺旁一块荒地上盖一所草堂居住下来。他住在这里虽然不满四年，却写下大量不朽诗篇。相传自唐朝末年以后，每逢四月十九日，成都人民都要到草堂来瞻仰这位“诗圣”的住所。

钟惺在游览浣溪杜工部祠后，以细腻生动的笔触写下《浣花溪记》，描绘浣花溪一带清幽曲折的景色；对杜甫在穷愁中犹能择胜而居的安祥镇静之胸怀寄以敬意。

此文为——

出成都南门，左为万里桥。西折纤秀长曲，所见如连环、如玦、如带、如规、如钩，色如鉴、如琅玕、如绿沉瓜，窈然深碧、潆回城下者，皆浣花溪委也。然必至草堂，而后浣花有专名，则以少陵浣花居在焉耳。

行三、四里为青羊宫，溪时远时近。竹柏苍然、隔岸阴森者，尽溪，平望如荠。水木清华，神肤洞达。自宫以西，流汇而桥者三，相距各不半里。舁夫云通灌县，或所云“江从灌口来”是也。

人家住溪左，则溪蔽不时见；稍断则复见溪。如是者数处，缚柴编竹，颇有次第。

桥尽，一亭树道左，署曰“缘江路”。过此则武侯祠。祠前跨溪为板桥一，覆以水槛，乃睹“浣花溪”题榜。过桥，一小洲横斜插水间如梭，溪周之，非桥不通。置亭其上，题曰“百花潭水”。由此亭还，度桥过梵安寺，始为杜工部祠。像颇清古，不必求肖，想当尔尔。石刻像一，附以本传，何仁仲别驾署华阳时所为也。碑皆不堪读。

钟子曰：杜老二居，浣花清远，东屯险奥，各不相袭。严公不死，浣溪可老，患难之于朋友大矣哉！然天遣此翁增夔门一段奇耳。穷愁奔走，犹能择胜，胸中暇整，可以应世，如孔子微服主司城贞子时也。

时万历辛亥十月十七日。出城欲雨，顷之霁。使客游者，多由监司郡邑招饮，冠盖稠浊，磬折喧溢。迫暮趣归。是日清晨，偶然独往。楚人钟惺记。

背包客可重温钟惺的游历历程——

从成都城里开始，去成都浣花溪的搜狗地图：出成都城南门，左边为万里桥。向西折行的细而美、长而弯，所见像套连的圈儿、像开口的玉环、像带子、像圆规、像弯钩、水色像明镜、像碧玉、像浓绿色的瓜，深幽幽的呈现一派青碧色、在城下回旋着的，都是浣花溪水流聚的地方。

钟惺为了形容这里的水质之美，形容、比喻一大堆，比喻就像发动机，背包客对此可以理解。比喻可以使山水勃勃生机，美容事物本身的力量，也很形象。一大堆比喻就像一大堆环保的玩具，哄得人开心。

然而一定要到草堂一带，然后才有“浣花溪”这一专门名称，这是因为杜甫的浣花故居这个关键词在那儿的缘故。

行走三四里就到了青羊宫。溪流一会儿远，一会儿近。青青之竹、翠绿之柏，它们郁郁葱葱，有竹子才会有山水的骨气，有松柏才会体现山水的聚气。竹子、柏树显得对岸浓荫森森，一直延伸到溪的尽头，远远望去就像一片荠菜。水光树色，清幽而绚丽，使人表里澄彻，神清气爽。

从青羊宫以西，从三处地方溪流汇合在一起，上面建有桥，彼此相隔都不到半里路，轿夫说通向灌县，或者此谓“江从灌口来”的说法吧。

溪东面有人家住，这时溪身便被屋舍遮住，不能全部或常常被看见；稍有空缺之处，溪水重又展现在人的眼前。如此情形有好几处。溪岸人家用树枝、竹条编扎成门户和篱墙，甚为齐整。走近桥，路旁边立有一亭，题写着“缘江路”几个字。过了这里就到了武侯祠。祠前有一座木板桥跨越溪身，桥上有临水的栏杆覆围着，到此才看见题着“浣花溪”字样的匾额。接下来，顺藤摸瓜——过桥。有一片小小的陆地，好似梭子那样横斜着插在水中，溪水四面环绕着它。没有桥便无法通行。小洲上面建造了一座亭子，题字为“百花潭水”。其实波涛、水花、水泡、波浪所包含的开花景象，早就有开花百科所有的内涵。

唉，作为背包客，听到这样的名字心里都有所感叹，美好的命名令人心醉。因为这个名字里含有“百花”二字，想到北京有过一条胡同，名字叫着“百花深处”同样很美。

从这座亭子折回原路，走过桥经过梵安寺，这才到了杜工部祠。杜甫像画得十分清朗古朴，画像不见得一定强求维妙维肖，但想来杜甫应当为这个模样。还有一块刻在碑石上的肖像，附着杜甫传记，为通判何仁仲在代理华阳县令时所制作。碑文都没法读了。

钟子说：杜甫两处居所，在成都浣花溪的这个地方，环境幽远，在夔州东屯的那个地方，地方险僻，两者互不相同。假如严武不死，杜甫就可以在浣花溪畔安然度过晚年，患难时太需要朋友！然而是天意要派定这位老诗人添加出夔州的一段非凡表现而已：在艰难潦倒中流离奔波，却仍能选择胜地处身；胸襟安闲从容，可以应付世事，这同孔二狗变换服装、客居在司城贞子家里避难时的情形是一样的啊。

其时为万历三十九年十月十七日。出城时好像是要下雨，不一会儿便云开天晴。朝廷使臣出来游玩者，大多由按察使或州县长官邀请参加饮宴，官场中人稠杂而浑浊，就像石磬那般弯曲着身子打躬作揖，喧闹声充满四方。将近黄昏时分连忙回家。这天清晨，钟惺偶然独自前往。此次作记。

钟惺简历

钟惺（1574～1624），明代散文家，字伯敬，竟陵（今湖北天门）人。万历进士，官做到福建提学佥事。与谭元春同为竟陵派（明后期与公安派并称的文学流派）的创始者，文学主张基本与公安派相同，提倡抒写性灵，同时又企图以幽深峭拔的风格来矫正公安派的浮浅，在反对当时前后七子的拟古主义方面起过一定的作用，过度追求形式，作品冷僻苦涩。

◎风光喜欢懂它的人来游历

——薛瑄《游龙门记》写景见人

世上的山水风光，造物主为人而设，但不仅仅只为人而设。

世上好的风光，喜欢自己喜欢的人来游览玩耍。很多恶人也在风光里风光，但风光不喜欢他们。

薛瑄属于山水喜欢的人。山水向他敞开自己更多的美，为他提供更多美的气息。山水世界一旦为人敞开心扉，就意味着认可了这人。现代文明屠杀自然，自然不喜欢很多对自然下毒手的人，但这些人残害了自然，还要去旅游观光，难道他们真的想干什么就能干什么？不会的，就像一句流传很广的话："出来混，迟早要还的。"审判在等着他们。

薛瑄在龙门，龙门喜欢他，就给他很多暗示、信息与力量、美。因而他写起《游龙门记》来，就有山水神助——

出河津县西郭门，西北三十里，抵龙门下。东西皆层峦危峰，横出天汉。

大河自西北山峡中来，至是，山断河出，两壁伲立相望。神禹疏凿之劳，于此为大。繇东南麓，穴岩构木，浮虚驾水为栈道，盘曲而上。濒河有宽平地，可二三亩，多石少土。中有禹庙，宫曰"明德"，制极宏丽。进谒庭下，悚肃思德者久之。庭多青松奇木，根负土石，突走连结，皮干苍劲偃蹇，形状毅然，若壮夫离立，相持不相下。宫门西南一石峰，危出半流。步石磴，登绝顶，顶有临思阁，以风高不可木，甓为之。倚阁门俯视，大河奔湍，三面触激，石峰疑若摇振；北顾巨峡，丹崖翠壁，生云走雾，开阖晦明，倏忽万变。西则连山宛宛而去。东视大山，巍然与天浮。南望洪涛漫流，石洲沙渚，高原缺岸，烟村雾树，风帆浪舸，渺茫出没，太华潼关，雍豫诸山，仿佛见之。盖天下之奇观也。

下登，道石峰东，穿石崖，横竖施木，凭空为楼。楼心穴板，上置井床辘轳，悬绢汲河。凭栏槛，凉风飘洒，若列御寇驭气在空中立也。复自水楼北道，出宫后百余步，至右谷，下视窈然。东距山，西临河，谷南北崖相去寻尺，上横老槎为桥，踏步以渡。谷北二百步，有小祠，扁曰"后土"。北山陡起，下与河际。遂穷祠东，有石龛窿然若大屋。悬石参差，若人形，若鸟翼，若兽吻，若肝肺，若疣赘，若悬鼎，若编磬，若璞未凿，若矿未炉，其状莫穷。悬泉滴石上，锵然有声。龛下石纵横罗列，偃者，侧者，立者；若床，若几，若屏；可席，可凭，可倚。气阴阴，虽甚暑，不知烦燠；但凄神寒肌，不可久处。复自槎桥道由明德宫左，历石梯上。东南山腹有道院，地势与临思阁相高下，亦可以眺望河山之胜。遂自石梯下栈道，临流观渡，并东山而归。

时宣德元年丙午，夏五月二十五日。同游者杨景端也。

从原文看到此文——纯粹写景，对气势磅礴的水光山色描绘，对名胜古迹记述。有声有色的山水，有声有色的人，二者在一起互动，互为游客。景中可窥游人。直接写景和间接抒发感受相结合，情景交融。按游览先后为序，有条不紊依次记写，线索清晰，比喻、拟人、状物，景物真切、生动、惟妙惟肖。

我们就像薛瑄那样，对龙门景观游历一番——

出了河津县西城门，往西北方向走30里的路程，就到达龙门山山脚下，山的东西两面全是重叠的山峦和高险的山峰，高大得耸入云霄。它们的世界远比我们的目光世界要大。

黄河从西北方的山峡里冲出来，到这里，冲断山脉，河水流过来，两岸的山崖整齐地对立相望。夏朝的大禹为疏通河道而开凿的汗水，在这里显出最伟大的功劳。从东南山根起，在岩石上凿出洞来，架起木桩，在河水上面凌空搭起一条栈道，盘旋着上山。这种悬崖峭壁上的栈道，走起来紧张，但绝对为一种高端艺术形式，此为实用的艺术。靠河边有一块宽敞而平坦之地，大约有二三亩地，石头多泥土少——泥土与石头为造物主搭配的知音与永恒的朋友。那中间有一座禹王庙，叫做“明德宫”，它修建得十分宏伟壮丽。到大殿前参拜，见到夏禹塑像，肃然起敬，想起他对人民的好处，沉默思考了很久。院子里有许多青松和叫不出名的树木。（人命名的事物看上去很多，但我们无法命名的事物更多，我们不认识的事物、无法看透、看到的事物更多也。人的认识永远有限。）树根背着泥土和岩石，凸出地面，伸向四处，连结在一起，枝条和叶子疏密相间，形成浓荫，树皮树干苍老挺直，显出一种高傲劲儿，它们的样子很坚定，就像健壮汉子彼此对站着，相持不肯让步。在庙门西南面，有一石峰，高高伸出到河流中间。旅途中，踏着石头台阶，登上极顶。顶上有一座临思阁，因为山高风大的缘故，它不能用木材建筑，只能因地制宜用砖石砌成。人靠着阁门向下看，俯瞰黄河急流翻滚，向三面冲击振荡，令人疑心石峰仿佛在摇晃。

向北看——峡谷巨大，山崖朱红，石壁苍翠，吐出云朵，飘过烟雾，一会散开，一会聚拢，天色一会阴暗，一会明亮，真可谓瞬息万变。而西面有山连着山，曲曲折折延伸过去。

向东看——那座大山，巍峨耸立，与天相接。

向南望——洪涛滚滚，水中石洲沙滩，平原高高和河岸弯曲，炊烟弥漫的村庄，雾气笼罩的树林，风中扬起的帆，浪里的船，渺渺茫茫，时隐时现。华山、潼关和陕西、河南的许多山，好像隐约可见一样。这真算得上天下少有的景致啊。

下了台阶，取道石峰东面，有一处凿开的石崖，那里安起木桩，放上横木，凭空造起一座水楼。在楼心地板上凿开一洞，洞上面安上井栏和辘轱，挂上一绳索，从河里打水。依靠在栏杆边，感受凉风飘洒过来，那感觉就像传说中的列御寇驾着风在半空中站着一般。又从水楼北面沿山路往禹王庙后面走出百余步的距离，到了右边山谷时，向下看去，目光落下去幽深得很。这里东面靠大山，西边面对黄河，山谷南北两边相距大约有丈把远，上面横放一根老树杈作桥——树站着为桥，躺下来还有机会作为桥——在这样惊险独特的桥上，只能脚尖挨脚跟地走过去。山谷北面两百步之处，有一小庙，匾上写着“后土祠”。北山陡峭矗立起来，山脚与河边相连。于是当走完后土祠东边的山路，就会看到有一山洞，此洞空荡荡，与一间大厅一般。洞里悬挂着的石头长短不一，有的像人形，有的像鸟翅，有的像兽嘴，有的像肝肺，有的像赘瘤，有的像悬空着的鼎，有的像成组的磬，有的像未经雕琢的玉，有的像未曾冶炼的矿石，它们的形状没有办法说全。高悬着的泉水滴到石头上，“咚咚”地发出响声，那声音在说着什么呢。洞下面的石块横七竖八罗列着——从姿势上看：有躺着的，有歪着的，有立着的；从形状上看，有像床铺的，有像茶几的，有像屏风的；从一种作用上看——可以用来坐，可以用来伏，可以用来倚。洞里气息阴凉阴凉的，就算在大伏天，也不会觉得烦闷燥热，只使人感到心神凄凉，肌肤寒冷，不能够长时间地停留。又从老树杈桥上过去，经由明德宫左边，沿着石头台阶上去。东南山腰里有一道院，地势跟临思阁高低差不多，在这里也可以远望黄河和龙门山一带的好风光。然后就从石阶下来走上栈道，到黄河边上看了来往渡船，才顺着东山回去。

薛瑄游龙门的时间是宣德元年，夏季五月二十五日。与薛瑄同游的是杨景端。

从薛瑄在洞中的游历可以看到——这样的洞，灿烂之极，一个洞内之物，存在有其理由，和谐有其天意，好似一个人的内脏系统那么完整。内部的世界甚至远比外部的世界要精彩，要震撼。一个细胞内部的世界所含有的秘密，与这样的洞内一样，会大大地令人意外。洞为人类依恋的精神家园，以为人类从温馨的一条洞的通道里来来去去，那属于人性的天堂，属于生命美好的空间。洞为根的衣服，也属于根的一个版本，如是云：根为空，就有天堂与超越。

薛瑄简历

薛瑄（1389 ~ 1464）明代思想家，著名理学大师，河东学派创始人，字德温，号敬轩，山西河津（今万荣县）人。曾在朱熹白鹿洞讲学，深受欢迎，人们尊称他为“薛夫子”。认为理在气中，不能离气而独立存在，称“遍满天下皆气之充塞而理寓其中”，“理只在气中，决不可分先后”，“理气无缝隙，故曰器亦道也，道亦器也”。但亦接受“理具于心”和“性即理”的观点，承认物我内外同是一理，同为一性。

◎一片心潭任己飘

——谭元春《三游乌龙潭记》潭水观人

看山看水，山水也看人，尤其是水，比任何镜子的目光都古老，更有真正的目光。水的目光在人身上任何时候都在穿行。潭水清清，一叶扁舟，人在舟子上，也站成舟子。

背包客在潭上，在竹排、船上，就站在脚印上漂流。

谭元春三游乌龙潭记，不是一个人，而是一伙人同游。在《三游乌龙潭记》可以看到他的游览情景，就像潭水的幕布躺在那里，游人如同投影投在上面——

予初游潭上，自旱西门左行城阴下，芦苇成洲，隙中露潭影。七夕再来，又见城端柳穷为竹，竹穷皆芦，芦青青达于园林。后五日，献孺召焉。止生坐森阁未归，潘子景升、钟子伯敬由芦洲来，予与林氏兄弟由华林园、谢公墩取微径南来，皆会于潭上。潭上者，有灵应，观之。

冈合陂陀，木杪之水坠于潭。清凉一带，坐灌其后，与潭边人家檐溜沟勺入浚潭中，冬夏一深。阁去潭虽三丈余，若在潭中立；筏行潭无所不之，反若往水轩。潭以北，莲叶未败，方作秋香气，令筏先就之。又爱隔岸林木，有朱垣点深翠中，令筏泊之。初上蒙翳，忽复得路，登登至冈。冈外野畴方塘，远湖近圃。宋子指谓予曰："此中深可住。若冈下结庐，辟一上山径，颇空杳之潭，收前后之绿，天下升平，老此无憾矣！"已而茅子至，又以告茅子。

是时残阳接月，晚霞四起，朱光下射，水地霞天。始犹红洲边，已而潭左方红，已而红在莲叶下起，已而尽潭皆赪。明霞作底，五色忽复杂之。下冈寻筏，月已待我半潭。乃回篙泊新亭柳下，看月浮波际，金光数十道，如七夕电影，柳丝垂垂拜月。无论明宵，诸君试思前番风雨乎？相与上阁，周望不去。适有灯起荟蔚中，殊可爱。或曰："此渔灯也。"

这篇游记描述谭元春与好友第三次游乌龙潭的经历，先写山林与潭水相接的幽深境界，继而写晚霞映潭和月色照潭的奇妙之景，逐层点染，极写乌龙潭晴日间的多姿多彩。有趣对比二游乌龙潭时风雨大作的景象。

来看谭元春的游览乌龙潭过程——

谭元春第一次游览乌龙潭，从旱西门即当时的南京城门向左走到城北边，那里芦苇就像一片小岛，芦苇的缝隙中露出潭水的影子。他在七夕节再来，又看到城的尽头柳树完了是竹林，竹林尽头是芦苇，芦苇青青直到园林。又过了五天，谭元春的朋友宋献孺邀请他。茅元仪（字止生）住在森阁没有回去，潘之恒（字景升）、钟惺（字伯敬）从芦苇荡上来，谭元春和林家兄弟从华林园、谢公墩走小路从南边来，都相逢在乌龙潭上。潭上有灵气，他们一班人共同观赏。

山冈倾斜，树梢上的水滴掉进潭里。客观上这里也许是山冈倾斜，其实有时候，山冈本身不倾斜，而是感觉倾斜。另外，当山上树木众多，风吹山冈，把山吹成斜的，就像酒在一个醉汉的身体里吹他把他吹得歪歪斜斜一样。

清凉山就像一条带子，坐落在乌龙潭后边，和潭边人家屋檐的排水槽、下水沟伸入深潭中，冬夏水一样深。楼阁离潭虽然三丈多之远，就像在潭水中耸立；竹筏在潭水中漂泊，如潭的补疤，不管哪儿都能到达，倒像去水上楼阁。在潭水的北部，荷叶还没有凋残，正散发着秋天的香气，于是游玩的人让竹筏先去那里。又喜欢隔岸的树林，有红色的墙点缀在深绿色中，颜色对比有很好的美学效果，于是让竹筏靠岸。刚上岸时土地全被草木覆盖，忽然找到一条路，沿路向上走到了山冈。山冈外边是田野池塘，远处有湖近处有苗圃。宋献孺指着这些对谭元春说："这个地方很适合居住。如果在山下建造一座房屋，开辟一条上山的路，俯视空旷的潭水，观赏前后的绿色景致，天下太平，在这里终老一生都没有遗憾啊！"不一会茅元仪也到了，他又把这话重播一遍告诉了茅元仪。是啊，包括其他背包客，今天的背包客，或者其他人，谁不愿意安居乐业在美好山水间呢？安居乐业一直是中国人自古以来的梦想，但真正实现的时候，无比艰难，在古代要么就是战乱、要么就是灾难；在今天，要面对拆迁面对房价。

这时候夕阳和月亮同时在天上，晚霞升起，红光照下来，底下是水，上面是霞的红绸红皮肤。开始只照红了芦苇荡边上，不一会潭水的左边也红了起来，又不一会红光照到了莲叶底下，再不一会全潭都红遍。明亮的霞光作底色，五种颜色忽然又掺杂进来。下山找竹筏，月光已经布满半个潭面等着他们一群人。于是撑着竹篙停在新亭的柳树下面，观赏月光在水波中沉浮，金色的水光好几十道，就像七夕节雷电的光影，柳条下垂碰触水中的月亮。谭元春问：不管今天晴朗的夜晚，各位能否想到上次有乌龙潭的那番风雨？一行人一起登上楼阁，向四周眺望不愿离去。正好有灯光在茂密的草丛树林里亮起，非常可爱。有人说："这是渔灯。"那灯光，心灵一样发光，渔火舞蹈在夜色里。灯光为夜色真正的胎记。

谭元春简介

谭元春（1586～1637），明代文学家。字友夏，湖广竟陵（今湖北天门县）人。

天启七年（1627）乡试第一。与同里钟惺评选《唐诗归》、《古诗归》，因此钟、谭名满天下。然两人学不甚富，其识解多僻，大为时人所讥。

◎唯静方显山本色

——李流芳《游虎丘小记》几次游同一地方的心得

李流芳认为，有些东西、有些事情要多看几遍才能看到真实的一面，所以要多去观察。看风景如此，很多事情也如此。自己喜欢的一个人，不会看厌。看得厌倦的，就不会长久地喜欢。

李流芳在虎丘的几次游览就说明了他的观点。好的风景多看几次是看不厌的，而且每一次都会有新的感受。每一次都不会得到全部的信息。

来看李流芳的《游虎丘小记》——

虎丘，中秋游者尤盛。士女倾城而往，笙歌笑语，填山沸林，终夜不绝。遂使丘壑化为酒场，秽杂可恨。予初十日到郡，连夜游虎丘，月色甚美，游人尚稀，风亭月榭，间以红粉笙歌一两队点缀，亦复不恶。然终不若山空人静，独往会心。尝秋夜与弱生坐钓月矶，昏黑无往来，时闻风铎，及佛灯隐现林杪而已。又今年春中，与无际舍侄偕访仲和于此。夜半月出无人，相与趺坐石台，不复饮酒，亦不复谈，以静意对之，觉悠然欲与清景俱往也。生平过虎丘才两度，见虎丘本色耳。友人徐声远诗云："独有岁寒好，偏宜夜半游。"真知言哉！

该文写李流芳两度游虎丘的感受，表达出悠闲的心境——

一次在秋天：对月色美、游人少、以红粉笙歌点缀的虎丘感到"亦复不恶"；对昏黑无往来、时闻风铎及佛灯隐现林杪的虎丘感到"独往会心"。

一次在春天："夜半月出，无人，相与趺坐石台，不复饮酒，亦不复谈，以静意对之"，感到"悠然欲与清景俱往"。

李流芳两度游虎丘，见虎丘本色。他送叹友人徐声远"独有岁寒好，偏宜夜半游"为知言。此诗句道出欣赏自然之美要在岁寒。夜半，归根到底一个"静"字。唯静方能显示虎丘本色。这样，道出"笙歌笑语，填山沸林"、"使丘壑化为酒场"、"可恨"的原因。

李流芳不喜欢把自然糟蹋了——

虎丘，在中秋夜游人极多。全城士绅学子、妇孺歌姬皆会前往。歌声乐声谈笑之声充斥于整个山林，如此竟夜不息。于是乎，那壮丽的自然丘壑竟化为酒场，鱼龙混杂，实在可恨。

李流芳于初十便到了郡中，当晚就游览了虎丘。月色很美，游人也不多，风吹过亭子月光洒落在树间，偶尔有一两队歌女吹笙点缀，并不使人厌恶。但还是不如山林空寂之时，一人前往要合他意。

李流芳曾经在秋夜坐在虎丘山顶的钓月矶上，天色昏暗，无人往来，只听到悬于檐下的风铃声，看到佛灯在静夜之中若隐若现。

还有今年春天，他和无际一起在这里拜访仲和。半夜之时，月亮出来，不见人影，他们盘膝坐于石台之上，既不饮酒，也不交谈，只静静对坐，便觉得悠然之心与周围之情景同在了。

李流芳认为自己一生中造访虎丘，也就这两次见到了虎丘的本色。其朋友徐声远作诗云："独有岁寒好，偏宜夜半游。"他很有同感，感慨说得真对啊！

李流芳简介

李流芳（1575～1629），字长蘅，号泡庵，晚称慎娱居士。嘉定（今上海）人。万历三十四年（1606）中举人，三赴会试，均不第。因魏忠贤乱政，于是绝意进取，修筑檀园，读书其中。工诗、善书法，尤其精于绘画。

◎“骨肉相莹”雪景净化人心

——沈周《记雪月之观》，雪也欣赏一位老人

沈周《记雪月之观》作于明孝宗弘治元年（1488）。当时他已 62 岁。吴地连下两天大雪，天气特冷，雪几天都没有融化，这在江南很少见。沈周以画家特有的眼光、诗人的气质，生动再现了月光照耀下的雪景，如“若涂银，发泼汞，腾光照人，骨肉相莹”。这种“骨肉相莹”的雪景，把人都净化了。

我们来看原文，《记雪月之观》也阅读我们——

丁未之岁，冬暖无雪。戊申正月之三日始作，五日始霁。风寒沍而不消，至十日犹故在也，是夜月出，月与雪争烂，坐纸窗下，觉明彻异常。遂添衣起，登溪西小楼。楼临水，下皆虚澄，又四囿于雪，若涂银，若泼汞，腾光照人，骨肉相莹。月映清波间，树影滉弄，又若镜中见疏发，离离然可爱。寒浃肌肤，清入肺腑，因凭栏楯上。仰而茫然，俯而恍然；呀而莫禁，眄而莫收；神与物融，人观两奇，盖天将致我于太素之乡，

殆不可以笔画追状，文字敷说，以传信于不能从者。顾所得不亦多矣！，尚思天下名山川宜大乎此也，其雪与月当有神矣。我思挟之以飞遨八表，而返其怀。汗漫虽未易平，然老气衰飒，有不胜其冷者。乃浩歌下楼，夜已过二鼓矣。仍归窗间，兀坐若失。念平生此景亦不屡遇，而健忘日，寻改数日，则又荒荒不知其所云，因笔之。

丁未这一年冬天，天气暖和未降雪。第二年戊申年正月初三开始下雪，正月初五天气放晴。但依然寒风肆虐，冰封雪冻，直到正月初十大地依然银装素裹。

当晚，明月升天，雪月相映，年迈的沈周坐在纸窗之下，感到明亮无比。于是他添件衣服出门，登上溪水西侧的小楼。

小楼临着溪水，溪水清澈见底，四周覆盖着皑皑白雪，如同涂上了一层白银，又仿佛水银泼了一地，晶莹闪耀，人的肌肤也被映照得晶莹洁白。

明月映照着寒冷的水波，树影在水中摇曳，就像镜子中映照着的头发，历历分明。清冷的寒气透入肌骨，沁入肺腑，他扶着栏杆而上。仰视，一片茫然无际；俯视，一片混沌。不觉间呀然惊叹不止，久久地凝视着不愿收回自己的目光。

人的目光都回流，回到眼睛的泉眼深处，就像回家，把看到的带回家，但很多目光都消散在世上，回不到眼睛里。

人的精神与外物融为一个整体，自己同周围的环境都变成了一份神奇的景观。沈周叹曰：上苍将我放置于宇宙之间，这份景致竟然无以用笔画来传达，也不便用文字来铺陈、传达于没有亲临这份情景的人。这样看来，自己得到的不也很多吗？

同时他也想到——天下名山大川此刻应该比这里更为壮观，那里雪月辉映的景致应当更为神奇。

他的思绪因之而驰骋于四面八方，很久才回过神来。茫无边际的思绪无法平抑，可是因为年老身体衰落，沈周已禁不住寒冷的侵袭。于是便放声歌唱走下小楼，此时已过二更。

回到窗前，独自端坐。沈周想到这辈子这样的景致并未多见，并且一天天地淡忘，一天天地被改变着，很多都已经茫然与模糊。于是他用笔记下了这次经历。我们才有机会阅读如此之美的风景。白雪的白发与沈周的白发互相欣赏，倒也有趣。

沈周简介

沈周（1427～1509），字启南，号石田，晚号白石翁，长洲（今江苏吴县）人。明代书画家。善于画山水，兼工花鸟，与文征明、唐寅、仇因合称“明四家”。其诗学白居易、苏轼、陆游，文学《左氏传》，并为世所重。11岁时，游南都，作百韵诗上巡抚侍郎崔恭，面试《凤凰台赋》，拿起笔来很快就完成了。长大后，郡守打算以贤良举荐，沈周用《周易》来占卜，得到遁之九五，于是决意隐遁。巡抚王恕、彭礼先后礼敬他，想把他留在幕下，他都以母亲年老需要服侍为由推辞了。

◎隐形之水在哪里

——刘侗《水尽头》对水的探究

卧佛寺就在今天的北京西山植物园、香山一带，很多人来此游玩求佛。而刘侗有自己的视点，他关注当时的卧佛寺有无泉水。其《水尽头》即写此——

观音石阁而西，皆溪，溪皆泉之委；皆石，石皆壁之余。其南岸，皆竹，竹皆溪周而石倚之。燕故难竹，至此，林林亩亩。竹，丈始枝；笋，丈犹箨；竹粉生于节，笋梢出于林，根鞭出于篱，孙大于母。

过隆教寺而又西，闻泉声。泉流长而声短焉，下流平也。花者，渠泉而役乎花；竹者，渠泉而役乎竹；不暇声也。花竹未役，泉犹石泉矣。石罅乱流，众声澌澌，人踏石过，水珠渐衣。小鱼折折石缝间，闻跫音则伏，于苴于沙。

杂花水藻，山僧园叟不能名之。草至不可族，客乃斗以花，采采百步耳，互出，半不同者。然春之花尚不敌其秋之柿叶。叶紫紫，实丹丹，风日流美，晓树满星，夕野皆火：香山曰杏，仰山曰梨，寿安山曰柿也。

西上圆通寺，望太和庵前，山中人指指水尽头儿，泉所源也。至则磊磊中两石角如坎，泉盖从中出。鸟树声壮，泉啃啃不可骤闻。坐久，始别，曰："彼鸟声，彼树声，此泉声也。"

又西上广泉废寺，北半里，五华寺。然而游者瞻卧佛辄返，曰："卧佛无泉。"

以上可知，刘侗游览明代北京西郊樱桃沟一带的景物。游览为写文章打下好的架构，文章结构为通过沿樱桃沟上溯泉水尽头的游程，抓住沿沟风光景物的特征，加以机智议论，生发新鲜情趣，引人入胜。

刘侗不但善于抓住特征，而且精于谋篇。此次游览的中心主题是议论卧佛寺有无泉水，论证方法为通过记游加以归纳，最后证明卧佛寺不是无泉，而是有很优美的泉水，即樱桃沟流水。

文章一开头就点出"溪皆泉之委"，不过它隐形，被引人注目的"林林亩亩"的竹子遮掩。然后"泉流长而声短"，泉水的声音是伸懒腰的声音。水流平缓，灌溉了花竹，活泼了小鱼，而泉水却被忽视。

接着，沿沟山野花木的美景妙趣，令人兴致勃发。

接下来，泉水尽头，泉源所在，不过是乱石中的小窟窿，而满耳只听见鸟声和树声。如果不是有心人，就听不见那淹没于鸟树声中的泉声。一个小窟窿，就造句，造出的句子就像脐带，成为泥土、根、动物的脐带。

至此，找到泉源，证明有泉，也说明了一般游人误以为无泉的原因。

最后点明主题，指出所谓“卧佛无泉”很错误。

刘侗的游记，构思很有特色，一方面通过探游和议论，引导人们要通过实践以探索究竟，不要浅尝辄止；另一方面又在议论中对樱桃沟的风光景物作了重点突出的描述，显出这沿沟山野花竹草木构成的美景妙趣。

刘侗的游记既有山水情趣，又有格物理趣，独具风味。

当年，这里曾称做鹿岩精舍、白鹿岩洞，是幽静的所在。几百年过去了，圆通寺、太和庵已经圮毁，明代咸化年间（1465 ~ 1487）敕令重修的隆教寺碑犹存。它和活水源向人们指证历史。如今人们珍视纯净无染的泉水，远近人等携瓶提罐前来汲水。活水源在景观之外，又增添了一种作用，带给人们健康。

刘侗简介

刘侗（约 1593 ~约 1636），字同人，号格庵，麻城（今湖北省麻城）人。崇祯七年（1634）进士，任吴县（今江苏苏州市）知县，卒于赴任途中。“竟陵派”重要作家。与于奕正合撰的《帝京景物略》。于奕正负责寻找资料，刘侗负责写作成文，主要记载北京城郊的名胜古迹、景物风土、人物故事。这部书在文字上体现“竟陵派”幽深孤峭的特点。

◎我写的是我经历的山水

——袁宏道《游盘山记》山水知道这人来过

很多人能装，没有去过的地方，也写很多那里的文章，就靠资料汇编。袁宏道不一样，他写的山水风景，都经过了自己的目光。

虚构的山水虽然美丽，但终究为海市蜃楼不靠谱，实实在在的山水，才能实实在在地养活我们的生命与心灵。海市蜃楼不能当饭吃，但话又说回来，海市蜃楼的魅力也需要，只要不作为骗人的把戏就行。如果一个时代就像海市蜃楼，那么就像肥皂泡，要吹破。山水是真的，才有看头，塑料与水泥的山水，还有什么能看透，是吧？

向袁宏道这样的古代真正的背包客致敬，他一生写过九十多篇游记，那些文章所写的地方，都是他亲自到过的地方。其中《游盘山记》是为其一——

盘山外骨而中肤。外骨，故峭石危立，望之若剑戟罴虎之林。中肤，故果木繁，而松之抉石罅出者，欹嵚虬曲，与石争怒，其干压霜雪不得伸，故旁行侧偃，每十余丈。其面削，不受足，其背坦，故游者可迂而达。其石皆锐下而丰上，故多飞动。其叠而上者，渐高则渐出。高者屡数十寻，则其出必半仄焉。若半圮之桥，故登者栗。其下皆奔泉，夭矫曲折，触巨细石皆斗，故鸣声彻昼夜不休。其山高古幽奇，无所不极。

述其最者：初入得盘泉，次曰悬空石，最高曰盘顶也。泉莽莽行，至是落为小潭，白石卷而出，底皆金沙，纤鱼数头，尾鬣可数，落花漾而过，影彻底，忽与之乱。游者乐，释衣，稍以足沁水，忽大呼曰“奇快”，则皆跃入，没胸，稍溯而上，逾三四石，水益哗，语不得达。间或取梨李掷以观，旋折奔舞而已。

悬空石数峰，一壁青削到地，石粘空而立，如有神气性情者。亭负壁临绝涧，涧声上彻，与松韵答。其旁为上方精舍，盘之绝性处也。

盘顶如初抽笋，锐而规，上为窣诸波，日光横射，影落塞外，奔风忽来，翻云抹海。住足不得久，乃下。迂而僻，且无石级者，曰天门开。从髻石取道，阔以掌，山石碍右臂，左履虚不见底，大石中绝者数。先与导僧约，遇绝崄处，当大笑。每闻笑声，皆胆落。扪萝探棘，更上下仅得度。两岩秀削立，太古云岚，蚀壁皆翠。下得枰石，方广可几筵。抚松下瞰，惊定乃笑。世上无拼命人，恶得有此奇观也。

面有洞嵌绝壁，不甚阔，一衲攀而登，如猕猴。余不往，谓导僧曰：“上山险在背，肘行可达。下则目不谋足，殆已，将奈何？”僧指其凸曰：“有微径，但一壁峭而油，不受履，过此，虽险，可攀至脊。迂之即山行道也。”僧乃跣，蛇矫而登。下布以緪，健儿以手送余足，腹贴石，石腻且外欹，至半，体僵，良久足缩，健儿努以手从，遂上。迨至脊，始咋指相贺，且相戒也。峰名不甚雅，不尽载。其洞壑初不名，而新其目者，曰石雨洞，曰慧石亭。洞在下盘，道听涧声，觅之可得。石距上方百步，纤瘦丰妍不一态，生动如欲语。下临飞涧，松鬣覆之，如亭。寐可凭，坐可茵，闲可侣，故慧之也。其石泉奇僻，而蛇足之者，曰红龙池。其洞天成可庵者，曰瑞云庵之前洞，次则中盘之后岭也。其山壁窈窕秀出而寺废者，曰九华顶，不果上。其刹宇多，不录。寄投者，曰千像，曰中盘，曰上方，曰塔院也。

其日为七月朔，数得十。偕游者，曰苏潜夫、小修、僧死心、宝方、寂子也。其官于斯而以旧雅来者，曰钟刺史君威也。其不能来，而以书讯且以蔬品至者，曰李郎中酉卿也。

《游盘山记》像一幅幅写意画，着墨不多，十分传神。袁宏道善于先用粗疏几笔勾勒总貌进行概括，然后写出每一游点的突出引人之处。处处都努力捕捉此情此景的独特地方，袁宏道没有用多少华丽词藻，同样生动清新。石以“白”作眼，沙、鱼分别用“金”用“纤”作眼，显示出这里的石、沙、鱼不同他处，而游人解衣，以足沁水，大呼奇快，跃入没胸，以及取李梨掷等细节描写，这明明就是今天的背包客拍摄的 DV 山水记录片；登盘顶一节，不少惊险，而上盘顶以后“咋指相贺”形象了历险后的快意；“世上无拼命人，恶得有此奇观”，说出了袁宏道游历险处后自得的心情。他很少写视觉所及以外的事物。

那么，我们就重拍袁宏道的一部山水纪录片——

看那盘山外表岩石而内含泥土。外表岩石，因此陡峭石壁高高直立，远远望去就像刀枪林立，有熊虎之气势。内含泥土，因此树木繁茂，松树从石缝中长出，靠着高峻山壁盘旋而上，好像在与石壁争怒。松树的树干由于被霜雪所压，就不能向上伸展，便向旁边伸展，往往有十余丈远。

山高古幽奇，它没有什么景观没有携带的，它最好的几样——

进山时的盘泉，其次悬空石，最高处的盘顶。

沿着盘泉走进山中，就能看到泉水在这里汇聚成一个水潭，潭水清澈是肯定的啦，潭底是一些白色的石头，铺满金色沙子，水中几条小鱼游动，鱼鳍鱼尾都清晰可见。偶尔会有落花，影子直达潭底，那些影子也具有美人赤裸裸游泳的魅力。但树影一会儿又随水波乱了。袁宏道这些游人见了十分高兴，脱去衣服，稍微用脚触碰水面，便大叫痛快，都跳下水去，水深齐胸，他们逆流而上，绕过三四块大石，水声渐渐大起来，他们都听不见彼此说话。这个时候，有人拿梨李投入水中，那些梨李只是在水中回环盘旋，上下浮沉而已。

再说悬空石，它是几座山峰，其中一座深色的山峰拔地而起，峰顶有一块大石悬空而立，很像一个性情中人。旁边有一亭背靠山壁下临深涧，涧水声向上，与风中松涛相和。这些知音实为自然里极佳的搭档。亭旁是上方精舍，是盘山风景绝佳的地方。

盘山山顶形状就像刚出土的幼笋，又尖又圆。上面称之为诸波，每当日光斜射，盘山的影子仿佛直投到塞外，每当风吹过，云雾翻腾，仿佛大海一般。在上面不能停留太久，就往下走，有一段迂回而偏僻并且没有石级的路，把它叫做天门开。从大石顶端找到一条路，才巴掌宽的裂缝似的，山石挡着右臂，左脚悬空，途中有好几块石头挡路，他们事先与当向导的和尚约定，遇到绝险的地方，就要大笑示意，所以每当听到前面传来的大笑，他们都胆战心惊。其实啊，这大笑也成了风景的味精。他们手攀着荆棘，反复试探，才过了这段路。前面见到两座山岩对峙，仿佛是太古以来的风云雾岚，将山壁染成翠绿。再往下有一块平整的大石，十分宽大，可以摆几桌酒席，他们手扶松树向下看，战战兢兢惊魂甫定，才大笑世上不敢冒生命危险的人，怎能探得如此奇景呢？

对面有一个山洞嵌在绝壁上，不太宽，一个和尚攀援而上，仿佛猕猴一般。袁宏道不去，对向导和尚说："上山险在山脊，盘曲而上仍可以到达，下山眼睛都找不到落脚的地方，太危险了，怎么办呢？"

向导和尚指着一处凸起的地方告诉他："那里有一条小路，只不过陡峭且很滑，不能立足，走这条路虽险，却可到达山脊，绕过去就到下山大道。"没有人走的道路太多了，没有人走的时候，道路自己走自己。

和尚光着脚，像蛇一样矫捷地攀援，再从上放下布，让下面的人攀布而上，又叫一个健壮的人从下面用手托住袁宏道的脚，腹部紧贴石壁，石壁很滑而且向外突出，爬到一半，身体有些僵硬，都害怕啊，过了一会儿方才抬腿，下面的人努力用手推他，这才到了山脊。到了山脊，他们才彼此用手指点，咋舌不已，互相庆贺，互相提醒。

山峰名字不很雅，显得有点不文明，这里不记下来，那洞壑最初没有名，最近才命名，有一个叫石雨洞，另一个叫慧石亭，石雨洞在下方，沿着涧水声可以找到它，再往上大约一百步的距离，有不少的石头，它们纤瘦丰妍各不相同，姿态生动，石头好像会说话。这些石头部落的下方正对着山涧，松树的枝叶遮蔽它们，如同亭子，它们很有用，对他们这些游人来说，睡觉可用来倚靠，坐着可以把它当草地一样的席子，清闲时可以把它当伙伴，所以把它命名为慧石亭。山涧的泉流蜿蜒曲折，形状仿佛蛇行一样生动，尽头便是红龙池。那洞浑然天成可以建庵，为瑞云庵的前洞，再往下就到中盘的后岭。在那山势幽深秀美而寺院荒废的地方，就叫九华顶，他们没有去。庙宇多，也不再一一记录。只去参拜了几个：千像，中盘，上方，塔院。

袁宏道登山的那一天是七月初一，同游的人有十个，包括苏潜夫、小修、宝方、寂子等人，还有一个向导和尚——和尚的名字是死心，真的很有趣的名字，所谓死心，其实心很活泼。也只有和尚，敢用这样的名字。

袁宏道简介

袁宏道（1568 ~ 1610），字中郎，又字无学，号石公。湖广公安（今属湖北）人。万历二十年（1592）中进士。先后任过吴县知县、顺天府教授、国子监助教和礼部主事、吏部郎官等职。一生多次漫游各地名胜，写作了 90 余篇游记文，大都文笔隽秀，富有情趣。他与兄袁宗道、弟袁中道号称"三袁"，被称为"公安派"的代表人物，在明代文坛占有重要地位。他提出“独抒性灵，不拘格套”的主张，要求诗文创作必须“从自己胸臆流出”，反对复古模拟。其散文清新活泼，不拘一格，自成一家。

◎当地月亮为方言的邮戳胎记

——袁宏道《虎丘记》思想之景

一个地方的山水与本地的日月匹配，还与本地的民俗搭配合作和谐。袁宏道《虎丘记》里说到虎丘的中秋月夜风俗，即如此——

虎丘去城可六七里，其山无高岩邃壑，独以近城，故箫鼓楼船，无日无之。凡月之夜，花之晨，雪之夕，游人往来，纷错如织，而中秋为尤胜。每至是日，倾城阖户，连臂而至。衣冠士女，下迨蔀屋，莫不靓妆丽服，重茵累席，置酒交衢间，从千人石上至山门，栉比如鳞。檀板丘积，樽罍云泻，远而望之，如雁落平沙，霞铺江上，雷辊电霍，无得而状。

布席之初，唱者千百，声若聚蚊，不可辨识。分曹部署，竞以歌喉相斗；雅俗既陈，妍媸自别。未几而摇头顿足者，得数十人而已。已而明月浮空，石光如练，一切瓦釜，寂然停声，属而和者，才三四辈。一箫，一寸管，一人缓板而歌，竹肉相发，清声亮彻，听者魂销。比至夜深，月影横斜，荇藻凌乱，则箫板亦不复用，一夫登场，四座屏息，音若细发，响彻云际，每度一字，几尽一刻，飞鸟为之徘徊，壮士听而下泪矣。

剑泉深不可测，飞岩如削。千顷云得天池诸山作案，峦壑竞秀，最可觞客。但过午则日光射人，不堪久坐耳。文昌阁亦佳，晚树尤可观。面北为平远堂旧址，空旷无际，仅虞山一点在望。堂废已久，余与江进之谋所以复之，欲祠韦苏州、白乐天诸公于其中；而病寻作，余既乞归，恐进之之兴亦阑矣。山川兴废，信有时哉！

吏吴两载，登虎丘者六。最后与江进之、方子公同登，迟月生公石上，歌者闻令来，皆避匿去，余因谓进之曰：“甚矣，乌纱之横，皂隶之俗哉！他日去官，有不听曲此石上者，如月！”今余幸得解官称吴客矣。虎丘之月，不知尚识余言否耶？

虎丘离城约六七里路的距离，这座山没有高峻的山峰与幽深的峡谷，只不过原因在于它靠近城市，属于城市的郊区，因此就十分方便，作为一个不费劲、来去也顺路的地方，所以很适宜于奏着音乐的游船，去那里玩耍。没有一天不到那儿去。这就像自己家庭院养的宠物一样。

实际上靠山而居，临水生活，大凡有着这样的居住环境者，都可以把江山、江湖当成自己家的宠物，既然自然可以当成宠物，那么就要善待自然，给这宠物尊严与爱护。而不是将山水据为已有。这个虎丘之地，属于大家共同的宠物，因而共同爱惜，理所当然，好比今日之公园的版权一样，为众生所用而并非私物。所谓经常来来去去熟悉的地方没有风景，那只是看多了，如果对风景饱含深情，时时刻刻都不会因为看得太多而麻木，认为熟悉的地方没有风景，此为习惯导致视觉与心灵的麻木。实际上，熟悉的地方风景的美丽依然，关键在于心灵要鲜活，不鲜活的心灵看到同样的风景就会麻木，认为没有风景。非也非也，心灵可以赋予风景生机勃勃，很多风景，靠人的心灵提给新鲜的动力，有了好的心灵，每一个地方无论多熟悉，还是会有风景的，日久生情，情也成为了对这个具体地理空间的风景。

就在虎丘这个地方，凡是有月亮的夜晚，开花季节的早晨，下雪天的黄昏，游人来往穿梭，犹如织布一样，而以中秋最为繁盛热闹。

每到这一天，全城就像统一放假，关门闭户，大家都做了集体的背包客，好似一个松散的巨大的旅行团，说说笑笑，携手并肩而来，进行免费的旅游。今天，山水对人一直免费，而人把山水圈起来标价，实为表现人的利益与卑微。士大夫乡绅、大家闺秀与平民妇女，以至贫民百姓，全都涂脂抹粉，鲜衣美服，他们都讲究让自己光鲜，干干净净，体面出游，每一个人都如此衣冠整洁，体现了社会风尚与对他人的尊重。公共场所衣冠整洁并不在于衣服豪华，而在于自己熨帖，自己很精神，自己的形象也对周围人群与人群尊重。体现了自己的心灵服饰。

来虎丘玩，人们重重叠叠地铺设席毡，将酒肴摆在大路中间，从千人石一直到山门，就像梳齿鱼鳞般密集相连。檀板聚积好似小山，樽罍仿佛云霞般地倾泻，远远望去，就像成群的大雁栖落在平坦的沙滩，彩霞铺满江面，电闪雷鸣，无法具体描绘其形状。

很多今天的背包客深有体会，现在由于环境污染、大自然遭受现代文明的毁灭与打击，可看的风景越来越少，树木野草与石头、高山流水都惨遭蹂躏，因而自然处于暴力之下，所以所谓风景名胜成为残存、仅存的好环境，因而来看的人 N 多，所以被看的风景被无限多的目光看得很累很累，甚至目光里的“毒素”对风景伤害巨大。但农耕时代不一样，那时候所说的游人如织，在于人口集中在一起，有一种温馨，那时候一个时代的所有人口都很少，而现在的人口远远庞大于过去。所以在自然残存的今天，在人口甚多的今天，波涛汹涌的人口拥挤看风景，人的压力与风景的压力都十分庞大。

虎丘的中秋，刚开始陈设席位时，唱歌者成百上千，声音仿佛团聚在一起的蚊子，没法分辨识认。等到分队安排，争相以歌喉比高低；雅乐和俗乐各各呈献后，美和丑自然就区别开来。不多时，摇头顿脚按节拍而歌者，只不过几十个人而已。一会儿，明月升到天空，月光照在石上如同洁白绢绸一样，所有粗俗的歌乐，不再发出声响，跟随着唱和者，只有三四人。一箫，一寸管，一人慢慢打着歌板唱着，管乐伴着歌喉，声音清脆嘹亮，听的人深受感动。等到夜深时分，月亮西斜，树影显得散乱，于是连箫板也不用，一个人登场，四围的人屏住声息，声音好似细而直的毛发，响彻云端，每吐一字，几乎拖长达一刻之久，飞鸟听了为之飞翔盘旋，壮士听了感动得流下眼泪。这才是真正的歌唱，这才是真正的歌声。

剑泉深得无法测量，陡峭的岩石仿佛斧削一般。千顷云因为有天池等山作为几案，山峰峡谷，争奇斗秀，属于请客饮酒之好去处。不过，有一点，这里过了中午便阳光逼人，不能久坐。文昌阁也不错，晚上林中景色尤为显得迷人。朝北是平远堂的旧址，空旷没有遮拦，仅仅远远望见虞山，如同小小的黑点。平远堂荒芜已经很久，袁宏道和江进之商量修复它的办法，想在里面供奉韦应物、白居易等人，但不久生了病，袁宏道既然已经辞了官，恐怕进之的兴致也已经消尽。山川兴旺和荒废，确实有其运数啊！这里说到的山川兴盛与否，有人为的因素，人为因素要符合天意，就能够使山水兴盛。人违背天意而行，毁山坏水，就会遭到天谴与天地灭之。

袁宏道在吴县作了两年官，时间不长，而登虎丘山就有六次之多。最后一次和江进之、方子公一起，坐在生公石上等候月出。唱歌者听说县令到来，都躲避开。袁宏道因此对进之感叹："做官者横行气盛，衙役庸俗粗野，多么厉害呀！以后不作官了，有不在这石上听歌的，有月亮为证！"

后来袁宏道有幸得以免去官职客居吴县，他感叹——虎丘的月亮不知道还记得我的话吗？月亮看人间，看万物，有自已不同的眼光。月光的记忆甚至早就超越了月光自身的承载数据。一个地方对一个人的记忆就好像胎记对一个人的挂念，一个地方可以做胎记的很多，月亮可以是一枚胎记。

◎住所边的游山玩水

——袁宏道《满井游记》不忽略自已家周围的风景

很多风景，就在身边，而很多人舍近求远，去远方花钱看风景。这本没有什么，也是一种风景与心态的展示。但有时候，我们也不必舍近求远，一个人去远方看风景，远方的人千里迢迢来他这里看风景。风景的远与近，全在自己的目光没有发现力，有人对远处的风景一下子就发现了奇美，而近处的风景反而没有能力看见，此与近视眼与远视眼的风景视角有关系。

袁宏道《满井游记》写的就是住所周围的风景，这一点与他的虎丘风景还有点类似。来看看其《满井游记》如何说吧——

燕地寒，花朝节后，余寒犹厉，冻风时作。作则飞砂走砾，局促一室之内，欲出不得。每冒风驰行，未百步辄返。

二十二日，天稍和，偕数友出东直，至满井。高柳夹堤，土膏微润，一望空阔，若脱笼之鹄。于时冰皮始解，波色乍明，鳞浪层层，清澈见底，晶晶然如镜之新开，而冷光之乍出于匣也。山峦为晴雪所洗，娟然如拭，鲜妍明媚，如倩女之靧面，而髻鬟之始掠也。柳条将舒未舒，柔梢披风。麦田浅露寸许。游人虽未盛，泉而茗者，罍而歌者，红装而蹇者，亦时时有。风力虽尚劲，然徒步则汗出浃背。凡曝沙之鸟，呷浪之鳞，悠然自得，毛羽鳞鬣之间，皆有喜气。始知郊田之外，未始无春，而城居者未之知也。

夫能不以游堕事，而潇然于山石草木之间者，唯此官也。而此地适与余近，余之游将自始，恶能无纪？己亥之二月也。

看风景，要选择气候与季节，择时而动。在盛大的风景来临之前，好像在等待日出之前，其实等待与看到正在来临的风景这个倒计时的过程，即为一个最好的风景过程。就像满井的风景，春天还没有到来，多去看几次，一次次地看，目光就把风景洗澡一样洗出全新日出般的新出炉的春天。

袁宏道对春天还没有全部到来的满井潜伏的春天，有自己很到位的观察——

北方的气候显得寒冷，在花朝节之后，余寒仍然很猛烈也刹不住车，具体表现在还常常刮冷风。冷风一刮就飞沙走石，如此看来，沙尘暴由来已久。人被拘束在一间屋子里面，想要出去却出不去。每次一旦冒风在路上快步走，还不到百步，就折返回来，迎面而来的风沙就像仇人一样吹来令人不爽，为了避仇而返回室内。

二十二日这天，天气稍稍暖和，袁宏道和几个朋友一起走出京城的东直门，到了满井这个地方。看到高大的柳树，它们夹立在堤岸两旁，肥沃的泥土微微有点湿润，春天有一丝迹象。一眼望去，四面空阔的感觉，就好像脱离樊笼的飞鹄，自由爽朗。这时水面上的结冰开始有一些溶解，水波上的颜色也才显得有了明净，水面层层微波荡漾，仿佛层层的鱼鳞一样密集，水能见度很高，清澈见底，亮晶晶如同刚从镜匣打开的镜子，忽然射出了冷光——春天还没有完全到来，因而水的冷峻还暗藏锋利。山峦被晴雪洗涤过，山色娟秀好像刚擦拭过一般的效果，鲜明亮丽，好似出色美人刚洗脸、梳好头发。春天的气息正在潜伏里呈现——柳条刚要发芽又还没发芽，柔嫩的柳梢被风吹拂，麦田里嫩苗只有一寸多高。这时候的满井，游客虽还不多，煮泉水、烹品茶者，边喝酒、边唱歌者，美女骑在驴子上者——驴子作为主要交通工具，美女骑驴，自然中格外有魅力，好似今天的美女开着奔驰宝马。美女骑驴，也时时见得到。风力虽然还强劲，但步行仍然会汗流浃背。那些在沙上曝晒太阳的水鸟，在浪头吸水的鱼儿，都悠然自得，按照各自的天命活着，活得从容不迫，远胜于今天动物活着的焦虑感与压力甚大。它们的毛羽鳞鳍之间，都充满着喜气。袁宏道心里感受到了，这才知道，恍然大悟一般：郊野田原之间，未尝没有春天的消息，只是那些住在城里头的人不知道而已。

能够不因为游山玩水而耽误正事，潇洒徜徉山石草木之间，只有“教授”这种官职。而满井这地方刚好和袁宏道的居所距离近，袁宏道的游山玩水将从这个地方开始，又怎能没有记录的文章呢！袁宏道，乙亥年二月。

为什么自己身边的事物不那么新鲜了？这是因为人的感觉造成的，审美疲劳，再美的事物也会造成厌倦。所以身边伟大而美好的事物，看久了，就会麻木，就觉得不再新鲜，一个再好吃的菜，天天吃这个，也会麻木，换换白菜，也会新鲜可口。但是这样，就会造成一个误区。像爱自己的女人，哪怕年岁越久，越尊重而加重爱的重量，就像很多离开故乡多年的游子，心中酿造的都是越浓烈的故乡之情。真正懂得美的人，时间越久，反而对身边的美，愈加发现很多陈年老酒酿出的滋味越香醇的味道。

◎鲜花眼里的山容水意

——袁宏道《晚游六桥待月记》独自一人看共同的山水

明神宗万历二十五年（1579），辞去知县，袁宏道首次漫游西湖，并写下了系列游记，本文《晚游六桥待月记》就是其中一篇——

西湖最盛，为春，为月。一日之盛，为朝烟，为夕岚。

今岁春雪甚盛，梅花为寒所勒，与桃杏相次开发，尤为奇观。周望数为余言：“傅金吾园中梅，张功甫玉照堂故物也，急往观之。”余时为桃花所恋，竟不忍去。

湖上由断桥至苏公堤一带，绿烟红雾，弥漫二十余里。歌吹为风，粉汗如雨，罗纨之盛，多于堤畔之草，艳冶极矣。然杭人游湖，止午未申三时。其实湖光染翠之工，山岚设色之妙，皆在朝日始出，夕舂未下，始极其浓媚。月景尤为清绝，花态柳情，山容水意，别是一种趣味。此乐留与山僧游客受用，安可为俗士道哉！

文章表现了袁宏道独特的审美观，认为西湖之美在春月、在朝烟、在夕岚，而以月夜为最。文中无“待”，而题称“待月”，以实写虚，暗示袁宏道优雅的趣味，也造成我们读客期待的兴味。

袁宏道撇开一般所共赏的湖光山色，着重再现西湖六桥一带的春日景色，从初春的梅桃杏争妍到一天的朝烟、夕岚、月下的独特美景，简洁轻快地刻画，看出西湖“别是一种趣味”的风致，表现出袁宏道不与世俗同流合污、独以自然山水为乐的情感，对世俗庸人的嘲谑、对西湖的喜爱。

袁宏道对我们说——

西湖最美时在春天，是月夜。一天最美时，是烟雾弥漫的早晨，为山间烟雾缭绕的傍晚。

今年春雪很大，梅花被寒雪抑制住，梅花开后桃花、杏花次第开放，这还是难得一见的奇观。梅花在雪地绽开如同在白纸上绽开，其实鲜花绽开，就把自己撕成碎片而成为美。

袁宏道的朋友陶望龄多次告诉他：“傅金吾园中的梅花，是宋代张功甫玉照堂中原有的旧物，应该要赶紧去欣赏欣赏啊！”

他当时就被桃花迷住，竟然舍不得离开湖上。

从断桥到苏堤这一带，绿柳如烟、红花似雾，绵延着有二十多里呢！唱歌奏乐的声音恍若微风阵阵吹来，仕女的粉汗有似纷纷的细雨飘落，穿罗衫、着纨裤，游客之多，多过堤畔上的草。真是艳丽之极！

然而杭州人游览西湖，却仅仅在午、未、申三个时辰即上午十一时至下午五时；其实翠绿染着湖光的神秘，山中雾气染上彩色的神秘。都在朝日初升、夕阳未下的时候才最浓丽！有月的夜景，其美更是难以形容。那花的姿态、柳的柔情，山的容颜、水的心意，更是别有一番情趣韵味。这种乐趣，只能留给山中的僧人和识趣的游客享用，哪能够和凡夫俗子去说呢！

◎一首七绝一首山

——袁宏道《天目》独绝佳处

袁宏道《天目》主要不在记游，而是评介天目山的独绝佳处——

天目幽邃奇古不可言，由庄至颠，可二十余里。

凡山深辟者多荒凉，峭削者鲜迂曲；貌古则鲜妍不足，骨大则玲珑绝少，以至山高水乏，石峻毛枯：凡此皆山之病。

天目盈山皆壑，飞流淙淙，若万匹缟，一绝也。石色苍润，石骨奥巧，石径曲折，石壁竦峭，二绝也。虽幽谷县岩 (xuán yán)，庵宇皆精，三绝也。余耳不喜雷，而天目雷声甚小，听之若婴儿声，四绝也。晓起看云，在绝壑下，白净如绵，奔腾如浪，尽大地作琉璃海，诸山尖出云上若萍，五绝也。然云变态最不常，其观奇甚，非山居久者不能悉其形状。山树大者几四十围，松形如盖，高不逾数尺，一株直万余钱，六绝也。头茶之香者，远胜龙井，笋味类绍兴破塘，而清远过之，七绝也。余谓大江之南，修真栖隐之地，无逾此者，便有出缠结室之想矣。

宿幻住之次日，晨起看云，巳（sì）后登绝顶，晚宿高峰死关。次日，由活埋庵寻旧路而下。数日晴霁（jì）甚，山僧以为异，下山率相贺。山中僧四百余人，执礼甚恭，争以饭相劝。临行，诸僧进曰："荒山僻小，不足当巨目，奈何？"余曰："天目山某等亦有些子分，山僧不劳过谦，某亦不敢面誉。"因大笑而别。

本文一开头，用"幽邃奇古"四字概括天目山特点，又用"不可言"三字赞叹其奥妙，逗人兴趣。但并不接着就做具体介绍，而以三组对偶句泛论一般深山僻岭的不足和无味，抑彼扬此，用议论再作反衬。

天目山幽静深邃奇妙古老，无法用语言来形容。从山脚下的双清庄到山顶，大约有二十余里路。一般来说幽深偏僻的山大多荒芜人烟；陡峭如削的山很少有盘旋迂回的山路；苍朴的山很少有光彩艳丽的景色；磅礴的山很少有精巧的趣味；以至于山高水就缺乏；岩石陡峭的山就缺少茂盛的植被。这些都是山的不足之处。

然后列举天目山的"七绝"。这"七绝"为比较而来，所举都属他山皆有、常人可觉的景物。前三绝水、石、小庙，凡山都有，有目共睹。第四绝举雷声小，见出空旷高远而回响轻散，写耳听，亦有谷皆响之事。五绝写云，六绝写松，则为名山多具而人所共赏的景物。至于七绝的茶和笋，本属浙江土产，比之以浙江著名的龙井茶和破塘笋，扑鼻芳香，清品清味。

天目山的七绝是——

一绝：天目山到处都是丘壑峡谷，瀑布水流潺潺，如同很多白色的丝绸（倾泻而下），这是一绝。（天目盈山皆壑，飞流淙淙，若万匹缟，一绝也。）

二绝：山石的颜色深沉润泽，山石的棱角巧妙精致，山路盘旋迂回，悬崖陡峭耸立，这是第二绝。（石色苍润，石骨奥巧，石径曲折，石壁竦峭，二绝也。）

三绝：虽然山谷偏僻幽深，山石耸立险峻，但寺庙都建筑的很好，这是第三绝。（虽幽谷县岩，庵宇皆精，三绝也。）

四绝：不喜欢听到打雷的声音，而天目山打雷的声音非常小，听到的好像婴儿的啼哭，这是第四绝。（余耳不喜雷，而天目雷声甚小，听之若婴儿声，四绝也。）

五绝：早早起来，看天目山的云彩晓，在悬崖峭壁，云彩洁白纯净的就像棉花，飘荡变幻如同浪花，整个世界都变成了一片五光十色的天地，仿佛到处都是美丽的琉璃，每座山峰的山顶突出于云海之上，如同散落的浮萍，这是第五绝。（晓起看云，在绝壑下，白净如绵，奔腾如浪，尽大地作琉璃海，诸山尖出云上若萍，五绝也。）

六绝：然而云彩的变化最不平常，它的样子非常奇特，如果不是久居山里的人，根本不能完全明白云彩的形态。天目山高大的树木，树身粗的几乎有四十围，松树的形态如同伞盖一样，树高不过几尺，一棵树价值万余钱，这是第六绝。（然云变态最不常，其观奇甚，非山居久者不能悉其形状。山树大者几四十围，松形如盖，高不逾数尺，一株直万余钱，六绝也。）

七绝：天目山每年第一次采摘的茶叶芳香扑鼻，比龙井茶还要馥郁。竹笋的味道像绍兴破塘所产的竹笋，然而更加清淡悠长，这是第七绝也。（头茶之香者，远胜龙井，笋味类绍兴破塘，而清远过之，七绝也。）

袁宏道以活泼的笔调、简洁的语言写景物特点，点出独绝处即止，不铺叙，不渲染却令人感到新奇，觉得奥妙，别一种情趣。“将军欲以巧伏人，盘马弯弓惜不发”。韩愈的诗，可形容本文特点。

篇末开了个玩笑，稍带讽刺了庸俗客套，诙谐地对山僧说：“天目山某等亦有些子分。”——住宿在幻住寺的第二天，早晨起来看云，巳时后登上了天目山的最高峰，晚上住在高峰死关。第二天从活埋庵沿着原来的路下山。这几天天气十分晴朗，山寺的和尚认为天气反常，下山时互相祝贺。山寺的和尚有四百多人，行礼非常恭敬，相互争着用饭招待袁宏道。等到要走的时候，山里的和尚说：“天目山偏僻而且小，不足以担当贵客的观赏，怎么办？”袁宏道说：“天目山也有些我的份额，山僧们不必过于谦虚，我们也不敢当面称赞”。于是众人大笑着分别。

这话确乎包含着真知灼见。河山大好，我们都是她的儿女，都要爱护她，为她增色生光。袁宏道也表明了自己想归隐山林退出官场的意愿。

◎笔中有画，画中有史

——王叔承《游金焦两山记》记游与吊古、怀旧、表忠一体化

金山在今江苏省镇江市西北，明时尚在长江中，后由于泥沙淤积，遂与南岸相连。焦山在镇江市东北长江中。金焦指金山和焦山。明嘉靖四十五年（1566），王叔承游此而文《游金焦两山记》——

丙寅五月，同陈贞甫、范伯桢、仲昭兄弟为金山游。自京口渡江而西，数里及山。由修廊左折入寺，廊壁嵌古今碑题数十百，虚敞临江。寺中，观中泠泉亭，而井之水，经品为天下第一云。又左右三四折，数百步，至吞海亭。又上则留云亭。亭立绝顶，

所谓妙高峰也。东顾海门，南绝吴、越，上游北襟淮、扬，长江自岷、夔、湘、蠡涌天西来，分下山足，两岸商舟万计，樯立如林，江山奇胜，飘然神爽。下峰而南，至江天阁，悬空俯江，大可憩望，辄倚栏觞咏。可二时许，见月出江上，辄徙酌寺门，面石簰山地饮。山即郭璞墓，酾酒吊之，则暮潮明月作白，如大雪垂天，江寒逼人，不知为夏。又渔舟明灭波际，如画工写意家素缣飞洒水墨也。忽忆异时同商任叔、陆伯玉游此。今商生客死，陆生病，不果来。死生离别，觉江水悠悠者。山有日照崖、头陀崖、朝阳洞、龙池，会暮夜，不及游。水有善财石，亦曰鹘山，分状证之，盖两肖也。月下扪张清河诗碑，指识其字。议者谓张后无诗。或又诵杜少陵“吴楚东南坼，乾坤日夜浮”之句云。

游金之明日游焦。焦山去金山下流十五里。是日风大逆，舟人扬帆就风，横折而下，倍直道六七，乃抵山。其半有关侯祠，饭焉。去祠左折，上登佳处亭，榴花甚吐，童子折一枝，佐饮。见山下江船乱流，僧曰：“渔鲥鱼者，斤可十八钱，买而及釜，犹鱍鱍生动也。”右折而上，至吸江亭，则亭对金山而高倍，留云山亦大于金。金山峻绝，当津渡要冲者易；焦有田可稻麦，山根多巨奇石，如乱兽卧草中，草树四垂，如衣女萝衣者，固幽僻藏胜。夫金、焦，伯仲山也，乃坐焦而酹金云。顷之，客有买鲥鱼来者，果鲜活色青，鳃微开合，遂烹鱼，酌水晶庵、石庭庵，瞰江，又面隔江石壁，不减金之长廊耳。会日暮云垂，且雨，乃擢足江渚而去。按东汉焦光隐此，三诏不起，山以名。今嘉靖中杨继盛又大书“椒山”二字于壁，及其名氏日月。椒山，杨所自号也，盖焦、椒同音，或其自负。杨后竟以劾奸论死。忠臣处士，名节略等。陈子曰：“焦山亦云椒山矣。”

全文主要是记游，但与吊古、怀旧、表忠融为一体。笔中有画，画中有史，增强了文章的历史感与深度。

在丙寅五月，王叔承同陈贞甫、范伯桢、仲昭兄弟同游金山。从京口渡江而西，过了数里就到了金山。

由山上修廊左折进入寺院，寺院廊壁嵌有古今碑题数十百，虚敞临江。

寺中，观中泠泉亭，里面的井水，经品定为天下第一井水。

又经过左右三四折，数百步，到了吞海亭。

又到上面，则到了留云亭。这个亭子，立在绝顶，所在位置就是妙高峰。在这里，向东看海门，向南看吴、越，上游北襟淮、扬，长江自岷、夔、湘、蠡涌天西来，分下山足，看那两岸商舟无数，樯立如林，江山奇胜，飘然神爽。这样的感觉不是在高处是看不到的。

走下妙高峰向南，到了江天阁，此处，悬空俯江，大可停下来四处看看，因为位置极好，适合于倚栏、喝酒、咏诗。

到了月升时分，见月出江上，就在寺门处摆酒，面对石簰山而饮。山有郭璞墓，就洒下酒，吊之。看见暮潮明月二者为白，就像大雪垂天，江寒逼人，好像不是夏天而是冬天一样。

还看到江上渔舟渔火，明明灭灭，就像画家画下的水墨画一样。夜色里的欲火，好像生命里呼吸的鼻孔在呼吸。

很多事情都会忽然想起，在一个地方、一点小触动，都会让人想到其他一件事情。忽然想起另外一个时候，同商任叔、陆伯玉游此。而今商生客死，陆生病，不能来此与我同游。感慨世间人生，死生离别，仿佛江水悠悠，真是空有酒杯，一杯酒下去，感慨而孤独，也不是滋味。

山上有日照崖、头陀崖、朝阳洞、龙池，因为碰上晚上，来不及游览。水边有地方名为善财石，也叫鹘山。晚上看到的世间景物，会有另外的面孔。

月下看张清河诗碑，指识其字。大家谈论张后无诗。或又背诵杜少陵的“吴楚东南坼，乾坤日夜游”。

喝酒，吟诗，背诵，谈论，感慨，夜色里看着月亮，月亮免费照耀游客，也得到了月下人们的心灵。

金山和焦山都在镇江、扬州间的长江之中。游览完金山后，次日前往焦山。焦山位于金山下游，两山之间距离 15 里远。

那天，船，逆风行驶，风用帆作为船票进行远游。水手乘风扬帆，向下曲曲折折艰难逆流而上，游动而去，路程为直路的六七倍那么远，终于来到了焦山下。

半山腰，有一关侯祠，为纪念三国蜀将关羽而建。

饭后，上山左转，就登上佳处亭，正是石榴花盛开的季节，随从的小童随手折下了一枝。石榴花打开了时间的香气，它静静地开，为了凋谢而开，为摘花的疼痛而开。

在高处，看低处，看世间之事。在高处，看低处，看见忙忙碌碌而渺小。在高处，看低处，看别人如看自己。在高处，看低处，看见山下江中船只来往频繁，一串脚印一样的船只忙忙碌碌。一串脚印为一串一生的铜板。江水波涛，乳房汹涌，好像河流在蒸馒头。

焦山寺中的僧侣便说：“那些捕捞鲥鱼的人，1 斤鲥鱼可卖 18 个铜钱，买回来下锅，那些鱼还在跳个不停，非常新鲜。”和尚关注人间，虽然自己不吃鱼，但是人间捕鱼，他也顾不了那么多，因为人间要谋生计，按照正常能够生活，没有超越常规。而和尚只要按照自己的心灵修养就行。

右拐，继续向山上走去，便到了吸江亭，吸江亭正对着金山，感觉焦山比金山高得多，也比金山大。

金山险峻，容易成为长江交通要道的渡口，也是往来船舶交集的繁华之地。而焦山有大片的田地可以种植稻谷和小麦，山上也有很多的奇峰怪石，如同野兽匍匐在草丛中，草木四垂，犹如穿着薄纱的美丽女子，所以焦山自古风景就很幽静。所以把金山和焦山称为兄弟山，于是洒酒祭奠金山留云亭。

没过多久，就有人买来了鲥鱼，看见鲥鱼果然新鲜，鱼鳃还在不时张合着，于是便煮了鱼，和着酒一起吃。

俯瞰长江，面对着长江石壁，却丝毫不能减少金山长廊的魅力。

一直到日落西山，又下起了雨，此时才乘船返回。

东汉时期一个叫焦光的人在此隐居，皇帝下了三道诏书，他也不肯回去，所以山就以他为名，称为焦山。

而后来，明嘉靖年间，杨继盛又在石壁上写下了“椒山”二字。椒山为杨的名号，由于焦和椒是同音，所以显然也寄托着杨继盛的自负。却不知杨继盛最后因为弹劾严嵩而下狱被杀。谈古论今，焦山标榜了“焦光”和“杨继盛”的处士忠臣的名节，同时也赋予焦山以忠臣处士的境遇。与王叔承同游的陈同甫说“焦山也叫做椒了”。

王叔承简介

王叔承（1537 ~ 1601）初名光胤，以字行，更字承父，晚年又更字子幻，自号昆仑山人，吴江（今属江苏）人。少孤，弃举子业，贫赘妇家。后入都客大学士李春芳所。性嗜酒，春芳有所撰述，往往到酒楼找他。后谢归，纵游吴越山水。其诗极为王世贞兄弟所称许。卒于万历年（1601），65 岁。

◎洞天福地有道心

——陈子龙《游仙都山记》奇峰异洞多

看有关仙都的介绍：仙都山位于浙江省缙云县境内，是一处以峰岩奇绝、山水神秀为特色，融田园风光、人文史迹为一体的名山。

境内九曲练溪、十里画廊、山水飘逸、云雾缭绕，有奇峰 106，异洞 27。鼎湖峰景点、黄帝祠宇等是核心。

历代文人墨客王羲之、谢灵运、李白、白居易、沈括、朱熹、徐霞客等都曾在仙都留下足迹和墨翰。

仙都山的得名，与很多地名一样，都赋予了一个传说——唐朝天宝八年有一天，缙云独峰山上，突然霞光四射，五光十色，只听得丝竹管弦，仙乐鸣奏，彩云朵朵从黄云绛雾中徐徐下降，围绕独峰山萦回飘荡，直至夜深，始渐渐隐去。刺史苗俸倩亲睹异景，上报玄宗皇帝。李隆基听说，感到惊奇，随手挥笔写下仙都二字，从此缙云独峰山遂改名仙都山。

无数优美山水风光，大都为各种岩石千变万化构成。远古地球，并不像现在的模样，约在几亿年到几千万年之前，仙都山一带曾几度成为海洋。在那漫长岁月，生物遗骸和岩石碎屑堆积，在大海底部慢慢形成数百米厚的沉积岩。沉积岩的主要成份为碳酸钙，即石灰岩。这种岩石在遇到含有二氧化碳的水时，发生化学反应。因此流水成了这种岩石的雕刻师。由于构造运动能使岩石产生断裂，流水长期沿裂隙进行切割，这样就产生了悬崖陡壁。在峭壁上，风化作用像精巧的石匠，用神斧仙刀把断裂切割的岩石修饰成各种奇特形态，或石林、溶洞，或地下河、石钟乳，别致的风光，在地质学上称其为岩溶地貌。

相传道教有 36 洞天、72 福地，皆仙人居游之地。世人以为通天之境，祥瑞多福，感怀仰慕。道教潜隐默修之士，喜遁居幽静山林，择有仙迹传说之处，兴建宫观，期荫仙风而功道园融。历代以来，道侣栖止，香客游人络绎不绝，故洞天福地已成为锦绣河山之胜境。洞天福地,又名 36 小洞天。第 29 洞天仙都山洞周围 300 里，名曰仙都祈仙天，在处州缙云县。

陈子龙《游仙都山记》写了他的所见所谓所感——

缙云东，挺直溪行，多平田室庐。可二十里，望东山之上，有二峰卓立。一颀而直，一短而伛，皆有面手，曰妇姑峰。溪流清冽，浅不行舟，深不渡马。横立石柱，而级而越，有堂焉，憩之。堂之背多怪石，若舞人，若卧兽，若枯树，若桥梁，不可状。左侧为旸谷洞。是洞也，倚山而面溪，蹑梯以登，有若夏屋者再。其一敞，石乳如乘霤而下，其一窿,仰乳从隙中垂垂欲泫。两洞有窦,人蛇行相通。日初出时,光景仰射穴中,“初旸”所由名也。石多记刻,惜磨灭不可读。洞之前枕溪有大盘石,规旁而砥上,旧有亭圮矣。有鸡鹊凫翳翡翠之属，翔集其上。下则文鱼漾沫，游人濯手，则惊入穴。是溪也，曰炼金之溪。

渡溪而南行一里，石壁出其右，崭兮若削，陨兮若崩，色赪而理疏。又一里，至步虚山。山之前有石，从平地拔起，无所附丽，围可二亩，高入云表，不测其仞也。或以日影如建表之法测之,然未详,是为鼎湖之峰。紫燕数万，栖集石罅。其顶多松柏，从下望之,若莎草,若丛梾。道士曰:“冬月枯柹,堕拱者五之矣。”其上有池,雨则水溢。

飞鸟过之，遗鱼焉，狭而细麟，然卒莫得而陟也。旁为童子峰，丰下锐上，径圆如苞笋，高数十丈。稍远望之，则压于鼎湖，不中髻椎矣。步虚山于鼎湖为屏障，其上群峰森列，若周庐羽卫，设如坛壝，会九宾，进万舞，绅笏端正，若拱若揖，亦有狂醉儌儌奋袖而欹观者。黛碧绀紫，参差峥嵘，向背不一，几穷理外。

陈子曰：余游仙都，未涉五之一也，而奇若是。然吾闻诸长者，奇未有过鼎湖者，叹观止矣。

陈子龙说自己游仙都，没有涉及到五分之一，但感叹已经是奇迹了。他听说很多人来仙都峰，未有过鼎湖者，就叹为观止了。来看陈子龙介绍自己的游历——

缙云县以东，靠溪水而行，有水的地方就有人家，靠水而居，方得有饮水之源。有良田与民居，村庄在那里安置。大约走了20里，看见东山之上，有两座山峰独立，那就是所谓的妇姑峰，一座像妇人，矮小而佝偻着背，一座秀气而修长，为青春女孩模样。其溪水，溪流清冽，浅不行舟，深不渡马。横立石柱，挡在那里，就在这里休息一下。这里有很多怪石，若舞人，就像卧兽，如同枯树，还像桥梁，很多都不可以描述出来。左侧为旸谷洞。这个洞，倚山而面溪，用梯以登，夏天在这里是很凉爽的。两个石洞，其一敞开，钟乳石就像各种各样的水果惟妙惟肖；另一个洞深不见底，仰乳从隙中垂垂要掉下的样子。两洞之间有小空隙，人蛇行一样可以相通。日初出时，光景仰射穴中，“初旸”的命名就是如此来的。很多石头上都被游人记刻，所谓陈子龙可惜它磨灭不可读，如果不是乱刻乱画，一定是重要的文献。洞之前枕溪有大盘石，原来这里都有亭子。有一些鸟儿，翔集其上。下则有鱼，游人洗手，就惊而入穴。这条溪水，有一个很好的名字为炼金之溪。

渡溪而南行一里，就有石壁出其右，就像刀削一样的绝立，快要崩溃一样，实际上这样的姿势摆了千年也没有崩溃，石壁颜色深刻而纹理深奥但一目了然。又一里，至步虚山。山之前有石，从平地拔起，石头没有什么附加的其他美丽，而靠自己的模样孤独取胜，这石头大约有2亩面积大，高入云表，不可测其仞有多高。巨石为别墅，也许众神就在石头里安居。或用日影像建表之法测山石的高度，都没有听说过谁测出来了，这就是鼎湖之峰。紫燕数万，栖集石罅，多么壮观的紫燕家园。其顶多松柏，从下望之，松柏像不同的书法形态。道士介绍有关情况：“冬月枯了的砍掉树木后的树桩子，很有情趣。”其上有池，雨则水溢。飞鸟过之，就会掉下嘴里的鱼儿。旁边的童子峰，下半身丰满，上半身锐利，山峰形状像苞笋，高数十丈。稍远望之，则高过鼎湖，但比最高峰要低。步虚山以鼎湖为屏障，其上群峰森列，群山就像一群保镖。不同的山有不同的形态。这里就像一个社稷坛，会九宾，进万舞，绅笏端正，若拱若揖，亦有狂醉奋袖而斜靠、憔悴观者。颜色黛碧绀紫，参差峥嵘，向背不一，不同情态。

陈子龙介绍了有关的洞与山峰。

洞为山的胸腔，容纳自己变化的内脏，那些钟乳石，有自己鬼斧神工的雕刻，有自己的思维，它们就在那里，变与不变地活着。

而仙都的山，用人的形象来命名与描绘，童子山、妇姑峰等等，都说明人与自然共用一个身体，共用一个生命。

陈子龙简介

陈子龙（1608～1647），明末官员、文学家。初名介，字卧子、懋中、人中，号大樽、海士、轶符等。南直隶松江华亭（今上海松江）人。崇祯十年进士，曾任绍兴推官，论功擢兵科给事中，命甫下而明亡。清兵陷南京，他和太湖民众武装组织联络，开展抗清活动，事败后被捕，投水殉国。为明末重要作家，诗歌成就较高，诗风或悲壮苍凉，被公认为“明诗殿军”。陈子龙亦工词，为婉约词名家，誉为“明代第一词人”。

◎看名山如看美人

——黄汝亨《姚元素<黄山记>引》取境不同，各言其美

山像良心，水像慈悲。山如粮食，水如心灵。

黄汝亨为友人姚元素的《黄山记》所写的小引——

我辈看名山，如看美人。颦笑不同情，修约不同体，坐卧徙倚不同境，其状千变。山色之落眼光亦尔，其至者不容言也。庚戌春晚，予游黄山，有记，自谓三十六峰之美略尽。而元素后予往，以秋月，所为记简而整，有与不同者，取境使然。海子、光明顶上，元素独饶取，而予所快览丹台之云气，与石笋上下之峰幻，元素不尽也。虽然，亦各言其美也已。夫美人入宫见妒，而吾辈入山岂相妒耶？书之发览者一笑。

“我辈看名山，如看美人。颦笑不同情，修约不同体，坐卧徙倚不同境，其状千变。”文章开篇将“看名山”比作“看美人”，黄汝亨继而对比在庚戌即万历三十八年（1610），自己的黄山游记与姚元素的黄山游记“取境”不同，“各言其美”，从而说明了由于欣赏“眼光”的不同，两人的游记各有特色。既赞美了黄山“其状千变”的美景，也揭示了姚元素游记“简而整”的风格。开头结尾都以“美人”为喻，不

乏新颖巧妙之趣。

这篇短文，可以说是一篇很好的游记学术文章，它告诉我们：游记的作者总是根据美学的观点、游览的进程、时间的先后、表现的重点来选取自然景物。主要是看作者的心灵、喜好、心情、想要表达什么，就会出现什么样的作品。

黄汝亨简介

黄汝亨（1558 ~ 1626），字贞父，钱塘（今浙江杭州市）人。万历二十六年（1598）进士，官至江西布政司参议。晚年归乡，谢病不复出，结庐南屏小蓬莱，以著作自娱。

◎画色高手·品色高手

——王思任《小洋》不观天地之富，岂知人间之贫

明清时期的山水小品，鲁迅有自己深刻的研究与评论，他在《小品文的危机》一文中评论晚明的小品文时说到："虽然比较的颓放，却并非全是吟风弄月，其中有不平，有讽刺，有攻击，有破坏。"王思任《小洋》正是有这一特点，其文为——

由恶溪登括苍，舟行一尺，水皆污也。天为山欺，水求石放，至小洋而眼门一辟。

吴闳仲送我，挈睿孺出船口，席坐引白，黄头郎以棹歌赠之，低头呼卢，俄而惊视，各大叫，始知颜色不在人间也。又不知天上某某名何色，姑以人间所有者仿佛图之。

落日含半规，如胭脂初从火出。溪西一带山，俱似鹦鹉绿，鸦背青，上有猩红云五千尺，开一大洞，逗出缥天，映水如绣铺赤玛瑙。

日益曶，沙滩色如柔蓝懈白，对岸沙则芦花月影，忽忽不可辨识。山俱老瓜皮色。又有七八片碎剪鹅毛霞，俱黄金锦荔，堆出两朵云，居然晶透葡萄紫也。又有夜岚数层斗起，如鱼肚白，穿入出炉银红中，金光煜煜不定。盖是际，天地山川，云霞日彩，烘蒸郁衬，不知开此大染局作何制。意者，妒海蜃，凌阿闪，一漏卿丽之华耶？将亦谓舟中之子，既有荡胸决眦之解，尝试假尔以文章，使观其时变乎？何所遘之奇也！

夫人间之色仅得其五，五色互相用，衍至数十而止，焉有不可思议如此其错综幻变者！曩吾称名取类，亦自人间之物而色之耳，心未曾通，目未曾睹，不得不以所睹所通者，达之于口而告于人；然所谓仿佛图之，又安能仿佛以图其万一也！嗟呼，不观天地之富，岂知人间之贫哉！

王思任的短文，用漫画画境界，画出文字的颜色到达了极致。

恶溪亦名好溪，瓯江支流，源出大甕山。相传溪中多水怪，后遁去，故改恶溪为好溪。括苍这座山，绵亘于浙江丽水至临海一带。从恶溪走水路去括苍登山，看到“天为山欺”即山势高峻，直逼青天。称之为“水求石放”——江中乱石很多，水流纡曲前行，像是请求乱石放行。恶溪的下游，小洋在浙江青田县境内。

王思任来这里玩，坐在船上，朋友引白与他，犹言举杯。白，古时罚酒用的酒杯。以头着黄帽而称的船夫“黄头郎”唱起船歌即棹歌，船夫行船时所唱的歌。说起“黄头郎”，汉代有黄头郎之官，掌管船舶行驶。在船上，王思任他们耳朵里听着船歌，嘴巴里喝着酒，但还不够，还要玩“呼卢喝雉”的赌博游戏——玩五子游戏，这五粒子涂黑，画牛犊；一面涂白，画雉。掷子时若五子皆黑，即得彩，谓之“卢”，呼喊得“卢”，谓之呼卢。他们玩得大呼小叫，一时人间黑白，都在游戏的掌握中。

一边是玩耍的快乐，一边是船夫的汗水。“舟行一尺，水皆汗也”船每前进一点点，都是在船夫的汗水里漂流吃力地前进。水皆汗也，这四个字很有诗意，由于辛勤，水也会流汗。这里是指水路不好走，船夫流出的汗水可以让船飘起来。

西边的太阳快要落山了，太阳落山也有一个过程——落日像半个圆，只有一半的圆脸露在外面，也就像投币一样，落日的币投进山的罐子里，已经投进山的嘴里投进了一半，这个时候落日的颜色“如胭脂初从火出”。而溪西一带山，俱似鹦鹉绿，鸦背青，上面有五千尺长的猩红云朵，云朵开一大洞，老天就像躲猫猫，在这洞里与周围玩一玩，云朵映水，就像绣铺的赤玛瑙一样红。

日头更加昏暗下来，沙滩色如柔蓝懈白——柔弱的蓝、白色，即浅蓝、灰白色。对岸沙则芦花月影，一时间不仔细看不可辨识。山都像老瓜皮的颜色。天上又有七八片碎剪鹅毛霞——松软如鹅毛的云霞，都如黄金锦荔，堆出两朵云，居然晶莹剔透，云朵有葡萄紫色。这时候，又有一层层云层，如鱼肚白，突入出炉银红（银红即银朱，由水银和硫磺加热制成，此指夜雾中闪耀银光的红色）中，金光煜煜，明亮不定。当此时，天地山川，云霞日彩，烘蒸郁衬，王思任说——不知开此大染局作什么大制作。其创意就像要与海市蜃楼一决雌雄一样。这就像佛教里的阿闪境界，好像老天泄露的天堂璀璨境界。说到阿闪，即阿閦（cù），佛名，信在东方妙喜世界，此指佛的妙境。见到卿云这象征祥瑞的云气。美丽的彩云，看着船上的人，船上的人也看它。杜甫《望岳》云：“荡胸生层云，决眦入归鸟。”王思任心胸荡漾，眼眶眦裂。就尝试以文章表达出来，落日时小洋这里景色、颜色、天地江河之色，真是神才能绘画出来。

见到如此美景，王思任不禁要议论一番，有话要说——五色指青、黄、赤、黑、白，以此五色为正色。人间之色仅得其五，五色互相用，变化至数十种而止，眼前的颜色变化，不可思议，如此错综幻变！如果要给这些颜色命名，也只能用人间知道的事物颜色来说一说。心未曾通，目未曾睹，不得不以所睹所通的事物，用嘴巴来描叙而告知其他人，但是很难说出其真正的颜色与面貌，我们所描叙的，实际上离本来看到的，差得很远。嗟呼，真所谓——不观天地之富，岂知人间之贫哉！

王思任简介

王思任，字季重，号谑庵，又号遂东，山阴（今浙江绍兴）人。生于明万历三年（1572），卒于鲁监国元年（清顺治三年，1646）。万历四十七年（1619）进士，历任兴平、当涂、清浦知县，袁州推官，江西佥事。清兵破南京后，鲁王监国，驻绍兴。以思任为礼部右侍郎兼詹事，进尚书。顺治三年，清军南下，两江失守，绍兴城破，鲁王逃海上，思任遂弃家入秦望山。病中绝食而死。其笔意放纵诙谐，时有讽刺时政之作。以《游唤》、《历游记》两种游记成就最高，《小洋》、《天姥》诸篇尤为著名。诗重自然，才情烂漫。

◎简单之水不简单

——王思任《剡溪》沿途所见景观

王思任浙东纪游中的第三篇《剡溪》——

浮曹娥江上，铁面横波，终不快意。将至三界址，江色狎人，渔火村灯，与白月相上下，沙明山静，犬吠声若豹，不自知身在板桐也。昧爽，过清风岭，是溪江交代处，不及一言贞魂。山高岸束，斐绿叠丹。摇身听鸟，杳小清绝，每奏一音，则于峦谬答。秋冬之际，想更难为怀，不识吾家子猷，何故兴尽？雪溪无妨子猷，然不大堪戴。文人薄行，往往借他人爽厉心脾，岂其可！过画图山，是一兰茗盆景。自此万壑相招赴海，如群诸侯敲玉鸣裾。逼折久之，始得豁眼一放地步。山城崖立，晚市人稀。水口有壮台作砥柱力，脱帻往登，凉风大饱。城南百丈桥翼然虹饮，溪逗其下，电流雷语。移舟桥尾，向月碛枕嗽取酣，而舟子以为何不傍彼岸，方喃喃怪事我也。

文章主要描述从曹娥江入剡溪沿途所见的山水景观，穿插以曹娥、王子猷等传说和典故，也是即兴发挥。全文笔调淡雅，语言简洁。

剡（shàn）溪在浙江嵊县，为曹娥江上游。曹娥江在浙江省，为剡溪下流。至嵊县各支流汇合，曲折北流经曹娥庙前，故名曹娥江。曹娥为东汉会稽郡上虞县人，相传其父五月五日迎神，溺死江中。年仅 14 岁的曹娥，沿江哭号 17 昼夜，投江而死。《后汉书》有孝女曹娥传。“浮曹娥江上，铁面横波，终不快意。”说的是：在曹娥江漂游，因联想到曹娥事，觉得江水无情，横起风波。一开始，就说自己游览不开心，因为悲叹感慨生命的不幸，体现出同情心。

将要到达上虞至嵊县之间的曹娥江上的三界这个小村镇。“江色狎人，渔火村灯，与白月相上下，沙明山静，犬吠声若豹，不自知身在板桐也。”板桐，此处指船。到了夜色来临的时候，江水很舒服，适合人游玩。江上渔火就像一群果实挂在夜里散步，村庄的灯光，就像洗澡的洁白婴儿，积雪一样白的月亮，与之相呼应，离得越远的灯火越来越像一粒粒沙子，洁白的沙子，金子一样的沙子，沙子一样的金子，光的沙子，光的金子。山很安静，就像人身上安静的呼吸。狗叫声洪亮就像豹子声音的抒情。在这样的情景下，忘记了自己在船上游玩。

昧爽即拂晓，在天未全亮时，船过了清风岭，这里是溪水与江的交接处，凭吊贞女之魂，是这次游历的心情。

山高而岸像绳子捆紧大地，也捆紧河水，其实只是做做样子罢了。丹绿色错杂相叠。秋冬之际，想更难为怀是什么意思呢？《世说新语·言语》：王子敬云：“从山阴道上行，山川自相映发，使人应接不暇。若秋冬之际，尤难为怀”。吾家子猷指东晋王徽之，字子猷，王思任与他同姓，故称吾家子猷。王徽之居会稽（今绍兴）时，雪夜泛舟剡溪，访戴逵（字安道），至其门而返，人问其故，他说：“本乘兴而来，兴尽而返，何必见安道耶！”雪夜的剡溪，王徽之没有事。而戴逵承受不了。有的文人品行轻薄，伤害别人也伤害自己，难道可以吗？

过画图山，看到——山如一个兰草盆景。千千万万沟壑都根据自身的命运与约会奔赴大海，就像诸侯敲玉鸣裾，穿着礼服，佩戴玉器，走动时发出响声。山间沟壑，在狭窄的空间挤压久了，一旦离开群山之中，“始得豁眼一放地步”，就离开了挤压而达到自由与辽阔中。

山城崖立，晚市人稀。山城在峭壁附近，就像画在石头上的岩画一样，深刻而简洁，具有野味的气息。在进入山城的水口，有巨大的石头作为水中砥柱，那么就在这里脱去头巾，往上面走去，顿感凉风如饭如饮料吹来，让人大饱一顿。

城南百丈桥，桥如虹形，两端像在饮水，溪水停留在桥端，让桥喝水，随时解渴。那溪水就像电流流过，就像雷声喃喃自语。移舟桥尾，在名字叫向月碛的沙滩，枕石随流，在这里休息睡觉，那么船就像枕头，同时又是床，铺在水上，睡在水上。驾船的水手埋怨王思任，说侍奉他很另类，为什么不把船靠岸而睡。

◎ 1361 年皇帝请他看钟山

——宋濂《游钟山记》不重复别人目光

眼睛射出的炊烟叫着目光，耳朵射出的声音叫着万物的声音。回到眼睛的电影为世界，回到耳朵里的声音叫做回忆、回声。眼睛与耳朵，捞回来的都属于大海捞针的那一部分，属于极少数，但在人看来，已经很多，足够形成人生的视听。

1361 年，当时宋濂应明太祖朱元璋之聘，与刘基等人参与了朱元璋的幕府，有机会来到钟山，写下了这篇《游钟山记》——

钟山，一名金陵山，汉末秣陵尉蒋子文逐贼死山下，吴大帝封曰蒋侯。大帝祖讳钟，又更名蒋山，实作扬都之镇，诸葛亮所谓“钟山龙蟠”，即其地也。

岁辛丑二月癸卯，予始与刘伯温、夏允中二君游。日在辰，出东门，过半山报宁寺。寺，舒王故宅，谢公墩隐起其后，西对部娄小丘。部娄，盖舒王病湿，凿渠通城河处。南则陆修静茱萸园；齐文惠太子博望苑，白烟凉草，离离蕤蕤，使人踌躇不忍去。沿道多苍松，或如翠盖斜偃，或蟠身矫首，如王虺搏人，或捷如山猿，伸臂掬涧泉饮。相传其地少林木，晋、宋诏刺史郡守罢官职者栽之，遗种至今。

抵圜悟关。关，宋勤法师筑，太平兴国寺在焉。梁以前，山有佛庐七十，今皆废，唯寺为盛，近毁于兵，外三门仅存。自门左北折入广慈丈室，谒钦上人。上人出，三人自为宾主。适松花正开，黄粉毵毵触人，捉笔联松花诗，诗不就。予独出行甬道间，会章君三益至，遂执手至翠微亭，登玩珠峰。峰，独龙阜也，梁开善道场，宝志大士葬其下，永定公主造浮图五成覆之。后人作殿，四阿铸铜，貌大士实浮图。浮图或现五色宝光，旧藏大士履，神龙初，郑克俊取入长安。

殿东木末轩，舒王所名，俯瞰山足如井底。出度第一山亭，亭颜，米芾书。亭左有名僧娄慧约塔。塔上石，其制若圜楹，中斫为方，下刻二鬼擎之。方上书曰：“梁古草堂法师之墓”，有蝸匾法，定为梁人书。

复折而西，入碑亭，碑凡数辈。中有张僧繇画大士相，李白赞，颜真卿书，世号三绝。又东折度小涧，涧前下定林院基，舒王尝读书于此。院废，更创雪竹亭，与李公麟写舒王像，洗砚池，亦皆废。

又北折至八功德水。天监中，胡僧昙隐来栖山，龙为致此泉；今甃作方池。池上有圆通阁，阁后即屏风岭，碧石青林，幽邃如画。前乃明庆寺故址，陈姚察受菩萨戒之所。

又东行至道卿岩。——道卿，叶清臣字也，尝来游，故名。有僧宴坐岩下，问之，张目视，弗应。时雉方桴粥，闻人声，戛戛起岩草中。从此至静坛，多臧矜先生遗迹。复西折过桃花坞，询道光泉，舒王所植松已偃，唯泉绀碧沈沈如故。

日将夕，章君上马去，予还广慈。二君熟寐方觉，呼灯起坐，共谈古豪杰事。厕以险语，听者为改视。

明日甲辰，予同二君游崇禧院。院，文皇潜邸时建。从西庑下入永春园，园虽小，众卉略具。揉柏为麋鹿形，柏毛方怒长，翠濯濯可玩。二君行倦，解衣覆鹿上，挂冠鼠梓间，据石坐。主僧全师具壶觞，予不能酒，谢二君出游。夏君愕曰："山有虎，近有僧采莽，虎逐入舍，僧门焉，虎爪其颧，颧有瘢可验。子勿畏，往矣。"予意夏君绐我，挟两驺奴登惟秀亭。"亭立望远"，"惟秀永春"，皆文皇题榜，涂以金。

又折而东，路益险。予更芒屩，倚驺奴肩，踸踔行，息促甚，张吻作锯木声。倦极思休，不问险湿，蹀蹀据顿地。视燥平处不数尺，两足不随。久之，又起行。有二台. 阔数十丈，上可坐百人，即宋北郊坛祀四十四神处。问蒋陵及步夫人冢，无知者，或云在孙陵冈。至此屡欲返，度其出已远，又力行登慢坡，草丛布如毡，不生杂树，可憩，思欲借褥茵卧，不去。坡，古定林院基，望山椒无五十弓，不翅千里远，竭力跃数十步，辄止，气定又复跃。如是者六七，径至焉。大江如玉带横围，三山矶、白鹭洲皆可辨；天阙、芙蓉诸峰，出没云际。鸡笼山下接落星涧，涧水瀰瀰流。玄武湖已堙久，三神山皆随风雨幻去。西望久之，击石为浩歌。歌已，继以感慨。

又久之，傍崖寻一人泉。泉出小窍中，可饮一人，继以千百弗竭。循泉西过黑龙潭，潭大如盎，有龙当可屠。侧有龙鬼庙，颇陋。由潭上行。丛竹翳路，左右手开竹，身中行，随过随合。忽腥风逆鼻，群鸟哇哇乱啼，忆夏君有虎语，心动，急趋过。似有逐后者。又棘针钩衣，足数踬。咽唇焦甚，幸至七佛庵。庵，萧统讲经之地，有泉白乳色，即跽泉斛咽。衫袂落水中，不暇救，三咽，神明渐复。庵后有太子岩，一号昭明书台。方将入岩游，庵中僧出肃，面有新瘢。洵之，即向采莽者。心益动，遂舍岩问别径以归。所谓白莲池、定心石、宋熙泉、应潮井、弹琴石、落人池、朱湖洞天，皆不复搜览。

还抵永春园，见肴核满地，一髻童立花下。问二客何在，童云："迟公不来，出壶中酒饮，且赋诗大噱，酒尽，径去矣。"予遂回广慈，二君出迎。夏君曰："子颜色有异，得无有虎恐乎？"予笑而不答。刘君曰："是矣！子幸不葬虎腹，当呼斗酒，涤去子惊可也。"遂同饮。饮半酣，刘君澄坐至二更，或撼之，至舞笑钓之，出异响畏胁之，皆不动。于与夏君方困，睫交不可擘，乃就寝。

又明日乙巳，上人出犹未归，欲游草堂寺，雨丝丝下，意不往，乃还。

按地理志，江南名山，唯衡、庐、茅、蒋。蒋山固无耸拔万丈之势，其与三山并称者，盖为望秩之所宗也。晋谢尚，宋雷次宗、刘勔，齐周颙、朱应、吴苞、孔嗣之，梁阮孝绪、刘孝标，唐韦渠牟，并隐于此。今求其遗迹，鸟没云散，多不知其处。惟见荛儿牧竖，跳啸于凄风残照间，徒足增人悲思。况乎一刻之来，一日万变，达人大观，又何足深较？予幸与二君得放怀山水窟，人事往乐，千金不人易也。山灵或有知，当使余游尽江南诸名山，虽老死烟霞中，有所不恨，他尚何望哉？他尚何望哉？

章君约重游未遂，因历记其事，一寄二君，一遗上人云。

钟山地势险峻优美，吸引历代游客。

文人纷纷试笔，写钟山风景极易重复雷同。而宋濂却以其细腻取胜，凭借相当强的绘画语言能力，写出景物声色动静，达到“瞻言见貌”的艺术境地，取得“以少胜多”的效果。

是的，不要重复别人的目光，就算千千万万的目光看过，还是要让自己的目光像新发出的芽，新出炉的泉水，带来新的力量，让被自己目光看到的事物，得到精神为之一振或者觉醒的感觉，让自己的目光有所用处。

钟山又名金陵山，巴掌大的小山，诸葛亮为之叹曰：“钟山龙盘，石头虎踞，此帝王之宅”而闻名天下。毛泽东对这里有虎踞龙盘今胜昔的感慨。汉末蒋子文侯战死山下，三国孙权依山建业。宋舒王王安石、东晋宰相谢安、南朝太子齐文惠建园筑墩。众多寺院、碑亭、泉池就很有人文色彩。游记称：唐中宗李显、宋太祖赵光义、明太祖朱元璋先后多次在此修建寺院，主持道场。大书法家王羲之、颜真卿，大画家张僧繇、李公麟均在碑亭留有真迹。山泉池名曰八功德水，具有“清、冷、香、柔、甘、净、经久不臭、免除病痛”八特点，清澈可见泉底。钟山不起眼。梅雨时节一山青翠半山雨雾。诸多历史古迹在文革浩劫时毁于一旦。

宋濂简介

宋濂（1310～1381），字景濂，号潜溪，别号：玄真子、玄真道士、玄真遁叟。谥号文宪。浦江（浙江浦江）人。明初文学家。家境贫寒，自幼好学，曾受业于元末古文大家吴莱、柳贯黄等。一生刻苦学习。元朝末年，元顺帝曾召他为翰林院编修，他以奉养父母为由，辞不应召，修道著书。至正二十年（1360），与刘基、章溢、叶琛同受朱元璋礼聘，尊为“五经”师。洪武初主修《元史》，官至学士承旨、知制诰。后因牵涉胡惟庸案，谪茂州，中途病死。著作有《送东阳马生序》等。

◎钟乳石的“仿佛貌之”

——王世贞《游张公洞记》道教天师张道陵的洞宅

钟乳石，说明了一种骨头的雕刻艺术，其实有骨头的动物，都有自己钟乳石一样神性的雕刻艺术，雕刻自己的骨头、骷髅。而植物也有自己的骨头，竹子一类就雕刻自己的香气，而竹筷用自己的骨头雕刻人生的轨迹与生命滋味。水的骨头为冰，冰隐居潜伏为柔软，雕刻出波浪千千万万的书法。

张公洞，在江苏宜兴南张公山（义兴即宜兴。宋因避太宗赵匡义讳，改名宜兴），相传为道教天师张道陵的洞宅。《游张公洞记》记述了游历张公洞的整个过程——

由义兴而左泛，曰东久。九者，九里袤也，水皆缥碧，两山旁袭之，掩映乔木，黄云储野，得夕照为益奇。

已泊湖，湖者，洞所从首径也。夜过半，忽大雨，滴沥入蓬户。余起，低回久之。质明始霁。从行者余弟敬美，燕人李生，歙人程生，郡人沈生、张生。

时余病足，李生亦病，为李觅一兜子，并余弟所携笋舆三，为一行，其三人为一行，可四里许，抵洞，始隆然若覆墩耳。

张生者，故尝游焉，谓余当从后洞入，毋从前洞入。所以毋从前洞者，前路宽，一览意辄尽，无复余。意尽而穿横关，险狭甚多，中悔不能达。余乃决策从后入。多到炬火前导，始委身一窍，鱼贯而下。渐下渐滑，且峻级不能尽受足。后趾俟前趾发乃发，追则以肩相辅。其上隘，又不能尽受肩。如是数十百级，稍稍睹前行人，如烟霞中鸟；又闻若瓮中语者。发炬则大叫惊绝。巨乃乳皆下垂，崛�𪩘锜，玲珑晶莹，不可名状。大抵色若渔阳媚玉，而润过之。稍西南为大盘石，石柱踞其上，旁有所谓床及丹灶、盐廪者。稍东，地欹下而湿，迹之则益湿，且益洼不可究，即所谓仙人田也。

回顾所入窍，不知几百丈，荧荧若日中沫，时现时灭。久之，路几断。其下穿不二尺所，余扶服过，下上凡百余级。忽呀然中辟，可容万人坐。石乳之下垂者，愈益奇，为五色自然，丹雘晃烂刺人眼。大者如玉柱，或下垂至地，所不及者尺所；或怒发上，不及者亦尺所；或上下际不接者仅一发。石状如虬，如跃龙，如奔狮，如踞象，如莲花，如钟鼓，如飞仙，如僧胡，诡不可胜纪。余时惫足益蹇，强作气而上，至石台，俯视朗然。洞之胜，至是而既矣。会所赍酒脯误失道，呼水饮之，乃出。

张公者，故汉张道陵，或曰张果；非也。道陵事在蜀颇著。许远游贻逸少书称：“金堂玉室，仙人芝草，左元放汉末得道之徒多在焉。”此亦岂其一耶？王子曰，余向所睹石床、丹灶、盐米廪及棋局者，仿佛貌之耳。乌言仙迹哉！乌言仙迹哉！

文章匠心独运，构思巧妙，描写生动自然，是王世贞的一篇著名游记。

本文对张公洞这一钟乳洞作了生动传神的描写。同时也指出这并非是张公的洞宅，所谓石床、丹灶、盐廪，不过是钟乳石的“仿佛貌之”而已。且张道陵事在蜀，从而揭开了张公洞神秘的面纱——

从宜兴向东泛舟而行，在湖停泊。湖汊是去张公洞首先要经过的地方。半夜过后，忽然下起了大雨，雨点滴滴答答从船蓬窗口飘入。王世贞起身在船仓内徘徊了很久。天亮的时候雨才停下来。跟他同行的有他的弟弟敬美、燕地人李生、歙县人程生，以及当地人沈生和张生。大约走了四里多路，到达了张公洞，从洞口看，它隆起的样子像翻倒的土堆。

张生从前曾经游历过张公洞，他告诉我应该从后洞进去，不要从前洞进去。不从前洞进去，是因为前洞道路很宽，一看游兴就全尽了，再也没有余味。游兴尽了再走通向后洞的过道，那里危险而狭窄的地方很多，可能中途后悔，而最终不能到达。王世贞于是决定从后洞进去。多举些火把在前面引路，起初，他们弯腰走进洞穴，像鱼群那样一个接着一个向下走。越朝下走，路越滑，而且在陡峭的石级上不能完全站稳双脚。后脚要等前脚挪开后才能迈出，道路狭窄的地方，就用肩膀助力（帮助脚踩到下一级）。洞穴的上面狭窄，所以朝下走时，肩膀也不能完全用力。像这样走了一百多级，渐渐看到前面行走的人，像烟雾中的鸟儿；又听到他们像在瓮中说话的声音。他们举起火把，惊叫起来，眼前的景物令人叹为观止。巨大的成千上万的石乳都向下垂着，玲珑闪亮，妙不可言。大体上它们的色泽像是渔阳的美玉，而且比它更温润。偏西南有座大盘石，高大的石柱蹲踞在它上面。旁边有所谓的石床和丹灶、盐仓。偏东一点，地面向下倾斜着，而且很潮湿，踩上去就更觉得湿，而且更加低洼，深不见底，这就是人们所说的仙人田。

回头看看走进的洞穴，不知道有几百丈深，洞里微光闪烁，像昏暗的日光，时有时无。走了很久，路也几乎没了。在石阶下穿过不到二尺宽的地方时，王世贞只能匍匐而过，上上下下总共有一百多级台阶。忽然洞里变得大而开阔，可以容纳上万人坐下来。那些下垂的石乳，更加奇特。它们呈现出五彩的颜色，明亮得刺眼。大的石乳好像玉石柱子，有的向下垂着，离地只有一尺左右；有的像怒发一样向上立着，与洞顶之间的距离也只有一尺左右；有些下垂的石乳和上立的石乳之间还未相接，中间只能容下一根头发。石乳的样子像入海的苍虬，像跃起的巨龙，像奔跑的狮子，像蹲着的大象，像莲花，像钟鼓，像飞舞的神仙，又像异域的僧人，形状怪异，不能全部记下来。王世贞当时很疲惫，双脚越发行走困难，勉强振作精神向上攀登，到了石台，再向下看时，一切都那么清楚。张公洞的美景，到了这里全部游完。

张公就是从前汉代的张道陵，有人说是（唐代的）张果老，其实是错误的。张道陵的事迹在四川很出名（而张公洞在江苏）。许询给王羲之的信中说："这里是神仙住的地方，长满灵芝草，左慈等汉代末年得道之人多在这里住过。"这难道也是其中的一种说法吗？王世贞说："我之前所看见的那些石床、丹灶、盐仓、米仓和棋盘，只是大体上像那些东西罢了，怎么说是神仙的痕迹呢！"

王世贞简介

王世贞（1526 ~ 1590），字元美，号凤洲、弇（yǎn）州山人，太仓（今属江苏）人。嘉靖二十六年（1547）进士，初任刑部主事，屡迁员外郎、郎中。为官正直，不附权贵，出为山东副使。其父被严嵩构陷下狱，处死。隆庆初，伏阙讼父冤。官至南京刑部尚书。他与李攀龙、谢榛、宗臣、梁有誉、吴国伦、徐中行等相倡和，继承"前七子"复古理论，被称"后七子"。李攀龙死后，他主持文坛20年。

◎赴普陀途中所见舟山群岛

——朱国桢《普陀游记》清新自然无雕斫之气

看见声音为观音。声音可以看见。观音，审视自己的内心，看内心声音的色彩。把内心的声音洗干净，即洗心。一个人用伟大的文字洗心，文字愿意作为抹布，洗干净心灵龌龊的色彩。在一句不干净的话说出之前，用心把这句话洗干净，心随之干净。

普陀山，中国佛教四大佛山其一，位于浙江东部普陀县，属于舟山群岛之一。传为观音显灵说法道场。唐以前，有梅福、葛洪寄隐修道处，又名梅岑。唐代，一印度僧人至此自燔十指，云"亲睹观世音菩萨现身说法，授以七色宝石"，遂传此地为观音显圣地。观音住南印度普陀洛伽山，因以略称此岛。五代后梁贞明二年(916)日本僧人慧锷从五台山请观音像假途返国，路经普陀山，在紫竹林结茅留居，创建"不肯去观音院。北宋以还，兰若渐增，缁徒云集。"南宋嘉定七年(1214)，规定此寺以供奉观音为主。

普陀山，古代多朝香者，游历的人不多。实际上游历与朝香有时候可以混为一谈，有时候不可混为一谈。

由定海棹舟，自北而东，过数小山，可三四十里，为蛟门，北直金堂山。此处山围水蓄，宛然一个好西湖也。将尽，望见舟山，曰横水洋。潮落时，舟山当其冲。其一直贯；其二分左右；左为北洋，右则象山边海诸处。入舟山口，山东西亘七八十里。南夹近海诸山，山断续，望见内洋。舟行其中，如泛光月河可爱。尽舟山为沈家门。转而北，即莲花洋。洋长可三四十里，过即普陀矣。

抵普陀之湾，步入一径，过二小山，即见殿宇。本山皆石，吐出润土，蜿蜒直下，结局宽平，可三百亩。即从右小山为右臂，一小山圆净为案，左一长冈，不甚昂，筑石台，上结石塔为左蔽。殿三重，宏丽甚，乃内相奉旨敕建。殿之辛隅，为盘陀石，山势颇高耸。巽方为潮音洞，吞吐惊人。正后迤逦菩萨岩，最高。曳而稍东，一石山，其下即海潮寺也，去前寺不过三里，万历八年所建，今已毁。两寺之间，东滨于海，一堤如虹。海水上下，即无潮，犹汹涌骇人。东望水面横抹，诸山起伏如带，色黑，日铁架浆。又东望微茫二山，曰大小霍山。极目闾尾，红光荡漾，与天无际。惟登佛头岩，能尽其概。若在半腰牵引，诸山宛如深壑，空处飞帆如织。彼中人了不知其异且险也。

大约山劈为前后二支，支各峰峦十余。前结正龙，即普陀寺。转后为托，即海潮寺。二大寺外，依山为庵者，五百余所，皆窈窕可爱。环山而转，除曲径外，度不过三十里。舟山有城有军有居民，金堂最近。闻其中良田可万顷，悉禁不许佃作。大谢山直舟山之南，田亦不少。此皆可耕之地。然边海之人都以渔为生，大家则宦与游学，游手不争此区区粒食计，故地方上下，无有言及者。袁元峰相公欲行之，有司以为扰民而止。

普陀是明州龙脉最尽处，风气秀美。虽不甚险远，而望洋者却步。即彼中士民，罕有至者。凡西僧以朝南海为奇，朝南海者又以渡石梁桥为奇。梁之南有昙花亭，下数级即为梁。横亘可十丈，脊阔亦二三尺。际北有绝壁，有小观音庙在焉。余坐上方广寺，亲见二十余僧，踏脊如平地。其一行数步，微震慑，凝立，少选卒渡，众皆目之，口喃喃不可辨。问之山僧，曰："几不得转人身也。"

普陀一无所产，岁用米七八千石，自外洋来者，则苏、松一带，出浏河口，风顺一日夕可到。自内河来者，历钱江、曹娥、姚江、盘坝四者，由桃花渡至海口，风顺半日可到。两地皆载米以施，出自妇女者居多。自闽、广来者皆杂货，恰勾岁用。本山之僧，亦买田舟山，其价甚贵。香火莫盛于四月初旬，余至则阒然矣，却气象清旷。几欲久驻，而竟不果，则缘之浅也。

细讯东洋诸山，一老僧云："有陈钱山突出极东大洋，水深难下碇，又无岙可泊，唯小渔舟荡桨至此，即以舟拖搁滩涂。采捕后仍拖下水而回。马迹又在其西，有小潭可以泊舟。但有龙窟，过者寂寂，一高声，即惊动，波浪沸涌。坏舟。再西为大衢，与长途相对。其西有礁无岙，不可泊舟。大衢在北，长途在南，相离不过半潮之远。潮从东西行，两山束缚，其势甚疾。舟遇潮来与落时，皆难横渡，俟潮平然后可行。近昌国为韭山，形势巍峨，岛澳深远。此山之外，俱辽远大洋。船东来者，必望此为准。直上为普陀矣。"

这篇游记并不注重普陀山本身，更不以普陀寺为主，而是先写赴普陀途中所见，然后以普陀为立足点，概括介绍舟山群岛一带的山水民情。

文中所记大小岛屿，除个别方位有出入外，都与今天地理记载相应。又如记当地居民以渔为生，不争区区粒食，记普陀岁用米七八千石，皆靠苏杭一带供应，这对我们了解当时僧俗风情及沿海各地与海岛密切交往，都是有帮助的。

全篇文字朴实浅显，无雕斫之气，读来觉得清新自然。

文章共分四个部分。第一部分写朱国桢赴普陀途中所见。他从定海乘舟出发，过蛟门与金堂山之间的海面，看到此处“山围水蓄，宛然一个好西湖也”。航行于大陆与舟山岛之间，见海景“如泛光月河可爱”，再渡过全长大约三四十里的莲花洋，就抵达普陀山。沿途观岛望海，不觉险远，而欢快、愉悦之情却油然而生。

第二部分展开一幅普陀山导游图，全山胜迹尽收眼底。写普陀山览胜。以普陀寺殿宇为中心，介绍周围山势、胜迹。殿左小山上筑有石塔（多宝塔），殿西北偏北方向为盘陀石，东南方为潮音洞，正后为菩萨岩，山势绵延向东，一石山下，是海潮寺。这是近观。远望有起伏如带的铁袈裟山，大小霍山，最后“红光荡漾，与天无际”的闾尾。最后两句，说明若游人所处位置不同，其所见景致也不尽相同。

第三部分写普陀概貌及舟山民情。先总写普陀山山势、寺庵概况，继而写金堂、舟山、大谢山诸岛生产、生活习俗。既写所见，又写所闻。作者不仅饱览名胜古迹，也关心民间生计。

第四部分写西僧朝南海、民众布施及东洋诸山。

第一自然段写普陀山虽是风土气候秀美的风景区，但因人们“望洋却步”而游历者少，连明州一带的人也“罕有至者”。这就点出了朱国桢在文章开头写赴普陀途中所见的原因。不畏大洋阻隔，远道而来者为以“朝南海为奇”的西僧，“朝南海者又以渡石梁桥为奇”。描述石梁桥及西僧渡桥。

第二自然段先写普陀一无所产，岛上僧人的生活来源主要靠苏、松、闽、广一带的布施，再写游山心情。不能亲见香火最盛况，但岛“气象清旷”，不虚此行，产生“几欲久驻”的愿望。“而竟不果”，甚为遗憾。意不在观瞻庙宇和亲睹佛事，为领略岛上风光。

第三自然段写普陀以西，游踪未至之处。因前询问得知，详细记述老僧的话。读来也更觉可信。

随着时间推移，普陀庙宇建筑及其他方面，也在变化。如朱国桢游山时已毁的海潮寺，清康熙三十八年(1699)重建大殿，并赐“天花法雨”匾额，因改名“法雨寺”。寺院是社会的心灵容器，过滤心中的黑暗，为环保的一个关键词。

朱国桢简介

朱国桢 (? ~ 1632)，字子宁，乌程 (今浙江湖州市) 人。万历进士，曾任礼部尚书兼文渊阁大学士，崇祯初年为相。

第九章 怀揣家园，心窝温暖大地

——清朝游记：不论哪里，一生皆远行

◎今天选泰山为新娘

——姚鼐《登泰山记》石头如积雪与积雪婚纱

泰山为天下名山，姚鼐写的文章，还配得上泰山的气场。很多名山胜水，有很多人游历，其实很多人的游历，接近于糟蹋自然。人过分地在大地上乱蹿，带给大地超负荷运转。很多人写下的所谓游记，不配大自然的伟大，简直就在自取其辱，在文章里也糟蹋自然。

人在天地间，不要损害大自然。旅行，也要善意而为，不要糟蹋山水。

姚鼐为桐城派散文大家，其《登泰山记》为登泰山游历之作——

泰山之阳，汶水西流。其阴，济水东流。阳谷皆入汶，阴谷皆入济，当其南北分者，古长城也。最高日观峰，在长城南十五里。

余以乾隆三十九年十二月，自京师乘风雪，历齐河、长清，穿泰山西北谷，越长城之限，至于泰安。是月丁未，与知府朱孝纯子颖由南麓登。四十五里，道皆砌石为磴，其级七千有馀。泰山正南面有三谷，中谷绕泰安城下，郦道元所谓环水也。余始循以入，道少半，越中岭，复循西谷，遂至其巅。古时登山，循东谷入，道有天门。东谷者，古谓之天门溪水，余所不至也。今所经中岭及山巅，崖限当道者，世皆谓之天门云。道中迷雾冰滑，磴几不可登。及既上，苍山负雪，明烛天南，望晚日照城郭，汶水、徂徕如画，而半山居雾若带然。

戊申晦，五鼓，与子颍坐日观亭，待日出。大风扬积雪击面。亭东自足下皆云漫。稍见云中白若樗蒲数十立者，山也。极天云一线异色，须臾成五采，日上，正赤如丹，下有红光，动摇承之，或曰："此东海也。"回视日观以西峰，或得日，或否，绛皜驳色，而皆若偻。

亭西有岱祠，又有碧霞元君祠。皇帝行宫在碧霞元君祠东。是日，观道中石刻，自唐显庆以来，其远古刻尽漫失。僻不当道者皆不及往。

山多石，少土，石苍黑色，多平方，少圜。少杂树，多松，生石罅，皆平顶。冰雪，无瀑水，无鸟兽音迹。至日观，数里内无树，而雪与人膝齐。

桐城姚鼐记。

先看简单介绍——

泰山的南面，汶河向西流去；泰山的北面，济水向东流去。南面向阳山谷中的水流进汶河，北面背阴山谷中的水流进济水。正在南北山谷分界的地方，是古长城。最高的日观峰位于长城南 15 里的地方。

姚鼐的泰山路线图为——

姚鼐在乾隆三十九年十二月从京城里出发，冒着风雪，经过齐河县、长清县，穿越泰山西北的山谷，跨过长城的界限，到达泰安。

这月丁未日，姚鼐和泰安知府朱孝纯从南边的山脚登山。行走 45 里远，道路都是石板砌成的台阶，共有七千多级，蔚为壮观，坎坷即乐谱。

泰山正南面有三条山谷，当中那条山谷的水环绕泰安城，这就是郦道元书中所说的环水。姚鼐开始沿着中间这条山谷往里走。道路不到一半，翻过中岭，再沿着西边的那条山谷走，就到了泰山的顶巅。

古时候登泰山，沿着东边的山谷进入，道路中有座天门。东边的山谷，古时称其为“天门溪水”，是姚鼐没有到过的地方。现在经过的中岭和山顶，就像门槛一样阻挡道路的山崖，世上人都称它为“天门”。一路上大雾迷漫、冰冻溜滑，石板石阶几乎无法攀登。

等到已经登上山顶，只看到深青色的山被白雪覆盖，明亮的雪光照耀着南边的天空。远望夕阳映照着泰安城，汶水、徂徕山就如同一幅美丽的山水画，停留在半山腰处的云雾，又与一条舞动的飘带一样。

戊申日正是十二月的最后一天，五更时，姚鼐和朱孝纯坐在日观亭上，等着看日出。这时大风扬起的积雪扑面打来。日观亭东面从脚底往下一片云雾迷漫，依稀可见云中几十个小白点好似“五木”骰子一样立在那里，皆为远山。

看天边，云彩上有一线奇异的颜色，一会儿又变成五颜六色。太阳升起来了，纯正的红色仿佛朱砂一样，下面有红光晃动，摇荡着托着它。有人说，那就是东海。

回首观望日观峰以西的山峰，有的山峰被日光照着，有的山峰则没有被照着，紫红、淡白，各种深浅不同的颜色，又都与弯腰曲背的情形一般。

在日观亭西面，有一座东岳大帝庙，又有一座碧霞元君庙。皇帝的行宫就在碧霞元君庙的东面，这天看见途中路两旁刻写的石碑，都是从唐显庆年间以来的石刻；那些更古老的石碑都已磨灭看不清楚。至于偏僻不在路边的石碑，都没来得及去看。

石头作为纸张，就像积雪的骨头，在骨头上写字，写进骨头里，从此可以看出，文字都带有骨头的气场，所以骨与气连在一起。最初的文字写在鸟兽的骨头上，然后金属的铭文也说明金属为骨。在古代的山间，有石头才会有支撑。石头上的文字把每一块石头都变为一本书。读石头之书，从碑刻的文字上，看到生命深入的痕迹。在山水间，看到那些石刻，看到那些石刻的文字与图画，都会看到凝固的世界里一个更有神意的世界存在。每一个世界的背后都有另外一个世界存在，甚至每一个世界的背后都有无限的另外世界存在。在深山野林中寻找碑刻石刻看的人，其目光都有磨刀石的力量，都有一个等待发现的源头。

姚鼐在山上看石刻石碑，作为登泰山的一个内容之一。

在泰山，山上石头多，泥土少。山石都呈青黑色，大多为平的、方形的形状，很少有圆形的石头。世上自圆其说的事物不多。

在石头累积的山上，杂树很少，多是松树，松树都生长在石头缝隙里，好似裂缝里站起的裂缝。树顶是平的。

很多树冠，就像蘑菇，树冠为天堂的座位，为人间的皇冠。

冰天雪地，没有瀑布溪水——山坡上的雪，意味着瀑布铺在那里睡觉——也没有飞鸟走兽的声音和踪迹。日观峰附近几里以内没有什么树木，积雪厚得同人的膝盖一样平齐。

在雪中登泰山的姚鼐，一定听到了积雪打鼾的宁静声音。

这么洁白的泰山，就像穿着婚纱的新娘。这恰好说看山就像看美女，而积雪之山，有新娘的时尚。

◎做一秒逗留

——姚鼐《游媚笔泉记》扫兴而归也有其作用

媚笔泉在今安徽桐城县西北。桐城在安徽中南部。姚鼐的文章融考据、词章、义理为一体，在游记中也有所体现。其《游媚笔泉记》正如此——

桐城之西北，连山殆数百里，及县治而迤平。其将平也，两崖忽合，屏矗墉回，崭横若不可径。龙溪曲流，出乎其间。

以岁三月上旬，步循溪西入。积雨始霁，溪上大声从然，十余里旁多奇石、蕙草、松、枞、槐、枫、栗、橡，时有鸣禽。溪有深潭，大石出潭中，若马浴起，振鬣宛首而顾其侣。援石而登，俯视溶云，鸟飞若坠。

复西循崖可二里，连石若重楼，翼乎临于溪右。或曰："宋李公麟之垂云沜也。"或曰："后人求公麟地不可识，被而名之。"石罅生大树，荫数十人，前出平土，可布席坐。

南有泉，明何文端公摩崖书其上，曰："媚笔之泉"。泉漫石上，为圆池，乃引坠溪内。左丈学冲于池侧方平地为室，未就，要客九人饮于是。日暮半阴，山风卒起，肃振岩壁榛莽，群泉矶石交鸣，游者悚焉，遂还。

是日，姜坞先生与往，鼐从，使鼐为记。

姚鼐的游记很会作图——先后写桐城西北的形胜，再接下来循溪西入、沿途所见之景物风光，而后自然地落在媚笔泉，既把媚笔泉与桐城、小溪沿途的景物风光连为一幅完整的图画，也在人们眼前现出自己作为高级背包客探幽赏奇的志趣。

姚鼐对媚笔泉的记述，先写媚笔泉景致，访古赏奇，情怀在其中；然后写左学冲筑室幽居，盛情邀饮，却以"山风卒起"，令人悚然，扫兴而归。

多有山势、溪流、奇石、树木、鸣禽、深潭、泉水、园池、屋舍等自然景物，又涉及李公麟、何如宠诸多名贤。同时，又没有辜负左公往日的教诲和世交的情谊，文中"左丈学冲于池侧方平地为室，未就，要客九人饮于是"，把左公及其别墅毫无雕饰地融于一炉。"两崖忽合，屏矗墉回"、"大石出潭中，若马浴起，振鬣宛首而顾其侣"、"俯视溶云，鸟飞若坠"、"肃振岩壁，榛莽群泉，矶石交鸣"等都很新鲜有趣。

从文中可知——这一天去玩，姚鼐的伯父姜坞先生（姚范）也去了，姚鼐跟随他，他让姚鼐记下来这件事——

桐城的西北方向，重山叠岭大概有好几百里，一直到县政府所在地才开始平坦。平地和山地交界之处，两座山崖合立一起，像屏障一样耸立，高的横的缝隙几乎不能走人（几乎不能成为路）。像龙一样曲折的溪流，从这里边流出来。

去年三月上旬，姚鼐他们徒步顺着溪流从西边走进去。连续下了较长时间的雨，天气刚刚转晴，溪流发出很大的“哗哗”声。走了十多里路，山道两旁有很多奇形怪状的石头、蕙草、松树、枞树、槐树、枫树、栗树、橡树等，不时听到山鸟的叫声。溪下面有个很深的大水潭，一块大石头露出水面，好像在里面洗澡的马刚刚站起身，甩着鬃毛回头看它的伙伴。扒着石头向上爬，俯视云彩，飞鸟看起来就像要坠落的样子。

接着沿着悬崖往西走大约两里，层叠的石头好像一本本书叠起来的高楼一样，翅膀一样探出在溪流的右方。有人如是发言：“这是宋代李公麟所说的垂云沜啊。”有人说：“后人寻找李公麟记载的地方，没有找到，被你找到了。”石头的缝隙间长出一棵大树，树阴能容下几十个人，树前有平地，可以铺上席子坐下，而树阴本身就是席子。

树南边有泉水，明代的何文端先生的摩崖书（即刻在峭壁上的字）刻在上边，泉水叫做“媚笔泉”。泉水漫过石头形成一个圆形的水池，上边的溪水流落进去。左丈学冲（左世容，字学冲）在水池边的平地上建造房子，还没建成，邀请九位客人在这里饮酒。傍晚天气转为半阴，山风突然刮起来，猛烈地吹打悬崖峭壁，树木草丛、许多泉水、碎石乱响。此地僻野荒冷，不宜久留，游玩的人感到十分害怕，于是回去了。表示出姚鼐不喜欢隐逸。

姚鼐简介

姚鼐（1732～1815），清代散文家。字姬传，一字梦谷，室名惜抱轩，人称惜抱先生，安徽桐城人。为“桐城派”主要作家。主张文章必须以“考据”、“词章”为手段，以阐扬儒家的“义理”，并以阳刚、阴柔区别文章的风格。又发展拟古主张，提倡从模拟古文的“格律声色”入手，进而模拟其“神理气味”。以程朱理学为依归。

◎心与神在月光纸上交谈

——吴敏树《君山月夜泛舟记》夜来月下，山水寂然

喜欢皮影戏，在洞庭湖的土地上，流行皮影戏。把月光的皮肤这样的真皮，在月光浩大的夜晚，用水墨画，剪下万物的剪影，如此皮影戏，所有影子演奏宇宙的乐章，多么陶醉。

在洞庭湖中，君山与岳阳楼遥遥相望，与之相关有诸多优美的神话传说。早在秦始皇二十八年“东行郡县”时，就曾“浮江，至湘山祠”（《史记·秦始皇本纪》）。

吴敏树在这里，月夜泛舟绕君山游览而为此篇文字，笔触凝练，语言简洁，写月夜洞庭湖的湖光远景，叙述有关神话传说和奇异现象。“夜来月下，山水寂然，湘灵洞庭君，仿佛如可问者。”景色神话交织，洞庭月夜的幽静安谧在《君山月夜泛舟记》里呈现出来——

秋月泛湖，游之上者，未有若周君山游者之上也。不知古人曾有是事否，而余平生以为胜期，尝以著之诗歌。今丁卯七月望夜，始得一为之。

初发棹，自龙口向香炉。月升树端，舟入金碧，偕者二僧一客，及费甥坡孙也。南崖下渔火数十星，相接续而西，次第过之，小船捞虾者也。开上人指危崖一树曰：“此古樟，无虑十数围，根抱一巨石，方丈余。自郡城望山，见树影独出者，此是也。”然月下舟中，仰视之，殊途不甚高大，余初识之。客黎君曰：“苏子瞻赤壁之游，七月既望，今差一夕耳。”余顾语坡孙：“汝观月，不在斗牛间乎？”因举诵苏赋十数句。又西出香炉峡中少北。初发时，风东南来，至是斜背之。水益平不波，见湾碕，思可小泊，然且行过观音泉口响山前也。

相与论地道通吴中。或说有神人金堂数百间，当在此下耶？夜来月下，山水寂然。湘灵洞庭君，恍惚如可问者。又北入后湖，旋而东。水面对出灯火光，岳州城也。云起船侧，水上滃滃然。平视之，已作横长状，稍上，乃不见。坡孙言：“一日晚自沙觜见后湖云出水，白团团若车轮巨瓮状者，十余积，即此处也。”然则此下近山根，当有云孔穴耶？山后无居人，有棚于坳者数家，洲人避水来者也。数客舟泊之，皆无人声。转南出沙觜，穿水柳中，则老庙门矣。志称山周七里有奇，以余舟行缓，似不翅也。

既泊，乃命酒肴，以子鸡苦瓜拌之。月高中天，风起浪作，剧饥当之，各逾本量。超上人守荤戒，裁少饮，啖梨数片。复入庙，具茶来。夜分登岸，别超及黎，余四人寻山以归。明日记。

背包客会有吴敏树相同的月夜游览感受吗——

秋天月夜泛舟湖上是最好的游览；而在如斯游览中，尤以在洞庭湖中环绕君山泛舟夜游为最好。不知古人曾经有没有过这个经历？

吴敏树说自己这一生把泛舟洞庭湖环游君山当作美好愿望，他曾经在诗歌中写下了这个愿望。丁卯年（同治六年即 1867 年）农历十五日夜，他才获得一次这样的机会环游君山。

我们来看吴敏树泛舟洞庭湖环游君山的路线图——

从龙口出发前往香炉峰开船启程，这个时候，月儿从树顶上升起，船在月水相映的湖面就像在金碧山水的图画里行进一样。同游者有“开上人”、“达上人”两个僧人和吴敏树的客人黎君，以及吴敏树姓费的外甥和孙子吴坡。

在南边高崖下有十几处闪烁的渔船灯火向着西方前后相接，一个接一个地从他们身旁经过，仔细看，原来是渔民摇着小船在捕捞虾子。

开上人指着高崖上一棵树对他们说：“这棵古老的樟树无疑有十几个人两臂合抱那么粗，树根被一块大石头围住，那石头一丈多见方。从岳阳城远远望着君山见到的一个树影突现的事物就是这棵樟树。”

在当代背包客时代，许多过去的岁月、古代的优美风景，都被现代文明和历史的变幻摧毁，再也看不到，就像这棵树，这样的树在现代文明时代活不下去，都会死于种种暴力。现代文明可以见到海市蜃楼里的巨树，只能在电脑合成里见到，现实里树木越来越少。

但现在在月光中从船中仰望这样的巨树，觉得它并不特别高大。吴敏树初次知道这个情形。客人黎君当时说：“苏轼泛舟游赤壁是在七月十六日，与他们当日月夜泛舟游洞庭湖七月十五日只差一天的时间啊。”吴敏树回过头对子孙吴坡说：“你看这月不也是在斗星和牛星之间吗？”于是他们一起朗诵了苏轼《赤壁赋》里的十几个句子。

从他们背诵苏东坡，也可以看到经典代代相传的神奇。只有经典才能随着时间一同走得更远。

他们一行，后来再从香炉峡中出来，稍微偏北行进。刚开船时，风从东南方向吹来，到这时风从背后斜吹。水面越加平静不起波浪，看到了水湾堤岸，想到这里可以暂时停泊。但是，船并未停泊，依旧那么航行，经过观音泉口，来到响山——这个地方又叫鸣山——之前，他们一起谈起这个地道可以通往吴中即江苏太湖的事，有人说：“有神仙居住的黄金殿堂，应当在这个下面啊。”

夜色降临，月光映照，山和水都静寂无声。

那情形仿佛可以访问传说中湘灵和洞庭君。

后来又从北进入后湖，不久又转向东面行进，水面映照出岸上的岳州城的灯火之光。云雾从船边出现、升腾，水上弥漫着迷蒙的云气。他们平视这些云气，变成了横长的形状，云气逐渐上腾，消散不见。

吴坡说：“有一天晚上，从沙嘴这个地方可以看见后湖的云气从水面升起，白色雾团的形状，有的像车轮，有的像巨大水瓮，有十多块的样子，就是这个地方。”

那么这里往下接近山中洞穴，不是应当贮云的山洞吗？

在今天看来，这个想法相当有趣——想一想：云可以打包，储存下来，不是很有趣吗？云为自然之神的棉花糖。

山后没有人居住，在山间低洼平整的地方搭建的草棚，为岛上的人来这里躲避水患之所。有几只客船停泊在这里，没有喧闹的人声。

再转而向南行驶，出了沙嘴，穿过柳树林，便可看见老庙门。《(岳州地方）志》记载“君山周长七里有余”，根据他们乘坐的船缓缓行进来测度，似乎没七里长。

船只停好后，他们就让人拿出酒菜，用童子鸡搅和着苦瓜，这时候，月儿高挂在空中，风起浪兴，对着明月和风浪痛饮，大家喝酒都超过了自己的酒量。

和尚超上人遵守不吃荤的戒律，才稍微喝了一点点，吃了几片梨子，返回到庙里，拿来准备好的茗茶。

——对了，君山的茶叶，是名茶，尤其君山银针为一绝。在月夜下喝茶，茶叶在茶水深处，饮着月光解渴。

半夜时分，离船上岸，辞别了超上人及黎君，他们一行四人顺着上路回了家。

第二天吴敏树记下了月夜游君山的经历。

直到今天，君山、银针、月夜，还是值得一看。但是洞庭湖的生态，正在危急而危机，洞庭湖湖底竟然干涸露出来变为草原，沧海桑田难道就是如此？

吴敏树简历

吴敏树（1805～1873），清代散文家。字本深，号南屏，巴陵（今湖南省岳阳市）人。清宣宗道光时中举。官浏阳县训导（府州县学校中地位略次于教谕的官）。他的文章接近桐城派，但不以桐城相标榜。

◎庐山形胜“足以娱性逸情”

——恽敬《游庐山记》山为人忙碌辛苦

庐山为造化里一个著名的馒头，这个能够呼吸与绿化我们的馒头，让许多人来啃它，得到它的喂养。唉，在今天，我们吃着毒馒头，而山这样能够绿化我们的馒头越来越受到虐待。

像其他山山水水一样，庐山经受游人无数的目光煎熬，而依旧在为游人付出自己的景色，它的辛辛苦苦，不知有多少人给予了敬意和表达了自己要为自然做点什么的愿望。

背包客要明白一点——游历山水，山水打开自己为你宽衣解带，付出了身体和心灵，你也得到了美和享受，反过来，你想到过没有？自己为山水做了什么？

庐山，很多背包客都到过那里——游庐山者甚多。而恽敬游庐山有自己的味道。

恽敬《游庐山记》表明了这个自己的“庐山”，属于自己版本漫游的心灵之舞，心灵之物——

庐山据浔阳、彭蠡之会，环三面皆水也。凡大山得水，能敌其大以荡潏之，则灵；而江湖之水，吞吐夷旷，与海水异。故并海诸山多壮郁，而庐山有娱逸之观。

嘉庆十有八年三月己卯，敬以事绝宫亭，泊左蠡。庚辰，舣星子，因往游焉。是日往白鹿洞望五老峰，过小三峡，驻独对亭，振钥顿文会堂。有桃一株，方花。右芭蕉一株，叶方茁。月出后，循贯道溪，历钓台石、眠鹿场，右转达后山，松杉千万为一桁，横五老峰之麓焉。

辛巳，由三峡涧陟欢喜亭。亭废，道险甚。求李氏山房遗址不可得。登含鄱岭，大风啸于岭背，由隧来风，上攀太乙峰。东南望南昌城，迤北望彭泽，皆隔湖，湖光湛湛然。顷之，地如卷席渐隐；复顷之，至湖之中；复顷之，至湖壖；而山足皆隐矣。始知云之障，自远至也。于是四山皆蓬蓬然，而大云千万成阵，起山后，相驰逐布空中，势且雨。遂不至五老峰，而下窥玉渊潭，憩栖贤寺。回望五老峰，乃夕日穿漏，势相倚负，返宿于文会堂。

壬午，道万杉寺，饮三分池。未抵秀峰寺里所，即见瀑布在天中。既及门，因西瞻青玉峡，详睇香炉峰，盥于龙井，求太白读书堂不可得，返宿秀峰寺。

癸未，往瞻云，迂道绕白鹤观，旋至寺，观右军墨池。西行寻栗里卧醉石；石大于屋，当涧水途中。访简寂观，未往，返宿秀峰寺，遇一微头陀。

甲申，吴兰雪携廖雪鹭、沙弥朗圆来，大笑排闼而入，遂同上黄岩。侧足逾文殊台，俯玩瀑布下注尽其变。叩黄岩寺，跐乱石，寻瀑布源，溯汉阳峰，径绝而止。复返宿秀峰寺。兰雪往瞻云，一微头陀往九江。是夜大雨，在山中五日矣。

乙酉晓，望瀑布倍未雨时。出山五里所，至神林浦，望瀑布益明。山沈沈苍酽一色，岩谷如削平。顷之，香炉峰下，白云一缕起，遂团团相衔出；复顷之，遍山皆团团然；复顷之，则相与为一。山之腰皆弇之，其上下仍苍酽一色，生平所未睹也。夫云者，水之征，山之灵所泄也。敬故于是游所历，皆类记之。而于云独记其诡变足以娱性逸情如是，以诒后之好事者焉。

此文开门见山，首先指出庐山三面环长江大湖的形胜特点，“有娱逸之观”。然后在六天记游中，生动描述含鄱口俯览鄱阳湖上风云卷来的云障奇观，还有与神林浦仰望香炉峰下白云团涌的云海幻景。在最后，以“云为水征，云从山出”的传统说法为根据，点出庐山形胜最“足以娱性逸情”者的重点是云，与首段相应作结。恽敬在立意谋篇、安排布局上讲究章法、颇为用心。这样的游记，能够概括介绍全貌，又能具体突出奇胜之景。

那么，就让我们领略一下恽敬版的庐山之行——

人物：恽敬

时间：嘉庆十八年三月

地点：庐山

地图与简介：处于浔阳江和鄱阳湖交会的庐山，围绕着它的三面都是水。凡是大山得到水的衬托，能抵得住它的气势，让它涌荡腾跃，就称得上灵气所钟。而江和湖的水，吞吐进出，平稳宽阔，与海水不一样。所以靠海的山岭大多显得雄壮深沉，而庐山具有清逸动人的景致。

游历过程为：

十二日——

恽敬因有事渡过鄱阳湖，泊船左蠡。

十三日——

船停靠在星子县境，于是便前去游览。

这一天前往白鹿洞，眺望五老峰，穿过小三峡，停驻于独对亭，打开锁，在文会堂止息。那里有一棵在场的桃树，桃花按照正在进行时的方式，进行绽开的状态，正在进行的事物很难停止，都会按照隐形的结果继续下去，直到完成那个结果，开花如此，人生如此；右边有一株芭蕉，蕉叶才婴儿一般刚刚抽出。

月出以后，恽敬沿着贯道溪，经过钓台石、眠鹿场，转向右走到后山。成千上万棵松树和杉树就像屋上的桁梁那样，横贯在五老峰的山脚处。

十四日——

恽敬经由三峡涧，登上欢喜亭。亭子名字很有趣味，世上难道还有烦恼亭吗？哈哈……

亭子已经残坏，道路非常危险。去寻求李氏山房的遗址，没有能够找到。接着登上含鄱岭，大风在岭后面呼啸着，沿着通道吹来。在风减威归零之后，爬上太乙峰。向东南方遥望南昌城，斜北远眺彭泽县，都隔着鄱阳湖，湖水清亮亮地闪烁着波光。

过了一会儿，地面就像收卷席子那样，由远而近渐次隐没；再过一会儿，暗影已移到湖面中央；再过一会儿，延伸到湖岸，然后连山脚都看不清了。这才知道是云朵遮蔽了天空。云朵存在，总要干自己的事情，与世界呼应。

由远而来。这时候周围的山峰都一派云气腾涌，而大块浮云不计其数，成群结队就像去天堂赶集的样子，它们从山岭后涌起，互相奔驰追逐，布满空中，看样儿将要下雨。

这样，恽敬就没到五老峰而改行下山。观看玉渊潭，在栖贤寺小歇。回头望五老峰，只见夕阳透过云层空隙照射下来，就像跟峰峦互相依靠着一样。然后恽敬回来，在文会堂住宿过夜。

十五日——

恽敬走过万杉寺，在三分池喝茶。离秀峰寺还有一里路左右，就望见瀑布悬挂在半空中。瀑布玩倒立，落脚的地方继续向前。等进了寺门，于是朝西面瞻望青玉峡，仔细地观望香炉峰的形胜，在龙井洗手。寻求李白的读书堂，没有找到。庐山，李白有自己著名的股份。然后返回，在秀峰寺内过夜。

十六日——

恽敬去瞻云峰，迂回取道绕行过白鹤观。随即到了归宗寺，观赏了王羲之的墨池。王羲之在这里也有自己神韵。再往西去，探访栗里的陶渊明卧醉石，陶渊明也把自己的心灵留痕于此。卧醉石比屋子还高大，正对着涧水。途中寻访简寂观，但没有前去。返回，住宿在秀峰寺，遇见了一微头陀。

十七日——

恽敬见到吴兰雪带着廖雪鹭和小和尚朗园来，大声喧笑着，推门直入，未见其人，声音先扑面而来，变为受者的呼吸。

于是大家一起上黄岩峰，侧身踮着脚步越过文殊台，俯身欣赏瀑布飞流直下，一直望到看不见为止。

恽敬登门求访黄岩寺，踩着乱石去探寻瀑步的源头——瀑布的源头在一粒种子里，再迎着汉阳峰向上，到路行不通了才停下脚步。

重又返回宿于秀峰寺。吴兰雪去瞻云峰，而一微头陀去九江。这天夜里下起了大雨。算来在山中已经有了五天。

十八日——

恽敬早晨望瀑布，瀑布比下雨之前胖了一倍。为什么瀑布胖了？因为吃了雨的面条，吃得太多，一下子就增肥了很多。

出山五里左右，到了神林浦，望瀑布更为清楚。瀑布喜欢奔跑式立正。

山深沉沉，一派浓郁的深青色，岩谷就像用刀削过一般平直。

不一会儿，香炉峰下一缕白云袅袅上升，于是成团的白云熙熙攘攘互相衔接着出现；又一会儿，满山都见团团的云朵；再一会儿，云团互相汇合成为一体。它们能够独立，也能够融为一体，有团队精神。

山的半腰都被云围封住，而山腰以上和以下仍然是一色浓重的深青，这是恽敬生平所从未见到过的。

云，水之象征，为山之灵气外泄的结果。

所以恽敬对于这次游览所经过的地方，都只大体上记述一下，而他唯独对于云，特地记下它像这样变幻奇巧，足以悦人心性、散和情兴，以留给以后的感兴趣者。

我们看到恽敬游历庐山六天的过程，在路程上及登临的名胜古迹，只作大概叙述，简单明了；而在“云独记其诡变足以娱性逸情如是”上面，作为核心重点。

云与山一样，属于野生植物，有着自然的神性。

看山看水，无非对神性的浏览，就像去看自己的心灵一样。

恽敬简历

恽敬（1757～1817），字子居，号简堂，武进（今江苏常州市）人。乾隆四十八年（1783）举人，以教习官京师，历富阳、新喻、瑞金等县令，以廉声卓异，擢南昌府同知，改署吴城同知。为人负气，崇尚名节，被忌恨他的人诬告弹劾，以失察为由去官。恽敬致力于古文，其文章得力于韩非、李斯，与苏洵接近，风格较为自然奔放。与张惠言等创立“阳湖派”。

◎云中听歌漫步

——恽敬《游庐山后记》脚印踩在云上

有云雾的山，山在云雾里泡澡，真舒服，青山也有自己的享受，这就好像山挤出奶水的云雾，然后自己泡澡，庐山亦如此。

白鹿洞在庐山五老峰下。唐贞观中李渤与兄涉隐居读书于此，并畜一白鹿，因名。宋代为白鹿书院所在地。栗里在庐山西南部，东晋诗人陶渊明曾居于此。这是指恽敬前次《游庐山记》所游的地方。

而恽敬《游庐山后记》是对前一次纪游的延伸与拓展——

自白鹿洞西至栗里，皆在庐山之阳；闻其阴益旷奥，未至也。

四月庚申，以事赴德化。壬戌，侵晨，沿麓行。小食东林寺之三笑堂。循高贤堂，跨虎溪，却游西林寺，测香谷泉。出太平宫，漱宝石池。甲子，渡江览湓口形势。乙丑，返宿报国寺。大雨，溪谷皆溢焉。

丙寅，偕沙门无垢，篮舆曲折行涧中，即锦涧也。度石桥，为锦绣谷，名殊不佳；

得红兰数本，宜改为红兰谷。忽白云如野马，傍腋驰去；视前后人，在绡纨中。云过，道旁草木罗罗然，而涧声清越相和答。遂蹑半云亭，睨试心石，经“庐山高”石坊，石势秀伟不可状，其高峰皆浮天际。而云忽起足下，渐浮渐满，峰尽没。闻云中歌声，华婉动心，近在隔涧，不知为谁者。云散，则一石皆有一云缭之。忽峰顶有云飞下数百丈，如有人乘之行，散为千百，渐消至无一缕，盖须臾之间已如是。径天池口，至天池寺。寺有石池，水不竭。东出为聚仙亭、文殊岩。岩上俯视，石峰苍碧，自下矗立，云拥之，忽拥起至岩上，尽天地为绡纨色，五尺之外，无他物可见。已尽卷去，日融融然，乃复合为绡纨色，不可辨矣。返天池口，东至佛手岩，行沉云中，大风自后推排，云气吹为雨，洒衣袂。蹊坐升仙台，拊御碑亭，云益重。至半云亭，日仍融融然耳。无垢辞去，遂独过铁塔寺而归。

天池之云，又含鄱岭、神林浦之所未见。他日当赢数月粮居之，观其春秋朝夕之异，至山中所未至，亦得次第观览，以言纪焉，或有发前人所未言者，未可知也。

从白鹿洞往西到栗里，都在庐山的南面；听说它的北面更加宽旷神秘，恽敬没有去过。

四月庚申日，恽敬因为有事到德化。壬戌日，凌晨，沿着山脚前行。在东林寺的三笑堂吃了点东西。就沿着高贤堂，跨过虎溪，来游西林寺，到了香谷泉旁边。出了太平宫，在宝石池喝水。甲子日，过江一览湓口的形势。乙丑日，回来住宿在报国寺。天下大雨，溪谷的水都满了，那些水就像水涨船高之后的船，而原来的水就隐形起来。

丙寅日，带着叫无垢的小和尚，乘竹轿子在涧中曲折行走，这里叫做锦涧。度过石桥，叫做锦绣谷，这名字恽敬感觉不好；他认为这里出过几株红兰，应该改名叫红兰谷。忽然间白云好似野马一样快速，在腋边飘过去；看前后的行人，仿佛就在薄纱之中。白云过后，路旁的草木“罗罗”发响，清越的声音相互答和，这是自然的杰作，它们在用声音进行书法，声音把自己写成不同的痕迹。于是踏上半云亭，斜看试心石，经过“庐山高”石坊，石头的形势挺秀高拔无法描述，它们的高峰都飘浮在天际之中。云彩忽然从脚下升起，慢慢上浮慢慢弥漫，山峰被淹没掉。听到云中的歌声，华美婉转动人心弦，虽然就隔着一涧，但不知道唱歌的是谁。在这里唱歌，有情趣，有超越，有抒发。白云飘散，每一块大石都有一片云环绕。忽然峰顶有云从数百丈飞下，就如同有人驾着飞行，然后飘散为千百缕，慢慢消失至一丝都没有了，一会儿工夫就这样了。沿着天池口的路，到了天池寺。寺里有个石头池，池里的水从不枯竭。东边高处是聚仙亭、文殊岩。游客在岩上俯视，石峰苍翠碧绿，从下面向上矗立，白云环绕，忽然就飘到了岩上来，把天地变为都像是薄丝纱的颜色，五尺之外，看不见别的东西。白云都散尽时，日光和煦，天地又成了薄丝纱的颜色，无法分辨。返回到天池口，向东到了佛手岩，在浓云中行走，真正地做到了云中漫步。大风从身后推来，把云气吹成雨，淋在衣服上。踏上并小坐在升仙台，抚摩御碑亭，云气更加浓重。到了半云亭，太阳又暖和起来。无垢告辞而去，于是恽敬独自经过铁塔寺回去。

天池的云，又是恽敬在含鄱岭、神林浦所没有见到的。哪天应该带足了几个月的粮食来住，观察这里春秋、早晚的差异，到山里没有去过的地方，也可以一一观览，用文字记载下来，兴许有前人没有提到的，也不一定。这是当时恽敬的一个想法，不知他后来这么做了没有?

◎善于发掘景色的独特

——袁枚《峡江寺飞泉亭记》从主观上认识、适应客观世界

瀑布先生，瀑布天使，瀑布有性别。瀑布不穿衣服，就具有婴儿之美，瀑布面对人间，只正面亮相。瀑布一席不挂让人没有邪念。瀑布没有皮肤，站在那里，站成沸腾的积雪之美。

乾隆四十九年（1784），袁枚往广东肇庆探望弟弟袁树，途经峡江寺。峡江寺在广东清远县城北中宿峡后峡山上，南朝梁武帝时所建，初名正德寺。又传轩辕黄帝二庶子太禺与仲阳化为神人，将安徽舒城上元延祚寺在一个风雨夜，飞携之到此处，故又名飞来寺。寺后有飞泉亭。亭临水崖，疏槛面江，众木蓊郁，游人稀少。

袁枚游历后写《峡江寺飞泉亭记》——

余年来观瀑屡矣，至峡江寺而意难决舍，则飞泉一亭为之也。

凡人之情，其目悦，其体不适，势不能久留。天台之瀑，离寺百步，雁宕瀑旁无寺。他若匡庐，若罗浮，若青田之石门，瀑未尝不奇，而游者皆暴日中，踞危崖，不得从容以观，如倾盖交，虽欢易别。

唯粤东峡山，高不过里许，而磴级纡曲，古松张覆，骄阳不炙。过石桥，有三奇树鼎足立，忽至半空，凝结为一。凡树皆根合而枝分，此独根分而枝合，奇已。登山大半，飞瀑雷震，从空而下。瀑旁有室，即飞泉亭也。纵横丈馀，八窗明净，闭窗瀑闻，开窗瀑至。人可坐可卧，可箕踞，可偃仰，可放笔研，可瀹茗置饮，以人之逸，待水之劳，取九天银河，置几席间作玩。当时建此亭者，其仙乎!

僧澄波善弈，余命霞裳与之对枰。于是水声、棋声、松声、鸟声，参错并奏。顷

之又有曳杖声从云中来者，则老僧怀远抱诗集尺许来索余序。于是吟咏之声又复大作。天籁人籁，合同而化。不图观瀑之娱，一至于斯，亭之功大矣！

坐久，日落，不得已下山，宿带玉堂。正对南山，云树蓊郁，中隔长江，风帆往来，妙无一人肯泊岸来此寺者。僧告余曰："峡江寺俗名飞来寺。"余笑曰："寺何能飞？唯他日余之魂梦或飞来耳！"僧曰："无征不信。公爱之，何不记之！"余曰："诺。"已遂述数行，一以自存，一以与僧。

从文中看到，峡山飞泉没有什么奇特，难与天台、雁荡瀑布比肩。而袁枚通过自己的感受，从"游趣"出发，挖掘平淡中的奇异，舍瀑布而记亭：先写亭遮阴，得从客观瀑；接着写环境，以景衬托亭的幽雅；再写亭本身，"闭窗瀑闻，开窗瀑至"，可自由自在于亭内休憩赏玩，引出亭内下棋、吟诗悠闲容与。如是，逐一展示亭的好处。这样，全文通灵活透，把风景秀丽与游人心里结合在一起。袁枚意在：以逸待劳，以旁观态度欣赏风云变幻，而又愿把自己与天地同化，哲理丰富。

袁枚说——

我近年观看瀑布很多次，到峡江寺，心里很难舍弃它，其原因都是因为飞泉亭造成的。

属于人之常情的情况为，眼睛觉得悦目，而身体觉得不舒服，势必不能长久的停留。天台山瀑布，距离寺庙百步左右；雁宕山瀑布旁没有寺庙；其他就像庐山瀑布，如罗浮山瀑布，如浙江青田县石门山瀑布，瀑布并非不奇特，可游览者都在日中暴晒，蹲坐在危崖上，不能悠闲观看，就像路上认识的朋友，虽在一起很快乐但也容易分别。

袁枚强调——

只有广东东部的峡山，高不过一里多的距离，石砌台阶，曲折而上，古松张开树盖遮蔽，即使阳光火热，也不觉得晒。经过石桥，有三棵奇特之树，凡是树都根合在一起而枝叶分叉，唯独这三树根部分开而枝叶汇合在一起，真奇怪啊！

跟随袁枚登山，一路走过去——

登山走过的一半路，瀑布像大雷一样轰鸣飞泻，像空中倒一盆水一样完全倒下。瀑布旁有间屋子，此即飞泉亭。长宽有一丈多距离，它八扇窗户，都干净明亮。关上窗户，瀑布声响可以听得见，打开窗户瀑布就能看到。人们在亭中可坐，可躺卧，可伸开两腿坐，可仰面朝天躺，可放笔墨纸砚，可煮好茶放于亭中饮用。这么好的地方，当年建造此亭者大概是一个仙人吧！

袁枚认为——"以人之安逸，对待水之劳碌，把瀑布取来放在桌案几席上玩弄。"这是一般人想不到的。这个思想虽然奇异，但只是人的一个想法，反过来要这么想：山水自然，为了成全人而愿意委屈自己，让自己辛苦，反而说明山水伺候人的劳累奔波。

澄波法师擅长下棋，袁枚让学生霞裳和他对弈，于是，流水声、棋子声、松涛声、鸟鸣声，参差交错，交相辉映。不一会儿，又有拐杖拄地声，从山中传来，这是怀远老法师，抱着一尺来长的诗集，来求袁枚作序。于是吟诗的声音，又再次响亮响起。自然的声音和人的声音，融合在一起。没想到观赏瀑布而享受到的乐趣，竟到了这种境界！

袁枚把现场感很强的声音，织布一样织在一起，今天听起来，依旧新鲜。

飞泉亭的功劳可真的很大，袁枚肯定它，为它颁奖也应该。其实大自然最应该得到人的颁奖，没有大自然支持，人什么也干不成。

在亭子里，坐的时间一长，太阳下山，袁枚也不得已下山而去。歇宿在带玉堂，带玉堂正好面对南山。云雾中树木郁郁葱葱，南山与带玉堂中间隔着北江，江上航船来来往往，奇怪的是没有一个人愿意把船停泊靠岸来这个寺庙中。僧人们告诉袁枚："峡江寺俗称飞来寺。"袁枚笑着说："寺庙怎么能飞！只有哪一天我的灵魂梦境，也许会飞来吧。"僧人们说："没有凭证就不能使人相信。您既然喜爱这座寺，为什么不记载下来呢？"袁枚回答："好吧。"他当时已经写完了几行，一份用以自己保存，一份用以交给僧人们。

美国好莱坞有一部电影，讲一个会飞的屋子，人们感觉这电影很不错。我们的老祖宗，什么会飞的屋子这些，都早就玩过了，说领先，是有事实根据的。

袁枚简介

袁枚（1716 ~ 1797），清代诗人、散文家。字子才，号简斋，晚年自号仓山居士、随园主人、随园老人。汉族，钱塘（今浙江杭州）人。乾隆四年进士，历任溧水、江宁等县知县，有政绩，40 岁即告归。在江宁小仓山下筑随园，吟咏其中。广收诗弟子，女弟子尤众。袁枚是乾嘉时期代表诗人之一，与赵翼、蒋士铨合称"乾隆三大家"。

◎从游览中发现理与趣

——袁枚《游丹霞记》善于品味自然的启示

在广东韶关，方圆290平方公里的红色山群“色如渥丹，灿若明霞”（明末虔州巡抚李永茂词），故称丹霞山。相传，始祖女娲在此取水造人即成，在锦江采五色石补天而就，并卧于江畔，脱身成石。舜帝南巡曾在丹霞登山奏乐。隋唐以来成为岭南风景、佛教胜地，留下众多诗文游记、碑刻与摩崖。天然洞穴遍布全山，有几十处被开辟为道场，保存至今并已经修复一新的锦石崖石窟寺和别传禅寺香客游人，如云不绝。

丹霞山由红色沙砾岩构成，赤壁丹崖为其特色，丹霞山为世界上同类特殊地貌命名地和同类风景名山的典型代表。丹霞地貌发育始于第三纪晚期的喜马拉雅造山运动。

丹霞地貌属于红层地貌，所谓“红层”是指在中生代侏罗纪至新生代第三纪沉积形成的红色岩系，一般称为“红色砂砾岩”。丹霞地貌是上世纪三十年代以丹霞山为代表而命名的一类地貌类型。形成丹霞地貌的岩层是一种在内陆盆地沉积的红色屑岩，后来地壳抬升，岩石被流水切割侵蚀，山坡以崩塌过程为主而后退，保留下来的岩层就构成了红色山块。世界上丹霞地貌主要分布在中国、美国西部、中欧和澳大利亚等地，以我国分布最广，其中又以丹霞山面积最大，发育最典型、类型最齐全、形态最丰富、风景最优美。

丹霞山风景区可划分为上中下三层。上层景区有长老峰、海螺峰、宝珠峰，阳元山和阴元山。长老峰上建有一座两层的“御风亭”，属于观日出的好地方。在亭上可看到周围的僧帽峰、望郎归、蜡烛峰、玉女拦江、云海等胜景。海螺峰顶有“螺顶浮屠”，附近有许多相思树。下有海螺岩、大明岩、雪岩、晚秀岩、返照岩、草悬岩等岩洞。宝珠峰有虹桥拥翠、舵石朝曦、龙王泉等景点。阳元与阴元山，两山分别有男人和女人的生殖器官样的石头，但是山势峻峭，上去有些难度。中层景区以别传寺为主景，从这里到通天峡，两旁岩石像合掌一般，游人必须小心翼翼，手扶铁索，碎步而上。下层景区主要有锦岩洞天胜景。在天然岩洞内有观音殿，大雄宝殿，在洞中，还可看到马尾泉、鲤鱼跳龙门等风景。丹霞山下有一条清澈的锦江，环绕于峰林之间，游客可乘舟漫游，欣赏沿江两岸景色和摩崖石刻。

《仁化县志》载，唐末丹霞山曾有过佛教居士来游，但无营构。北宋崇宁间（1102～1106），法云居士自山麓攀援而上，见锦石岩竟然集雄奇秀美于一身，可以养静。于是聚集百余人到丹霞山下层的锦石岩开山建庵，并开始向中、上层经营。但大规模开发丹霞山，还是从李永茂、李充茂两兄弟开始。明崇祯十七年（1644）甲申之变，明灭，其遗臣江西虔州（今赣州）巡抚李永茂（字孝源，号嵩道人），忠愤填膺，耻事清朝，于清顺治二年（1645），离开赣州，越过梅岭，避乱来到丹霞山隐居。李永茂出金百余两，向仁化县汞生刘望夫、刘松涛兄弟买得丹霞山，将其先父安葬在丹霞山对岸的云石山南面，他带着弟弟充茂和两个儿子暨亲戚幕僚众人，劈除荆棘，修关门、凿石阶、架木梯、建房屋，隐居山内，侍奉母亲。同年冬，明唐王朱聿键复明失败，殉国。李永茂立即赶赴粤西，与总督尚书丁魁楚、兵部侍郎瞿式耜等，共立桂王朱由榔，建立南明政权，改年号为"永历"，进行反清复明。朱由榔拜他为文渊阁大学士，他以父丧固辞。后，专任进讲竺读，不参政务。不久，他看到南明王朝内派系林立、相互倾轧，自已不能力挽狂澜，江山难以收拾，在惘怅至极之下，写下了《忆丹霞山居》七律三首。李永茂的弟弟李充茂（字鉴湖），明朝的礼部主事，崇祯皇帝殉国后，即跟随哥哥一同隐居丹霞山，伺机反清复明。后见复明无望，即继承哥哥的遗志，锐意经营丹霞山，首先在山顶的云岩、雪岩及虹桥之下，筑墙多堵，以巩固岩沿基围。接着又开井引泉，构筑亭台。还买置芳坑洞田租三十石，施作六祖堂香火。经过他的努力开发，全山初具规模，原来不甚出名的丹霞山开始兴旺发达起来。清顺治八年，李充茂带领两个侄子扶先人灵棺北上河南邓州故乡安葬后，又独身一人返回丹霞山隐居。他曾到广州海幢寺拜天然和尚为师，削发出家，法名今地。顺治十八年他将丹霞山舍给师兄今释澹归，请澹归继续开发丹霞山。澹归即于康熙元年（1662）来丹霞山，刻意开辟道场。可以说，法云居士是锦石岩建庵之祖；李氏兄弟是丹霞山开山之祖；今释澹归是开辟丹霞山道场之祖。

乾隆四十九年（1784）暮春，袁枚到广东去看望任肇庆知府的弟弟袁树，专程去游览了仁化的丹霞山，写了这篇游记——

甲辰春暮，余至东粤，闻仁化有丹霞之胜，遂泊五马峰下，别买小舟，沿江往探。山皆突起平地，有横皴，无直理，一层至千万层，箍围不断。疑岭南近海多螺蚌，故峰形亦作螺纹耶？尤奇者，左窗相见，别矣，右窗又来；前舱相见，别矣，后舱又来。山追客耶，客恋山耶？舛午惝恍，不可思议。

行一日夜，至丹霞。但见绝壁无蹊径，唯山胁裂一缝如斜锯开。人侧身入，良久得路。攀铁索升，别一天地。借松根作坡级，天然高下，绝下滑履；无级处则凿崖石而为之，细数得三百级。到阑天门最隘，仅容一客，上横铁板为启闭，一夫持矛，鸟飞不上。山上殿宇甚固甚宏阔，凿崖作沟，引水僧厨，甚巧。有僧塔在悬崖下，崖张高幂吞覆之。其前群岭环拱，如万国侯伯执玉帛来朝，间有豪牛丑犀，犁靬幻人，鸱张蛮舞者。

余宿静观楼。山千仞衔窗而立，压人魂魄，梦亦觉重。山腹陷进数丈，珠泉滴空，枕席间琮琤不断。池多文鱼在泳游。余置笔砚坐片时，不知有世，不知有家，亦不知此是何所。

次日，循原路下如理旧书愈觉味得。立高处望自家来踪，从江口到此，蛇蟠蚓屈，纵横无穷，约百里而遥。倘用郑康成虚空鸟道之说，拉直线行，则五马峰至丹霞，片刻可到。始知造物者故意顿挫作态，文章非曲不为功也。第俯视太陡，不能无悸，乃坐石磴而移足焉。

僧问丹霞较罗浮何如，余曰：罗浮散漫，得一佳处不偿劳，丹霞以遒警胜矣。又问："无古碑何也？"曰：雁宕开自南宋，故无唐人题名；黄山开自前明，故无宋人题名；丹霞为国初所开，故并明碑无有。大抵禹迹至今四千馀年，名山大川，尚有屯蒙未辟者，如黄河之源，元始探得，此其证也。然即此以观，山尚如此，愈知圣人经义更无津涯。若因前贤偶施疏解，而遽欲矜矜然阑禁后人，不许再参一说者，陋矣妄矣，殆不然矣。

文章从去丹霞山路上写起，描述水道萦回在群山之中的迷离景况，为写丹霞山的奇险作为铺垫。

正式写丹霞时，使用细笔，渐渐写入，先通过正面描述，又通过梦"亦觉重"加以深化，最后又津津有味地写从原路下山时的心情，眼、耳及思想多方面的反射与全方位介绍的结合，使丹霞山给读者留下了强烈的印象。

袁枚的文章喜欢以议论作结，这篇文章末尾由游山的心得推广到读书上，指出名山大川被发现有早有晚，埋没的一定很多；知识无穷尽，未被探索理解的也很多，因此不能局限于前人之见，为其所囿，要勇于开拓。这一点，在现代社会仍然很有意义。

文章告诉读者，任何事物在不同情况下，对不同的人都有不同的启迪作用；就游览山水来说，应该善于品味大自然的启示，从游览中发现理与趣。

袁枚简介

袁枚（1716 ~ 1798），清代诗人。字子才，号简斋、随园老人，浙江钱塘（今杭州）人。乾隆年间（1736 ~ 1796）进士，曾任江宁等地知县，辞官后侨居江宁，筑园林于小仓山，号随园。论诗主张抒写性情，创"性灵"说，对儒家"诗教"表示不满。部分诗篇对汉儒和程朱理学进行抨击，并称"《六经》尽糟粕"。

◎瀑布挂在文章里

——袁枚《大龙湫》耳目不亲历，不可主观想象

袁枚也在大龙湫玩过，写了一篇《大龙湫》——

后十日，至雁荡之大龙湫。未到三里外，一匹练从天下，恰无声响。及前谛视，则二十丈以上是瀑，二十丈以下非瀑也，尽化为烟，为雾，为轻绡，为玉尘，为珠屑，为琉璃丝，为杨白花。既坠矣，又似上升；既疏矣，又似密织。风来摇之，飘散无着；日光照之，五色佚丽。或远立而濡其首，或逼视而衣无沾。其故由于落处太高，崖腹中洼，绝无凭藉，不得不随风作幻，又少所抵触，不能助威扬声，较石梁绝不相似。大抵石梁武，龙湫文；石梁喧，龙湫静；石梁急，龙湫缓；石梁冲荡无前，龙湫如往而复；此其所以异也。

初观石梁时，以为瀑状不过尔尔，龙湫可以不到；及至此而后知耳目所未及者，不可以臆测也。

袁枚玩到第十天，到了雁荡山的大龙湫。还没有到大龙湫，在三里以外的地方，就看到电影幕布一样，好像有一幅白绢从天上飘落下来，却没有什么响声真的就像“疑是银河落九天”。

直至到了它的面前仔细观看，才发现20丈以上是瀑布，20丈以下就不是瀑布，全都变成了烟，变成了雾，变成了轻软的生丝，变成了白玉的尘埃，变成了珍珠的粉末，变成了琉璃丝，变成了杨树的白色花絮。

已经坠落下来，又好像在向上回升，如同灵魂的过程一样；已经稀疏松散，又好像密密交织在一起。

风吹过来摇动它，就随风飘扬散落，好像没有着落；太阳光照着它，各种颜色都映射出来，光艳美丽。

有人远远站着观看，他的头发却全沾湿了；有人靠近观赏，可他的衣裳一点儿也没有沾湿。产生这种现象的原因在于瀑布的落点太高，山崖腹地中间凹陷进去，完全没有什么依靠，瀑布不得不随着吹来的风兴起各种奇异的变化；又由于它落下来很少有什么接触撞击空间，不能为它助长威势、激扬声响：这些和石梁瀑布比较，一点儿也不相像。

二者比较一下——

一、石梁瀑布威武，大龙湫瀑布文雅；

二、石梁瀑布喧闹，大龙湫瀑布幽静；

三、石梁瀑布湍急，大龙湫瀑布徐缓；

四、石梁瀑布冲撞激荡，一往无前，大龙湫瀑布好像去了却又回来，盘旋悠荡。

这就是它们不同的原因。不同的瀑布，有不同的性格、不同的脾气、不同的身体、不同的环境。

起初观赏石梁瀑布时，认为瀑布的样子、情况不过如此，大龙湫可以不去；等到来到了这里以后，才知道耳朵、眼睛没有听到、看到的景物，不可以凭主观想象来推测。

就算同一个瀑布，耳中瀑布与眼中瀑布要缝制在一起，才能缝为一个瀑布。

◎黄山的性情课

——袁枚《游黄山记》云雾变化胜过魔术雕虫小技

很多人能够成为山水的肝胆与心。黄山为天下名山之一，很多背包客看过，也是很多背包客想去的地方。黄山为造化之神秀，天地之神设。奇美，超过人的想象力。这一次，我们来跟着袁枚走一趟黄山——

癸卯四月二日，余游白岳毕，遂浴黄山之汤泉、泉甘且冽，在悬崖之下。夕宿慈光寺。

次早，僧告曰："从此山径仄险，虽兜笼不能容。公步行良苦，幸有土人惯负客者，号海马，可用也。"引五六壮佼者来，俱手数丈布。余自笑羸老乃复作襁褓儿耶？初犹自强，至惫甚，乃缚跨其背。于是且步且负各半。行至云巢，路绝矣，蹑木梯而上，万峰刺天，慈光寺已落釜底。是夕至文殊院宿焉。

天雨寒甚，端午犹披重裘拥火。云走入夺舍，顷刻混沌，两人坐，辨声而已。散后，步至立雪台，有古松根生于东，身仆于西，头向于南，穿入石中，裂出石外。石似活，似中空，故能伏匿其中，而与之相化。又似畏天，不敢上长，大十围，高无二尺也。他松类是者多，不可胜记。晚，云气更清，诸峰如儿孙俯伏。

次日，从台左折而下，过百步云梯，路又绝矣。忽见一石如大鳌鱼，张其口。不得已走入鱼口中，穿腹出背，别是一天。登丹台，上光明顶，与莲花、天都二峰为三鼎足，高相峙。天风撼人，不可立。晚至狮林寺宿矣。趁日未落，登始信峰。峰有三，远望两峰尖峙，逼视之，尚有一峰隐身落后。峰高且险，下临无底之溪，余立其巅，垂趾二分在外。僧惧挽之。余笑谓："坠亦无妨。"问："何也？"曰："溪无底，则人坠当亦无底，飘飘然知泊何所？纵有底，亦须许久方到，尽可须臾求活。"僧人笑。

次日，登大小清凉台。台下峰如笔，如矢，如笋，如竹林，如刀戟，如船上桅，又如天帝戏将武库兵仗布散地上。食顷，有白练绕树。僧喜告曰：“此云铺海也。”初蒙蒙然，镕银散绵，良久浑成一片。青山群露角尖，类大盘凝脂中有笋脯矗现状。俄而离散，则万峰簇簇，仍还原形。余坐松顶苦日炙，忽有片云起为荫遮，方知云有高下，迥非一族。

初九日，从天柱峰后转下，过白沙矼，至云谷，家人以肩舆相迎。计步行五十馀里，入山凡七日。

癸卯四月二日，袁枚游览了白岳峰后，就沐浴于黄山的温泉。泉水甜美清冽，位置在悬崖下面。晚上他在慈光寺住宿。

第二天早上，和尚告诉他：“游览黄山从这里开始，山路就极其狭窄危险，连兜笼那么小的东西也容不下。你自己步行的话会很辛苦，幸亏当地有背惯了游客的人，称他们这一份工作和职业身份为‘海马’，可以雇佣他们。”

海马——其实他们就像今天的苦力，与重庆的棒棒有点类似，也属于搬运工中很特殊的搬运，他们在危险的山间道路上，搬运的不是货物而是人本身。

和尚便领了五六个健壮的人来，他们一个团队，人人手里拿着几丈布。袁枚看到他们手里的布，自觉好笑，他心里想到——他们手里的布是用来把人缚在这些海马身上，海马就可以背着人走。难道我这瘦弱的老人又重新做襁褓中的婴儿了吗？我还是很给力的，我还是能够走的……

袁枚想了，也行走，是兔子是蜗牛，就把自己拿出来遛遛，进行一下测试，只有烈火里才会见真金。开始时他还想强撑着自己走，等到疲劳不堪时，就绑缚在“海马”的背上，这样一半自己走一半靠人背着攀登。海马其实就是背客，背人在山上险阻处行走。

走到云巢路断时，路自动消失，突然道路消失的地方，道路又以另外的面孔出现——只有踩着木梯子上去——木梯，道路起立，站了起来。到了上面，只见万座山峰直刺苍穹，慈光寺已经落在锅底，好似一粒锅底的芝麻，又好像锅底的补丁。当晚到达文殊院，住了下来。

天下着雨，非常冷，正午还要穿着厚皮衣烤火取暖。这就证明了那句——高处不胜寒。云气直扑进屋，像要把房子夺去，一会儿工夫，屋内一片云雾迷蒙，人就裹在云雾里，好似在棉花糖里一样。两人对面坐着仅能听到声音，可见能见度很差。云气散后，步行到立雪台，台上有一棵古松，根生长在东面，树干倒向西面，树冠朝着南方，穿进山石中，又穿裂山石生长出来，山石像活的一样，似乎中间是空的，所以树干能藏身其中，而和山石合为一体。又像害怕天公而不敢向上生长——万物与人一样，都有天命，天命不可违——树干有十围粗，高度却不到二尺。其他松树像这样的情形者很多，无法一一加以描述。到了晚上，云气就更加稀薄，周围的山峰像儿孙拜见长辈一样俯伏着，有趣、有情、有礼。

第二天，从立雪台左侧转弯走下来，经过百步云梯，路又断了，道路断了的地方往往有一个新的开始。就在这时候，袁枚忽然见一块石头像大鳌鱼，张着巨口，不得已只好走进鱼口中，穿过鱼腹从鱼背上出来，这说明——只有进去，才能出来，很多时候，要做到能进能出，出来以后，看到的又是一番天地。袁枚登上丹台，爬上光明顶，看到它和莲花、天都两座山峰，像鼎的三条腿一样高高地相互对峙，高处的天风吹得人站立不住。

袁枚计划，晚上到达狮林寺住宿。他的盘算可行而且能够实现。趁太阳未落，他又登上始信峰。始信峰有三座山峰，远看好像只有两座山峰相对耸立，近前看才见另一座山峰躲在它们身后，就像故意躲着玩似的。始信峰站在那里，看上去一目了然，它既高又险，下面就是深不见底的溪谷。袁枚站在山顶，脚趾都露出二分在悬崖外边。和尚担心，用手拉住他。袁枚没有恐高症，所以能靠这么近而十分坦然。袁枚笑着对和尚说："掉下去也不要紧。"和尚对此感到奇怪，问道："为什么？"袁枚回答："溪谷没有底，那么人掉下去也就没有底，飘飘荡荡往下掉，谁知道飘到哪里去？即使有底，也要很久才能到，完全可以在一段时间内找到活的办法。"和尚听了这睿智的油嘴滑舌腔调，就笑了起来。

第二天，攀登大小清凉台，台下的峰峦，放眼四望，它们各有形状——像笔，似箭，如笋，好像竹林，仿佛刀枪剑戟一般，恰似船上的桅杆，又像天帝开玩笑把武器库中的武器仪仗全散落在地上。看上去，很多比喻都不够用，因为山峰众多，各有其态。

在这里极目四望，大约有一顿饭的工夫，像有一匹白绢飘过来缠绕着树木，僧人高兴地告诉袁枚："这就是我们常常说的云铺海景观。"云铺海开始时就像朦胧诗一样朦朦胧胧，仿佛熔化的白银似的，如同散开的棉团悠闲，过了很久，就浑然成了一片。青山全都露出一点角尖，那样子就像一大盘白油脂中有很多笋尖竖立的样子，一会儿云气散去，只见万座山峰聚集耸立，又都恢复了原貌，刚才就像它们洗了一个蒸气浴。袁枚坐在松顶，苦于太阳晒得厉害，忽然起了一片云彩为他遮蔽，才知道云彩也有高下的区别，不全都一模一样。

初九日，袁枚从天柱峰转道下来，过白沙矼，到达云谷，家里的佣人们用轿子迎接他，这次共计步行五十多里路，进山一共七天。

古代游山玩水，也要有钱才行。光有钱，也不行，傻子有钱，如果不会欣赏与领悟，那么简直就是侮辱自己，不懂就不知其妙处，不会与山水心灵沟通，不会懂得珍惜山水。

做背包客，可以不需要很多钱，但还是要一点小钱铺路。不为别的，就像上山的道路险阻，靠背客背上去。山要养活他们，他们靠山吃饭，靠汗水环保低吃饭尚可。所以，在一个地方，花一点小钱，方便了自己，也为别人提供了就业与谋生的机会。但是现在，背包客很感叹——在无数的所谓风景名胜，敲诈游客的小商贩，以劣质小商品设局谋财，可见人心不古，没有什么心灵，就在山水面前，公然行骗，已经没有什么惭愧之意了。

◎山川之美的远近

——刘大櫆《游三游洞记》行与心

刘大櫆对山水的感慨，联系到了自我的具体情况。有的人写游记，泛泛而谈，不着边际，反而觉得不甚亲切，自己融进去，更有说服力。其《游三游洞记》可谓例证——

出夷陵州治，西北陆行二十里，濒大江之左，所谓下牢之关也。路狭不可行，舍舆登舟。舟行里许，闻水声汤汤，出于两崖之间。复舍舟登陆，循仄径曲折以上。穷山之巅，则又自上缒危滑以下。其下地渐平，有大石覆压当道，乃伛俯径石腹以出。出则豁然平旷，而石洞穹起，高六十馀尺，广可十二丈。二石柱屹立其口，分为三门，如三楹之室焉。

中室如堂，右室如厨，左室如别馆。其中一石，乳而下垂，扣之，其声如钟。而左室外小石突立正方，扣之如磬。其地石杂以土，撞之则逄逄然鼓音。背有石如床，可坐，予与二三子浩歌其间，其声轰然，如钟磬助之响者。下视深溪，水声泠然出地底。溪之外翠壁千寻，其下有径，薪采者负薪行歌，缕缕不绝焉。

昔白乐天自江州司马徙为忠州刺史，而元微之适自通州将北还，乐天携其弟知退，与微之会于夷陵，饮酒欢甚，留连不忍别去，因共游此洞，洞以此三人得名。其后欧阳永叔暨黄鲁直二公皆以摈斥流离，相继而履其地，或为诗文以纪之。予自顾而嘻，谁摈斥予乎？谁使予之流离而至于此乎？偕予而来者，学使陈公之子曰伯思、仲思。予非陈公，虽欲至此无由，而陈公以守其官未能至，然则其至也，其又有幸有不幸邪？

夫乐天、微之辈，世俗之所谓伟人，能赫然取名位于一时，故凡其足迹所经，皆有以传于后世，而地得因人以显。若予者，虽其穷幽陟险，与虫鸟之适去适来何异？虽然，山川之胜，使其生于通都大邑，则好游者踵相接也；顾乃置之于荒遐僻陋之区，美好不外见，而人亦无以亲炙其光。呜呼！此岂一人之不幸也哉！”

我们跟随刘大櫆，看字里行间的地理与心灵风景。看到此文是刘大櫆游览三游洞后所描绘的三游洞美景，追忆了唐宋时期多位诗人来此游览的情景，然后由历史人物联想到作者自己被贬的际遇，表达出郁郁不得志的刘大櫆所抒发的感慨。

刘大櫆的三游洞之行与心，历程为——

他根据自己走过的路线，大致介绍一个路线图——从夷陵州的州府出发，向西北方向走陆路 20 里，靠近江的南岸，就是人们所说的下牢关。下牢关在今宜昌市西北。路很窄，走不了，便下车上船。

坐船走了一里左右很短的距离，听见两崖之间传出“汤汤”的流水声流淌出的乐泉。于是又下船走陆路，顺着窄窄的小路曲折上山，直至山顶之上，就又从上面用绳子从高处滑下来。下面的土地呈现渐渐平整的趋势，有一块大石头挡在路中间，便弯着腰从石头下面过去。一出去便见到开阔的平地，有一个石洞隆起，其空间高 60 尺多，宽约 12 丈。两根石柱屹立在洞口，把洞口分为 3 个门，就像 3 室的房子一样，这与佛教的三重门有一些类似。

中室与客厅一样，右室仿佛厨房一般，左室如同别馆似的。洞中有一块下垂的钟乳石，敲它就会发出像钟声一样的声音。左室外有一块小石突出，形状规则，敲它就会发出像磬声一样的声音。这地方还有些石头杂着土，撞它就会发出“逢逢”鼓音般的声音。后面还有一块石头像床，可以坐。刘大櫆与两三个朋友在洞内大声放歌，声音轰响，就像是钟磬等乐器加大了他们的音量。向下看有一条深溪，水声清越，就像是从地底传出来一样。深溪两岸，高达千寻的山壁站在那里值班永不离开，下面还有小路，山中樵夫背着柴边走边唱，歌声缕缕不绝于耳，那些山歌肯定是大山的一种营养。

刘大櫆想到这里——以前白乐天（即白居易）从江州司马升为忠州刺史，他的好友元微之（元稹）恰好从通州将回北方，乐天携同弟弟知退，和元稹在夷陵相会，喝酒喝得十分高兴，留连忘返不忍离去，所以一起来此洞游玩，洞因为这三人而得名；所以啊，自然用人来命名，人有自然的属性。后来，欧阳永叔（欧阳修）及黄鲁直（黄庭坚）两个人都因为被排斥贬官，相继来到此洞来玩，有的还写了诗文来记这件事。刘大櫆想到自己，不禁笑了起来，他心里如是想到——是谁排斥我吗？是谁把我贬到这里的呢？和我一起来游玩的，有学使陈公的儿子伯思、仲思。我不是陈公，即使想来这里，也没有上面说的那些原因，而陈公因为公务不能一起来。但是就算他来此，到底是有幸还是不幸呢？

刘大櫆有了很多感慨——像白乐天、元微之这样的人就是世俗所说的高人，地位显赫，名重一时，所以凡是他们足迹经过的地方，都流传后世，而且那个地方也因为那些人而出名。

刘大櫆继续感慨——像我这样的人，即使走遍幽奇险峻的山水，和虫儿鸟儿来来去去又有什么不同呢？山川之美，如果是在交通方便的大城市，那么喜好游玩的人就会争先恐后地去游玩。然而把它放在荒远偏僻的地方，美好的风景就不能显现出来，人们也就不能亲自前来领略它的美好风光。唉，这哪里是一个人的不幸呢？

背包客觉悟到——

的确如此，山川之美在遥远处，无人领略，人无力到达的地方太多。在人心里，有神的风景，但是人，确没有到达那里去欣赏。人啊，为什么最近的心灵就在自己身上，就成了遥远的风景，无福享受。在今天，集体旅游的行动越来越多，节假日，人们成堆踩得风景喘不过起来，几十万人看同一朵花，目光里面的毒素足够可以淹死花朵。山水的压力空前，游人扎堆，山水也喘不过起来。山水也会疯狂，也会被人逼疯。

刘大櫆简介

刘大櫆(1698～1779)，清代散文家。字才甫，一字耕南，号海峰，安徽桐城人。副贡，官黟县教谕。提倡古文，师事方苞，为姚鼐所推崇，是“桐城派”重要作家。论文强调“义理、书卷、经济”，要求作品能阐发程朱理学，同时在艺术形式上模仿古人之“神气”、“音节”、“字句”。所作散文，多宣扬儒家思想，很局限。

◎泉水会回家吗

——王昶《游珍珠泉记》珍珠展览

珍珠泉在今山东济南市。泉水上腾，散如珍珠错落，如同佛珠，世上的露珠皆为舍利子，而喷泉散发的珠子亦有佛性。故名。王昶在清朝的时候，在这里玩过，还有文章包裹了珍珠泉，好似糖纸包裹一粒糖。

而那些跑出地面来玩的泉水，还会回去吗？一旦回去，回去的家还是原来的模样吗？

从王昶的《游珍珠泉记》就可知道泉水要去哪里——

济南府治，为济水所经。济性洑而流，抵巇则辄喷涌以上。人斩木剡其首，杙诸土，才三四寸许，拔而起之，随得泉。泉莹然至清，盖地皆沙也，以故不为泥所汩。然未有若珍珠泉之奇。

泉在巡抚署廨前，甃为池，方亩许，周以石栏。依栏瞩之，泉从沙际出，忽聚，忽散，忽断，忽续，忽急，忽缓，日映之，大者为珠，小者为玑，皆自底以达于面，瑟瑟然，累累然。《亢仓子》云:“蜕地之谓水，蜕水之谓气，蜕气之谓虚。”观于兹泉也，信。是日雨新霁，偕门人吴琦、杨怀栋游焉，移晷乃去。济南泉得名者凡十有四，兹泉盖称最云。

济南素有“泉城”之称，所以王昶首先对济南多清泉的原因做了简要考释。在本文结构上既点明珍珠泉所在，介绍济南城特点，同时又说明珍珠泉清的缘由，突出珍珠泉的优越。然后转入描述珍珠泉，而集中表现其所以为“珍珠”奇景，并引证以解释泉珠聚散的内因。精短有趣，颇有柳宗元山水之风。

还是请原版的背包客王昶为我们做一番介绍——

济南府城，为济水流经之所。济水的水性是潜在地下流动，擅长必要的潜伏，遇到地面的空隙，就把握机会，立刻喷涌出地面。只要人们砍一根树枝，削尖枝头，插进地里，插下三四寸很浅的深度，把树枝拔起，那么跟着就会有泉水涌出来。这很好玩，而且看到的这泉水亮晶晶，很清澈，因为地面都是沙土，所以泉水不和泥土搅浑。可是当地所有的泉水，都及不上“珍珠泉”的奇妙之处。

珍珠泉就在巡抚衙门前面，用砖砌成的池子，大约是正方形形态，占地面积为一亩，它的四周用石栏围着。看泉者靠在石栏上，去看泉水，只见泉水从沙土里涌出，忽儿合拢忽儿分散，忽儿中断忽儿又连接，忽儿急忽儿慢。多么像一个很好玩的孩子。日光照在泉上，大的水珠像大珍珠，小的水珠像小珍珠，颗颗都从水底直冒上水面，碧绿透亮，一串接一串。我们根据《亢仓子》上权威之言：“自地里钻出来的是水，从水里腾出来的是气，从气里化出来的就成了空虚。”就算权威，书上之言不一定对，实践是检验真理的唯一标准，看了这珍珠泉，能相信这句话说得对。

来玩的这一天正当雨后初晴，王昶和他的学生吴琦、杨环栋在这里游览，停留了很久才离去。济南的泉水有名称的共 14 处，这珍珠泉是其中最有名的。

研究泉水的背包客知道——泉水有多种，喷泉属于激情型。它喷出地面，站立起来，好像从泥土里长出的庄稼。就算同一个喷泉，不同的人看它，会欣赏到不同的效果，有的人认为，喷泉就好像刚刚从大地深处的浴池洗澡，站出来，连衣服都没来得及穿，其衣服脱在泥土里流淌成泥土深处的大海，隐居流动的大海。

王昶简介

王昶（1725 ~ 1806），字德浦，号述庵，又号兰泉，江苏青浦（今属上海市）人。乾隆十九年（1754）进士，授内阁中书，充军机章京，三迁刑部郎中。坐罪夺职，从阿桂至云南军营效力。以功任吏部员外郎，累迁至刑部右侍郎。后因年老辞官。王昶通经，工诗词，善古文辞，好金石之学。

◎喜欢借债远游

——魏禧《吾庐记》漂游者归来

漂泊归来，有个容身之所，就很安心。有的人外出游玩，借钱玩耍，未尝不可，但不要给自己带来借钱玩耍的负面效果。《吾庐记》就讲了一个借钱旅游的背包客，其借钱远游，没有什么负面效果——

季子礼，既倦于游，南极琼海，北抵燕，于是作屋于勺庭之左肩，曰："此真吾庐矣！"名曰吾庐。

庐于翠微址最高，群山宫之，平畴崇田，参错其下，目之所周，大约数十里，故视勺庭为胜焉。

于是高下其径，折而三之。松鸣于屋上，桃、李、梅、梨、梧桐、桂、辛夷之华，荫于径下，架曲直之木为槛，垩以蜃灰，光耀林木。

客曰："斗绝之山，取蔽风雨足矣。季子举债而饰之，非也。"或曰："其少衰乎？其将怀安也。"

方季子之南游也，驱车瘴疠之乡，蹈不测之波，去朋友，独身无所事事，而之琼海。至则飓风夜发屋，卧星露之下。兵变者再，索人而杀之，金铁鸣于堂户，尸交于衢，流血沟渎。客或以闻诸家，家人忧恐泣下，余谈笑饮食自若也。及其北游山东，方大饥，饥民十百为群，煮人肉而食。千里之地，草绝根，树无青皮。家人闻之，益忧恐，而季子竟至燕。

客有让余者曰："子之兄弟一身矣，又唯子言之从。今季子好举债游，往往无故冲危难，冒险阻，而子不禁，何也？"余笑曰："吾固知季子之无死也。吾之视季子之举债冒险危而游，与举债而饰其庐，一也。且夫人各以得行其志为适。终身守闺门之内，选耎趑趄，盖井而观，腰舟而渡，遇三尺之沟，则色变不敢跳越，若是者，吾不强之适江湖。好极山川之奇，求朋友，揽风土之变，视客死如家，死乱如死病，江湖之死如衽席，若是者，吾不强使守其家。孔子曰：'志士不忘在沟壑。'夫若是者，吾所不能而子弟能之，其志且乐为之，而吾何暇禁？"

季子为余言，渡海时舟中人眩怖不敢起，独起视海中月，作《乘月渡海歌》一首。兵变，阖而坐，作《海南道中诗》三十首。余乃笑吾幸不忧恐泣下也。

庐既成，易堂诸子，自伯兄而下皆有诗，四方之士闻者，咸以诗来会，而余为之记。

季子魏礼，已经对四方飘游的生活感到厌倦：他曾经南面直到海南岛，北面到河北一带，于是筑屋于勺庭的左角，说："这才真是我安身的地方！"便名为"吾庐"。

吾庐的位置在翠微峰上位置最高，群山围绕着它，高高低低的田地，交错其下，极目四望，大约有几十里，所以要比勺庭幽美。

他又顺应地势，自己造句一样把一条小路造出来，这是原创，运用一波三折的手法，将小径折成三段。松声迎风鸣于屋上，桃、李、梅、梨、梧桐、桂、辛夷这些花叶，掩映于径下，用曲直不一的木条做成栏杆，涂上了蚌壳灰，它的光泽便闪烁在林木之间。

有人如是说过："筑屋于陡峭的山上，只要能遮蔽风雨就够了，季子却借债来布置，实在不值得。"也有人说："大概季子的意志有些衰颓了吧，因而想过过安逸的生活。"其实借钱盖房子，很多人都实践过，没有什么不妥的，但是房奴都在借钱借一生住房子，这就不大好了。

当季子南游时，车子奔驰在瘴气郁结的异乡，其实车辆为另一种漂泊的船。身冒不测的风险，远离朋友，独个儿无所作为，就此前往海南岛。到了那里，一夜之间大海风便将房屋吹毁，只得躺在露天之下。又碰到两次兵变，老百姓被乱兵搜寻到就遭杀害，刀剑之声响彻门庭，尸体堆积在大街上，鲜血流注于沟道。有的人把消息告诉家里，家里人吓得哭了起来，他却像平日一样谈笑吃喝。后来他又北游山东，恰巧逢到大荒年，灾民成群结队，煮人肉充饥。千里之内，连草根树皮都已食尽了，家里人听到后，更加害怕，可是季子竟然还能到达河北。

有人责备魏禧说："您和季子是同胞兄弟，他又事事都听您的话，现在季子喜欢借债远游，常常受到意外的灾难，您为什么不加阻止？"魏禧笑着说："我原知季子是不会死的呀！我看季子的借债冒险而远游，和他的借债布置屋子是一样道理；而且人都以能实现自己志愿为舒畅。如果他只想毕生终老于内室之中，连走一步路也瞻前顾后、似进非进，盖上井盖才敢看井，系着腰舟才肯渡水，一见三尺宽的沟，立即大惊失色不敢跳越，如果是这样的人，我决不会强使他到江湖之上。反之，如果性喜纵情于奇山异水，寻访良朋好友，吸取各地不同的风土人情，把死在外地看作死在家里，死在变乱中看作死于疾病，死在江湖间看作死在床席上一样，如果是这样的人，我决不会强使他坐守在家里。孔子也说过：'有志气的人是连死在山沟里也毫不顾虑的。'类似这样的行动，我自己虽然做不到而子弟们却能做到，并且正是出于他们的志趣乐于做去，我连赞成都来不及怎么还能阻止呢？"

季子还对魏禧说过：渡海时同船的人都被风浪颠簸得头晕心惊不敢起床，唯有他起而赏览海上月色，还作了一首《乘月渡海歌》。兵变时，他也镇定地闭门而坐，作了三十首《海南道中诗》。魏禧听了，便暗笑自己幸亏没有像家里人那样吓得哭泣。

吾庐筑成后，易堂的各位人士，从魏禧大哥以下都写诗纪念，各地文士得知后，也都以诗篇来聚会，魏禧就写了这篇《吾庐记》。

◎借山水“夸夸其谈”一番

——方苞《游雁荡记》游后酿风景为酒

乾隆八年（1743）秋，方苞78岁，因老病获假回乡疗养，乘往浙东求医之便，游天姥、雁荡。写下《游雁荡记》——

癸亥仲秋，望前一日入雁山，越二日而反。古迹多榛芜关不可登探，而山容壁色，则前此目见者所未有也。鲍甥孔巡曰：“盍记之？”余曰：“兹山不可记也。永、柳诸山，乃荒陬中一邱一壑，子厚谪居，幽寻以送日月，故曲尽其形容。若兹山，则浙东西山海所蟠结，幽奇险峭，殊形诡状者，实大且多，欲雕绘而求其肖似，则山容壁色乃号为名山者之所同，无以别其为兹山之岩壑也。”

而余之独得于兹山者，则有二焉。前此所见，如皖桐之浮山、金陵之摄山、临安之飞来峰，其崖洞非不秀美也，而愚僧多凿为仙佛之貌相，俗士自镌名字及其诗辞，如疮痏瘢然而入人目。而兹山独完其太古之容色以至于今，盖壁立千仞，不可攀援，又所处僻远，富贵有力者无因而至，即至亦不能久留，构架鸠工以自标揭，所以终不辱于愚僧俗士之剥凿也。又，凡山川之明媚者，能使游者欣然而乐，而兹山岩深壁削，仰而观俯而视者，严恭静正之心，不觉其自动，盖至此则万感绝，百虑冥，而吾之本心乃与天地之精神一相接焉。

察于此二者，则修士守身涉世之学，圣贤成己成物之道，俱可得而见矣。

方苞游后有杂感，他并不描写名胜古迹，而借雁荡议论、谈道学。所以先贬薄柳宗元游记内容琐碎而无聊，实际上这只是站在其个人喜好上说的，历史与时间证明，柳宗元要比他牛。

方苞指出雁荡山“实大且多”，不能雕绘外形而求其肖似，而应当着眼于其整体内在精神。把游山乐趣引向哲理，体现“天下物皆可以理照”的理学原则。得出两点体会：一为雁荡山得以保全本色的原因在于“壁立千仞”和“所处僻远”，因而避免其他秀美名山所受愚僧俗士的污损；二是雁荡山“岩深壁削”，令人肃然恭正，杂念俱消，与天地精神融合一体，不像一般山水动人游兴。其所谈论即“万物皆备于我”、

“无人欲即是天理”的理学基本观点。方苞此文思想上无多可取，写作上颇有特色，结构简洁，文字老练，说理清楚，比喻得当，抓住雁荡宏观特点，对比论说得较为入理，只能从表现理趣的角度欣赏。

背包客，且看方苞如何借山水“夸夸其谈”一番——

癸亥年中秋节前一天，游雁荡，游玩了两天才回来。山中古迹大多已荒芜，被丛生草木掩盖不能探寻访游。而雁荡山山峰姿态、峭壁风光与我从前去过之处完全不同。我的外甥鲍孔巡提议：“您何不写篇游记？”我答曰：“此山不可记啊。永州、柳州之山，不过是荒芜地方小山沟而已，柳宗元贬官居永、柳，以寻幽探胜来打发日子，所以才用尽篇章辞藻来形容。而雁荡山则盘曲在浙江东南海隅，幽深奇峻，峭拔险怪，奇形怪状的山峰，不仅高而且多。如定要以词句来形容雁荡，则只能将雁荡风光形容得与其他名山相类，而不能将它的独特之处显现出来。”

而方苞以为雁荡的独有之处有两点——

其一，方苞以前所见过的山，像安徽桐城的浮山，南京的栖霞山，杭州的飞来峰，它们的山峰崖洞并非不秀美，那些愚蠢僧人喜欢在山上雕凿仙佛的貌相，那些俗不可耐的名士又爱在上面镌刻自己的名字和诗词，这些被雕凿镌刻的山如同长了伤疤一样惨不忍睹。而雁荡山独能保持山的原貌。因为雁荡山壁立千仞，不可轻易攀援，又处在僻远、富贵及有权势者一般没有特殊原因不会来此，即便来到，也不会久留，花费时间财力来表明自己“到此一游”，此即雁荡山始终没有被愚僧俗士剥落斧凿所污辱的原因。

其二，山川秀丽明媚，能使游者欣然而乐。但雁荡岩深壁削，时需仰观，时需俯视。俯仰之间，肃穆端静的感觉油然而生。一旦如此，人世各种杂念和忧虑就会消失，而本心完全与天地之精神相连接。

方苞认为知晓了这两点，那么高洁之士守身处世的学问，圣人贤哲成己成物的方法，都可以得到可以了解。

话又要说回来，方苞所说的，并不全无道理，他也是在凭自我说话，发出自我的声音。

方苞简介

方苞（1668～1749），清代散文家。字凤九，号灵皋，晚年又号望溪，安徽桐城人。康熙年间（1662～1722）进士。康熙五十年（1711）因文字狱牵连入狱，得人营救，两年后出狱。后官至礼部侍郎。桐城派古文创始人，颇有影响。主张写文章提倡义理、考据、词章三者并重。

◎看人间真相

——宋荦《游姑苏台记》生活场景与山水的不可分割

任何地方的山水风景，都与当地的人生存状态生命存在有密切联系。古往今来的背包客，在山山水水里穿行，都会看到与地域相关的当地人如何活着。

宋荦游姑苏台，看到了辛劳的人如何真实地劳作。其《游姑苏台记》原文里就清清楚楚地表达——

予再莅吴将四载，欲访姑苏如未果。丙子五月廿四日，雨后，自胥江泛舟出日晖桥，观农夫插莳，妇子满田塍，泥滓被体，桔槔与歌声相答，其劳苦殊甚。

迤逦过横塘，群峰翠色欲滴。未至木渎二里许，由别港过两小桥，遂抵如下。山高尚不敌虎丘，望之又一荒阜耳。舍舟乘竹舆，缘山麓而东，稍见村落，竹树森蔚，稻畦相错如乡。山腰小赤壁，水石颇幽，仿佛虎丘剑池。夹道稚松丛棘，蘼葡点缀其间如残雪，香气扑鼻。时正午，赤日炎歊，从者皆喘汗。予兴愈豪，褰衣贾勇如猿踏而上。陟其巅，黄沙平衍，南北十馀丈，阔数丈，相会即胥台故址也，颇讶不逮所闻。吾友汪钝翁《记》称："方石中穿，传为吴王用以竿旌者"。又"矮松寿藤，类一二百年物"。今皆无有。独见震泽掀天陷日，七十二峰出没于晴云皛淼中。环望穹窿、灵岩、尧峰诸山一一献奇于台之左右。而霸业销沉，美人黄土欲问夫差之遗迹，而山中无人能言之者，不禁三叹。

从山北下，抵留云庵。庵小，有泉石，僧贫而无世法酌泉烹茗以进。山中方采杨梅，买得一筐，众皆饱啖，仍携其馀返舟中。时已薄暮，饭罢，乘风容与而归。

待行者，幼子筠、孙韦金、外孙侯晸。六日前，子至方应该北上，不得与同游。赋诗纪事，怅然者久之。

宋荦说——我再次到苏州任职将近四年，一直想去探访姑苏台却没有结果。丙子五月二十四日，雨后，我们乘小船从胥江出了日晖桥，看到农夫在插稻秧，田间的畦埂上到处有妇女儿童，农夫满身泥沙，桔槔汲水的转动声与歌声相互应和，他们的劳作特别辛苦。唱歌，就算做苦中作乐。其实有时候的快乐，就很悲苦。我的小船缓缓地过了横塘，我们看到两岸群山郁郁青青，一片浓绿大水一样地泼在山头。不到木渎两里左右，由别的水港过了两座小桥，就到了姑苏台下。

姑苏台山还抵不上虎丘山高，远远望去，它仅仅是一座荒凉的小土丘而已。山不在高，有灵魂就行。靠向山，宋荦一行下船乘上了竹轿，沿着山脚向东走，渐渐地看见了村落，只见竹树茂盛，稻田相互交错仿佛锦绣。在山腰上的小赤壁，水石颇为幽静，如同为虎丘、剑池。道路两旁生长着矮松和荆棘，栀子花点缀在这些植物之间，就好像星星点点的残雪，香气扑鼻而来，更好像一种刺绣，绣在荆棘上面，花朵仿佛新鲜的锈迹斑驳。当时已经正午，赤日炎炎，热气蒸腾如同桑拿，跟随的人都气喘流汗。这个时候，宋荦反而兴致更加高涨，撩起衣襟，鼓足勇气，就像猿猱跳跃一样轻松而上。登上山顶，只见黄沙平坦宽广，南北有十丈多，东西几丈阔，相传这里即姑苏台旧址，宋荦很惊讶它不及平时听说的那么宏伟，也不过如此，怀有的期盼越大，失望也就越大。

宋荦的朋友汪钝翁在《记》中写到："方石在中间穿孔，相传为吴王用以插旗杆挂旗帜的东西。"又记载"矮松寿藤，好像为一二百年的植物"。而它现在都没有了。消失了太多的物种，都是人破坏大自然的恶果。

在山顶，只看见那太湖波涛翻涌，秀自己的身材，似有掀开天空吞陷太阳的气势，72 座山峰在这广阔的湖水与天空之间忽隐忽现，环望穹隆、灵岩、尧峰等高山，它们一一在胥台左右显现出它们各自的奇特。而吴王夫差当年企图称霸的事业消散埋没终成泡影，绝代美人西施也掩埋于黄土之下，想探问吴王夫差的遗迹，但山中没有能说清楚的人，不禁再三感叹。人啊，皆为山川过客，强者也不能把自已永远留下。

从山北下来，到了留云庵，庵小，有泉水，和尚贫寒不能依世俗礼法予以盛大的招待，他们汲取泉水煮茶来进献给客人。最好的茶就是最好的招待，再说，伟大的山水对人已经有了很大的招待。山中刚采的杨梅，宋荦买了一筐，大家都饱吃一顿，还带着剩余的回到船中。当时已近黄昏，饭后，乘着风坐着小船而回。

陪侍宋荦探访者，有其幼子宋筠、孙子宋韦金，外孙侯晸。六天前，另外一个儿子宋至正好北上应试，不能与其一起游览。就算在游览的过程里，宋荦也思念自己应试的儿子。他赋诗纪事，惆怅了很久。

宋荦简介

宋荦，清代文学家，字牧仲，号漫堂，又号西陂。康熙年间（1736 ~ 1796）累擢江苏巡府，以清节著称，官至吏部尚书，能诗善画，诗与王士祯齐名。

◎间接游览之“乐趣”

——郑日奎《游钓台记》务虚游览的搞笑

很多人，梦游山水，李白这小子就干过《梦游天姥吟留别》，实实在在游历其实只是其中一种游历，但最实实在在的心灵之游也需要。在今天，游历属于有钱人的游戏，一般的人生存压力大，哪里会有更多的钱外出游山玩水，所以不妨梦游一番。再说他们不四处乱跑，就没有践踏山水，属于最环保。山水经不起超负荷的践踏，也欢迎环保的背包客。

钓台，相传是东汉严子陵钓鱼的地方，一名严陵濑，在今浙江桐庐西富春山。台东西各一，下瞰大江，古木丛林，深奇郁秀，宋代范仲淹于此立祠。

郑日奎对它情有独钟,其《游钓台记》说了他怎么奇特地游览,到底怎么游历的?看看作品原文就会明白——

钓台在浙东，汉严先生隐处也。先生风节，辉映千古，予夙慕之。因忆富春、桐江诸山水，得借先生以传，必奇甚，思得一游为快。顾是役也，奉檄北上，草草行道中耳，非游也。然以为游，则亦游矣。

舟发自常山，由衢抵严，凡三百余里，山水皆有可观。第目之所及，未暇问名，领之而已。唯诫舟子以过七里滩，必余告。越日，舟行万山中，忽睹云际双峰，崭然秀峙，觉有异，急呼舟子曰:“若非钓台邪？”曰:“然矣。”舟稍近，近视之，所云两台，实两峰也。台称之者，后人为之也。台东西峙，相距可数百步。石铁色，陡起江干，数百仞不肯止。巉岩傲睨，如高士并立，风致岸然。崖际草木，亦作严冷状。树多松，疏疏罗植,偃仰离奇各有态。倒影水中,又有如游龙百余,水流波动,势欲飞起。峰之下,先生祠堂在焉。意当日垂纶,应在是地,固无登峰求鱼之理也。故曰:“峰也而台称之者,后人为之也。”

山既奇秀，境复幽茜，欲舣舟一登；而舟子固持不可，不能强，因致礼焉，遂行。于是足不及游，而目游之。俯仰间，清风徐来，无名之香，四山飘至，则鼻游之。舟子谓滩水佳甚，试之良然，盖是即陆羽所品十九泉也，则舌游之。顷之，帆行峰转，瞻望弗及矣。返坐舟中，细绎其峰峦起止、径路出没之态，惝恍间如舍舟登陆，如披草寻磴，如振衣最高处。下瞰群山趋列，或秀静如文，或雄拔如武，大似云台诸将相，非不杰然卓立，觉视先生，悉在下风。盖神游之矣。思稍倦，隐几卧，而空蒙滴沥之状，竟与魂魄往来，于是乎并以梦游，觉而日之夕矣。舟泊前渚，人稍定，呼舟子劳以酒，细询之曰："若尝登钓台乎？山之中景何若？其上更有异否？四际云物，何如奇也？"舟子具能悉之，于是乎并以耳游。噫嘻，快矣哉，是游乎！

客或笑谓："郑子足未出舟中一步，游于何有？""嗟呼！客不闻乎？昔宗少文卧游五岳，孙兴公遥赋天台，皆未尝身历其地也。余今所得，较诸二子，不多乎哉？故曰，'以为游，则亦游矣'。"客曰："微子言，不及此。虽然，少文之画，兴公之文，盍处一焉，以谢山灵？"余窃愧未之逮也，遂为之记。

从上可以看出，此为一篇颇为奇特的游记。郑日奎道经七里滩，并没有登钓台游览，但他目游、鼻游、舌游、神游、梦游、耳游，善于变化想象，景物生动如画，真的很引人入胜吗？那么，我们来看看——

钓台在浙江东部，是东汉严子陵先生隐居的地方。所说的严先生指严光，字子陵，东汉初会稽余姚人，今属浙江，早年曾与汉光武帝刘秀同学。刘秀做皇帝后，他改名换姓，隐居不仕。后被刘秀觅得，召到京师洛阳，授以谏议大夫，固辞不受，归隐于富春山。先生的风度气节，映照千古，郑日奎素来仰慕他，很想能够游览一次钓台作为身心的快乐。不过这次郑日奎送公文到北方去，匆匆忙忙走在路上，不是游览。但当作是游览，就也算是游览了。

郑日奎坐船从常山出发，一路总共三百多里，山水都有值得观赏之处。对于大多数人而言，也总会有一些长处。面对眼中过客一样的山水，眼睛看到的，来不及问名字，点点头罢了。他叮嘱船夫当船经过七里滩时，一定要告诉他。过了一天，船在群山中航行，忽然看见云端两座山峰挺拔对峙，急忙呼叫船夫问道："这不是钓台吗？"船夫回答："这就是的！"迫近细看，人们所说的两台，实际为两座山峰。两台东西对峙，相隔大约几百步，耸立在江边，高几千尺还不止。险峻的山岩就像高士站在一起，神态非常高傲。山峰上的树多为松树，疏疏落落地各处种植，它们高低奇特各有形态；其影子倒映在水中，又好像百多条游动之龙，游龙戏水，水波流动，那样子好像要飞起来。山峰下面，严先生的祠堂就在那里。料想他当日垂钓，应该就在这里，本来就没有登上山峰去钓鱼的道理。

这山看上去，奇特秀丽，环境幽美，郑日奎就想要停船靠岸登上山去，可是船夫坚持不同意。不能勉强他，于是对这山行一个礼，问一下好，然后船继续航行。其实人们目光看到的事物都是自己身体的一部分。我皆万物，万物皆我。

于是郑日奎的脚不能够去游览而眼睛去游览了此山。低头抬头之间，阵阵清风慢慢吹来，说不出名字的香气，从四面山峰传来，那么他的鼻子也游览了此山。船夫说七里滩水质很好，尝一尝确实如此，那么他的舌头也游览了此山。一会儿，随着船行进，山峰转过去，就再也望不到了。转身坐在船舱中，恍惚间好像离开船登上岸，仿佛拨开草寻找石级，像整顿衣服站在最高处，向下俯瞰，群山排列，有的清秀沉静像文人，有的雄伟挺拔像武夫，非常像东汉云台众位将相，并非不杰出高超，觉得与严先生比较，却都处在下风，这属于郑日奎的精神游览。天色晚了，船停泊在前面沙洲。大家稍为安定，就叫船夫来，用酒慰劳他，详细询问他："你曾经登过钓台吗？山中的景色怎么样？"船夫全都能够回答，于是郑日奎的耳朵也一并游览了此山。啊呀，这次游玩真快乐啊！

有个客人笑着对郑日奎说："你的脚没有走出船中一步，又在哪里游览呢？"

郑日奎"唉"了一声，说道："客人不曾听说过吗？从前宗少文躺在床上游历五岳，孙兴公在远处作《天台山赋》，都没有亲身到那地方。我现在所得到的，跟这两个人比较，不是显得多了吗？所以当作是游览，就也算是游览吧。"

客人一听，也叹道："如果没有听您一番话，就想不到这些。虽然如此，有少文的画，兴公的赋，您为什么不制作一篇文章，来答谢山的神灵呢？"

郑日奎自愧比不上他们，便写了这篇游记。

当然，近距离间接游览，还是有遗憾，就像穿着袜子洗脚一样不痛快。

郑日奎简介

郑日奎（1631 ~ 1673），字次公，号静庵，贵溪（今属江西）人。顺治十六年（1659）进士。授庶吉士，历工部员外郎，升礼部主客司郎中。康熙十一年（1672），曾与王士祯同典四川乡试。

◎一山如一人·一山如一神

——施闰章《游九华记》山为心之神

举世却无人懂得九华山真正美的所在。

是的，我们又真正懂得山水么？

是的，我们看看山水，感到快乐，明白山水的良苦用心吗？

除了向山水索取，我们还会干什么？

看山看水，欲望不正当的目光，是否会把山水看脏？更不要说污染与开发、掠夺自然。

从施闰章《游九华记》联想到，山山水水皆亲人，山山水水皆是神，山水为神之容器。山山水水给与人的那么多，而得到人的却是摧毁，人从自然万物得到的那么多，而回报的却只有残酷，这就应了恩将仇报那句话。

来看看《游九华记》到底魅力在哪里——

昔刘梦得尝爱终南、太华、女儿、荆山，以为此外无奇秀，及见九华，始自悔其失言。是说也，尝窃疑之。而李太白以山有莲花峰，改九子为九华。予舟过江上。望数峰空翠可数，约略如八九仙人云。

其山，外峻中夷。由青阳西南行，则峰攒岫复，环奇百出；而入其中，则旷以隐。由山麓褰裳，则寒泉数十百道，喷激沙石，碎玉哀弦；而入其中，则奥以静。盖岩壑盘旋，白云蓊郁，道士之所族处者，是为化城。一峰屹然，四山云合，若群龙之攫明珠者，是为金地藏塔。循檐送目，虚白之气，远接江海。而四方数千里来礼塔者，踵接角崩，叫号动山谷，若疾痛之呼父母，蹈汤火之求救援。道士争缘为市，几以山为垄断矣，宁复知有云壑乎?

于是择其可游者，曰东岩。其上有堆云洞、师子石，僧屋数间，刻王文成手书。文成聚徒讲学，游憩于斯，有《东岩燕坐诗》。今求其讲堂，无复知者。天柱峰最高，俯视化城为一盂。绝壁矗立，乱山无数，所谓“九十九峰”者。迷离莫辨，如海潮涌起，作层波巨浪。青则结绿，紫则珊瑚，夕阳倒蒸，意眩目夺。盖至此而九华之胜乃具。惜非闲人，不得坐卧十日，招太白、梦得辈于云雾间相共语耳。

游以甲午岁十月，从之者查子素先，徐子道林。

这是一篇随笔式的游记，借九华山的秀美胜绝以抒发清高疾俗的情怀，有感而发，即景议论，文字激扬，笔触生动，艺术构思颇有独创。

施闰章从怀疑刘禹锡的评价、李白的改名来开头——昔刘梦得尝爱终南、太华、女儿、荆山，以为此外无奇秀，及见九华，始自悔其失言。是说也，尝窃疑之。而李太白以山有莲花峰，改九子为九华。予舟过江上。望数峰空翠可数，约略如八九仙人云。

在此，故意寓示一个命题：高雅创见不如从俗习惯。然后分两方面来议论。

先说九华山的整体特点“外峻中夷”，并以化城寺、金地藏塔显示出这一形胜曾为佛教提供一片吉祥圣地。

但是，如今却已不复当年，信徒愚诚，僧侣谋利，香火盛了，山水完了，雅不胜俗，乌烟瘴气。

接着说后世犹存的“可游处”。一处是明代学者王守仁当年讲学处，如今“无复知者”，所以清净；一处是九华绝顶天柱峰，常人不多攀登，所以完美；但是与化城寺、金地藏塔相比，十分冷落，无人游赏。

为此，施闰章用曲笔含蓄地表示无限感慨，既指出“盖至此而九华之胜乃具”，又点明自己无闲，而对于刘禹锡的评价、李白的改名，举世却无人懂得九华山真正的美之所在。

至此，施闰章以欲招刘禹锡、李白共语，来表示自己理解刘、李的心意，点破该文主题思想，反证世俗不如高雅，见出施闰章清高疾俗的情怀，而令人回味咀嚼。

施闰章简介

施闰章（1618 ~ 1683），字尚白，一字屺云，号愚山，又号蠖斋。矩斋，安徽宣城人。少孤，博览群书。顺治六年（1649）进士，授刑部主事，擢山东学政，迁江西参议，分守湖西道。康熙十八年（1679）召试博学鸿儒，授翰林院侍讲，参与修撰《明史》，传侍读。施闰章擅长写诗，与宋琬齐名，人称“南施北宋”。王士祯很欣赏他的五言诗。又工古文，为文意朴而气静。

◎从开始到回望

——张裕钊《游虞山记》状物绘景，余味未尽

每个地方的山，就像大地的地毯上放的镇住不让风吹走大地地毯的镇物。山说到底，就像植物，有根，所以扎根，就不会乱跑。山为绿馒头，大地吃着，人吃着，就能活下去。

张裕钊游虞山，虞山之景，近石远山，苍烟渺霭，诗情画意，状物绘景。抓住不同景物的特征，融情于景，刻画逼真，就有了《游虞山记》——

十八日，黎莼斋游狼山，坐萃景楼望虞山，乐之。二十一日，买舟渡江，明晨及常熟。时赵易州惠甫适解官归，居于常熟，遂偕往游焉。

虞山尻尾东入熟城，出城迤西，绵二十里，四面皆广野，山亘其中。其最胜为拂水岩，巨石高数十尺，层积骈叠，若累芝菌，若重巨盘为台，色苍碧丹赭斑驳，晃耀溢目。有二石中分，曰剑门，駊騀屹立，诡异殆不可状。踞岩俯视，平畴广衍，数万顷。澄湖奔溪，纵横荡潏其间，绣画天施。南望毗陵、震泽，连山青以相属，厥高镵云，雨气日光参错出诸峰上。水阴上薄，荡摩阖开，变灭无瞬息定。其外苍烟渺霭围缭，光色纯天，决眦穷睇，神与极驰。岩之麓为拂水山庄旧址，钱牧斋之所尝居也。嗟夫！

以兹丘之胜，钱氏惘不能藏于此终焉，余与易州乃乐而不能去云。岩阿为维摩寺，经乱，泰半毁矣。

出寺西行少折，逾岭而北，云海豁工，杳若天外，而狼山忽焉在前，今指谓易州："一昔游其上也。"又西下，为三峰寺，所在室宇，每每可憩息。临望多古树，有罗汉松一株，剥脱拳秃，类数百年物。寺僧俱酒果笋而饷余两人已，日昃矣。循山北过安福寺，唐人常建诗所谓破山寺者也。幽邃称建诗语。寺多木樨花，自寺以往，芳馥载涂。

返自常熟北门，至言子、仲雍墓，其上为辛峰亭。日已夕，山径危仄不可上，期以翼日往。风雨，复不果。二十四日遂放舟趣吴门。行数十里，虞山犹蜿蜒在蓬户，望之了然，令人欲反棹复至焉。

结尾回望虞山："令人欲反棹复至。"余味未尽，言尽而意无穷。

时间——

清光绪二年秋八月十八日

人物——

张裕钊、黎莼斋

地点——

狼山——虞山

起因——

游狼山，坐在萃景楼上，远望虞山，觉得景色很美，动了念头，去看虞山。说去就去，21日就雇船过江。

新玩伴加入——

第二天早上，到了常熟。这时易州赵惠甫恰巧免官回来，住在常熟，便与张裕钊、黎莼斋一同去游玩。这个免官的人用游玩消遣内心的郁闷。

环境描写——

虞山后面向东延伸进常熟城。出城斜向西，绵延有20里地，四面皆为广阔的田野，山横亘在中间。

关键词——拂水岩

其中最好的景点是拂水岩，大石高有几十尺，一层层堆积重叠着，像层积的灵芝，又像重重叠叠的大石盘修筑的平台，有暗青色、红色，斑斓驳杂，光彩夺目。有两块石头从中间分开，叫剑门，陡峭如裂开一般屹立着，奇形怪状几乎无法形容。蹲在岩石上，向下望去，田地平整广阔约有上万顷，澄碧的湖水，奔流的小溪，纵横交错，流淌着，翻涌着，华美得像一幅天然的图画。

向南望见毗陵、震泽，山青翠相连，高耸入云。雨气和日光参差错落在各山峰上面，水汽逼近，忽开忽合，瞬息万变。它的外面，烟云弥漫，光色满天，极目远眺，心游天外。

联想与感慨——

岩脚下有拂水山庄的旧址，钱牧斋曾经住过的地方。唉！凭着这么好的山丘胜地，钱先生却糊涂地不能隐居在此终了一生，张裕钊和赵惠甫却快乐地不想离开啊！

继续游玩的路线图——

山崖边侧是维摩寺，经过战乱后大半被毁坏。

出了寺向西走，稍微转个弯，过了一道岭，然后向北，只见云海豁然开朗，渺渺茫茫，仿佛天外一般，而狼山忽然出现在前面。

张裕钊指着狼山对赵惠甫说："前些天我在那上面游玩过。"

向前走——

又从西边下去，是三峰寺，所在房屋，间间都可休息。走近寺一看，里面很多古树，有一株罗汉松，树皮已经剥落，树干光秃，像是上百年的树。寺里和尚准备了酒菜、水果，请他们吃。

遇见破山寺——

太阳将要西斜，沿着山向北走，经过安福寺，那就是唐代诗人常建诗中所说的"破山寺"，清幽深邃，和他诗中描绘的相符。

寺里多桂花树，鲜花如破绽，从寺里过去，一路上充满着芬芳。

后续行程——

从常熟北门返回，便到了言子和仲雍的坟墓。上面是辛峰亭。

这时太阳已经下山，山路陡险无法上去，相约第二天去游玩。

因为刮风下雨，又没有成行。

于是 24 日乘船往吴门去，走了几十里水路，虞山好像还在船篷上面蜿蜒曲折，望去清清楚楚，使人想要掉转船头再去游玩。

张裕钊简介

张裕钊（1823 ~ 1894），字廉卿，湖北武昌人，桐城派后期重要作家之一。道光二十六年（1846）举人，官至内阁中书，在南京、武昌、保定等地主持过书院。曾师事曾国藩，与黎庶昌、薛福成、吴汝纶并称"曾门四弟子"。他有较强的爱国思想，希望在不触动帝制的前提下改良政治，使国家富强起来。

◎一座山陪一个人

——王夫之《小云山记》故乡的山故乡的云

故乡的山和故乡的云被钉在地上，作为故乡最大的子宫，故乡的人们都从这子宫里走出来。如果对子宫的行囊子宫的山不尊敬，就不配做一方水土的人。

小云山在湖南邵阳市东南，衡阳、祁阳之间，大云山在东边，也就是王船山的家乡。不过王夫之46岁始去游览，被它的美景所吸引，以后就每年去一次了——

湘西之山，自耶姜并湘以东，其复数十；以北至于大云。大云之山遂东，其陵乘十数，因而曼衍，以至于蒸、湘之交。大云之北麓有溪焉，并山而东，以汇于蒸。未为溪之麓，支之稚者，北又东，其复十数，皆渐伏而为曼衍。登小云，复者皆复，而曼衍尽见，为方八十里，以至于蒸、湘之交，遂逾乎湘。南尽晋宁之洋山；西南尽祁之岳侯题名；东尽耒之武侯之祠，东北尽炎帝之陵，陵酃也；北迤东尽攸之燕子巢。

天宇澄清，平烟幂野，飞禽重影，虹雨明灭，皆迎目授朗于曼衍之中。其北则南岳之西峰，其簇如群萼初舒，寒则苍，春则碧，以周乎曼衍而左函之，小云之观止矣。春之云，有半起而为轮囷，有丛岫如雪而献其孤黛。夏之雨，有亘白，有漩澓，有孤袅，有隙日旁射，耀其晶莹。秋之月，有澄淡而不知微远之所终。冬之雪，有上如暝，下如月万顷，有夕灯烁素，悬于泱莽。山之观，奚止也？

小云之高，视大云不十之一也。大云之高，视岳不三十之一也。岂啻大云，岳之视所能度越此者，唯祝融焉，他则无小云若。盖小云者，当湘西群山之东，得大云之委，而临曼衍之首者也，故若此。是故湘西之山，观之尤者，逮乎小云而尽。

系乎大云而小者，大云庞然大也。或曰："道士申泰芝者，修其养生之术于大云，而以小云为别馆，故小之。"虽然，尽湘以西，终无及之者。自麓至山之胠，皆高柯丛樾，阴森葱蒨。陟山之巅，则古木百尺者，皆俯以供观者之极目。养生者去，僧或庐之。庐下莳杂花，四时萦砌。右有池，不雨不竭。

予自甲辰始游，嗣后岁一登之，不倦。友人刘近鲁，居其下，有高阁藏书六千余卷，导予游者。

一看就知，此文不是某一次记游，而是综合性、概括性记一座山，而且是鸟瞰式的记游，在游记中别有特色。

船山先生在极限中突出小云山之美，美在可以观赏湘西山水全貌，美在春云、夏雨、秋月、冬雪之变化无穷。或记叙、或描写、或议论，得心应手，甚为流畅。

全貌——登小云，复者皆复，而曼衍尽见，为方80里，以至于蒸、湘之交，遂逾乎湘。南尽晋宁之洋山；西南尽祁之岳侯题名；东尽耒之武侯之祠，东北尽炎帝之陵，陵鄢也；北迤东尽攸之燕子巢。

登小云而看天下，登小云或者其他任何一座山，都可以看到泰山山顶所能见到的天下气象，有的山甚至还在大地深处，未曾露面，但是我们在大地上行走。

小云观止——天宇澄清，平烟幂野，飞禽重影，虹雨明灭，皆迎目授朗于曼衍之中。其北则南岳之西峰，其簇如群萼初舒，寒则苍，春则碧，以周乎曼衍而左函之，小云之观止矣。

春云——春之云，有半起而为轮囷，有丛岫如雪而献其孤黛。

夏雨——夏之雨，有亘白，有漩澓，有孤袅，有隙日旁射，耀其晶莹。

秋月——秋之月，有澄淡而不知微远之所终。

冬雪——冬之雪，有上如暝，下如月万顷，有夕灯烁素，悬于泱莽。

山就是我们的房屋，有山的故乡就有青青房舍。对于故乡的山，如果不远游，多年甚至一生在那里，得到它的庇护与照顾，人皆有感恩之心。

故乡的山是一生的粮食，只要不毁败，吃不完，衣食无忧。

故乡的山才是一个人真正的靠山，当一个人生于斯长于斯，那就靠山吃山，山就养大了人，山就成为一生的父母，父母就像水土与粮食，父母为自己的身体与生命。当一个人离开自己的故乡，去远方，实际上他已经带走故乡的山，故乡的山已经变为他的身体，成为生存与漂泊以及发展的靠山。靠自己才是真正的靠山，因为一个真正的自己就包含了善的力量、山的力量。当游子归来，故乡的山还是用自己容纳他。山的宽容最为著名，山的不肯随随便便趴下最为刚勇，它是勇敢者，也是撑得下去的传奇。

王夫之简介

王夫之（1619 ~ 1692），明清思想家。湖南衡阳人，字而农，别号一壶道人，学者又称为船山先生。崇祯十五年（1642）中举人。次年，张献忠曾邀他参加农民起义军，他拒绝了。崇祯十七年（1644），清兵入关，不断往南推进，他和友人管嗣裘一起在衡山起兵抗清。兵败，逃到广东肇庆，效力于南明桂王政权，对桂王政权里许多人结党争权深表不满。不久，他见大势已去，辞职还乡，长期住在湖南湘西苗瑶山区，隐居在衡山石船山麓，努力著述40年。王夫之与黄宗羲、顾炎武、方以智并称为清初四大家。著作现存《船山遗书》，今岳麓书社出版有《船山全书》。

◎达官风度，台阁格调

——田雯《与来学圃书》嵩山的地位和气概

名山名水都有自己独特的心灵，山水很无私，把自己的生命、灵魂都分送给人，人能做到这一点吗？

太室，指中岳嵩山，在今河南登封县北。因山上有石室，故称太室。《游太室记》作于康熙三十五年（1696）——

嵩山神祠，在黄盖峰下，登封县东八里。祠门三重，古柏几二百株。三门之内，四岳神祠，分列左右。东有降神殿，绘“生甫及申”像于壁，剥落已半，西为御香亭，历代已来，封禅记功德地也。谒岳神殿祀事毕，下西阶，古柏鳞次，桀石丛峙。石上遍刊祝釐辞，祠官姓氏，周览移晷，回登天中阁少憩。

理策至山麓，仰视一峰入云，石色青绀如画，岚流雾垂，上合下竦，是为万岁峰。其麓为入山所必经也，蓝舆行十里至中峰。昔人云：“嵩山如卧眠龙而瘫。”望之浑成秀拔，若不知有嵚崎参差之势者。及涉中峰之巅，群峰争出，若攒图之托霄上，烟云吞吐，日月蔽亏，林木蓊郁，鸟兽游鸣，阴晴变态，二十四峰环列于中峰，左右上下，不可名状。如谢绛所称玉女窗、捣衣石，但略括一二矣。

东五里许为卢岩，岩有卢鸿一宅，今为寺。两山忽张，匹练下垂，微飙吹之则左右动，奔涧荡壑，众山皆响，为嵩山佳处。昔鸿一隐此，作《十志》以自豪，抱微尚，鸣高蹈已耳。而来游者莫不凭襟怡情，因以思慕于其人矣。东有白鹤观，背负三峰，大小熊山屏其前，为嵩高之奥宅。三峰多石室，远眺一室，豁达洞开，与他室异，或即谟觞室也。南七里径崇福宫投龙洞，力疲思返。

余以半人疾，未及跻嵩之绝顶也，然眺洛河，瞻伊阙，顾以历历目中矣。桑钦《水经》曰：“昆仑之墟，去嵩高五万里，地之中也，嵩山绝顶，直上可接。”吾欲御风而行，探昆仑之墟矣。又三里抵嵩阳观，有柏二株，大可十人围，闻在汉已为巨木，殆殷周时物。柏之奇，若雏松之新绿，香泽凝肥，翠滴人衣。坐其下，如张帷幕。谡谡风鸣，如闻丝竹声。旁有石幢，上勒唐宋人题名，有似杂采帖也。嵩阳观碑，赑屃丰硕，在观门之西，徐浩八分书，遒古可爱。邀饮至藏书楼下，日将昳，遂登车以归。

诘旦东行，路出箕山左，沿水下流，复探石淙之胜，碟砢崎岖，负险相望。百二十里过禹州，达襄城境。

康熙丙子二月丙辰记。

本篇记载了一天的游程，描写了嵩山的地位和气概。由于作者田雯的身份和心境，论者认为，本文“显于达官风度，具有台阁格调”，是有道理的。虽然如此同，但文章构思精巧，表现含畜，而其写景状物，亦生动传神，李慈明称其“记山水之胜，多警秀，有六朝语”，这也是文章为后人传诵的原因。

文章开头介绍位置——嵩山神祠，在黄盖峰下，登封县东八里。再介绍祠的情况：门三重，古柏几二百株。三门之内，四岳神祠，分列左右。东有降神殿，绘“生甫及申”像于壁，剥落已半，西为御香亭，历代已来，封禅记功德地也。然后说明自己谒岳神殿祀事毕后，下西阶，看到古柏苍劲，乱石有力而安静。在很多石上，都刻有很多所谓相关的资料。

用石头做纸，把文字写在骨头上，写成深刻。石头之纸挖空自己给文字让路。这就是胸怀。

在办好既定的事情后，田雯就休息。

到了山麓，仰视一峰入云，石色青绀如画，岚流雾垂，上合下竦，是为万岁峰。山中的中峰，就像一个关键词，其他很多山峰都紧密团结在以他为首的山中央周围，久久不忍离去，又怎么会离去。其中玉女窗、捣衣石这些命名，本身就诗意飞扬。

向东五里许就是卢岩，岩有卢鸿一宅，今现在为寺。两山忽然张开，有一匹白练下垂，即人们所说的瀑布，微飙吹之则左右动，奔涧荡壑，众山皆响，为嵩山佳处。好瀑布，好水，好山，好色——白的水，银子的积雪；青山绿意，融合一体。原来鸿一隐居此处，他写下《十志》以自豪，心与文、自然化为整个生命景象。而来此游者莫不凭襟怡情，都思慕其人。此处，向东，有白鹤观，它背负三峰。而三峰多石室，远眺一室，豁达洞开，与他室不同。向南七里到达经过崇福宫投龙洞，因为筋疲力尽，就打算返回。

田雯身体有一些小毛病，体力不是很好，就没有到达嵩山绝顶，但是在山中不低的高度眺望洛河，瞻伊阙，都历历在目。桑钦《水经》曰：“昆仑之墟，去嵩高五万里，地之中也，嵩山绝顶，直上可接。”田雯这时候想御风而行，探昆仑之墟。很多登山客，都会产生和他一样的想法，在山巅，伸开手臂，想迈开步子，走过去。

又过了三里，抵嵩阳观，有柏树二株，大小有十人手牵手围起来那么大，听说这两棵柏书在汉代时候已是巨木，估计是殷周时栽下的树木。柏之奇在于，就像雏松的新绿，香泽凝肥，翠滴人衣。坐其下，如张开帷幕。听那谡谡风鸣，如闻丝竹声。

当代游客，只怕再也见不到多少如此的巨树，因为对自然的摧毁，毫不留情。古代之所以能够保留巨树，让它们坚持自己的老资格，因为人们敬畏生命，爱惜草木，而今天，人性猖狂，欲望强烈，享受第一，没有真正的生命感与自然观，所以毁坏大大小小的树木毫不在乎。

此处旁有石幢，上面刻有唐宋人题名。嵩阳观碑，颇为丰硕，在观门之西，看徐浩八分书，遒劲、古色、可爱。邀饮到藏书楼下，眼看太阳就要落山，田雯遂登车以归。

田雯接下来就流水匆匆地顺道离开，一天，能够跑这么多地方，跑出一篇还算可以的游记，已经很不错了。作为一个当官的，还能写好几篇文章，也算是说明了自己的能力。哪里像现在当官的，秘书、枪手写的文章，他念出来，还念出很多错别字，闹出很多笑话。

田雯简介

田雯（1635 ~ 1704），字紫纶、子纶、纶霞，号漪亭，晚号蒙斋。清代济南府德州（今山东省德州市）人。康熙十九年（1680）督学江南，每次巡察考场，只有两仆人相随，禁止官员铺张接待，所取之士多异才。康熙二十六年（1687）出任江苏巡抚，又调任贵州巡抚，见贵州经济文化落后，致力发展当地文教事业，增建县学，整修书院，奖掖黔中人才。公余暇日，亲至书院督课，黔省文风日盛。时黔省东南的苗民偶有骚乱，广东总督建议合兵会剿，田雯力阻之。康熙三十年（1691）七月，因母丧离职。丧期满后补刑部侍郎。康熙三十八年（1699），调任户部侍郎，主管宝泉局。康熙四十年（1701）以病乞休回籍。因羡慕济南风景，卜居于济南大明湖畔，对济南名胜古迹多有题咏。康熙四十三年（1704）二月卒于家。

◎每个人都有自己的看法

——戴名世《游大龙湫记》穷形极态眼前造花

瀑布，立正奔跑的风景，它擅长裸体，擅长向低处发展，愿意向低处走，反而成全了自己。

雁荡大龙湫瀑布为浙江雁荡山胜景，与黄果树瀑布、黄河壶口瀑布、吊水楼瀑布并称中国四大瀑布。其落差 190 余米，为中国瀑布之最，有“天下第一瀑”之誉。瀑流发源于百岗尖，流经龙湫背，从连云峰凌空泻下，仿佛从银河倒泻下来，十分壮观。

最奇绝之处在于因季节、晴雨变化而多姿多彩。盛夏雷雨初过，大龙湫像发怒的银龙，从半空中猛扑下来，雷鸣气势雄壮。

晴朗冬日，瀑流从半空中飘洒而下，阳光照射时，出现色彩绚丽的五色长虹。

阳春三月雨水少，瀑布珠帘下垂，不到几丈就化为烟云。

大龙湫顶背如《载敬堂集》载：“大龙湫之源流背景十分远阔雄丽，以崔巍险曲，游踪罕及。只观瀑凹而不畅目成瀑所经由，竟为憾事。”

诗人陈志岁有《登龙湫背》诗：“三十年长忆雁荡悬河落天半，今遂梯云穷水愿。谁劈千峰嶂欲围，谁陈万壑泉争泫。朗阴变幻不依时，寒署推移迭现姿。雨作兼来外地云，日升只照西屏茨。抵溪方叹阳光烂，风吼霆催霖已施。霁草晞林清胜洗，苍山伟丽自然师。春夏花鸟轻名画，秋冬岩木建安诗。土农肯尽语，游者添新趣。介我龙湫茗，沿流发妙句。披荆斩棘穿石行，小涉粼粼听琮琤。忽传隆隆十里外，嘈杂地底冒人声。崖端溜口势难近，双脚藤荫踩难稳。但见龙潭壁额贴，万均旋流作雪跌。”

清朝南山文祸案者戴名世，其《游大龙湫记》也写到了很多人写到的大龙湫——

距乐清六十里，有村曰芙蓉，倚天而滨海。余以岁辛巳四月三十日，由芙蓉逾丹芳岭，至能仁寺。坐少顷，出寺门里许，有泉曰燕尾泉。水自大龙湫来，为锦溪。锦溪之水至此从巨石落下，成小瀑布。石中高而旁低，水分左右下，若燕尾然。循锦溪而行，凡三四里，有峰屹立溪水中，旁无所倚，高数百丈，两股如蟹螯，望之若剪刀然，曰剪刀峰。至峰下行百余步，又变为石帆，张于空中，曰一帆峰。又行百余步，又变为石柱，孤撑云表，曰天柱峰。左右皆石壁峭削，诡状殊态，不可胜数。

又行百余步，径穷路转，得大龙湫，为天下第一奇观。水自雁湖合诸溪涧，会成巨渊，渊深黑不可测。其侧有石槛，中作凹，水从凹中泻下，望之若悬布，随风作态，远近斜正，变幻不一：或如珠，或如毬，如骤雨，如云，如烟，如雾；或飘转而中断，或左右分散而落，或直下如注，或屈如蜿蜒。下为深潭，观者每立于潭外，相去数十步，水忽转舞向人，洒衣裾间，皆沾湿。忽大注如雷，忽为风所遏，盘溪横而不下。盖其石壁高五千尺，水悬空下，距石约一二尺许，流数丈，辄已势远而力弱，飘飘濛濛，形状顿异。他处瀑布皆沿崖直走，无此变态也。潭之外有亭，曰忘归亭；其侧有亭，曰观不足亭。而龙湫右侧绝壁，曰连云障，障上有风洞，每洞口木叶飞舞，则大风疾作。

又有小龙湫，在东谷灵岩寺。水自石城诸溪涧来，会于霞障之右，从岩上飞流而下，高三千尺，半沿崖，半悬流，变态稍不及大龙湫。而其下稍西，水涌出石罅，直上指二尺许，形如立剑，望之光明莹洁而摇动，亦奇观也。

相传大龙湫上数里，复有上龙湫，飞流悬泻，亦数百丈，与大龙湫相似。昔有白云，云外二僧居之，地僻无人迹，今不知其处矣。

余性好山水，而既游雁荡，观大龙湫，御风，恍惚仙去。今追而记之，不能详也。

此文通篇写景，中间不夹抒情，不发议论，在戴名世的“记”体散文中，也是一格，但为数不多，类似的还有《雁荡记》等。

作品笔调清新健朗，能于平中见奇，对大瀑布的描写，有声势，有变化，或细或粗，或缓或急，连带而下，中间以“或”、“如”、“忽”等字相接，穷形极态，使人读后有身临其境之感。

距乐清60里，有一个村庄叫芙蓉村，这里倚天而滨海。戴名世在辛巳四月三十日，由芙蓉村逾丹芳岭，到达能仁寺。坐了一会儿，出寺门一里的样子，有泉水叫做燕尾泉。泉水来自大龙湫，形成锦溪。

锦溪之水到这个地方，从巨石跳落而下，成为小瀑布。石头中间高而旁边低，水分左右而下，就像燕尾一样。

循着锦溪而行，走了三四里，有一山峰屹立在溪水中，就像站在那里洗脚或者赤脚趟水而过的样子，它旁无所倚，很独立的身材，高数百丈，两股就像螃蟹的剪子，看上去就像剪刀的模样，因此就称之为剪刀峰。

到峰下走百余步，一座山又变为石帆，张开在空中，这就是一帆峰。

又走百余步，又变为石柱，孤撑入云，就像一柱擎天，称之为天柱峰。左右都是石壁，刀削一样的绝壁，各种各样奇妙出人意料的模样，不可胜数。

又走百余步，走到道路似乎消失的地方再转弯，看到大龙湫瀑布，这就是人们说的天下第一奇观。瀑布的水来自雁湖然后汇合很多溪水山涧，会成巨渊，渊深黑不可测。它的侧面有石槛，中间作凹，水从凹中泻下，看上去就像悬布，随风作态，远近斜正，变幻不一：或如珠，或如瓦片，如骤雨，如云，如烟，如雾；或飘转而中断，或左右分散而落，或直下如注，或屈如蜿蜒。向下为深潭，看瀑布的人站在潭外，距离数十步的地方，水忽转舞向人，洒在人的衣裾间，衣服都会沾湿。忽然大注的水就像雷雨一样，忽然为风所遏，如同女人盘头发，像盘着溪水一样横着而不下。其石壁高五千尺，水悬空而下，距离石头约一二尺许，流动数丈，到了末尾就像强弩之末，势远而力弱，飘飘散散，形状顿异。其他地方的瀑布都是沿崖直走，没有这里的变化万千。潭之外有亭，名字是忘归亭，意为看到天下美景而忘记了回去；其侧有亭，名字是观不足亭，意为怎么看也看不厌的好景色。而龙湫瀑布右侧的绝壁，名字是连云障，障上有风洞，每当洞口木叶飞舞，就会大风疾作。

又有小龙湫瀑布，位置在东谷灵岩寺。水来自石城很多溪涧之水约会汇合而来，很多水合奏一匹瀑布，就像演奏乐器一样。会聚在霞障之右，从岩上飞流而下，高三千尺，一半沿崖，一半悬流，变化的气势稍不及大龙湫瀑布。而在其下稍西一点的地方，水涌出石罅，向上冲二尺高的样子，形如立剑，看它光明莹洁而摇动，也是小小的奇观，这就是类似于喷泉一样的景色。

相传大龙湫瀑布上数里，复有上龙湫瀑布，飞流悬泻，也有数百丈，与大龙湫瀑布相似。原来有白云、云外二僧隐居在这里，地僻没有人迹，现在不知道他们在哪里。

戴名世性好山水，他既游雁荡山，观大龙湫瀑布，御风，恍惚仙去。后来他追而记之，不能详细说明游玩的经历。

戴名世简介

戴名世（1653～1713），清代文学家。字田有，一字褐夫，号南山，别号忧庵。“桐城派”奠基人。康熙四十八年（1709）中进士第一，殿试中一甲二名，授翰林院编修。康熙五十年（1711），《南山集》案发，下狱，后被杀于市。

第十章　什么样的心情就什么样的旅行
——近代游记：自然改变心情，心情改变自然

◎旧日容颜今安在
——龚自珍《天寿山说》230字篇幅的山

很多山不庞大，不胖得那么吓人，但很精神，小个子山有小个子山的力量，大个子山有大个子山的风采。山好似吹起来的气球，风一吹，绿色翻滚内心的绿色血液。

龚自珍《天寿山说》也是旧日山水的容颜记录。天寿山在今天北京十三陵水库一带，还有周围的小汤山，在非典期间，那是救人治病的医院阵地。而现在的十三陵水库一带，昌平的小汤山，也不是昔日风采。沧海桑田也罢，人为毁灭自然与人文，真令人无比揪心。

浓缩地雕刻，地球一滴水的雕刻而已。我们来看龚自珍用230字如何传神雕刻一座山，雕刻得神采奕奕，就像《核舟记》的传神雕刻一样——

由德胜门北行五十五里，曰沙河。沙河有城。出沙河之北门，实维广隰，丰草肥泉。引领东拜，大山临之，是为天寿山。明成祖永乐十年所锡名也。京师西北诸山，皆宗太行山，此山能不与群山势相属，有明尊且秩焉。自永乐至天启十有二帝葬焉，谓之十二陵。独景泰帝无陵，崇祯十五年，妃田氏死，葬其西麓。十七年，帝及周后死社稷，昌年民发田妃之墓，以葬帝、后，因曰十三陵矣。山多文杏，春正月而华。山之势尊，故木之华也先。山气厚，故木之华也怒。山深，故春甚寒。深且固，故虽寒而不冽。其石其鹿，皆绝大。山之理如大斧劈，山之色黝以文。山之东支，有汤山焉。其泉曰汤泉焉。山之首尾八十里。

这篇小品文字简洁，意蕴深长。全文只有230个字，却把天寿山的地理形势、气候条件和生物特征等都一一作了介绍，而且还插入了天寿山的来历，追述了十三陵落葬的起始。有条不紊，真实生动。字里行间流露出作者对明朝衰亡的叹息。昌平人民发掘田妃墓以葬崇祯帝之举的记载，可以看出作者对人民节义行为的褒扬。

天寿山的地理形势——由德胜门北行55里，曰沙河。沙河有城。出沙河之北门，实维广隰，丰草肥泉。引领东拜，大山临之，是为天寿山。

天寿山的气候条件——

实维广隰，丰草肥泉。

山深，故春甚寒。深且固，故虽寒而不冽。

天寿山的生物特征——山多文杏，春正月而华。山之势尊，故木之华也先。山气厚，故木之华也怒。

天寿山的山名来历——明成祖永乐十年所锡名也。京师西北诸山，皆宗太行山，此山能不与群山势相属，有明尊且秩焉。自永乐至天启十有二帝葬焉，谓之十二陵。独景泰帝无陵，崇祯十五年，妃田氏死，葬其西麓。十七年，帝及周后死社稷，昌年民发田妃之墓，以葬帝、后，因曰十三陵矣。

文章结尾，以情写景，文杏“春正月而华”；山势尊，故木之华也先；山气厚，故木之华也怒。势尊气厚，草木争荣，隐约地传达出作者对汉民族血脉水继、繁荣昌盛的信心。

◎重游的感觉并非回忆

——龚自珍《己亥六月重过扬州记》寄托情怀如感伤之诗

有一首诗写道“我劝天公重抖擞，不拘一格降人才。”这就是龚自珍在清朝面对黑暗发出的振聋发聩的呼声、喊声。但喊出来也没有用，在暴力社会里，真正的人才都没有机会，有机会也只能承受打击打压的机会。因为黑暗害怕光，黑暗要享受怀里的一切，就要疯狂拒绝光。哪怕一粒芝麻光，都要吹灭。龚自珍即遭受了很多黑暗的“厚待”。

扬州，很有名气的地方。但也感伤。风景之处与人的情感互动，风景看到乱七八糟的人也不喜欢，看到郁闷的人也忧愁。

人不舒服时，也会把自己的不快乐发泄到酒及周围的事物身上，有人砸东西、有人找别人麻烦，有人摧毁小动物……心情不好的人，面对河山，无奈、无奈……

一个地方的风水衰败，大自然蒙羞，都来自人的暴力与没有素养。

龚自珍从愤青到无奈，只有一步远，对着景色发感慨，因为物是人非，时过境迁。如此情形甚多。《已亥六月重过扬州记》就说明了人的失意与快乐会形成鲜明的对比——

居礼曹，客有过者曰：“卿知今日之扬州乎？读鲍照《芜城赋》，则遇之矣！”余悲其言。

明年，乞假南游，抵扬州。属有告籴谋，舍舟而馆。

既宿，循馆之东墙步游，得小桥，俯溪，溪声讙。过桥，遇女墙啮可登者，登之。扬州三十里，首尾曲折高下见。晓雨沐屋，瓦鳞鳞然，无零甃断甓。心已疑礼曹过客言不实矣。

入市求熟肉，市声讙。得肉，馆人以酒一瓶、虾一筐馈。醉而歌，歌宋元长短言乐府。俯窗呜呜，惊对岸女夜起，乃止。

客有请吊蜀冈者，舟甚捷。帘幕皆文绣，疑舟窗蠡也，审视，玻璃五色具。舟人时时指两岸曰：“某园故址也”，“某家酒肆故址也”，约八九处。其实独倚虹园圮无存。曩所信宿之西园，门在，题榜在，尚可识。其可登临者尚八九处，阜有桂，水有芙蕖菱芡，是居扬州城外西北隅，最高秀。南览江，北览淮，江淮数十州县治，无如此冶华也。忆京师言，知有极不然者。

归馆，郡之士皆知余至，则大讙。有以经义请质难者；有发史事见问者；有就询京师近事者；有呈所业若文、若诗、若笔、若长短言、若杂著、若丛书，乞为叙、为题辞者；有状其先世事行乞为铭者；有求书册子、书扇者，填委塞户牖，居然嘉庆中故态。谁得曰今非承平时耶？唯窗外船过，夜无笙琶声；即有之，声不能彻旦。然而女子有以栀子华发为贽求书者，爰以书画环瑱互通问，凡三人。凄馨哀艳之气，缭绕于桥亭舰舫间。虽澹定，是夕魂摇摇不自持。

余既信信，拿流风，捕余韵，乌睹所谓“风嗥雨啸，鼯狖悲、鬼神泣”者！嘉庆末，尝于此和友人宋翔凤侧艳诗，闻宋君病，存亡弗可知。又问其所谓赋诗者，不可见，引为恨。

卧而思之，余齿垂五十矣。今昔之慨，自然之运，古之美人名士富贵寿考者，几人哉？此岂关扬州之盛衰，而独置感慨于江介也哉！抑予赋侧艳则老矣，甄综人物，搜辑文献，仍以自任，固未老也。天地有四时，莫病于酷暑，而莫善于初秋。澄汰其繁缛淫蒸，而与之为萧疏澹荡，泠然瑟然，而不遽使人有苍莽寥泬之悲者，初秋也。今扬州，其初秋也欤？予之身世，虽乞籴，自信不遽死，其尚犹丁初秋也欤？作《己亥六月重过扬州记》。

人一生有很多地方，只到一次，不去第二次。有的地方，去了还会去第二次。

龚自珍去扬州，就去了第二次，去第二次他的心情不大好。

实际上，实际情形为很多人去游山玩水，是因为不开心、失意、失恋等等，寻求大自然的帮助。人的命皆为大自然养活，活着活着，人出了问题，也依赖大自然。既如此，为什么不善待大自然，就像父母把人养大，在他们的晚年为什么不孝顺一点？

人在不快乐的时候，愿意陪你的人，即好友与知音或者你最亲的人。那么，背包客，就陪陪龚自珍，去一趟扬州——

在礼部期间，有个访客对龚自珍说 ：“你知道现在的扬州是什么样吗？读一读鲍照的《芜城赋》，就知道了啊。”龚自珍听了他的话感到很悲伤。

第二年，龚自珍请假到南方游玩。到达扬州，适逢有人求他施以援手，于是他下船上岸找家旅馆住下。

过夜之后，沿着旅馆的东墙步行，遇到一座小桥，俯身看桥下溪水，溪水声很欢畅。过了桥后，遇到一堵矮城墙，有一些地方已经毁坏，于是登上城墙。登上之后，扬州方圆30里内的景观都呈现在眼前。清晨雨后，屋瓦好似鱼鳞一样齐整，没有残破的景象，他的心里就开始怀疑那位访客的话不真实。

到了街市后想买一些熟肉，街市上各种声音也显得喧闹。买到肉之后，旅馆的人送了一瓶酒、一筐虾。喝醉之后，龚自珍就趴在窗前唱起宋元时代的词，对岸有女子被吵醒了，于是他就停止唱歌。

客人中有人提议去蜀冈上凭吊一番，要去就去呗，于是便去了，船很轻快。船上的帘幕都绣有花纹，疑为贝壳所饰，细看才知是五颜六色的玻璃。船上的人不时地指着两岸说，“这是某园的故址”，“这是某酒店的故址”，大概指了八九处。事实上只有倚虹园被毁坏完全没有了。龚自珍从前住过两晚的西园，那门还在，那题榜也还在，还可以辨认出来。其中可以登临的还有八九个地方。土山上有桂树，水中有荷花、菱、芡等。这一处在扬州城外的西北角，地势最高而风景也最好。于此处往南，可以看到长江，而往北可以看到淮河，长江淮河之间数十处州县的治所，都没有此处繁华。回忆起京师访客的话，知道他说的非常不对。

回到住处后，郡中的士人都知道龚自珍的到来，于是一起欢娱。有人用经书的疑难问题来询问他；有人提出史事向他询问；有人询问京城近来的事情；有人呈上他所研习的诸如文章、诗歌、散文、词、杂著、丛书之类，央求他写序或者题辞；也有人拿着自己为先人撰写的行状，请求为其撰写墓志铭；也有人央求龚自珍为他们在书册、画册、扇面上题字。人拥挤得塞满屋子，仿佛嘉庆年间原有的社会风习。谁能说现在不是社会太平的年代呢？只不过窗外过往船只上，夜间往往没有乐声，即使有，也不能通宵达旦。也有女子用栀子和华饰作为礼物求龚自珍的字，有女子竟然用字画和首饰来互通音讯，一共有三人。她们美艳凄清，有气质，在桥亭舰舫之间缭绕，龚自珍自己即使态度恬淡镇定，当晚情绪仍然为其声色所动不能自持。

背包客感叹——这是人的本性，大凡男人，都具有此性，所以很佩服龚自珍写自己写得真实。

龚自珍已住了四夜，捕捉到了昔日繁盛时的风习余音，哪里能见到鲍照《芜城赋》所描述的那种飘摇悲凄的景象呢？嘉庆末年，他曾经在这里应和友人宋翔凤的艳诗。听说宋翔凤病了，现在是生是死也不知道。又问起当年一起赋诗者，也找不到那人，真的很遗憾。

龚自珍躺在床上想——自己的年纪快到50岁了，为扬州的过去和现在的变化而感慨，这是自然运行的结果，古代的贤君名人富贵高寿者，能有几个人呢？这哪里和扬州的盛衰有关，只是自己在江边感慨一番罢了。或者现在年纪已老写艳诗不再适合，但品评人物，搜辑文献，做这些事，还不算老罢。天地间的四季，最让人难受的为酷夏，最好的莫过于初秋。初秋可以一扫盛夏的酷热，使天气变成淡远空寂、清凉爽洁。初秋的清凉之气，又不会顷刻使人觉得天空太过空阔、气候太过萧索。现在的扬州，正是初秋吗？对于自己的一生，即使向人借粮食，也相信自己不会马上死去，难道正处在生命的初秋吗？

想了很多，龚自珍写下这篇《己亥六月重过扬州记》。

背包客知道——龚自珍的第二次扬州之行，心情不好，很纠结。用别人的快乐来衬托忧伤，就有巨大的忧伤。

现在到处都是感伤的山水，因为山水遭到蹂躏而非死即伤。救救山水就救救我们自己。

◎水在山上像灵魂穿行

——林纾《记九溪十八涧》石头如墨水如墨汁

杭州的龙井山，因为龙井茶叶而著名。有好茶叶的地方，一般都会有好水。茶叶为水的脚印。茶叶上水的脉络，那么多闪电安顿在那里睡觉，闪电如龙，所以龙井泡茶，泡出闪电和龙的香气。

林纾的龙井山之行，自然知道龙井的茶，这些茶叶茶树靠水的滋润，才会有水灵灵的好茶叶。在龙井山一带，溪水山涧带来天地的灵秀。林纾的《记九溪十八涧》正是对这些山山水水的记录与感受——

过龙井山数里，溪色澄然迎面，九溪之北流也，溪发源于杨梅坞，余之溯溪，则自龙井始。

溪流道万山中，山不峭而堑，踵趾错互，苍碧莫辨途径。沿溪取道，东瞥西匿，前若有阻而旋得路。水之未入溪号皆曰涧，涧以十八，数倍于九也。

余遇涧即止。过涧之水，必有大石亘其流，水石冲激，蒲藻交舞。溪身广四五尺，浅者沮洳，由草中行；其稍深者，虽淬蓄犹见沙石。

其山多茶树，多枫叶，多松。过小石桥，向安理寺路，石犹诡异。春箨始解，攒动岩顶，如老人晞发。怪石折叠，隐起山腹，若橱，若几，若函书状。即林表望之，滃然带云气。杜鹃作花，点缀山路。岩日翳吐，出山已亭午矣。

时光绪己亥三月六日，同游者达县吴小村、长乐高凤岐、钱塘邵伯炅。

过龙井山再走几里路，一股清凉澄澈的溪流映入眼帘，这是九溪北去的清流，溪水发源于杨梅坞。林纾沿这条溪流上行，从龙井开始出发。

溪流为流经万山丛中而来。这些山并不陡峭却有很多沟壑，沟壑好比音阶乐谱，其旋律有张有弛，让山有回旋的空间。山脚相互交叉，树木丛生，茂盛苍翠，看不清上山的路径。沿着溪流找山路，看见东边又看不见西边；前面像是路阻断了，走上去却发现有路——这与“山重水复疑无路，柳暗花明又一村”有异曲同工之妙。凡水没有流进溪的都叫做涧，一共有十八条涧，数量正好是九条溪的一倍。

林纾往上走，遇到涧就停下细看，细细地品味山水的细微与局部、具体的景致。这一点给我们当代的背包客很大的启示——当代的背包客，有很多人都是走马观花，快速浏览所到之处，犹如蜻蜓点水，哪里会像林纾一样细心慢品？尤其是组团的背包客，集体行动，行色匆匆，慢慢品尝山水，在时间上不允许，在利益时代，什么都会因为利益、成本、预算受到限制。

那流过山涧的溪水，一定有大石块横阻在中间。流水和石块撞击，使水面的水草来往舞动——好像在水深处这样的纸张里面的书法笔画在气韵流动。溪流的宽度有四五尺，水浅之处为浅滩，水从草丛中流过去仿佛液体的纸张从自己身上的笔画丛林缝隙穿行而游刃有余；水流稍深一点之处，虽然水积得深，但还看得清水下的石子和沙底。

龙井山站立的偏旁部首——山上茶树多，枫树多，松树多。这三种树，在东方都是极具精神气质的象征。茶树，一杯茶的源头，与瓷器的气质匹配。枫树、枫叶为霞光的脚印与嘴唇。松树，气与神韵之物。在山上，走过了小石桥，在通向安理寺的路上，岩石更加怪异，它们如同另外一种冰块的雕刻。春天里，春笋开始脱衣服一样脱壳，在岩顶上随风摆动，每一根春笋，就像老人稀松干燥的头发。鬼斧神工的怪石重重叠叠，在山腰隐现，有的怪石如同橱子，有的怪石就像桌子一样，有的怪石仿佛一函书的形状。向树林深处望去，淡淡地罩着云气。杜鹃花就像杜鹃一样正在盛开，点缀着山间小路。太阳一时被岩石遮住一时又露面，好像太阳的金币在悬崖上游动散步。他们走出山坳，已经是中午了。

这次游览是在光绪二十五年三月初六。和林纾同游者有达县人吴小村，长乐人高凤岐、钱塘人邵伯炅。

背包客对山里面的水都有感情，因为山上的一切，都因为水的无孔不入而得到滋润。水的存在才会有山的存在。

好山，一定有好水。山水为拆不开的夫妻。